"十四五"职业教育国家规划教材

U0861865

高等职业教育财务会计类富媒体智能型·精品系列教材

会计信息系统实训

TRAINING OF ACCOUNTING INFORMATION SYSTEM

（第二版）

李娟　主编

东北财经大学出版社
Dongbei University of Finance & Economics Press
大连

图书在版编目（CIP）数据

会计信息系统实训 / 李娟主编．—2 版．—大连 ：东北财经大学出版社，2025.8.—（高等职业教育财务会计类富媒体智能型·精品系列教材）．—ISBN 978-7-5654-5776-0

Ⅰ. F232

中国国家版本馆 CIP 数据核字第 2025YT6130 号

会计信息系统实训

KUAIJI XINXI XITONG SHIXUN

东北财经大学出版社出版

（大连市黑石礁尖山街217号　邮政编码　116025）

网　　址：http://www.dufep.cn

读者信箱：dufep@dufe.edu.cn

大连市东晟印刷有限公司印刷　东北财经大学出版社发行

幅面尺寸：185mm×260mm　　字数：455 千字　　印张：20.25

2025年8月第2版　　2025年8月第1次印刷

责任编辑：王天华　　责任校对：刘贤恩

封面设计：原　皓　　版式设计：原　皓

书号：ISBN 978-7-5654-5776-0　　定价：46.00元

教学支持　售后服务　　联系电话：（0411）84710309

如有印装质量问题，请联系营销部：（0411）84710711

第二版前言

党的二十大报告指出："要坚持教育优先发展、科技自立自强、人才引领驱动，加快建设教育强国、科技强国、人才强国，坚持为党育人、为国育才。"我们以"德技并修、协同育人、产教融合、多维赋能"为教学理念，为贯彻落实《教育强国建设规划纲要（2024—2035年）》精神，加快建立健全政府主导、行业指导、企业参与的办学机制，根据《财政部关于全面推进我国会计信息化工作的指导意见》和《会计信息化工作规范》，以及高职高专教育的办学指导思想和人才培养工作重点，结合我国会计信息化人才实践能力培养的教学理念，组织具有丰富教学经验和实践经验的一线教师专门撰写了这本业务真实、知识实用和内容新颖的实训教材。

本实训教材与《会计信息系统应用》主教材同步配套使用。实训教材共分两篇：第一篇为实训基础篇，主要讲解实训环节课时分配和用友ERP-U8V10.1的安装说明；第二篇为实训指导篇，以一个工业企业整套案例为主线，结合高职人才培养目标、学生学情的特点，依托用友ERP-U8V10.1平台，设计了12个递进式的实训任务，完成了会计信息系统各个模块实践能力训练环节的指导工作。

第二版修订，旨在精准对接行业发展与教学需求，以突出实战为主导思想，充分挖掘课程思政资源，将思政元素融入实训内容，精心设计"明德善思"栏目，做到思政沁润，内化于心。针对操作性较强的案例，配套制作了142个操作演示微课，并以二维码的形式呈现在教材中，以便学习使用。教材以会计工作岗位为依托，精心设计案例，特别是供应链管理子系统日常业务完整全面，与会计职业技能人才培养契合。

本实训教材由济宁职业技术学院李娟担任主编，济宁职业技术学院李春燕、张霞、刘艳彤，济宁市工业行业发展服务中心刘建明、马运申，济宁市大明化工设备有限责任公司李承乾，济宁太白湖大学科技园有限公司李明哲，济宁市松岳建设机械有限公司李真，济宁仁诚集团陈瑞美担任副主编。本实训教材结合高职人才培养模式的要求进行撰写，既可以作为高职院校财务会计类会计信息化教学用书，也可以作为“1+X”证书参考用书。

由于编者水平有限，书中难免存在疏漏，欢迎各位读者不吝指正，以便今后不断完善。

编　者

2025年8月

目　录

第一篇

实训基础篇

项目一　实训课程设计

“会计信息系统应用”课程是大数据与会计专业必修课程，在大数据与会计专业课程体系中处于核心地位，它是基于“基础会计”“财务会计”“成本会计”开设的又一门专业核心课程，是对上述三门课程知识的综合运用，并为后续课程的学习打下坚实的基础，起到了承前启后的作用。“会计信息系统应用”是基于会计信息化岗位开发的一门课程，对大数据与会计专业的核心职业能力和职业素养的养成起到了主要的支撑作用。

一、培养目标

培养拥护党的基本路线，德、智、体、美、劳全面发展，具有诚信、敬业的良好职业素质，熟悉国家经济法律法规，系统掌握会计核算、财务管理、审计监督的基本理论和基本技能，能够在中小型企业从事出纳岗位、会计核算岗位、会计监督岗位、会计管理岗位和财务管理岗位，并能运用计算机处理会计业务的高素质技术、技能人才。

二、实训课时分配

实训课时分配一览表见表1-1-1。

表1-1-1　实训课时分配一览表

序号	名称	学时分配
实训一	系统管理	2
实训二	基础档案设置	2
实训三	总账管理子系统初始设置	4
实训四	总账管理子系统日常业务处理	8
实训五	总账管理子系统期末处理	4
实训六	报表管理子系统	4
实训七	薪资管理子系统	4
实训八	固定资产管理子系统	4
实训九	供应链管理系统初始设置	4
实训十	采购管理与应付款管理子系统	6
实训十一	销售管理与应收款管理子系统	6
实训十二	库存管理与存货核算子系统	6
合　计		54

项目二 用友ERP-U8V10.1安装说明

一、安装要求

（一）操作系统

1. 安装操作系统及其关键补丁：Windows XP-SP2（及更高版本补丁）、Windows 2003-SP2（包括R2）（及更高版本补丁）、Vista-SP1（及更高版本补丁）、Windows 2008-SP1（及更高版本补丁）、Windows 7（SP1或更高版本补丁）、Windows 2008 R2（SP1或更高版本补丁）。

2. 使用Windows Update进行其他所有微软补丁的更新（推荐）。

3. 英文和繁体操作系统，必须安装简体中文语言包（通过Windows 安装盘进行安装）后才能正常使用U8产品。

4.U8V10.1全面支持64位环境，推荐安装和使用服务器端产品（包括应用服务器和数据库服务器）。安装之前，需要先手工安装U8V10.1所需要的基础环境补丁和缺省组件。

5. 如果在Vista、Windows 2008、Windows 7、Windows 2008 R2 等操作系统上安装运行U8V10.1产品，建议配置2G以上内存。

（二）数据库

1. 如果安装数据库服务器，请先安装数据库，U8V10.1支持的SQL Server数据库版本有：SQL 2000（包括MSDE）SP4［及更高版本补丁］、SQL 2005（包括EXPRESS）SP2［及更高版本补丁］、SQL 2008［SP1或更高版本补丁］、SQL 2008 R2。

2.SQL Server 的安装方法参照SQL Server的安装帮助。

3. 简体中文数据库默认安装即可。

4. 在繁体和英文操作系统上安装相应语言的数据库时，请选择“自定义安装”，“服务器排序规则”设置为简体中文（PRC），安装成功后显示为“Chinese_PRC_CI_AS”。

【提示】一旦安装完毕，此设置不可修改，只能在安装数据库时进行选择。

5. 在繁体中文和英文操作系统上安装数据库后，必须先将操作系统的默认语言修改为简体中文，否则将导致用友U8V10.1数据库服务器无法使用。

6. 支持数据库的多实例使用，但前提条件为必须有默认实例（包括对应的关键补丁）存在，否则将导致安装U8V10.1数据库服务器失败。

7.SQL Server服务器的登录身份必须设置为“本地系统账户（local system）”或属于本机管理员组的用户，否则将无法正确创建U8账套。

8.SQL Server服务器的身份验证模式请选择“混合模式”选项，并设置管理员“sa”账号的密码。

（三）浏览器

支持微软IE浏览器IE6.0+SP1和以上版本（IE7、IE8、IE9）使用U8V10.1的WEB产品。

二、安装过程

1. 打开光盘目录，双击SetupShell.exe文件，运行U8V10.1安装程序，如图1-2-1所示。

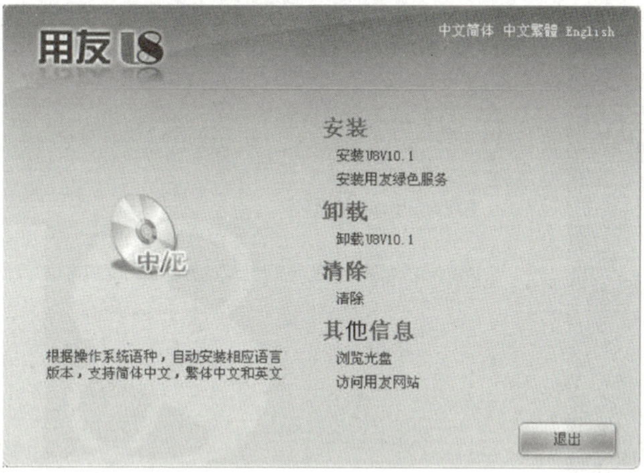

图1-2-1 安装界面

点击“安装U8V10.1”，系统自动根据客户端操作系统环境选择对应语言的安装界面。如果客户端操作系统为中文简体、中文繁体、英文三种环境之一，自动选择对应语言“中英繁”的安装界面；如果客户端操作系统是其他语言，自动选择英文安装界面。

对于已经安装过U8V10.1版本、需要卸载重新安装的情况，可以通过“卸载U8V10.1”进行卸载。

如果由于客户软件环境的问题导致U8不能正常卸载，从而无法安装新的U8应用程序，在执行了旧版本的正常卸载之后，可以通过“清除”来彻底清除未卸载干净的内容。如果是U8V10.0纯客户端，则可以直接点击安装界面的“升级U8V10.0客户端”升级到U8V10.1，如图1-2-2所示；如果是U8其他版本或V10.0的服务器端，则需要卸载后重新安装U8V10.1。

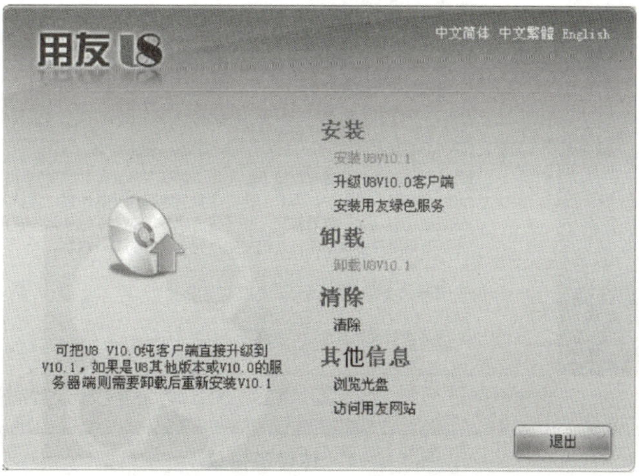

图1-2-2 升级U8V10.0客户端

2.选择“中英繁安装”之后，进入安装界面，可以选择［安装手册］、［下一步］或［取消］，如图1-2-3所示。

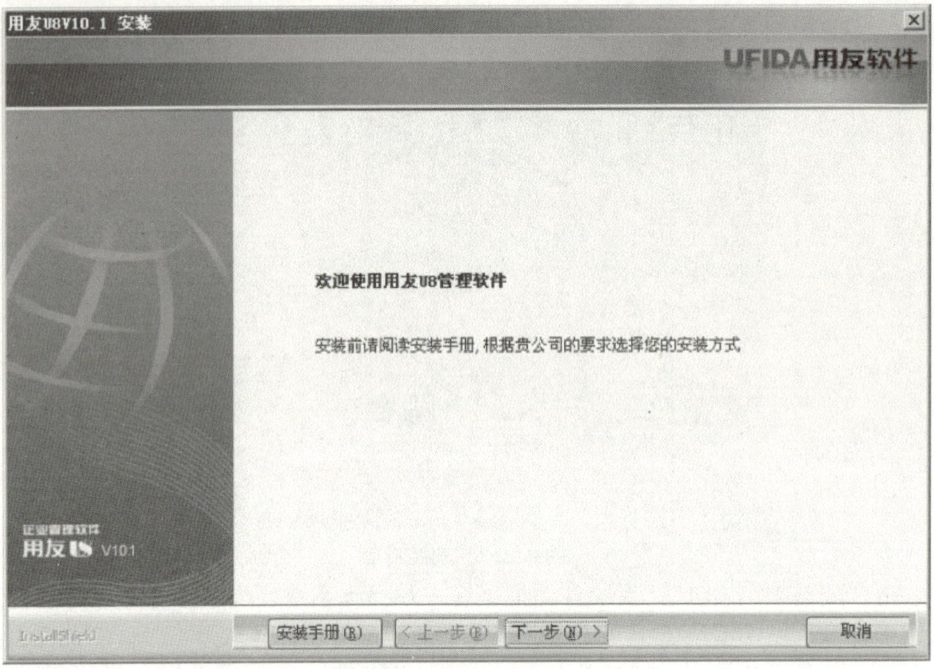

图1-2-3　安装前阅读手册

3.确认许可证协议，如图1-2-4所示。

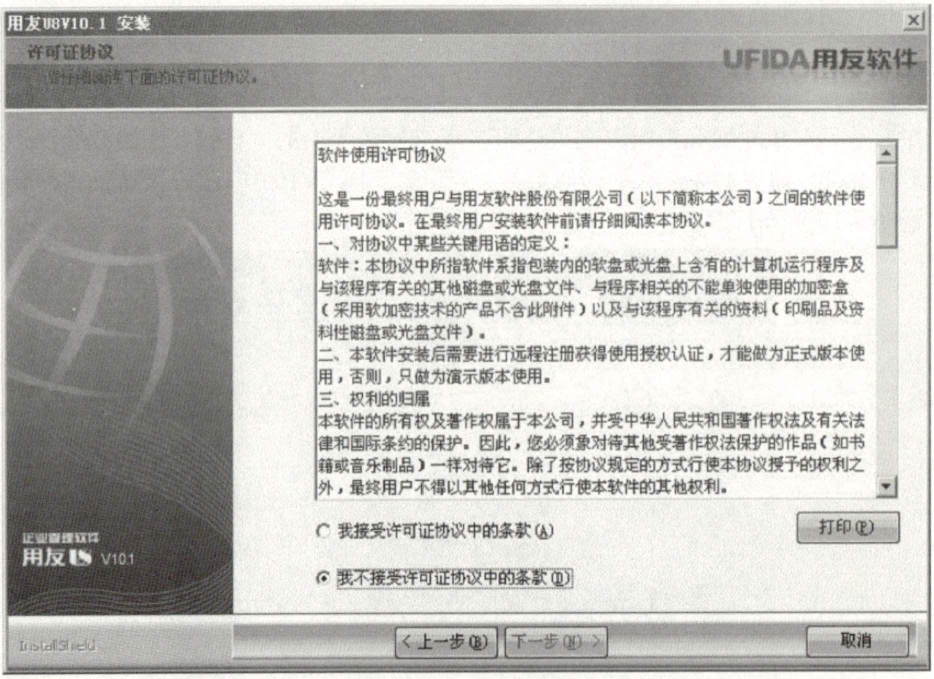

图1-2-4　许可证协议

4.检测是否存在历史版本的U8产品，如图1-2-5所示。

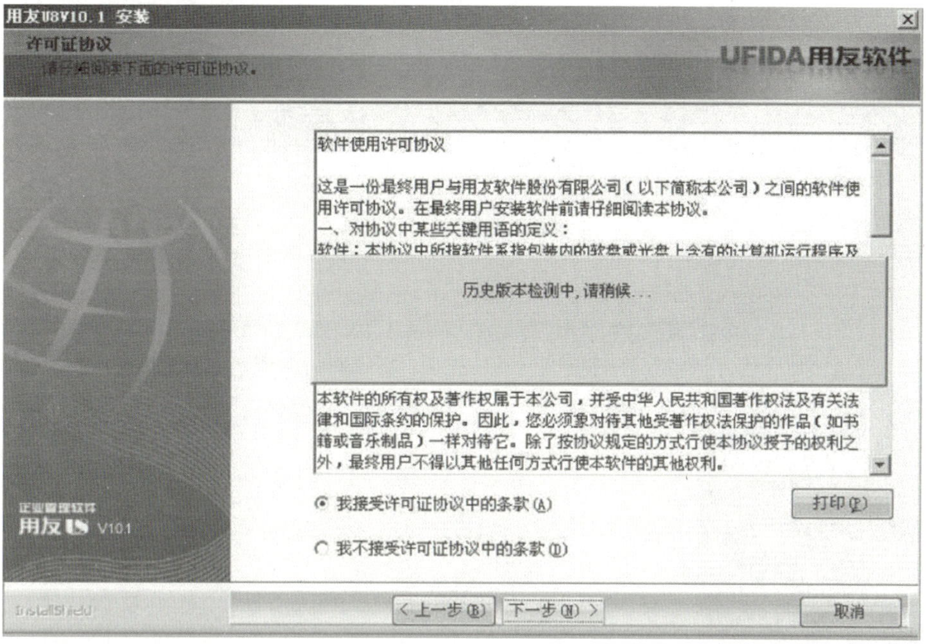

图1-2-5　安装检测

5.如果检测到已经安装有U8产品，系统提示并开始清理历史版本残留内容（清理MSI安装包时间较长，请耐心等待），如图1-2-6所示。

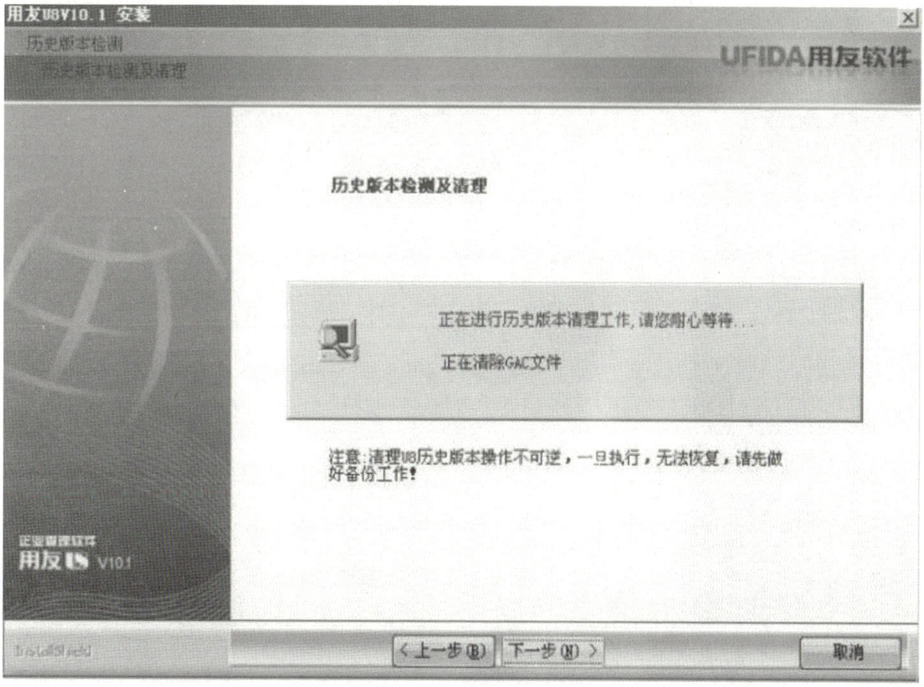

图1-2-6　历史版本检测清理

如果因为安装过程（包括卸载、修改或修复过程）异常中断导致失败，有可能在清理完毕后提示重新启动，按照提示操作即可，如图1-2-7所示。若没有执行此操作直接进入第6步；重新启动的机器再次执行以上5步操作后进入第6步。

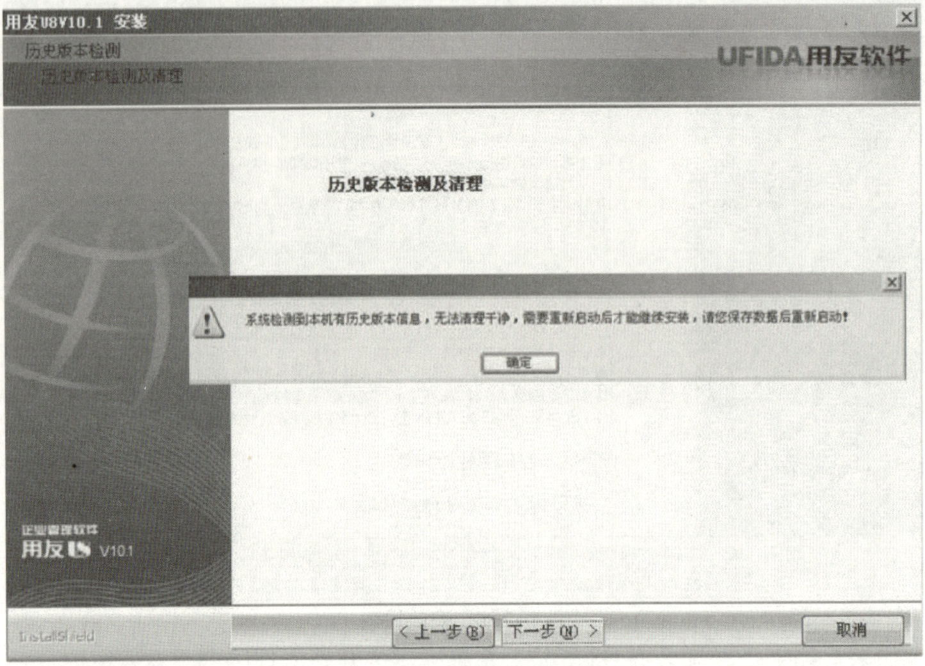

图1-2-7　重新启动提示

6.录入用户信息，如图1-2-8所示。

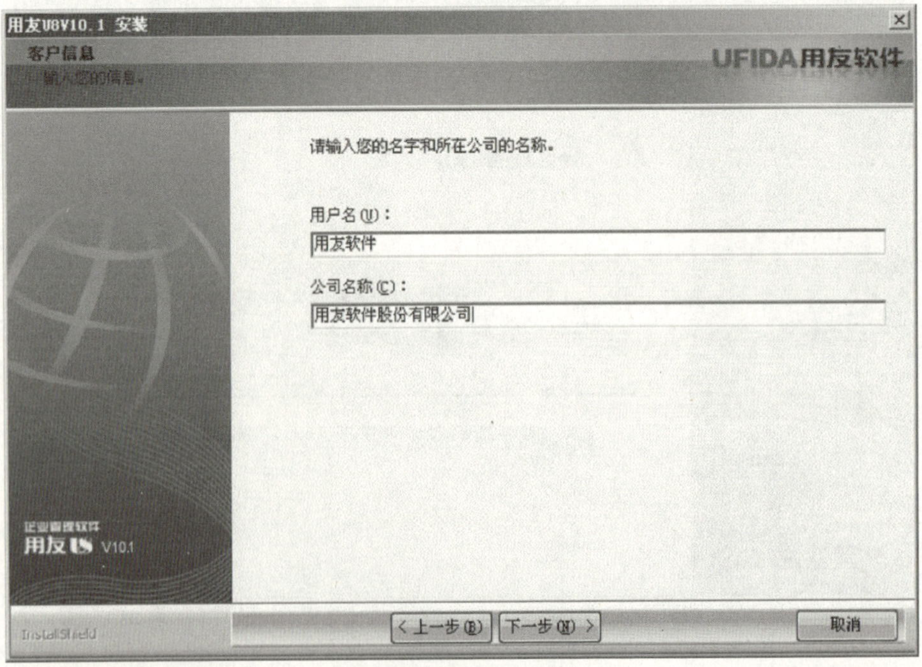

图1-2-8　输入客户信息

7.选择安装路径，安装路径默认为系统盘的“U8SOFT”，并控制不允许安装在根目录下，如图1-2-9所示。

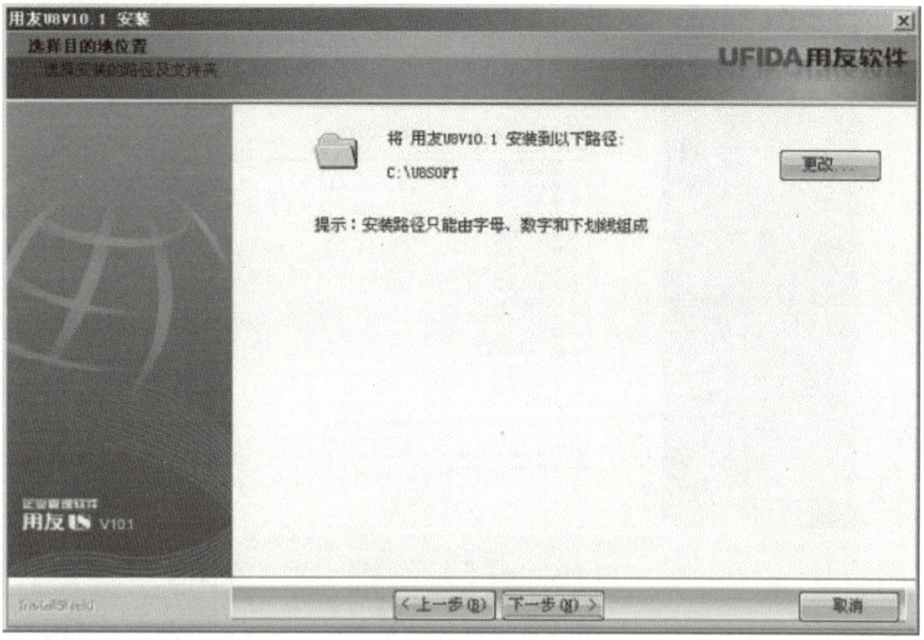

图1-2-9 选择安装路径

8.可以选择的安装类型有“全产品”“服务器”“客户端”“自定义”，除“全产品”外，其他类型的安装都可以自行选择需要安装的产品内容，并根据选择计算需要的空间和可用空间，然后选择安装的语种，如图1-2-10所示。

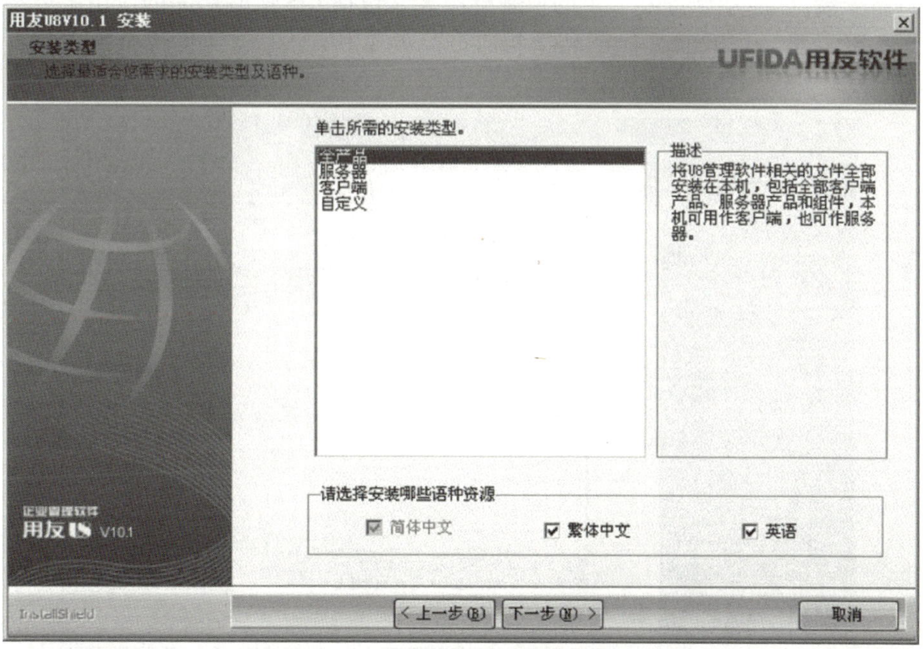

图1-2-10 选择安装类型

(1) 全产品。安装全部客户端产品、服务器产品和组件。

（2）客户端。按产品组—产品细分，可选择产品进行安装，如图1-2-11所示。

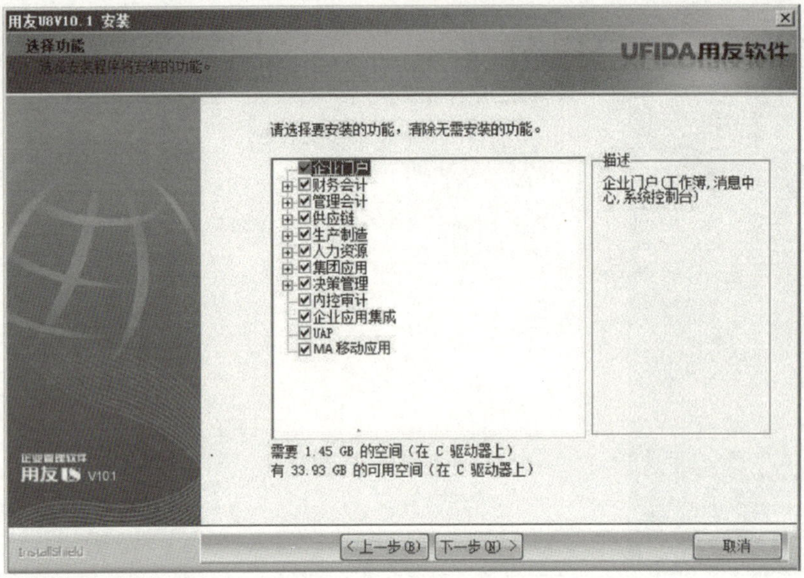

图1-2-11 选择客户端安装功能

【注意】如果只安装供应链客户端，供应链产品（包括库存、销售、采购、委外、进口、出口、质量、售前等）中与生产制造相关的功能将不能使用，需要同时安装生产制造客户端才能使用这些功能。

（3）服务器。可以选择“应用服务器”“文件服务器”“加密服务器”“数据服务器”进行安装。“应用服务器”下的“基础服务”包括C/S所有产品的应用服务器和B/S的基本服务器，其下的其他产品指相应产品的WEB服务器，推荐全部选择，如图1-2-12所示。

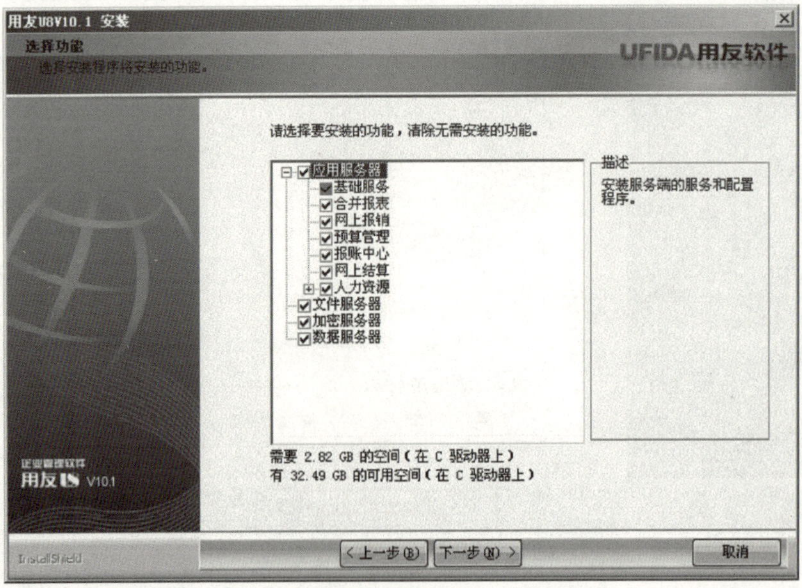

图1-2-12 选择服务器安装功能

（4）自定义。包含客户端和服务器的所有产品和组件，以及U8的实施与维护工具，可从中选择进行安装，如图1-2-13所示。

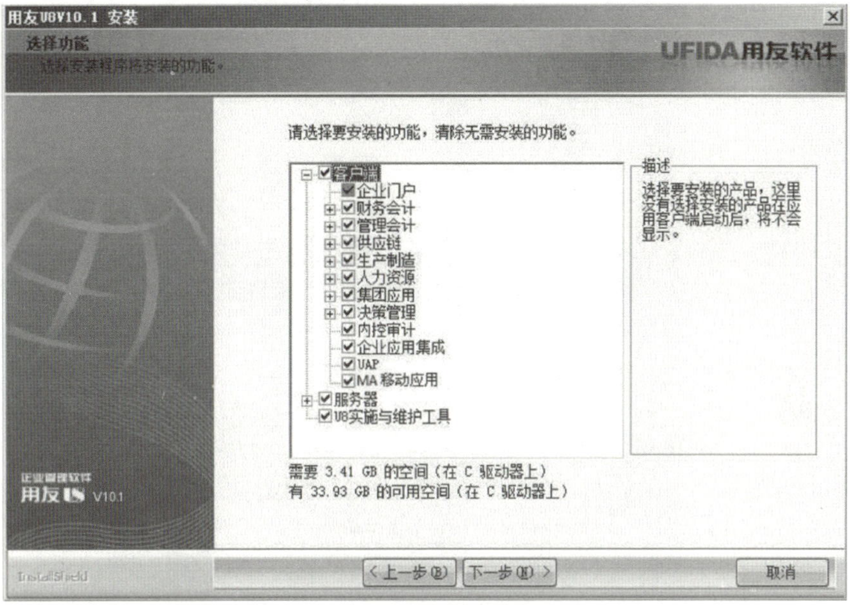

图1-2-13　自定义安装功能

9.环境检测：根据上一步所选择的安装类型及其子项检测环境的适配性，如图1-2-14所示，当“基础环境”和“缺省组件”都满足要求后，点击［检测］进入下一步。检测报告以记事本形式自动打开并显示检测结果，可以保存。“基础环境”需要手工进行安装；“缺省组件”可以通过“安装缺省组件”进行自动安装，也可以选择手工安装；“可选组件”可选择安装也可以选择不安装，如图1-2-15所示。

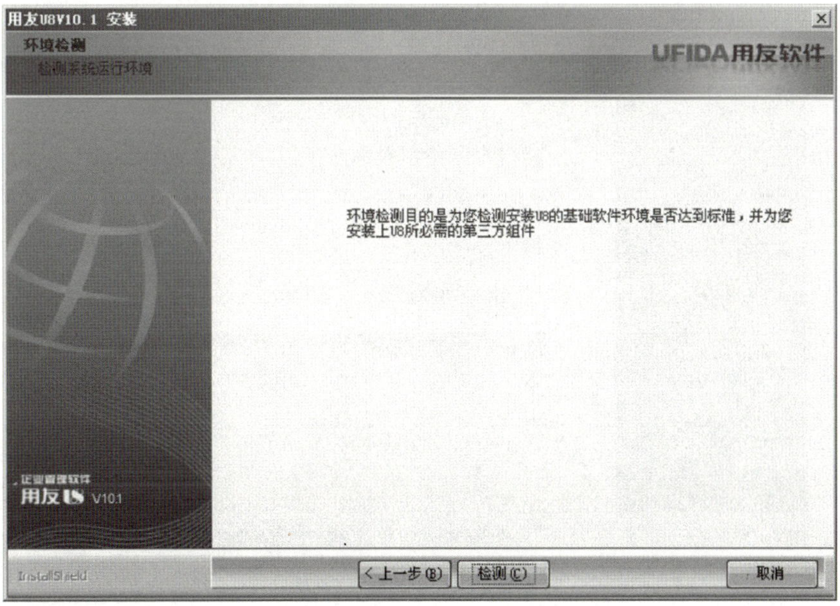

图1-2-14　环境检测

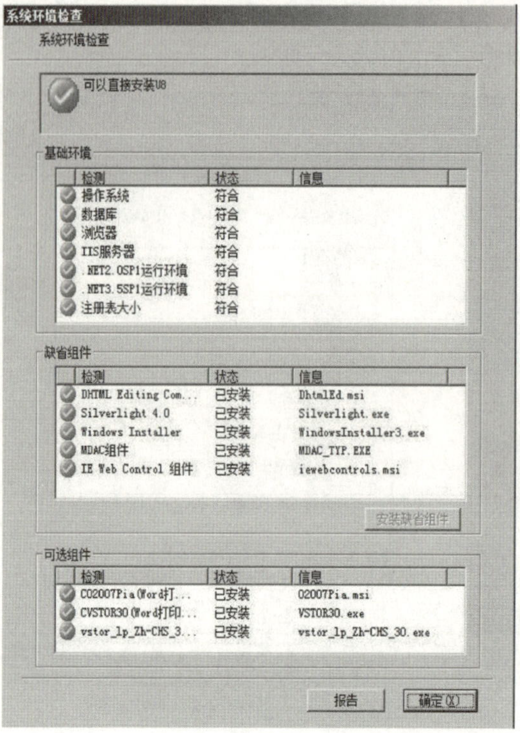

图1-2-15　系统环境检查

【操作提示】"缺省组件"中的项目 DHML Editing Component 只在 Windows Vista 及以上操作系统中需要检测。

10.记录日志：可以选择是否记录安装每一个 MSI 包的详细日志，默认不勾选（勾选将延长一定的安装时间并占用部分磁盘空间，正常情况下不推荐使用），如图1-2-16所示。

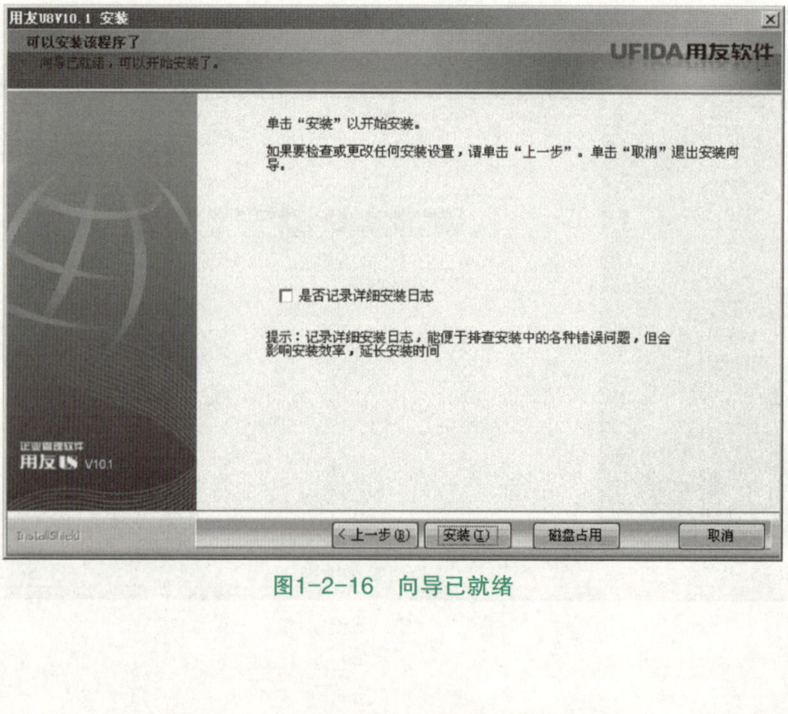

图1-2-16　向导已就绪

11.开始安装，如图1-2-17所示。

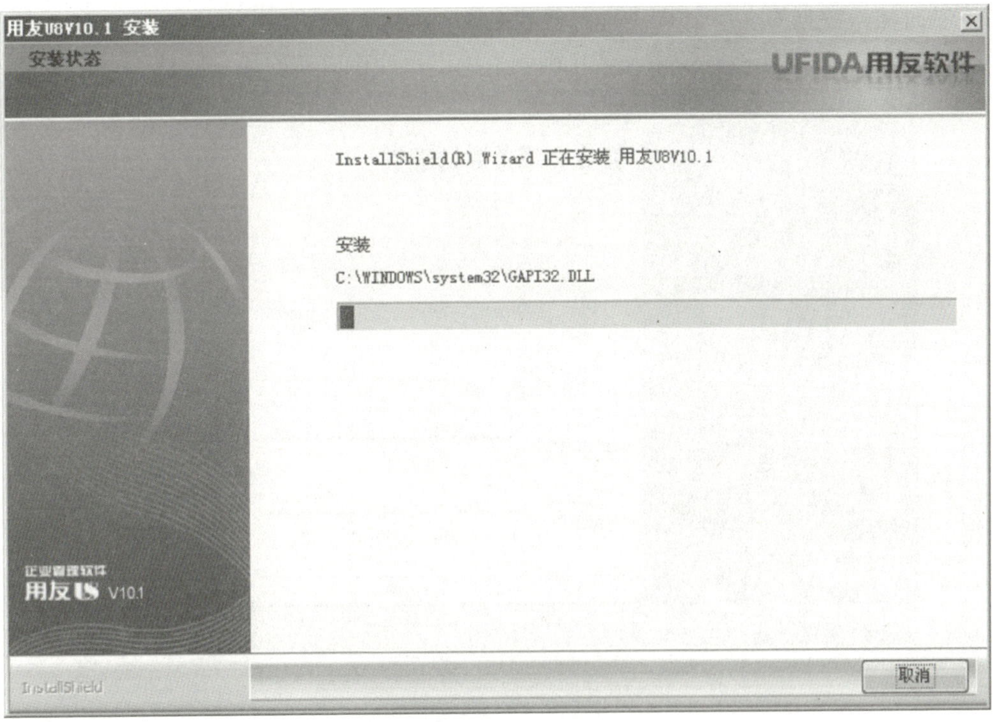

图1-2-17　正在安装

12.安装完成，重新启动，如图1-2-18所示。

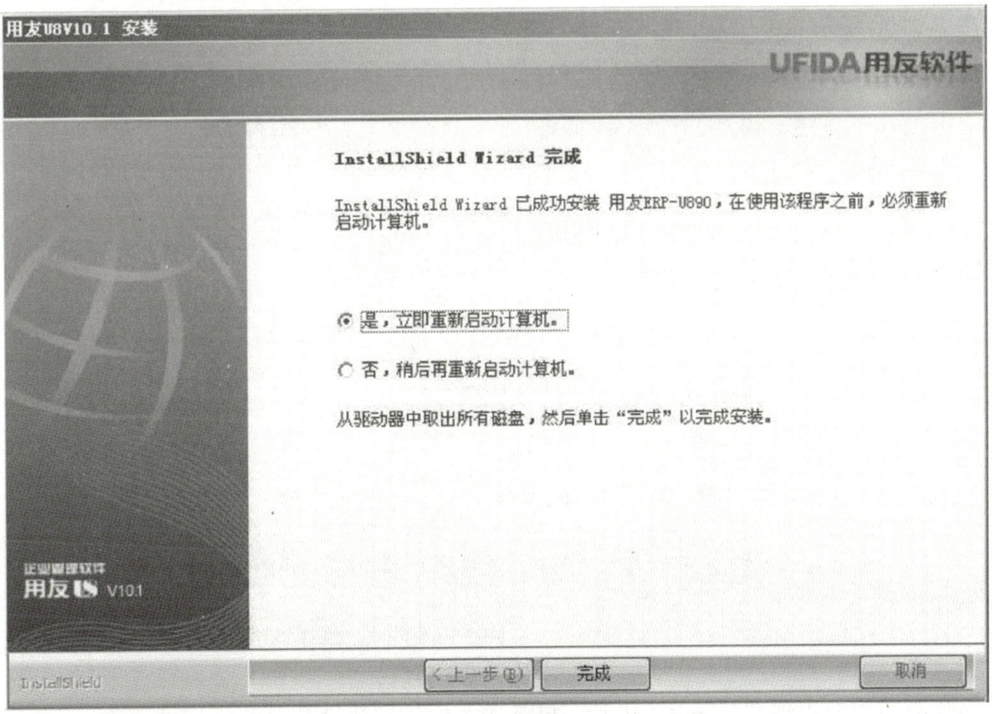

图1-2-18　安装完成

13. 系统重新启动后，出现“正在完成最后的配置”提示信息，如图1-2-19所示。在该界面输入数据库名称（即本地计算机名称），SA口令为空（安装SQL 2000时设置为空），单击［测试连接］按钮，若正确，系统出现连接成功的提示信息。

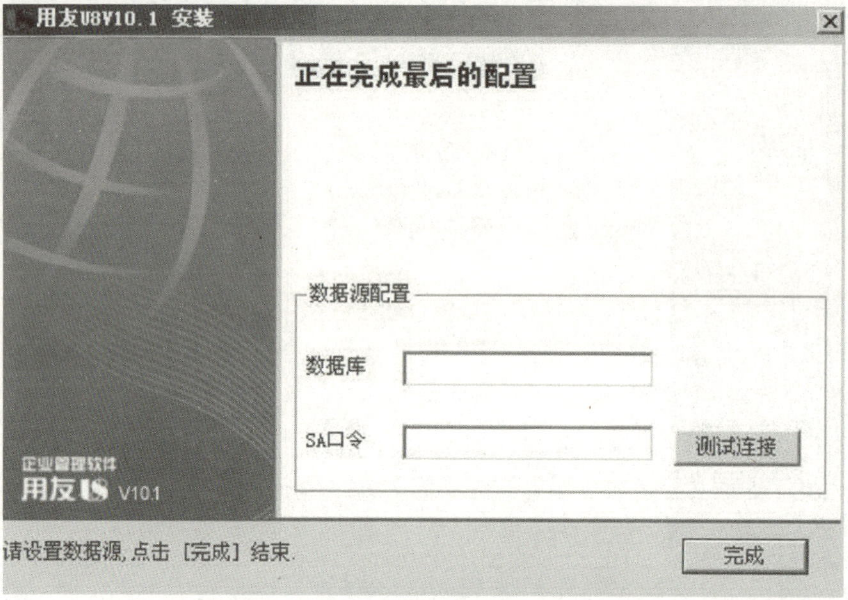

图1-2-19　测试连接

14. 连接测试成功后，单击［完成］按钮，系统提示“是否初始化数据库”，单击［是］按钮，提示“正在初始化数据库实例，请稍后……”。数据库初始化完成后，会出现图1-2-20所示的［登录］窗口。

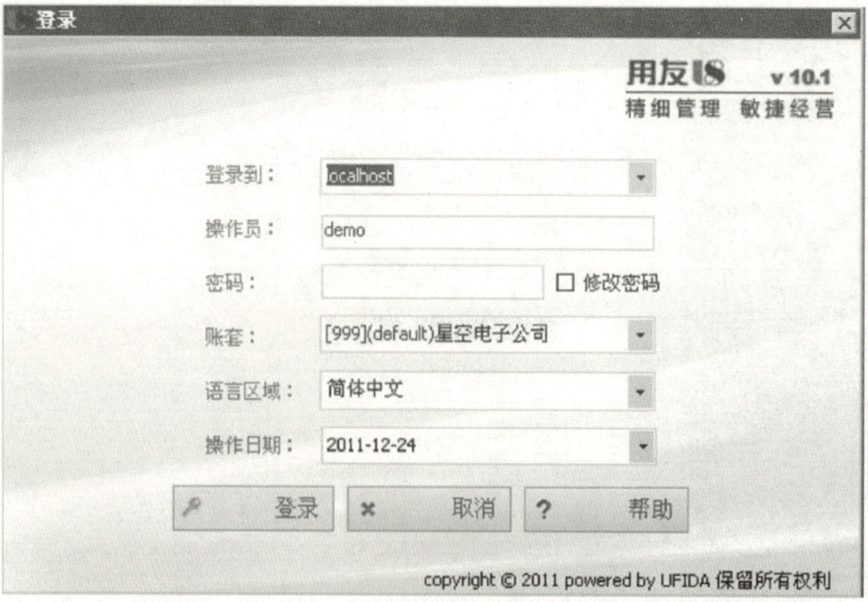

图1-2-20　登录窗口

如果图中未出现“default”账套，可参照下面的解决办法。

三、登录问题解决办法

在［登录］窗口中未出现登录的服务器名称和“default”账套的解决办法如下：

1. 首先将数据服务器、应用服务器、加密服务器和多个客户端按照“安装步骤”所述的方法安装好。

2. 客户端启动企业应用平台时指向应用服务器。启动企业应用平台后，出现登录界面，在“登录到”的位置输入应用服务器的机器名或 IP 地址，如图 1-2-21 所示。

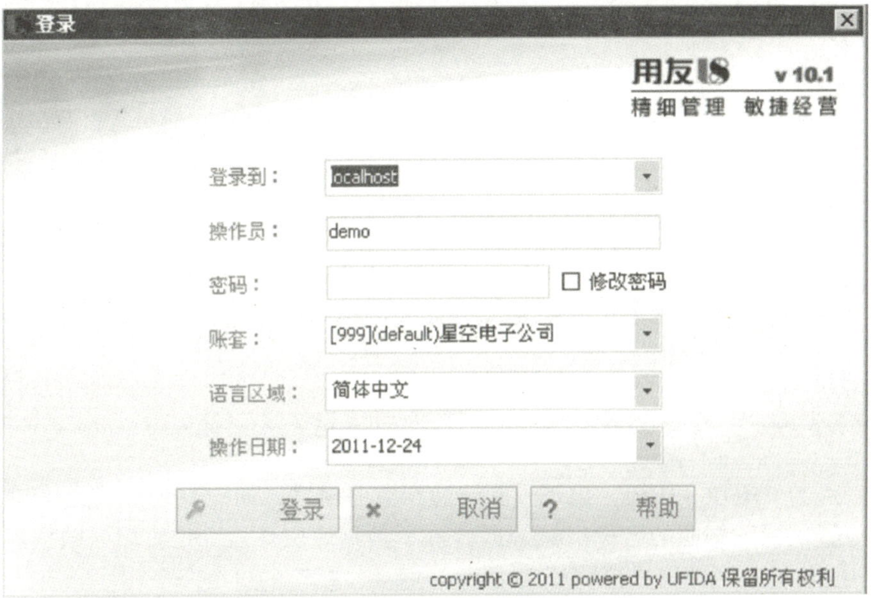

图1-2-21　登录窗口

3. 配置应用服务器指向数据库服务器和加密服务器。

（1）在应用服务器上依次点击［开始菜单］—［程序］—［用友 U8 V10.1］—［系统服务］—［应用服务器配置］，弹出［U8 应用服务器配置工具］窗口，如图 1-2-22 所示。

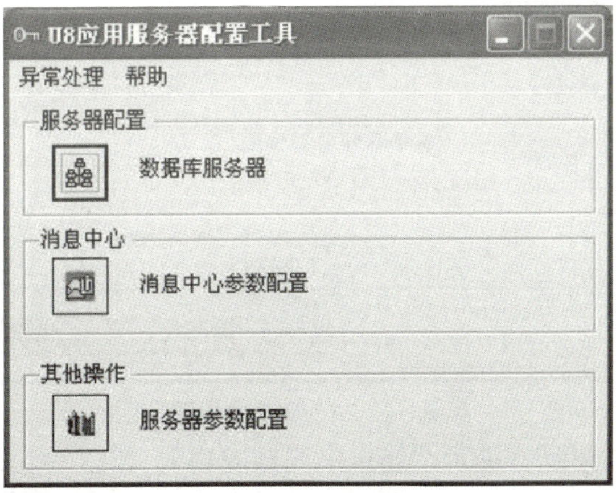

图1-2-22　配置工具

（2）点击［数据库服务器］按钮，出现［数据源配置］窗口，如图1-2-23所示。

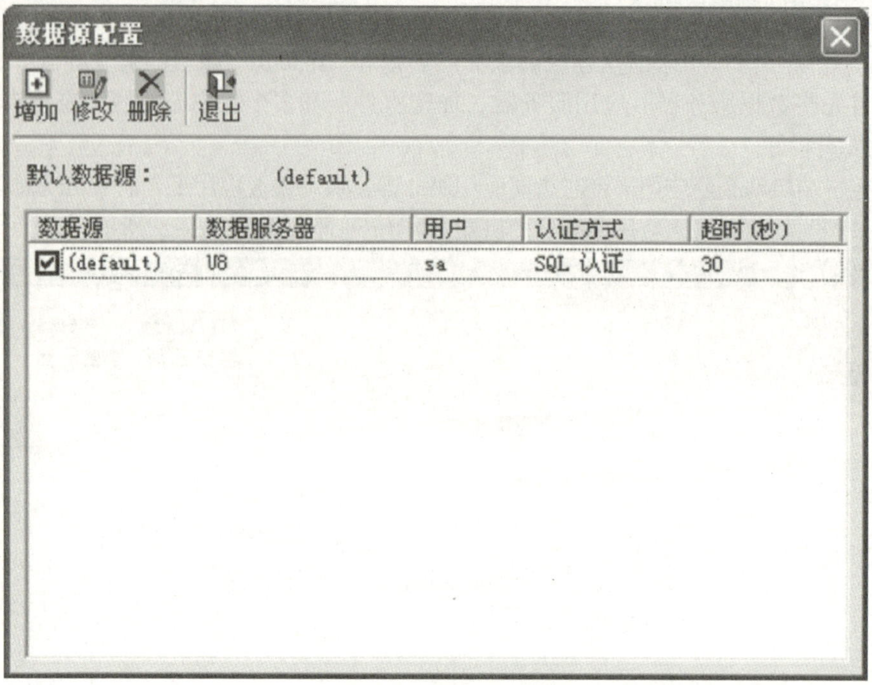

图1-2-23　增加数据源

（3）点击［增加］按钮，出现［新建数据源］窗口，如图1-2-24所示。在“数据源”的位置填入数据源的名称“default”，在“数据库服务器”位置填入数据库的机器名或IP地址，在“密码”位置填入数据库管理员“SA”的口令。

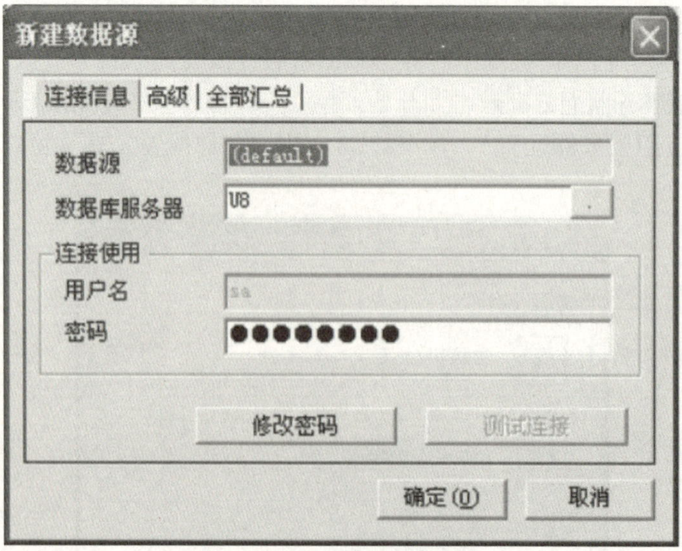

图1-2-24　新建数据源

（4）点击［测试连接］，提示“连接串测试成功”，如图1-2-25所示，说明数据源配置正确，点击［确定］后新的数据源就配置好了。

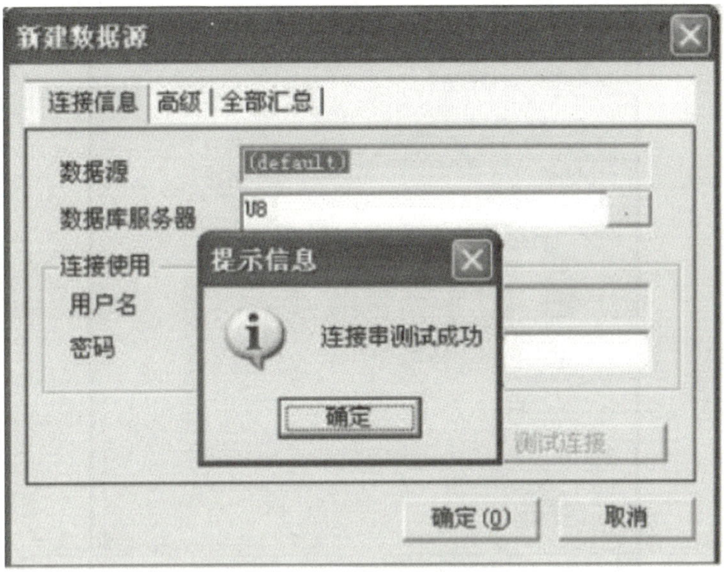

图1-2-25　连接串测试成功

4.配置应用服务器指向加密服务器和其他服务器。

（1）在［U8应用服务器配置工具］窗口中（如图1-2-22所示）点击［服务器参数配置］。

（2）进入［服务器参数配置］窗口，把加密服务器名称或IP地址填在相应的位置，如图1-2-26所示。

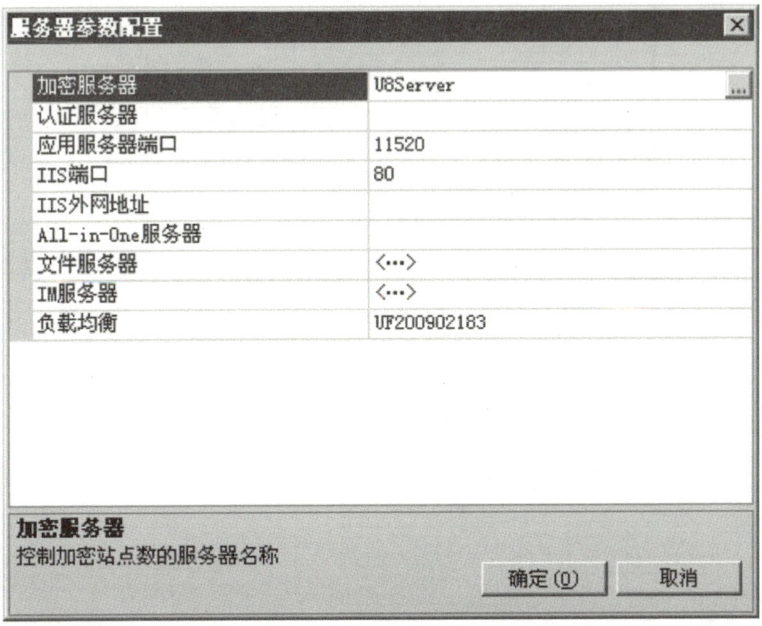

图1-2-26　服务器参数配置

（3）如果有短信服务的话，在［U8应用服务器配置工具］窗口中（如图1-2-22所示）点击“消息中心”，设置短信和邮件服务参数，如图1-2-27所示。

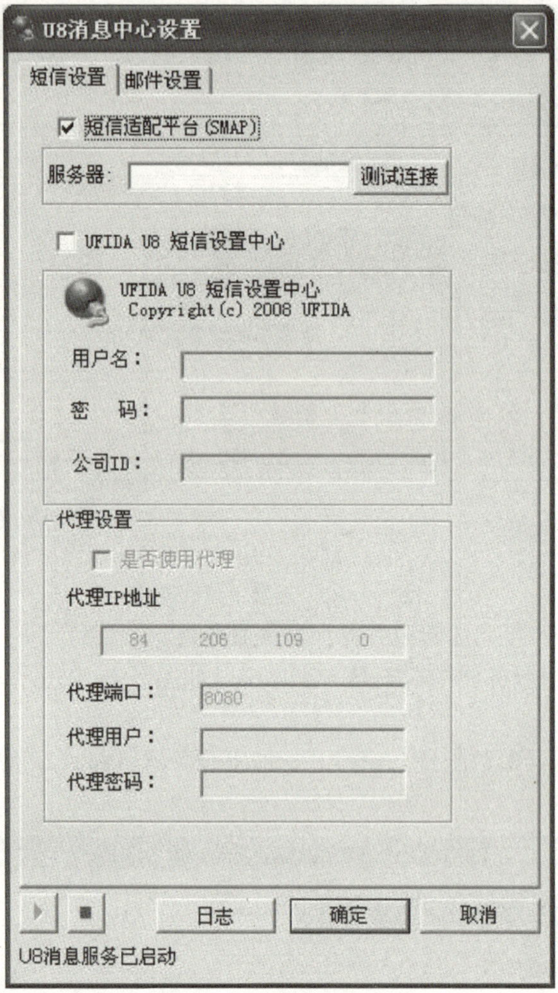

图1-2-27　U8消息中心设置

（4）然后关闭窗口，系统会自动把设置保存起来。

5. 选择［开始菜单］—［程序］—［用友 U8V10.1］—［系统服务］—［系统管理］，打开［系统管理］窗口，选择［系统］—［注册］，然后打开［登录］窗口，登录系统。

第二篇

实训指导篇

实训一　系统管理

实训目的

1.描述系统管理的相关内容。
2.领会权限分配的含义，能完成操作员的增加与权限分配操作。
3.能区分系统管理员和账套主管权限的区别。
4.能进行账套的输出、引入和修改。

实训内容

1.建立账套。
2.操作员的增加及权限分配。
3.输出、引入及修改账套。

实训准备

已正确安装用友ERP-U8V10.1软件。

实训资料

山东泰恒建设机械有限公司企业背景资料如下：

一、账套资料

2021年1月1日，山东泰恒建设机械有限公司应用会计信息系统进行管理，财务部主管高文博会同用友公司技术人员完成了会计信息系统账套的建立工作。公司账套的基本信息如下：

（一）账套信息

账套号：666。账套名称：山东泰恒建设机械有限公司。账套路径：系统默认路径。启用会计期：2021年1月。会计期间设置：1月1日至12月31日。

（二）单位信息

单位名称：山东泰恒建设机械有限公司。单位简称：泰恒建设机械。单位地址：山东省济宁市金宇路88号。法定代表人：张启鸿。税号：91370800876543211R。邮政编码：272000。联系电话及传真：0537-2232137。电子邮件：taihengjx@126.com。

（三）核算类型

本币名称：人民币（RMB）。企业类型：工业。行业性质：2007年新会计制度科目。账套主管：高文博。要求按行业性质预置会计科目。

（四）基础信息

该企业有外币核算，进行经济业务处理时，需要对存货、客户、供应商进行分类。

（五）分类编码方案

科目编码级次：4222；其他编码级次设置采用默认值。

（六）数据精度

采用系统默认值。

（七）系统启用

“总账”子系统，启用日期为“2021年1月1日”。

二、权限设置（见表2-1-1）

表2-1-1 财务部及相关人员权限设置

部门	编号	姓名	口令	权限
财务部	2001	高文博	2001	账套主管，具有负责各项初始设置、审核凭证、编制会计报表的权限
财务部	2002	肖 然	2002	具有“基本信息”、“总账管理”（除审核凭证、出纳签字之外）、“应收款管理”、“应付款管理”和“存货核算”子系统的全部权限
财务部	2003	张岩华	2003	具有“基本信息”“总账—凭证—凭证处理”子系统的权限，以及“薪资管理”“固定资产”子系统的全部权限
财务部	2004	唐 艺	2004	具有“总账—凭证—出纳签字”“总账—出纳”“应收款管理—日常处理—收款单据处理”“应收款管理—日常业务处理—票据管理”“应付款管理—日常处理—付款单据处理”“应付款管理—日常业务处理—票据管理”的权限
销售部	3001	赵景涛	3001	具有“基本信息”“销售管理”子系统的全部权限
采购部	4001	刘佳慧	4001	具有“基本信息”“采购管理”子系统的全部权限
仓管部	5001	吴晓波	5001	具有“基本信息”“库存管理”子系统的全部权限

实训要求

1. 以系统管理员“admin”的身份登录系统管理，增加操作员。
2. 以系统管理员“admin”的身份建立账套。
3. 以系统管理员“admin”的身份设置操作员权限。
4. 以系统管理员“admin”的身份输出、引入账套。
5. 以账套主管“2001 高文博”的身份修改账套。

实训步骤

一、登录系统管理

1. 双击桌面快捷方式“系统管理”，进入［系统管理］页面，如图2-1-1所示。

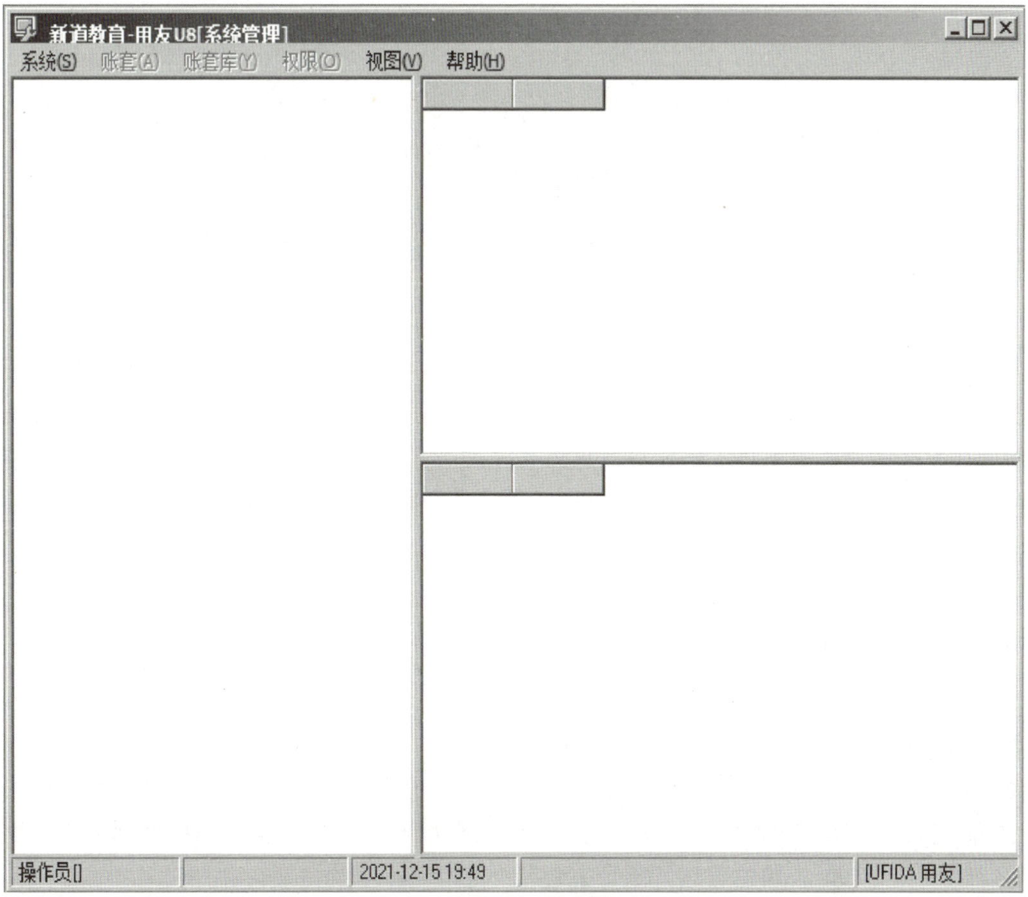

图2-1-1　系统管理

2. 执行［系统］—［注册］命令，打开［登录］窗口。在“登录到”输入“127.0.0.1”，操作员为“admin”，密码为空；选择系统默认账套“（default）”，如图2-1-2所示。

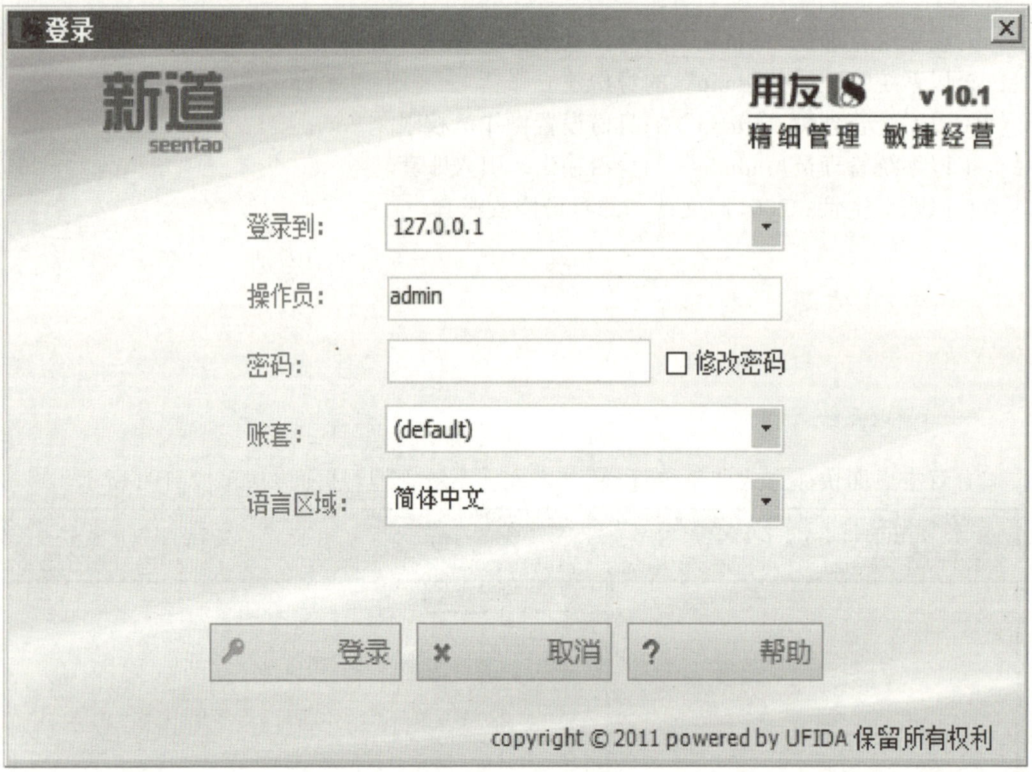

图2-1-2　系统登录

3. 单击［登录］按钮，以系统管理员身份进入系统管理。

【操作提示】

（1）系统管理员（admin）是系统管理中权限最高的操作员，负责系统的数据安全和运行安全，因此安装用友软件后，应该及时更改系统管理员的密码，以防止其他操作人员任意使用其权限，勾选“修改密码”，可设置新密码。

（2）教学中，由于多人共用一台电脑，为了方便，建议不为系统管理员设置密码。

二、增加操作员

微课

增加操作员

1. 在［系统管理］中，执行［权限］—［用户］命令，进入［用户管理］窗口。

2. 单击［增加］按钮，打开［操作员详细情况］对话框，输入编号“2001”、姓名“高文博”，口令和确认口令均为“2001”，所属部门为“财务部”，角色勾选“账套主管”，如图2-1-3所示。

3. 单击［增加］按钮，根据实训资料依次完成其他操作员信息的录入。

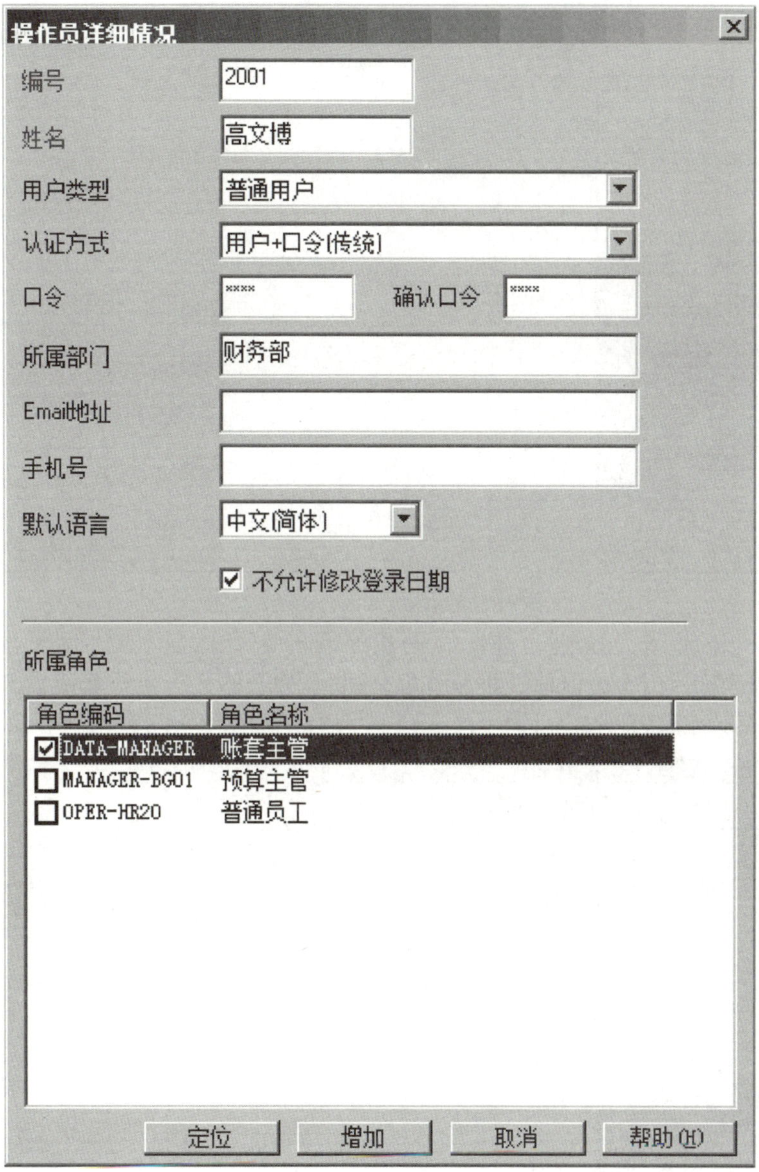

图2-1-3　增加操作员

三、建立账套

1.在［系统管理］中，执行［账套］—［建立］命令，打开［创建账套—建账方式］对话框，默认选择“新建空白账套”，如图2-1-4所示。

微课
建立账套

【操作提示】

（1）只有系统管理员才有权设置操作员。

（2）操作员编号在系统中必须唯一，为保证系统安全、分清责任，应设置操作员口令。

（3）所设置的操作员用户一旦被引用，便不能再被修改和删除。

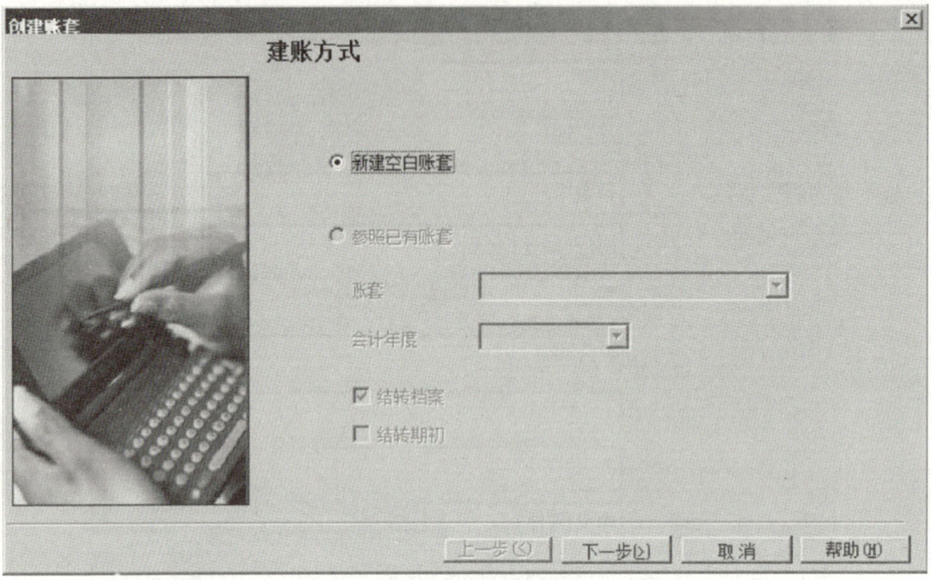

图2-1-4　创建账套—建账方式

2. 单击［下一步］按钮，进入［创建账套—账套信息］对话框，输入账套号“666”、账套名称“山东泰恒建设机械有限公司”，账套路径为系统默认，启用会计期为2021年1月，会计期间设置为1月1日至12月31日，如图2-1-5所示。

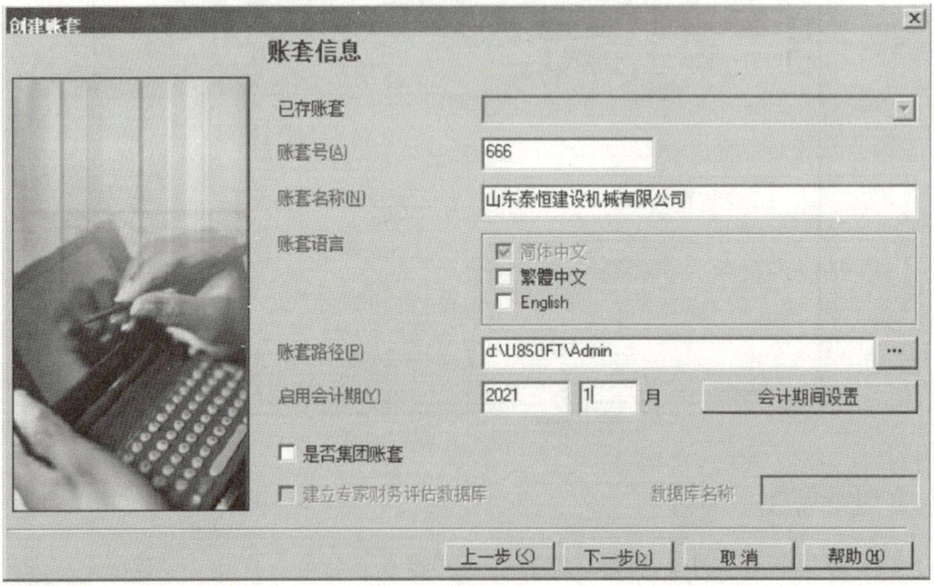

图2-1-5　创建账套—账套信息

【操作提示】

（1）新建账套号不能与已存账套号重复，设置后不允许修改。

（2）账套路径为存储账套数据的路径，系统一般默认为用友U8V10.1软件的安装路径，也可以选择其他路径，但不能是网络磁盘，账套路径一旦设定不能修改。

3. 单击［下一步］按钮，进入［创建账套—单位信息］对话框，输入单位名称、单位简称、单位地址等信息，如图2-1-6所示。

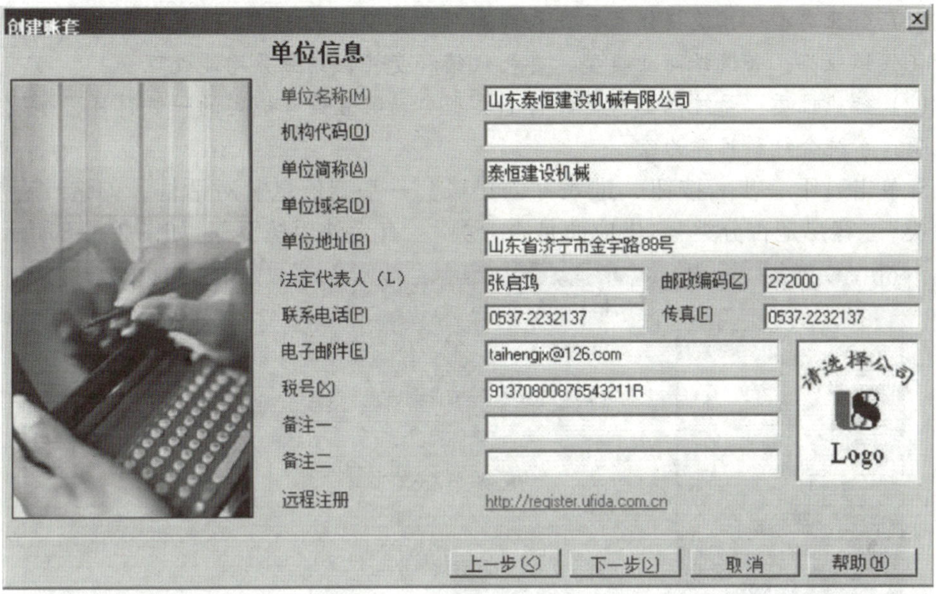

图2-1-6 创建账套—单位信息

【操作提示】单位信息中，蓝色标识的“单位名称”是必填项，应录入企业全称，以便打印发票时使用，其他属于任选项。单位简称虽然没有蓝色标识，建议最好录入。

4.单击［下一步］按钮，进入［创建账套—核算类型］对话框，采用系统默认本币代码“RMB”，本币名称为“人民币”，企业类型选择“工业”，行业性质选择“2007年新会计制度科目”，在账套主管下拉列表框中选择“［2001］高文博”，勾选“按行业性质预置科目”，如图2-1-7所示。

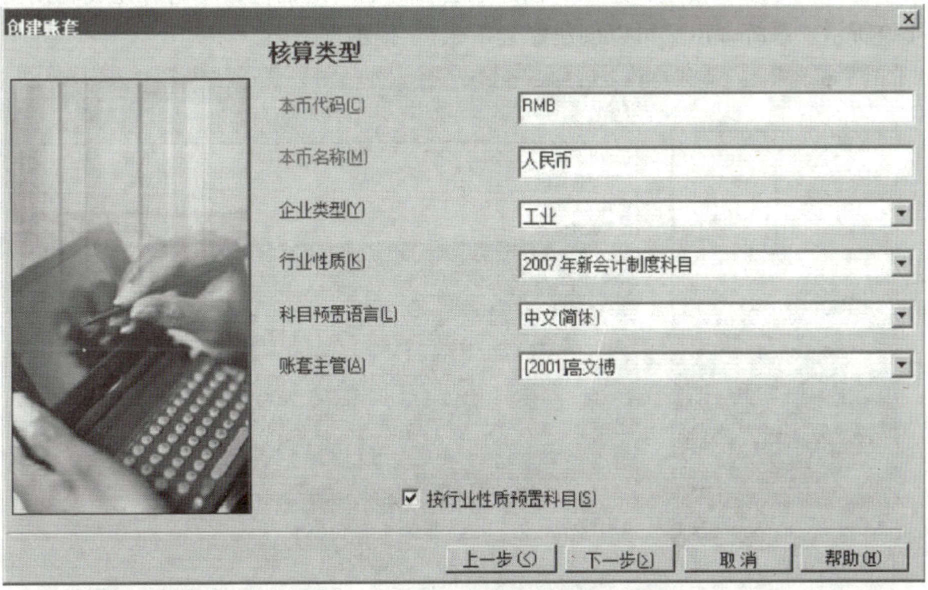

图2-1-7 创建账套—核算类型

【操作提示】

(1) 企业类型：系统提供了工业和商业两种类型。若选择工业类型，则系统不能处理受托代销业务；若选择商业类型，委托代销和受托代销业务均能处理。

(2) 行业性质：系统根据所选的行业类型自动配置国家规定的一级科目，如果不勾选此项，系统会计科目库为空。

5. 单击［下一步］按钮，进入［创建账套—基础信息］对话框，勾选“存货是否分类”“客户是否分类”“供应商是否分类”“有无外币核算”，如图2-1-8所示。

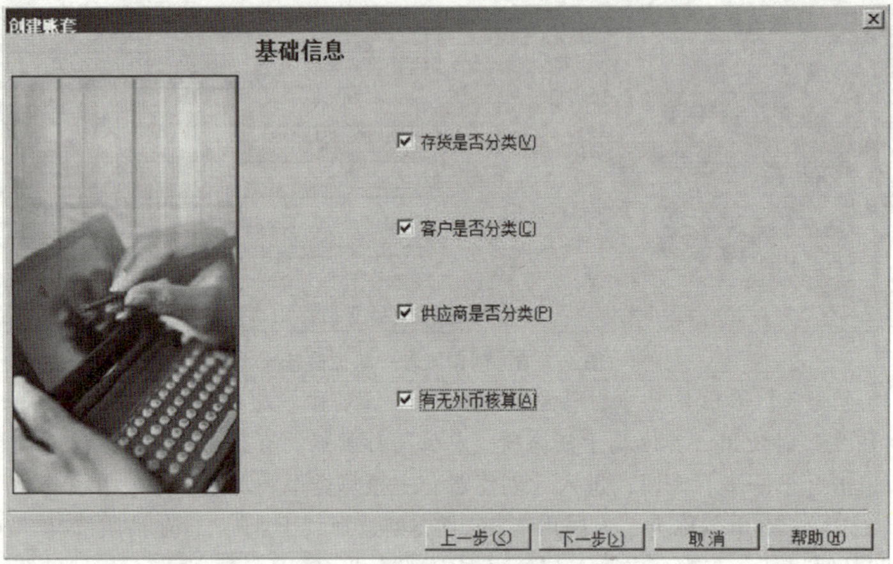

图2-1-8 创建账套—基础信息

6. 单击［下一步］按钮，进入［创建账套—开始］对话框，单击［完成］按钮，如图2-1-9所示。系统弹出“可以创建账套了么?”提示框。

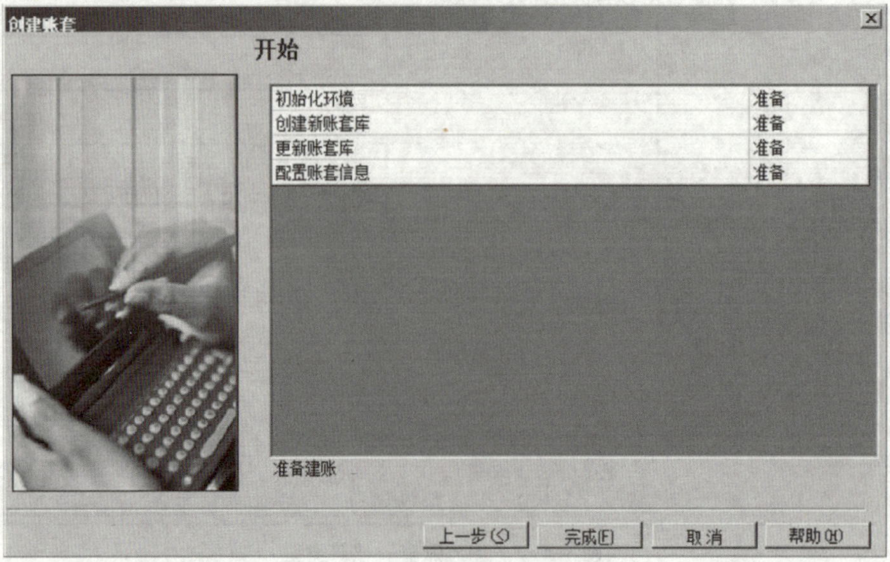

图2-1-9 创建账套—开始

7.单击［是］按钮，系统进入建账过程。在弹出的［编码方案］对话框中，输入科目编码级次“4222”，其他编码级次设置采用默认值，如图2-1-10所示。

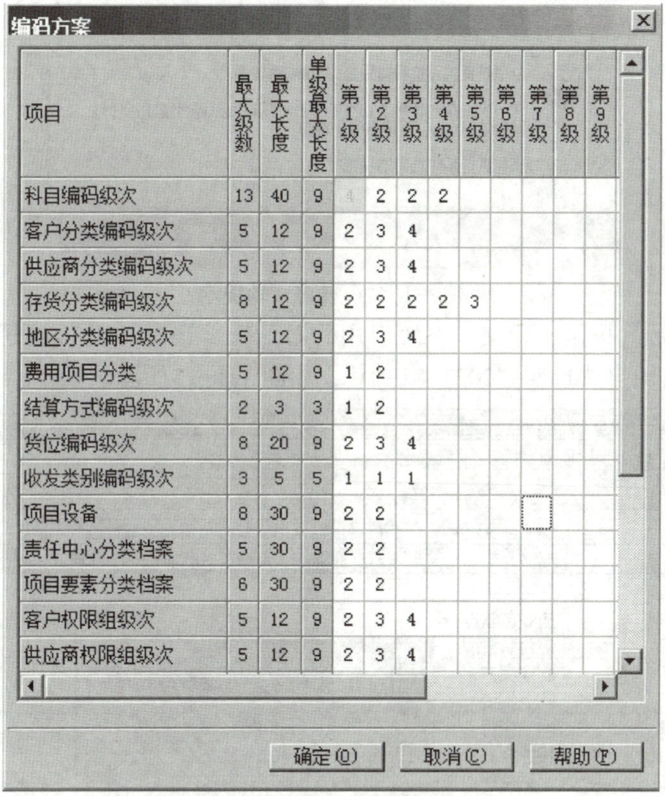

项目	最大级数	最大长度	单级最大长度	第1级	第2级	第3级	第4级	第5级	第6级	第7级	第8级	第9级
科目编码级次	13	40	9	4	2	2	2					
客户分类编码级次	5	12	9	2	3	4						
供应商分类编码级次	5	12	9	2	3	4						
存货分类编码级次	8	12	9	2	2	2	2	3				
地区分类编码级次	5	12	9	2	3	4						
费用项目分类	5	12	9	1	2							
结算方式编码级次	2	3	3	1	2							
货位编码级次	8	20	9	2	3	4						
收发类别编码级次	3	5	5	1	1	1						
项目设备	8	30	9	2	2							
责任中心分类档案	5	30	9	2	2							
项目要素分类档案	6	30	9	2	2							
客户权限组级次	5	12	9	2	3	4						
供应商权限组级次	5	12	9	2	3	4						

图2-1-10　编码方案

【操作提示】编码方案的设置将会直接影响基础信息设置中相应内容的编码级次及每级编码的位长。

8.单击［确定］按钮，再单击［关闭］或［取消］按钮，系统弹出［数据精度］对话框，采用系统默认值，如图2-1-11所示。

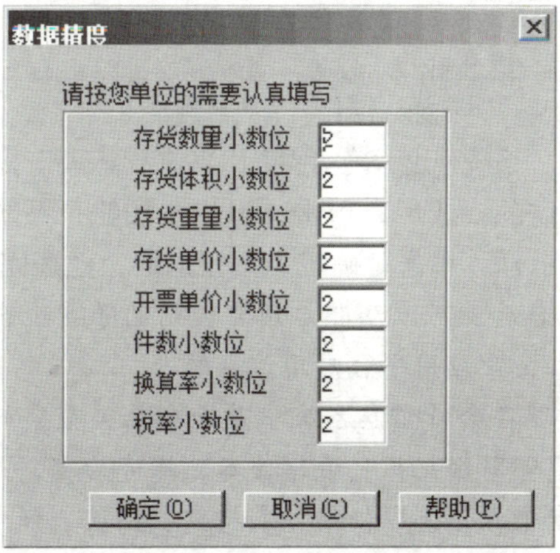

图2-1-11　数据精度

9.单击［确定］按钮，弹出“建账成功”提示框，提示“现在进行系统启用的设置?”，如图2-1-12所示。

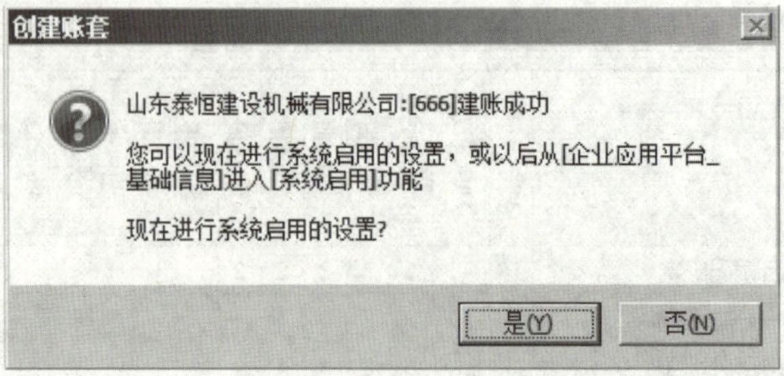

图2-1-12　建账成功提示

10.单击［是］按钮，弹出［系统启用］对话框，选中“GL-总账”，弹出［日历］对话框，选择启用自然日期“2021-01-01”，如图2-1-13所示。

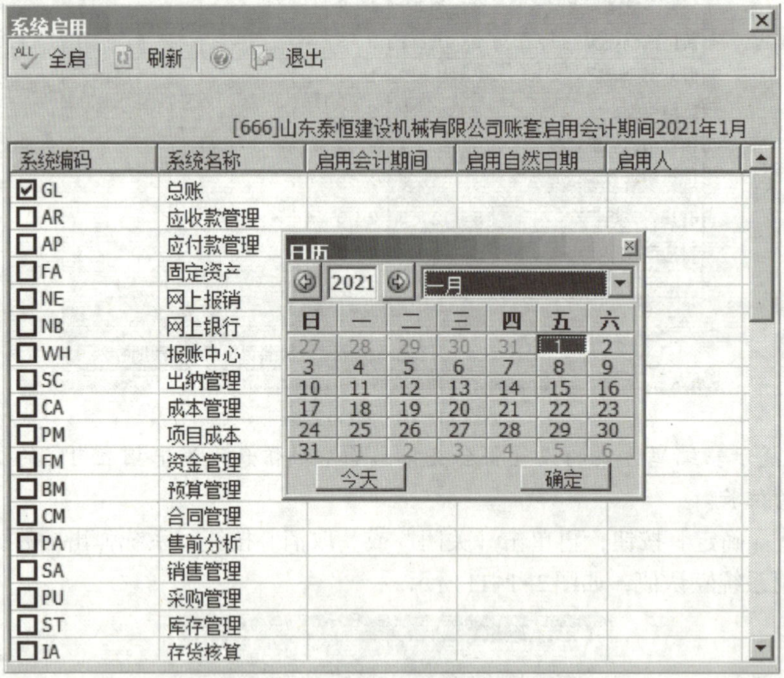

图2-1-13　启用总账系统

11.单击［确定］按钮，系统弹出“确实要启用当前系统吗?”提示框，单击［是］按钮。

12.启用完本企业所需的模块后，单击［退出］按钮，系统弹出“请进入企业应用平台进行业务操作!”提示框，单击［确定］按钮返回，建账完成。

【操作提示】建立账套后，可以立即启用要使用的子系统，也可以暂不启用，当使用某个子系统时，可以在企业应用平台启用该系统。

【明德善思】系统管理在会计信息系统中是一个至关重要的初始化环节，在建立账套时，会计人员应严格遵守财经纪律，诚信为本，操守为重，严禁设置账外账。我国会计法规定：任何单位或者个人不得以任何方式授意、指使、强令会计机构、会计人员伪造、变造会计凭证、会计账簿和其他会计资料。党的二十大报告中指出：“弘扬社会主义法治精神，传承中华优秀传统法律文化，引导全体人民做社会主义法治的忠实崇尚者、自觉遵守者、坚定捍卫者。”作为会计人员应时刻警惕、警觉、警醒，不断增强法律意识，树立良好的会计职业道德，做一个爱岗、诚信、守法的会计人员。

四、设置权限

微课

设置权限

1.在［系统管理］中，执行［权限］—［权限］命令，进入［操作员权限］窗口，选择“666”账套。

2.单击选择“肖然”，单击工具栏中的［修改］按钮。

3.单击选择［基本信息］、［财务会计］—［总账］中除审核凭证和出纳签字之外的所有权限、［应收款管理］、［应付款管理］、［供应链］—［存货核算］的全部权限，如图2-1-14所示。

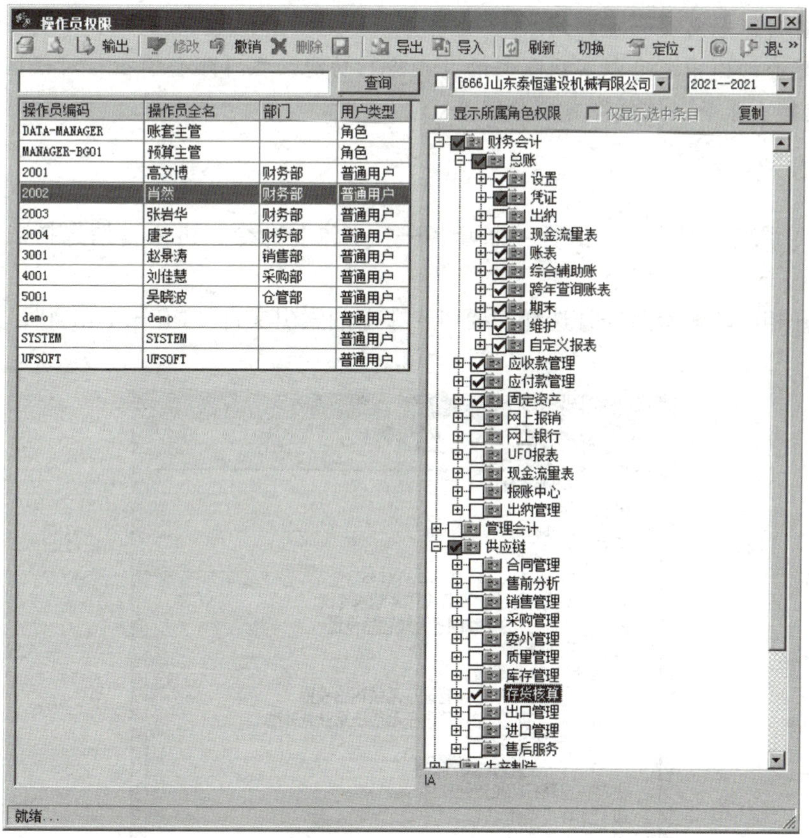

图2-1-14　设置权限

4.选中后单击［保存］按钮。同理，按照实训资料依次增加其他操作人员权限。

五、输出账套

1.在［系统管理］页面，执行［账套］—［输出］命令，进入［账套输出］窗口。

2.选择需要输出的账套“［666］山东泰恒建设机械有限公司”，选择账套输出位置，如图2-1-15所示。

微课

输出账套

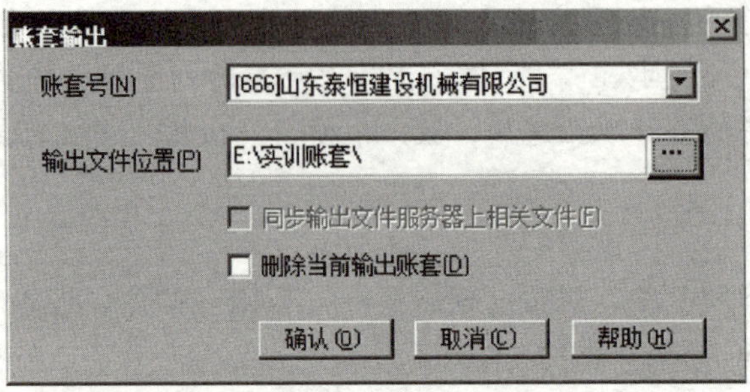

图2-1-15　账套输出

3.单击［确认］按钮，开始进行账套输出备份。

4.系统弹出“输出成功”提示框，单击［确定］按钮。

【操作提示】

（1）备份账套需要一定时间。

（2）账套的输出还可以实现账套的［删除］功能，在［账套输出］对话框中，勾选“删除当前输出账套”选项即可删除账套。

六、引入账套

1.在［系统管理］中，执行［账套］—［引入］命令，进入［请选择账套备份文件］窗口。

2.打开相应的账套路径，选择需要引入账套的索引文件“UfErpAct.Lst”，如图2-1-16所示。

微课

引入账套

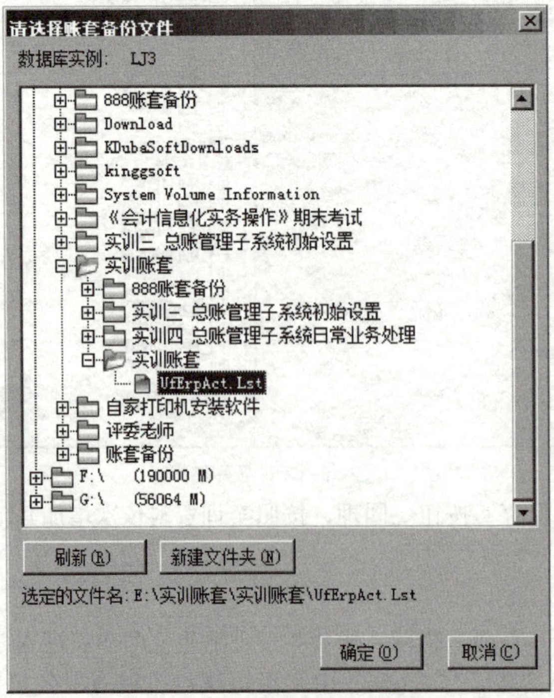

图2-1-16　选择账套备份文件

3.单击［确定］按钮，系统弹出“请选择账套引入的目录”提示框，如图2-1-17所示。

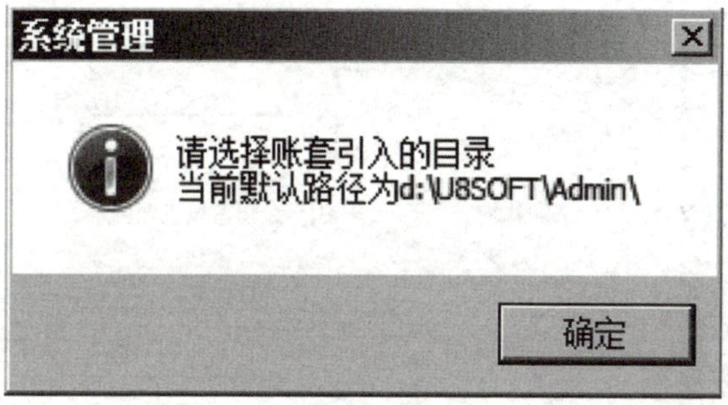

图2-1-17　选择账套引入目录

4.单击［确定］按钮，选择账套引入的目录（默认路径即可）。

5.单击［确定］按钮，系统提示“正在引入［666］的［2021-2021］账套库，请等待…”，如图2-1-18所示。

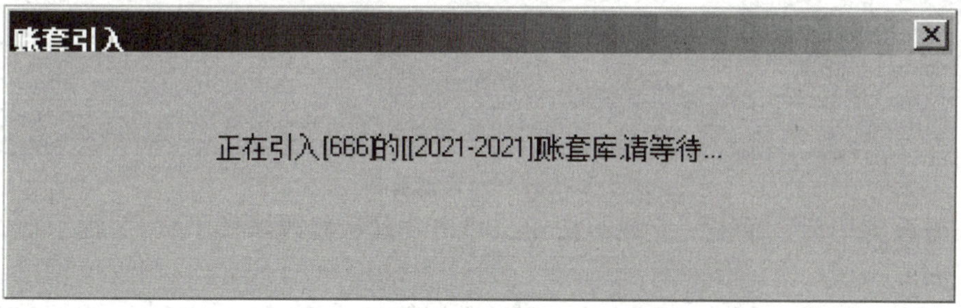

图2-1-18　引入账套

6.提示“账套引入成功”，单击［确定］按钮。

【操作提示】只有系统管理员用户才有权限引入和输出任意一个账套。

七、修改账套

当系统管理员建完账套后，在未使用相关信息的基础上，如果需要对某些信息进行调整，可以以账套主管的身份登录系统管理中进行修改。

微课

修改账套

1.在［系统管理］页面，执行［系统］—［注册］命令，以账套主管“2001高文博”的身份注册，密码为“2001”，选择账套“［666］山东泰恒建设机械有限公司”，操作日期为“2021-01-01”。

2.单击［登录］按钮，进入［系统管理］窗口。执行［账套］—［修改］命令，进入［修改账套］窗口，如图2-1-19所示。

3.可修改的账套信息主要有：账套信息（账套名称、启用会计期间的月份可以修改，其余信息不可修改）；单位信息（所有信息均可修改）；核算类型（仅“行业性质”可修改）；基础信息（根据系统是否已建立分类数据情况进行修改）。针对以上各操作界面，账套主管可以根据需要，对允许修改的内容进行修改。

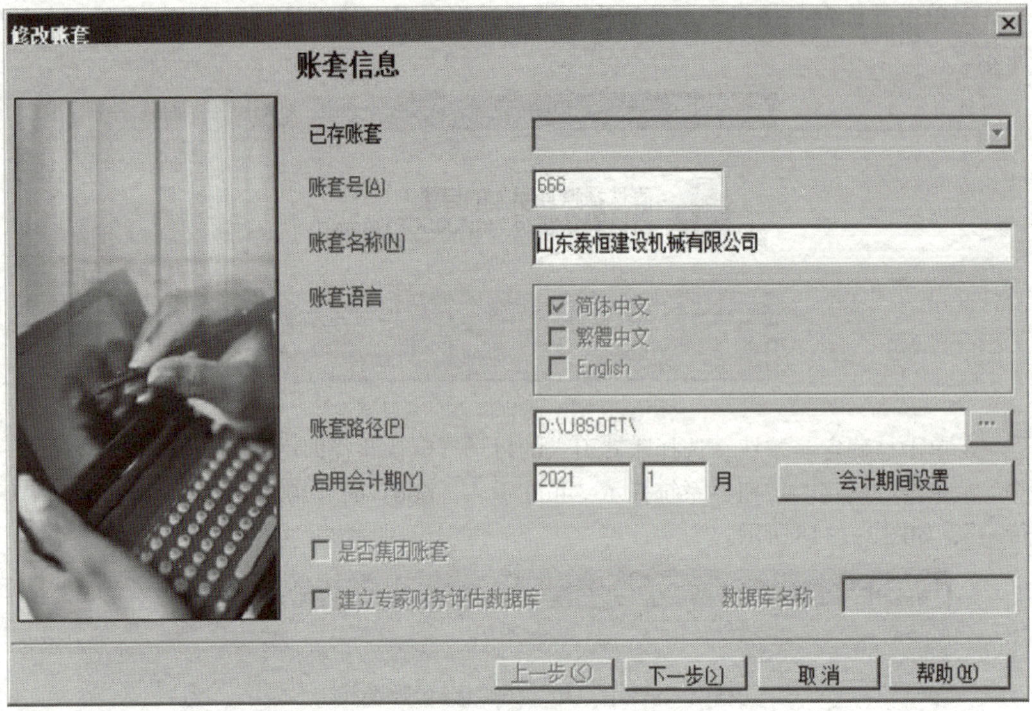

图2-1-19 修改账套

4.修改完毕后，单击［完成］按钮，弹出“确认修改账套了么?”提示框，单击［是］按钮。

5.系统依次弹出［分类编码方案］及［数据精度定义］两个对话框，完成修改后单击［确定］按钮。如果没有信息需要修改，单击［取消］按钮，系统提示“修改账套成功”，单击［确定］按钮，即可完成账套的修改。

【操作提示】

（1）只有账套主管才能修改所管辖的账套。

（2）由于账套建立后部分参数不能修改，若该部分参数出现错误，只能将原账套删除，因此在建立账套时须谨慎。

实训二　基础档案设置

实训目的

1.认知基础档案设置的内容，并能完成相应操作。
2.理解基础档案信息对后续业务处理的影响。

实训内容

1.设置机构人员：部门档案、人员类别、人员档案。
2.设置客商信息：地区分类、供应商分类、供应商档案、客户分类、客户档案。
3.设置结算方式。
4.设置外币信息。

实训准备

引入“实训账套\实训一”的账套数据。

实训资料

山东泰恒建设机械有限公司基础档案设置资料如下（见表2-2-1至表2-2-10）：

一、部门档案

表2-2-1　部门档案

部门编号	所属部门	部门编号	所属部门
1	经理室	5	仓管部
2	财务部	6	生产部
3	销售部	601	生产一部
4	采购部	602	生产二部

二、人员类别

表2-2-2 人员类别

人员类别编号	人员类别
1011	企业管理人员
1012	采购人员
1013	销售人员
1014	生产管理人员
1015	生产人员
1016	仓管人员

三、人员档案

表2-2-3 人员档案

人员编号	人员姓名	性别	雇佣状态	所属部门	人员类别	是否业务员
1001	张启鸿	男	在职	经理室	企业管理人员	是
2001	高文博	男	在职	财务部	企业管理人员	是
2002	肖 然	女	在职	财务部	企业管理人员	是
2003	张岩华	女	在职	财务部	企业管理人员	是
2004	唐 艺	男	在职	财务部	企业管理人员	是
3001	赵景涛	男	在职	销售部	销售人员	是
4001	刘佳慧	女	在职	采购部	采购人员	是
5001	吴晓波	男	在职	仓管部	仓管人员	是
6001	刘莉莉	女	在职	生产一部	生产管理人员	是
6002	李宏远	男	在职	生产一部	生产人员	是
6003	王 彬	男	在职	生产二部	生产管理人员	是
6004	赵 妍	女	在职	生产二部	生产人员	是

四、地区分类

表2-2-4 地区分类

地区类别编码	地区分类名称
01	华东地区
02	东北地区
03	其他地区

五、供应商分类

表2-2-5　供应商分类

供应商类别编码	供应商分类名称
01	原材料供应商
02	固定资产供应商
03	其他供应商

六、供应商档案

表2-2-6　供应商档案

编码	名称	简称	所属分类	地区分类	税号	开户银行	银行账号
001	沈阳正锋机械有限公司	正锋机械	01	02	91210123434345678R	中国建设银行沈阳分行	21050168640800000901
002	山东鑫源有限责任公司	山东鑫源	01	01	91370123434356565A	中国建设银行济南分行	37050168640800000902
003	青岛长城制造有限公司	长城制造	01	01	91370234556666677B	中国建设银行青岛分行	37050168640800000903
004	济宁盛达制造有限公司	济宁盛达	01	01	91370834556666888R	中国建设银行济宁分行	37050168640800000904
005	山东同兴包装有限公司	同兴包装	01	01	91370234556666899M	中国建设银行嘉祥分行	37050168640800000905
006	济宁亿维数码科技有限公司	亿维科技	02	01	91370834556666891M	中国建设银行济宁分行	37050168640800000906
007	上海鑫瑞股份有限公司	上海鑫瑞	03	01	91310802792488765R	中国建设银行上海分行	31050168640800000907

七、客户分类

表2-2-7　客户分类

客户类别编码	客户分类名称
01	工业企业
02	商业企业
03	行政事业单位

八、客户档案

表2-2-8　客户档案

编号	名称	简称	所属分类	地区分类	税号	开户银行	账号
001	济宁嘉丰机械有限公司	嘉丰机械	01	01	91370802792489747R	中国建设银行济宁分行	37050168640800000908

续表

编号	名称	简称	所属分类	地区分类	税号	开户银行	账号
002	上海鑫瑞股份有限公司	上海鑫瑞	01	01	91310802792488765M	中国建设银行上海分行	31050168640800000909
003	辽宁天悦机械制造有限公司	天悦机械	01	02	91210502792467855A	中国建设银行大连分行	21050168640800000910
004	浙江圣迪制造有限公司	圣迪制造	01	01	91310612345678901W	中国建设银行杭州分行	31050168640800000911

九、结算方式

表2-2-9 结算方式

编码	结算方式	票据管理标识	编码	结算方式	票据管理标识
1	现金结算	否	4	汇兑	否
2	支票结算	是	401	信汇	否
201	现金支票	是	402	电汇	否
202	转账支票	是	5	委托收款	否
3	商业汇票	是	6	银行汇票	否
301	商业承兑汇票	是	7	托收承付	否
302	银行承兑汇票	是	8	其他	否

十、外币设置

表2-2-10 外币及汇率

币符	币名	汇率
USD	美元	固定汇率1：6.52

实训要求

以账套主管“2001高文博”的身份登录企业应用平台，进行基础档案的相应设置。

实训步骤

一、登录用友企业应用平台

1.双击桌面快捷方式“企业应用平台”，进入［登录］窗口。

2.输入操作员“2001”、密码“2001”，选择账套“［666］(default）山东泰恒建设机械有限公司”，选择操作日期“2021-01-01”，如图2-2-1所示。

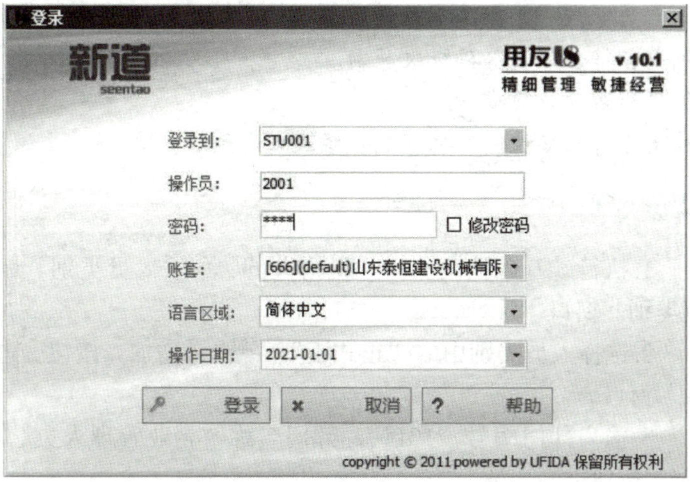

图2-2-1　登录企业应用平台

3.单击［登录］按钮，进入企业应用平台。

二、设置部门档案

1.单击［基础设置］菜单项，执行［基础档案］—［机构人员］—［部门档案］命令，进入［部门档案］窗口。

2.单击［增加］按钮，进入［部门档案］窗口。

3.输入部门编号“1”、部门名称“经理室”，如图2-2-2所示，单击工具栏［保存］按钮。

微课

设置部门档案

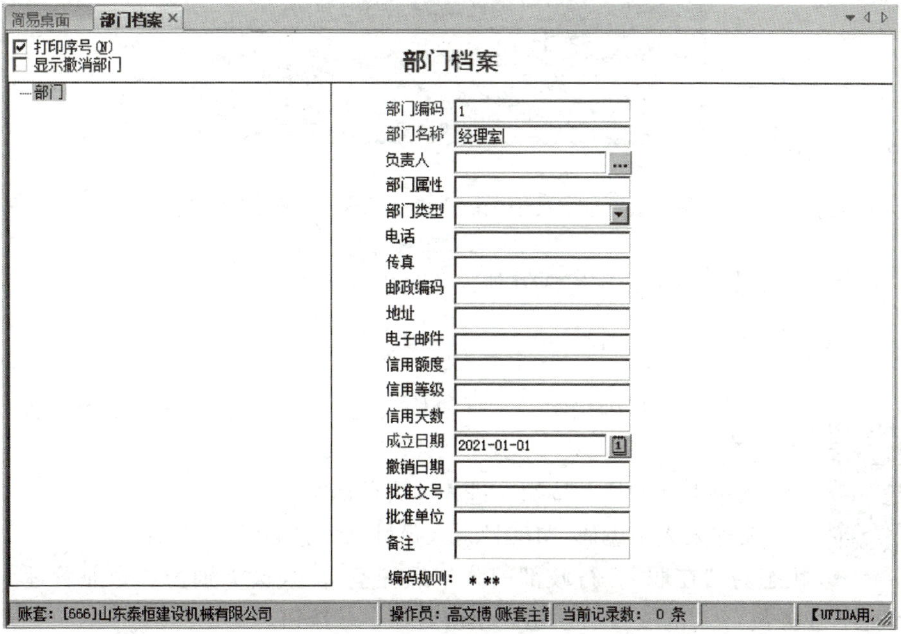

图2-2-2　设置部门档案

4.同理，根据实训资料依次完成其他部门档案的录入。

【操作提示】

（1）部门编码应符合部门编码级次原则。

（2）部门编码和名称必须唯一。

（3）部门档案资料一旦被使用将不能被修改或者删除。

三、设置人员类别

微课

设置人员类别

1.执行［基础档案］—［机构人员］—［人员类别］命令，进入［人员类别］窗口。

2.选择人员类别中的“正式工”，单击［增加］按钮，进入［增加档案项］窗口。

3.输入部门编号“1011”、部门名称“企业管理人员”，如图2-2-3所示，单击［确定］按钮。

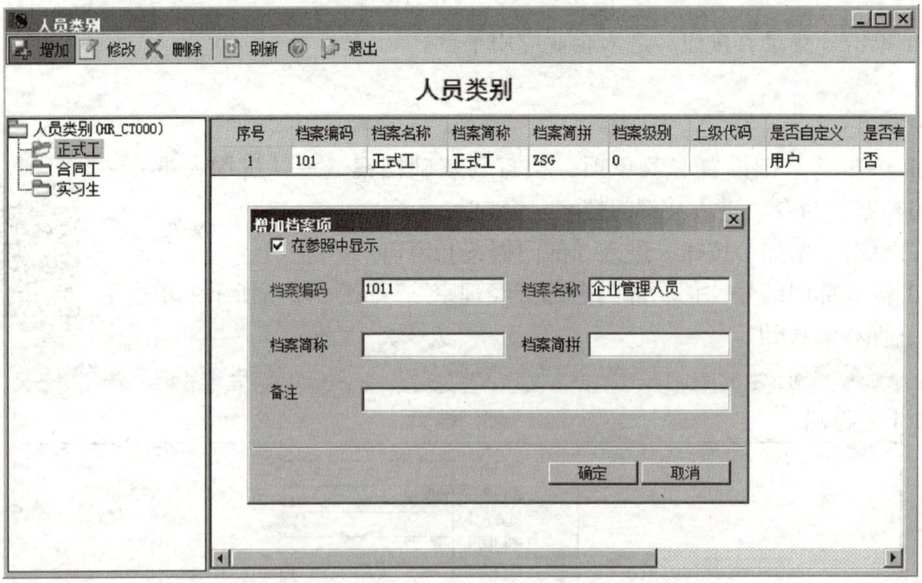

图2-2-3　设置人员类别

4.同理，根据实训资料依次完成其他人员类别的录入。

四、设置人员档案

微课

设置人员档案

1.执行［基础档案］—［机构人员］—［人员档案］命令，进入［人员档案］窗口。

2.单击［增加］按钮，进入［人员档案］对话框。

3.输入人员编码“1001”、人员姓名“张启鸿”，选择性别“男”，雇用状态为“在职”，行政部门为“经理室”，人员类别为“企业管理人员”，勾选“是否业务员”，如图2-2-4所示。单击［保存］按钮。

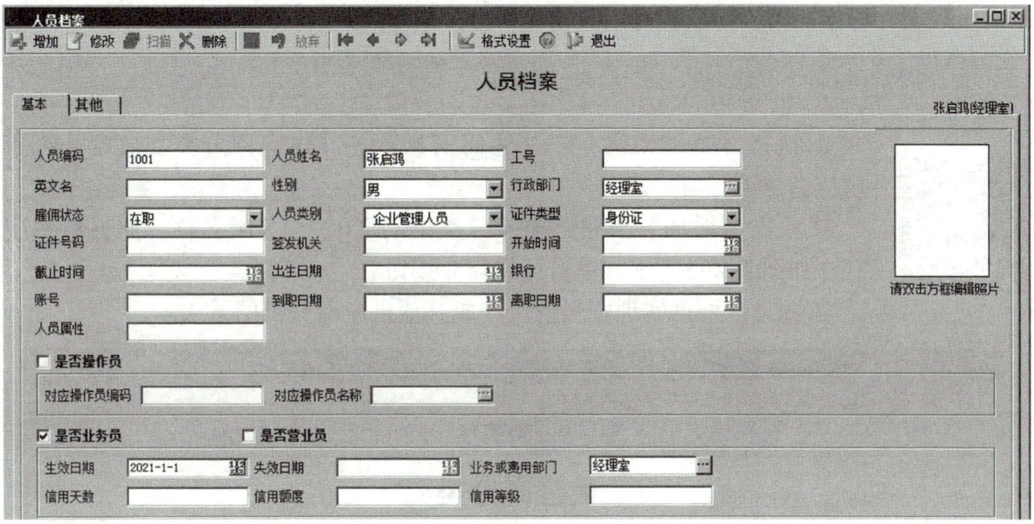

图2-2-4　设置人员档案

4.同理，根据实训资料依次完成其他人员档案的录入。

【操作提示】

（1）行政部门自动默认之前的选择项，后续再增加其他部门人员时要先删除再选择。

（2）勾选“是否业务员”，下面的选项自动变成可编辑状态，业务或费用部门自动默认上面选择的行政部门。

五、设置地区分类

微课 设置地区分类

1.执行［基础档案］—［客商信息］—［地区分类］命令，进入［地区分类］窗口。

2.单击［增加］按钮，输入分类编码“01”、分类名称“华东地区”，如图2-2-5所示，单击［保存］按钮。

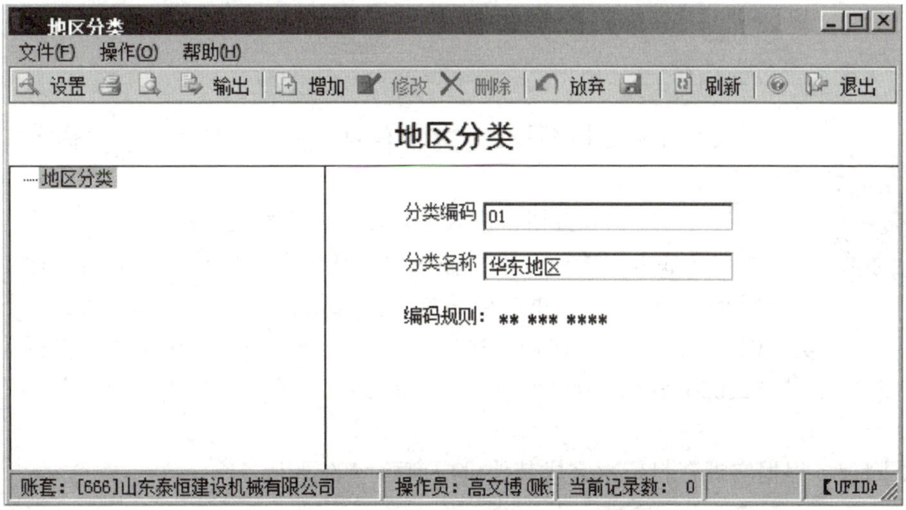

图2-2-5　设置地区分类

3. 同理，根据实训资料依次完成其他地区分类的录入。

六、设置供应商分类

微课

设置供应商分类

1. 执行［基础档案］—［客商信息］—［供应商分类］命令，进入［供应商分类］窗口。

2. 单击［增加］按钮，输入分类编码“01”、分类名称“原材料供应商”，如图2-2-6所示，单击［保存］按钮。

3. 同理，根据实训资料依次完成其他供应商分类的录入。

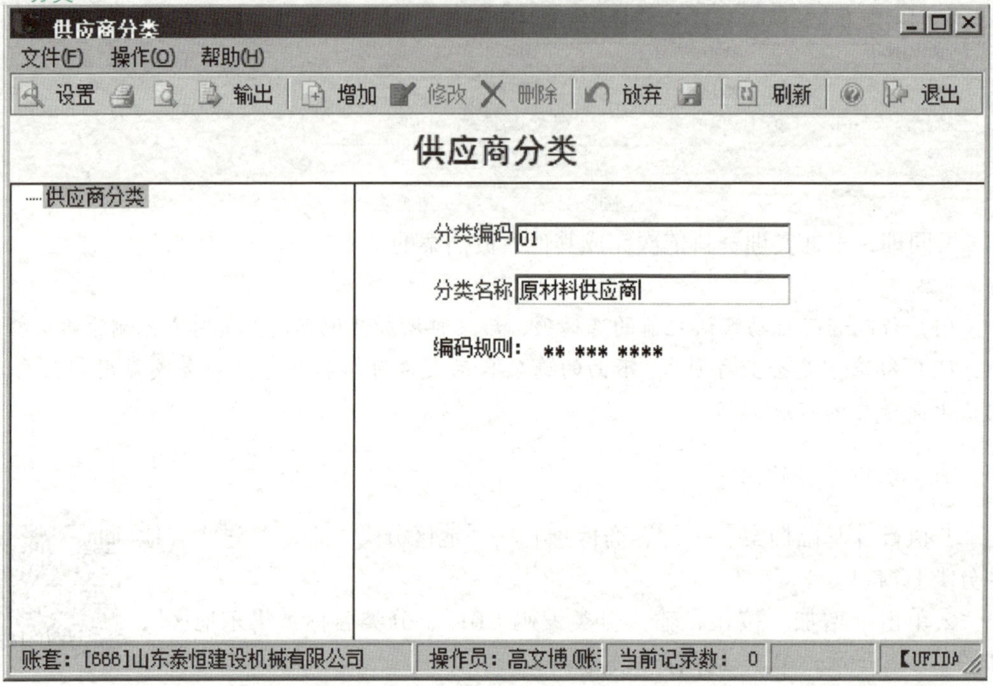

图2-2-6　设置供应商分类

七、设置供应商档案

微课

设置供应商档案

1. 执行［基础档案］—［客商信息］—［供应商档案］命令，进入［供应商档案］窗口。

2. 单击［增加］按钮，进入［增加供应商档案］窗口。

3. 在［基本］选项卡中，输入供应商编码“001”、供应商名称“沈阳正锋机械有限公司”、供应商简称“正锋机械”、所属地区“02”、所属分类“01”、税号“91210123434345678R”、开户银行“中国建设银行沈阳分行”、银行账号“21050168640800000901”，如图2-2-7所示，单击工具栏的［保存］按钮。

4. 同理，根据实训资料依次完成其他供应商档案的录入。

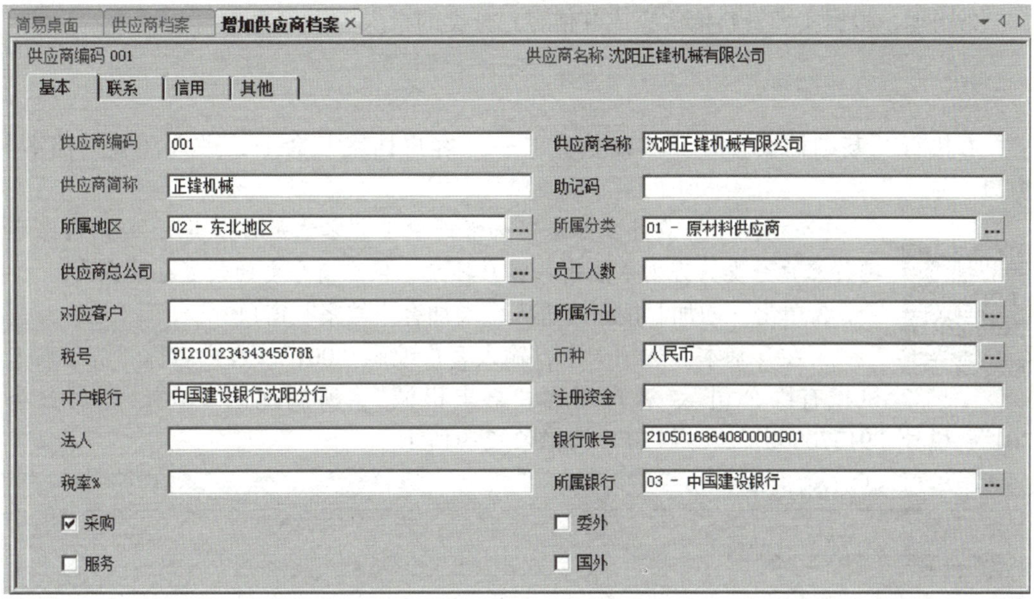

图2-2-7　设置供应商档案

【操作提示】

(1) 增加银行信息有两种方式：在基本信息页面直接输入，或点击左上方［银行］按钮。

(2) 在第一个供应商档案信息输入完毕后，继续增加供应商档案有两种方式：可单击［保存］后单击［增加］按钮，或者直接点击［保存并增加］按钮。

微课
设置客户分类

八、设置客户分类

1. 执行［基础档案］—［客商信息］—［客户分类］命令，进入［客户分类］窗口。

2. 单击［增加］按钮，输入分类编码“01”、分类名称“工业企业”，如图2-2-8所示，单击［保存］按钮。

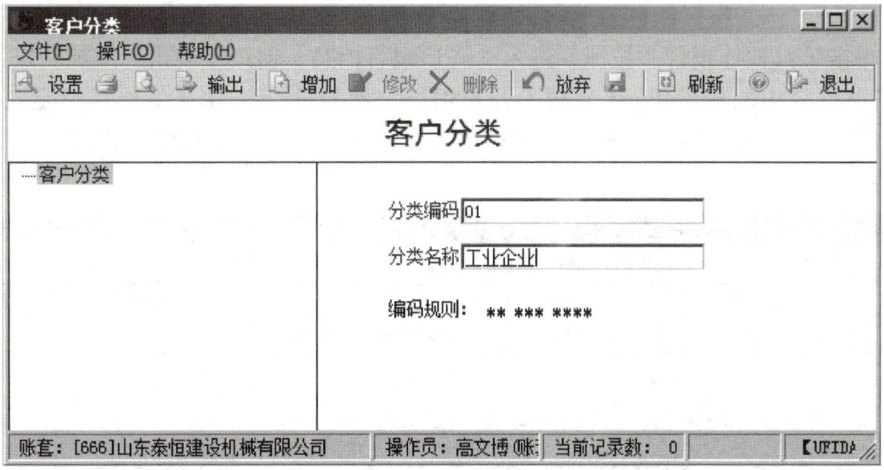

图2-2-8　设置客户分类

3.同理，根据实训资料依次完成其他客户分类的录入。

九、设置客户档案

1.执行［基础档案］—［客商信息］—［客户档案］命令，进入［客户档案］窗口。

微课

设置客户档案

【操作提示】在建立账套时如果选中了“客户是否分类”，在此时必须进行客户分类，否则不能输入客户档案。供应商分类的设置也是如此。

2.单击［增加］按钮，进入［增加客户档案］窗口。

3.在［基本］选项卡中，输入客户编码“001”、客户名称“济宁嘉丰机械有限公司”、客户简称“嘉丰机械”、所属地区“01”、所属分类“01”、税号“91370802792489747R”，如图2-2-9所示。

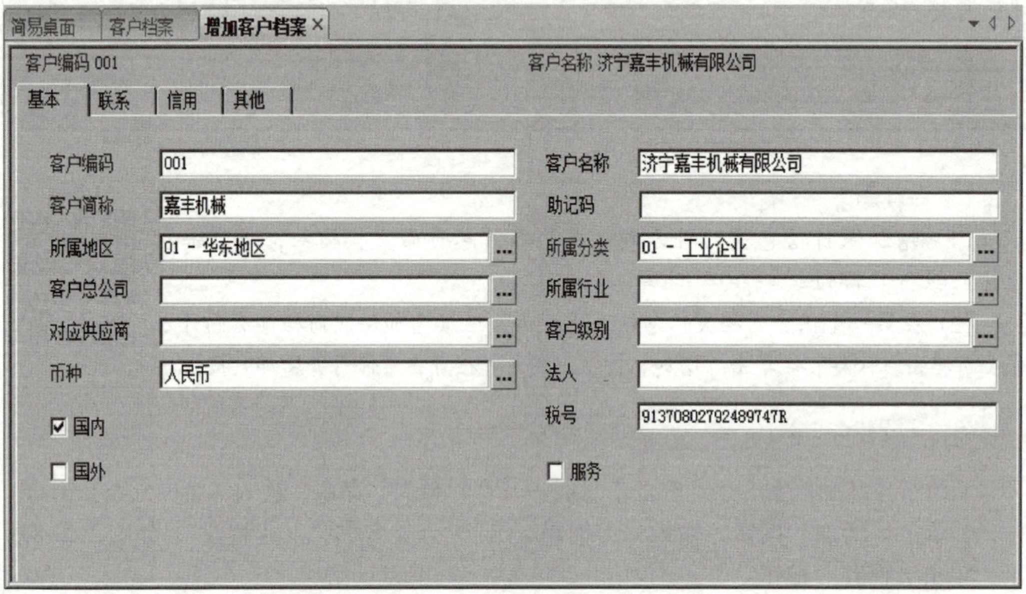

图2-2-9　设置客户档案

4.单击工具栏［银行］按钮，进入［客户银行档案］窗口，单击［增加］按钮，选择所属银行“中国建设银行”，输入开户银行、银行账号，默认值选择“是”，如图2-2-10所示，单击［保存］按钮，然后退出，回到［增加客户档案］窗口，单击工具栏的［保存］按钮。

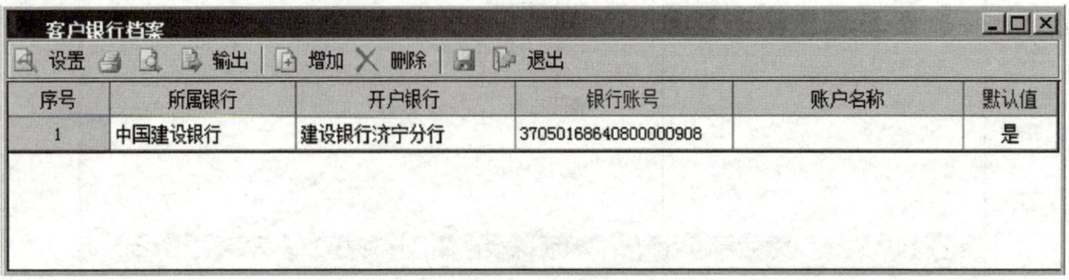

图2-2-10　设置客户银行档案

5. 同理，根据实训资料依次完成其他客户档案的录入。

【操作提示】

(1) 增加供应商档案和客户档案在操作流程上有许多类似之处，二者最大的区别在于对增加银行信息的处理不一致，［增加供应商档案］的［基本］选项卡中里有银行信息，而在［增加客户档案］的［基本］选项卡中没有银行信息，必须在工具栏内［银行］功能里输入。

(2)［增加供应商档案］和［增加客户档案］都具有四个选项卡，输入信息时注意信息完整性。

十、设置结算方式

1. 执行［基础档案］—［收付结算］—［结算方式］命令，进入［结算方式］窗口。

微课

设置结算方式

2. 单击［增加］按钮，输入结算方式编码“1”、结算方式名称“现金结算”，不勾选“是否票据管理”，如图 2-2-11 所示，单击［保存］按钮。

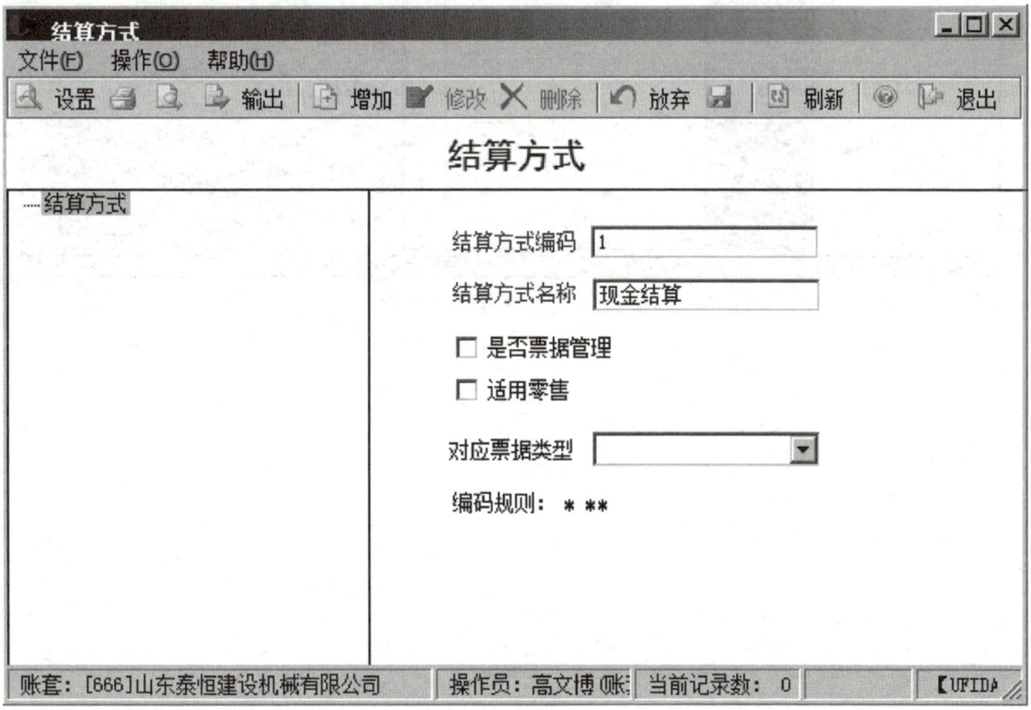

图2-2-11 设置结算方式

3. 同理，根据实训资料依次完成其他结算方式的录入。

十一、设置外币信息

微课

设置外币信息

（1）执行［基础档案］—［财务］—［外币设置］命令，进入［外币设置］窗口。

（2）输入币符“USD”、币名“美元”，单击［确认］按钮。

（3）在2021年01月的“记账汇率”中输入“6.52”，按回车键，如图2-2-12所示。

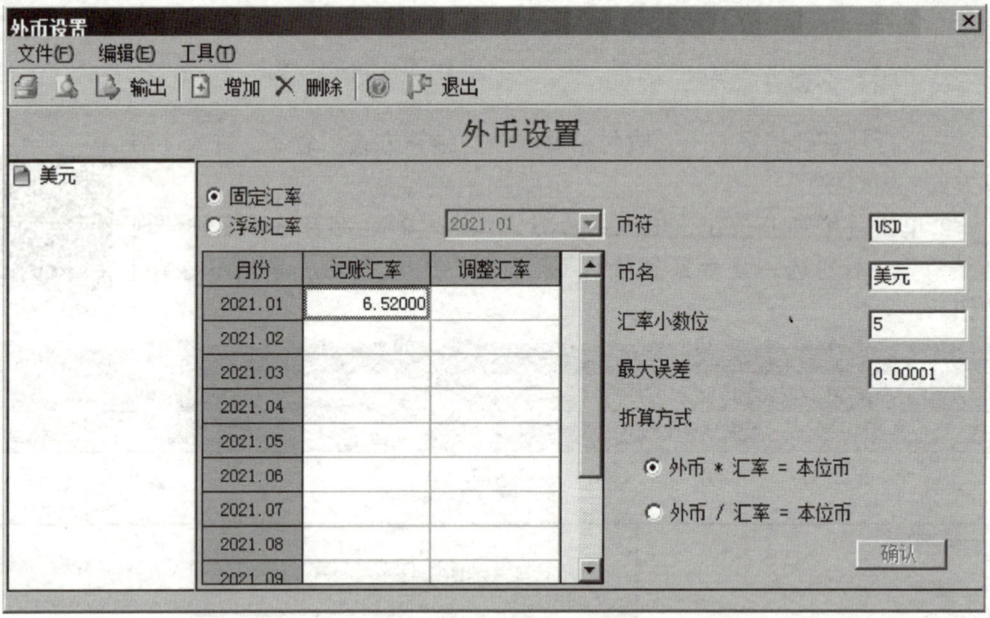

图2-2-12　设置外币信息

实训三　总账管理子系统初始设置

实训目的

1.能根据提供的实训资料，完成各项初始设置的操作。
2.领会各项初始设置对后续日常业务处理的影响。
3.能设置企业财务基础信息和期初数据。

实训内容

1.总账管理子系统的控制参数设置。
2.基础设置中的财务信息设置。
3.有辅助核算和无辅助核算的科目期初余额录入。

实训准备

引入“实训账套\实训二”的账套数据。

实训资料

山东泰恒建设机械有限公司总账管理子系统初始设置资料如下：

一、总账控制参数（见表2-3-1）

表2-3-1　总账控制参数

选项卡	参数设置
凭证	制单序时控制、支票控制 赤字控制：资金往来科目 赤字控制方式：提示 可以使用应收、应付、存货受控科目 凭证编号方式采用系统编号

续表

选项卡	参数设置
账簿	账簿打印位数按软件默认的标准设定 明细账（日记账、多栏账）打印方式按年排序
凭证打印	打印凭证的制单、出纳、审核、记账等人员姓名
预算控制	超出预算允许保存
权限	出纳凭证必须经由出纳签字 不允许修改、作废他人填制的凭证 可查询他人凭证
会计日历	数量小数位和单价小数位设置为2位
其他	外币核算采用固定汇率 部门、个人、项目按编码方式排序，日记账、序时账按“日期+制单”顺序排序

二、财务基础数据

（一）会计科目及2021年1月份期初余额表（见表2-3-2）

表2-3-2 会计科目及期初余额表

科目名称	辅助核算	方向	币别/计量	期初余额
库存现金（1001）	日记账	借		6 852.00
银行存款（1002）	银行账、日记账	借		262 150.00
中国建设银行（100201）	银行账、日记账	借		262 150.00
中国工商银行（100202）	银行账、日记账	借		
		借	美元	
应收票据（1121）	客户往来（受控应收系统）	借		8 588.00
应收账款（1122）	客户往来（受控应收系统）	借		44 748.00
预付账款（1123）	供应商往来（受控应付系统）	借		10 000.00
其他应收款（1221）	个人往来	借		3 000.00
坏账准备（1231）		贷		223.74
原材料（1403）		借		363 450.00

续表

科目名称	辅助核算	方向	币别/计量	期初余额
库存商品（1405）		借		290 000.00
涨紧油缸（140501）	数量核算	借		75 000.00
		借	件	150.00
导向轮（140502）	数量核算	借		215 000.00
		借	件	100.00
固定资产（1601）		借		1 104 600.00
累计折旧（1602）		贷		95 606.00
短期借款（2001）		贷		100 000.00
应付票据（2201）	供应商往来（受控应付系统）	贷		81 360.00
应付账款（2202）		贷		6 000.00
一般应付款（220201）	供应商往来（受控应付系统）	贷		
暂估应付款（220202）	供应商往来（不受控应付系统）	贷		6 000.00
预收账款（2203）	客户往来（受控应收系统）	贷		50 000.00
应付职工薪酬（2211）		贷		
工资（221101）		贷		
职工福利（221102）		贷		
社会保险费（221103）		贷		
工会经费（221104）		贷		
其他（221109）		贷		
应交税费（2221）		贷		
应交增值税（222101）		贷		
进项税额（22210101）		贷		
销项税额（22210102）		贷		
转出多交增值税（22210103）		贷		
转出未交增值税（22210104）		贷		

续表

科目名称	辅助核算	方向	币别/计量	期初余额
进项税额转出（22210105）		贷		
应交城市维护建设税（222102）		贷		
应交教育费附加（222103）		贷		
应交所得税（222104）		贷		
未交增值税（222105）		贷		
应交个人所得税（222106）		贷		
实收资本（4001）		贷		1 700 000.00
利润分配（4104）		贷		
提取盈余公积（410401）		贷		
应付利润（410402）		贷		
未分配利润（410403）		贷		102 298.26
生产成本（5001）		借		42 100.00
直接材料（500101）	项目核算	借		30 000.00
直接人工（500102）	项目核算	借		10 000.00
制造费用（500103）	项目核算	借		2 100.00
管理费用（6602）		借		
职工薪酬（660201）	部门核算	借		
办公费（660202）	部门核算	借		
折旧费（660203）	部门核算	借		
差旅费（660204）	部门核算	借		
招待费（660205）	部门核算	借		
其他费用（660209）	部门核算	借		
财务费用（6603）		借		
利息（660301）		借		
手续费（660302）		借		
信用减值损失（6702）		借		

（二）指定会计科目（见表2-3-3）

表2-3-3　指定会计科目

项目	会计科目
现金科目	库存现金　（1001）
银行科目	银行存款　（1002）
现金流量科目	库存现金　（1001） 银行存款/中国建设银行　（100201） 银行存款/中国工商银行　（100202）

（三）凭证类别（见表2-3-4）

表2-3-4　凭证类别

凭证类别	限制类型	限制科目
收款凭证	借方必有	1001，1002
付款凭证	贷方必有	1001，1002
转账凭证	凭证必无	1001，1002

（四）项目目录（见表2-3-5）

表2-3-5　项目目录

项目设置步骤	设置内容
项目大类	产品
核算科目	直接材料（500101） 直接人工（500102） 制造费用（500103）
项目分类	1.导向轮调节总成 11.涨紧机构 12.导向轮总成 2.其他
项目名称	1101 涨紧油缸 1201 导向轮

三、总账期初余额

（一）总账期初余额表（见表2-3-2）

（二）辅助账期初余额表（见表2-3-6至表2-3-13）

表2-3-6　应收账款（1122）期初余额　单位：元

日期	客户名称	摘要	方向	余额
2020-12-26	嘉丰机械	销售部赵景涛销售涨紧油缸10件，单价：760元/件，销售专用发票号：35434567	借	8 588
2020-12-28	天悦机械	销售部赵景涛销售导向轮10件，单价：3 200元/件，销售专用发票号：35434569	借	36 160

表2-3-7 应收票据（1121）期初余额 单位：元

日期	客户名称	摘要	方向	余额
2020-11-20	天悦机械	销售部赵景涛销售涨紧油缸10件，单价：760元/件，收到不带息银行承兑汇票一张，票号：78675432	借	8 588

表2-3-8 预收账款（2203）期初余额 单位：元

日期	客户名称	摘要	方向	余额
2020-12-23	上海鑫瑞	销售部赵景涛预售导向轮50件，单价：3 200元/件，收到电汇款票号：65438967	贷	50 000

表2-3-9 暂估应付款（220202）期初余额 单位：元

日期	供应商名称	摘要	方向	余额
2020-12-27	山东鑫源	采购部刘佳慧采购法兰盘120件，单价：50元/件，发票尚未收到	贷	6 000

表2-3-10 应付票据（2201）期初余额 单位：元

日期	供应商名称	摘要	方向	余额
2020-12-28	长城制造	采购部刘佳慧采购轮壳100件，单价：720元/件，用银行承兑汇票支付货款，票号：68675432，票面利率：6%，按日计息，到期日：2021-01-28	贷	81 360

表2-3-11 预付账款（1123）期初余额 单位：元

日期	供应商名称	摘要	方向	余额
2020-12-22	济宁盛达	采购部刘佳慧采购辐板100件，单价：420元/件，转账支票号：65437889	借	10 000

表2-3-12 其他应收款（1221）期初余额 单位：元

日期	个人名称	摘要	方向	余额
2020-12-28	刘佳慧	采购部刘佳慧出差预借差旅费3 000元	借	3 000

表2-3-13 生产成本（5001）期初余额 单位：元

2.5	涨紧油缸	导向轮	合计
直接材料（500101）	14 000	16 000	30 000
直接人工（500102）	4 500	5 500	10 000
制造费用（500103）	900	1 200	2 100
合计	19 400	22 700	42 100

实训要求

1.以账套主管“2001高文博”的身份进行基础档案中财务信息初始设置。

2.以账套主管“2001高文博”的身份进行总账管理子系统模块级初始设置。

实训步骤

以账套主管“2001高文博”的身份登录企业应用平台，进行总账管理子系统初始设置，登录日期为“2021-01-01”。

一、总账控制参数设置

1.单击［业务工作］菜单，执行［财务会计］—［总账］—［设置］—［选项］命令，进入［选项］对话框。

微课

设置总账控制参数

2.单击［编辑］按钮，分别单击［凭证］、［账簿］、［凭证打印］、［预算控制］、［权限］、［会计日历］和［其他］选项卡，按照资料选择控制参数，如图2-3-1所示。

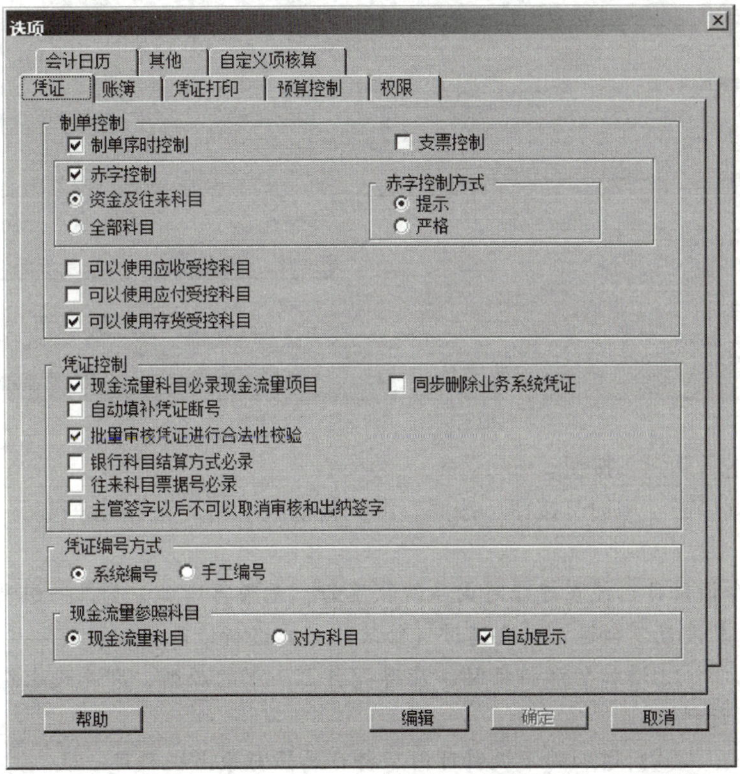

图2-3-1　设置总账控制参数

3.设置完成后，单击［确定］按钮。

二、财务基础数据设置

（一）会计科目设置

1.新增会计科目

（1）单击［基础设置］菜单，执行［基础档案］—［财务］—［会计科目］命令，进入［会计科目］窗口。

（2）单击［增加］按钮，进入［新增会计科目］对话框。

（3）输入科目编码“100201”、科目名称“建设银行”，勾选“日记账”“银行账”，其他的采用默认值，如图2-3-2所示。

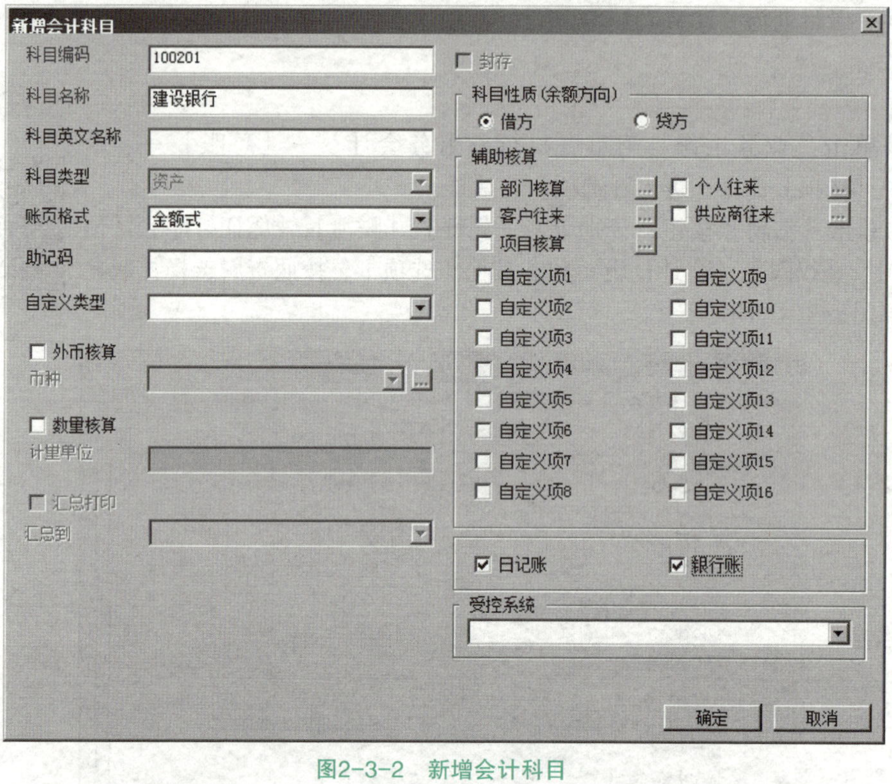

图2-3-2　新增会计科目

（4）单击［确定］按钮。

（5）继续单击［增加］按钮，按照实训资料依次增加其他的明细科目。

【操作提示】

①一级会计科目已经在建账时由系统预置好，无须再增加。如果一级科目的辅助核算设置不合适，需要通过［修改］功能进行修改。

微课

增加会计科目

②增加会计科目时，应遵循自上而下的原则，即先设上级再设下级会计科目。

③新增加的下级科目所有科目属性与原上级科目一致。

④科目一经使用，只能增加同级科目，不能在该科目下增设下级科目。

2. 修改会计科目

微课 修改会计科目

（1）在［会计科目］窗口，单击要修改的会计科目“1001库存现金”。

（2）单击［修改］按钮或者双击该科目，进入［会计科目_修改］对话框。

（3）单击［修改］按钮，勾选“日记账”，单击［确定］按钮，如图2-3-3所示。

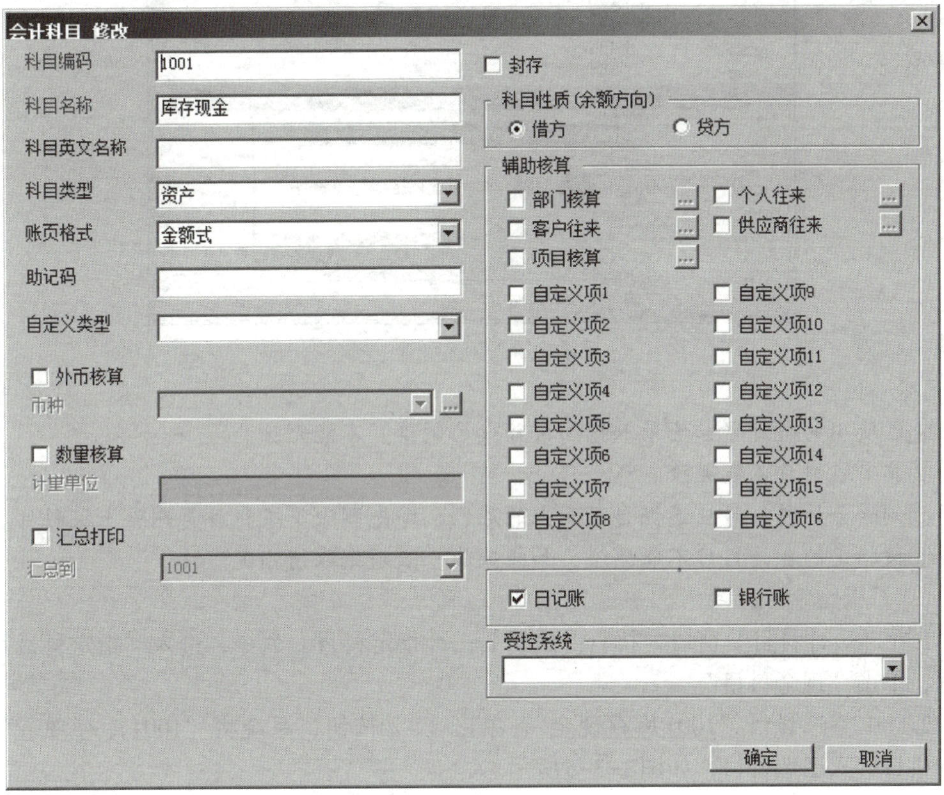

图2-3-3　修改会计科目

（4）同理，按照实训资料要求修改其他一级科目的辅助核算。

【操作提示】

①已有数据的科目不能修改科目性质。

②没有会计科目设置权的用户只能在此浏览科目的具体定义，而不能进行修改。

③非末级科目及已使用的末级科目不能再修改科目编码。

④如果会计科目已被制过单或已录入期初余额，则不能删除、修改该科目。如要修改该科目必须先删除有该科目的凭证，并将该科目及其下级科目余额清零，再行修改，修改完毕后将余额及凭证补充完整。

3. 删除会计科目

微课 删除会计科目

（1）在［会计科目］窗口，单击要删除的会计科目“1003存放中央银行款项”。

（2）单击［删除］按钮，弹出“记录删除后不能修复！真的删除此记录吗?”提示框，单击［确定］按钮，如图2-3-4所示。

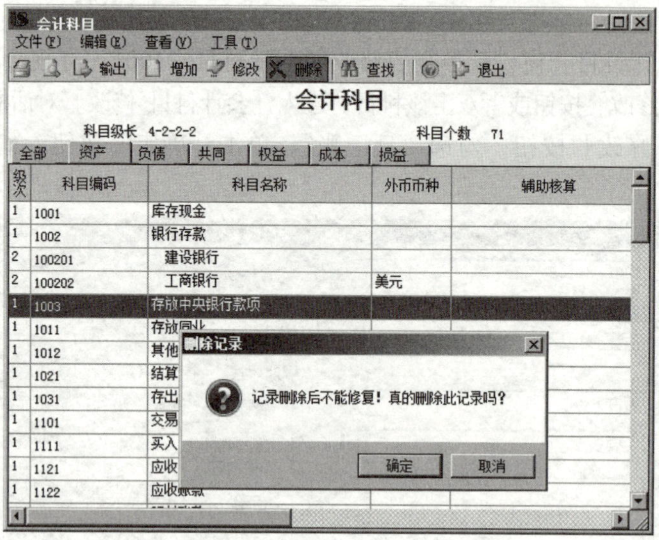

图2-3-4　删除会计科目

【操作提示】

①已使用的科目（如已录入期初余额或已制单）不能删除。

②非末级科目不能删除。

③删除会计科目时应遵循自下而上的原则，即先删除下级科目再删除上级科目。

④被指定的会计科目不能删除，如想删除，必须先取消指定。

（二）指定会计科目

1.在［会计科目］窗口，执行［编辑］—［指定科目］命令，进入［指定科目］对话框，单击“现金科目”。

2.选中待选科目“1001库存现金”，单击［>］按钮，系统将“1001库存现金”由待选科目移入已选科目，如图2-3-5所示。

3.同理，设置银行科目和现金流量科目。

微课

指定会计科目

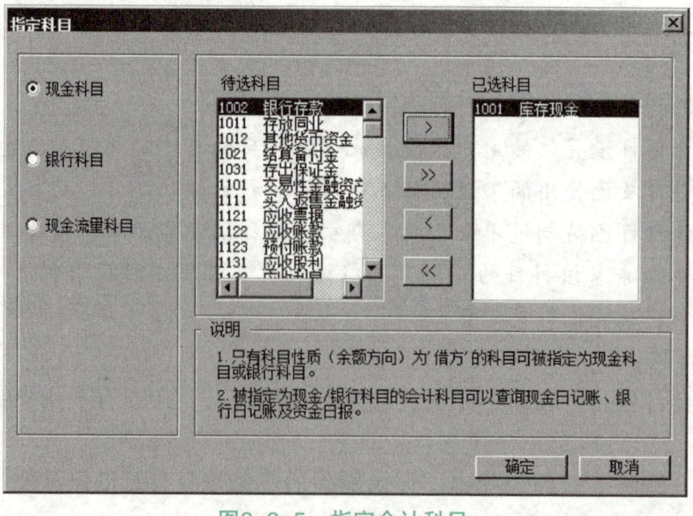

图2-3-5　指定会计科目

【操作提示】

（1）指定的现金、银行存款科目供出纳管理使用，所以在出纳签字、查询现金和银行存款日记账前，需要指定现金、银行存款总账科目。

（2）只有在这里指定现金流量科目，才能在填制凭证使用现金流量科目时，系统提示录入现金流量科目。

（三）凭证类别设置

1.执行［基础档案］—［财务］—［凭证类别］命令，弹出［凭证类别预置］对话框。

2.单击“收款凭证　付款凭证　转账凭证”单选按钮，如图2-3-6所示。

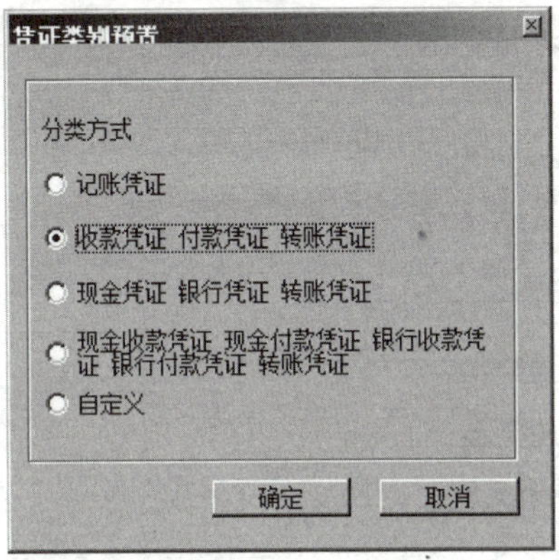

图2-3-6　凭证类别预置

微课

凭证类别设置

3.单击［确定］按钮，进入［凭证类别］窗口。

4.单击［修改］按钮，双击收款凭证的限制类型，选中限制类型下拉列表框中的“借方必有”。单击限制科目文本框，输入限制科目“1001，1002”。

5.同理，设置付款凭证和转账凭证的限制类型、限制科目，如图2-3-7所示。

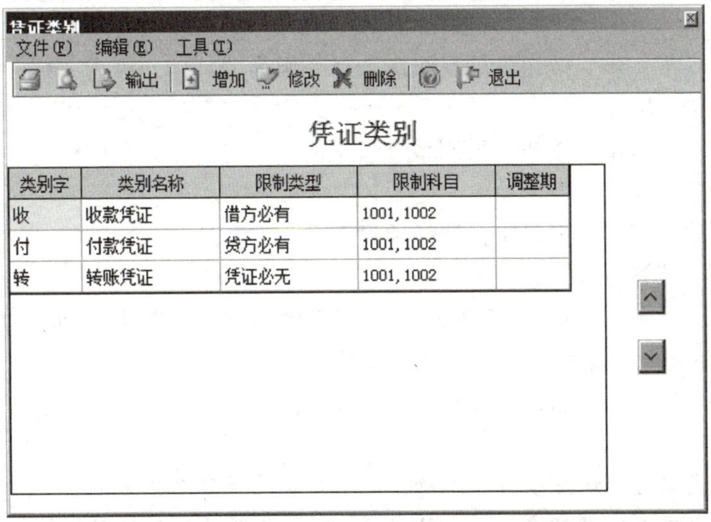

凭证类别

类别字	类别名称	限制类型	限制科目	调整期
收	收款凭证	借方必有	1001, 1002	
付	付款凭证	贷方必有	1001, 1002	
转	转账凭证	凭证必无	1001, 1002	

图2-3-7　设置凭证类别

6.单击［退出］按钮。

【操作提示】

（1）限制科目的数量不限，但是科目之间需要用英文状态下的逗号分隔。

（2）填制凭证时，如果凭证不满足这些限制条件，则系统不允许保存凭证。

（四）项目目录设置

微课 项目目录设置

1.定义项目大类

（1）执行［基础档案］—［财务］—［项目目录］命令，进入［项目档案］窗口。

（2）单击［增加］按钮，弹出［项目大类定义增加］对话框。

（3）输入新项目大类名称“产品”，如图2-3-8所示。

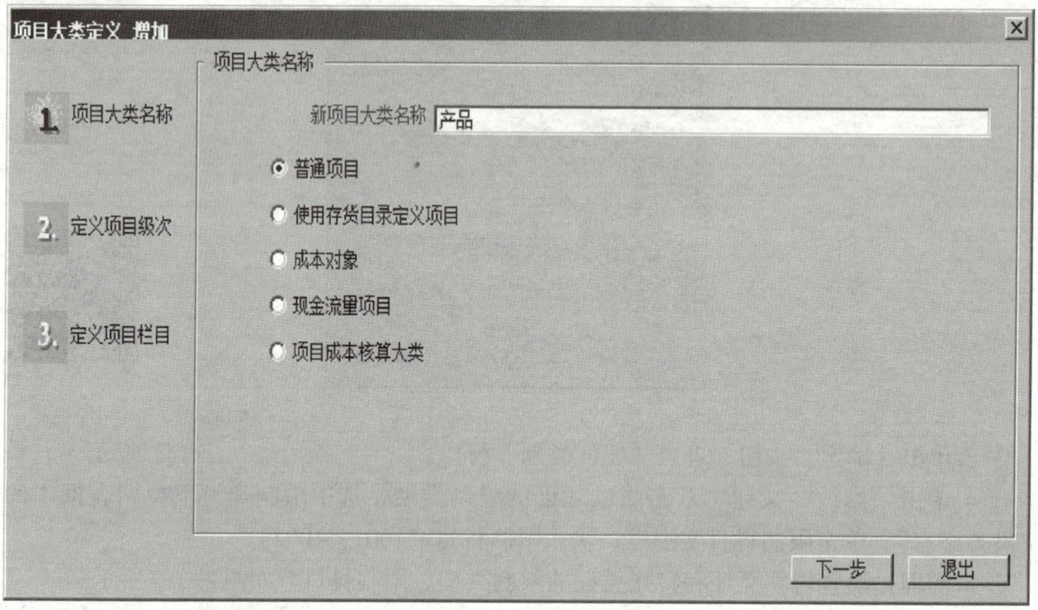

图2-3-8 定义项目大类

（4）单击［下一步］按钮，项目级次选择一级为“1”，二级为“1”，其他级次采用系统默认值均为“0”。

（5）单击［下一步］按钮，采用系统默认值，单击［完成］按钮。

2.定义核算科目

（1）在［项目档案］窗口中，选择项目大类为“产品”。

（2）选择［核算科目］选项卡。

（3）单击［>>］按钮，待选科目的“500101 直接材料”“500102 直接人工”“500103 制造费用”全部移入已选科目，如图2-3-9所示。

（4）单击［确定］按钮，保存核算科目设置。

【操作提示】

①项目大类名称是该类项目的总称，而不是会计科目名称。

②核算科目需在基础档案的［会计科目］功能中设置项目辅助核算。

③一个项目大类可指定多个科目，一个科目只能属于一个项目大类。

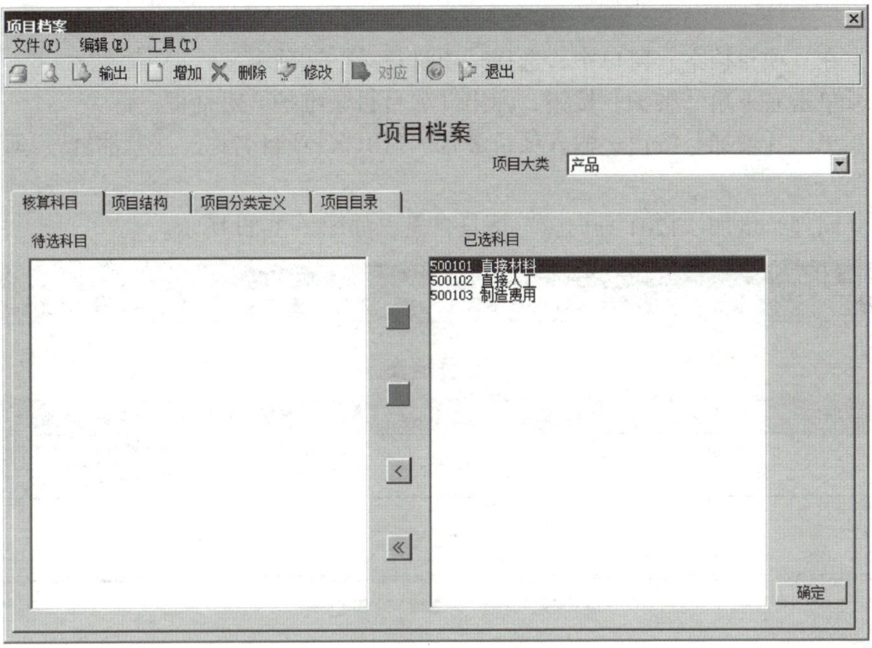

图2-3-9　定义核算科目

3.定义项目分类

（1）在［项目档案］窗口中，选择［项目分类定义］选项卡。

（2）单击右下角［增加］按钮，输入分类编码“1”、分类名称“导向轮调节总成”，单击［确定］按钮。

（3）同理，输入项目分类“11 涨紧机构”“12 导向轮总成”“2 其他”，如图2-3-10所示。

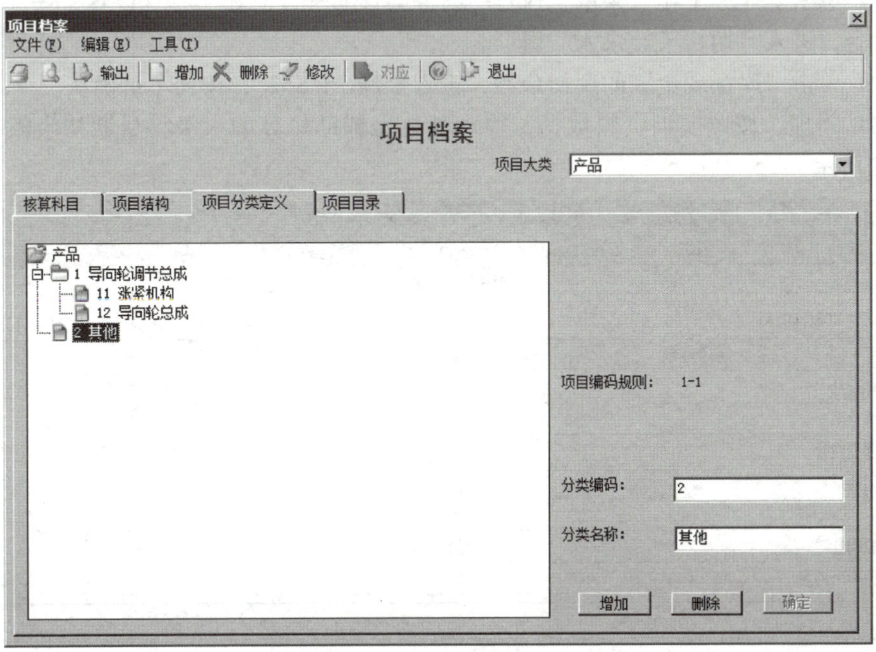

图2-3-10　定义项目分类

4.定义项目目录

（1）在［项目档案］窗口中，选择［项目目录］选项卡。

（2）单击右下角［维护］按钮，弹出［项目目录维护］对话框。

（3）单击［增加］按钮，输入项目编号“1101”、项目名称“涨紧油缸”、所属分类码“11”。

（4）同理，增加“1201导向轮”项目目录，如图2-3-11所示。

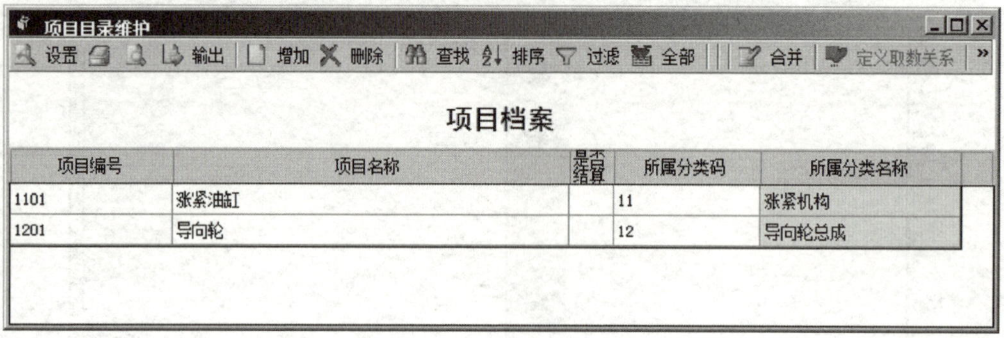

项目编号	项目名称	是否结算	所属分类码	所属分类名称
1101	涨紧油缸		11	涨紧机构
1201	导向轮		12	导向轮总成

图2-3-11　定义项目目录

微课

录入无辅助核算科目的期初余额

（5）单击［退出］按钮。

三、录入期初余额

（一）录入无辅助核算的末级科目期初余额

1.录入一般末级科目期初余额

（1）单击［业务工作］菜单，执行［财务会计］—［总账］—［设置］—［期初余额］命令，进入［期初余额录入］窗口。

（2）单击“库存现金”的期初余额，输入金额“6 852”，按回车键确认。

（3）同理，按照实训资料数据，输入其他无辅助核算的末级科目期初余额，如图2-3-12所示。

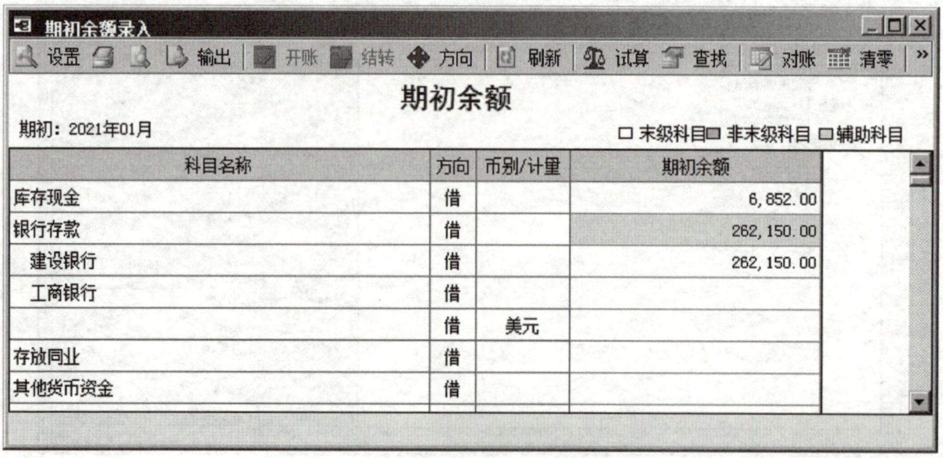

科目名称	方向	币别/计量	期初余额
库存现金	借		6,852.00
银行存款	借		262,150.00
建设银行	借		262,150.00
工商银行	借		
	借	美元	
存放同业	借		
其他货币资金	借		

图2-3-12　末级科目期初余额录入

2.录入有数量核算的末级科目期初余额

（1）在［期初余额录入］窗口，输入“库存商品/涨紧油缸”科目的期初余额“7 500”，按回车键确认。

（2）在数量行次输入数量“150”，按回车键确认。

（3）同理，按照实训资料数据，输入其他有数量核算的末级科目的数量和金额，如图2-3-13所示。

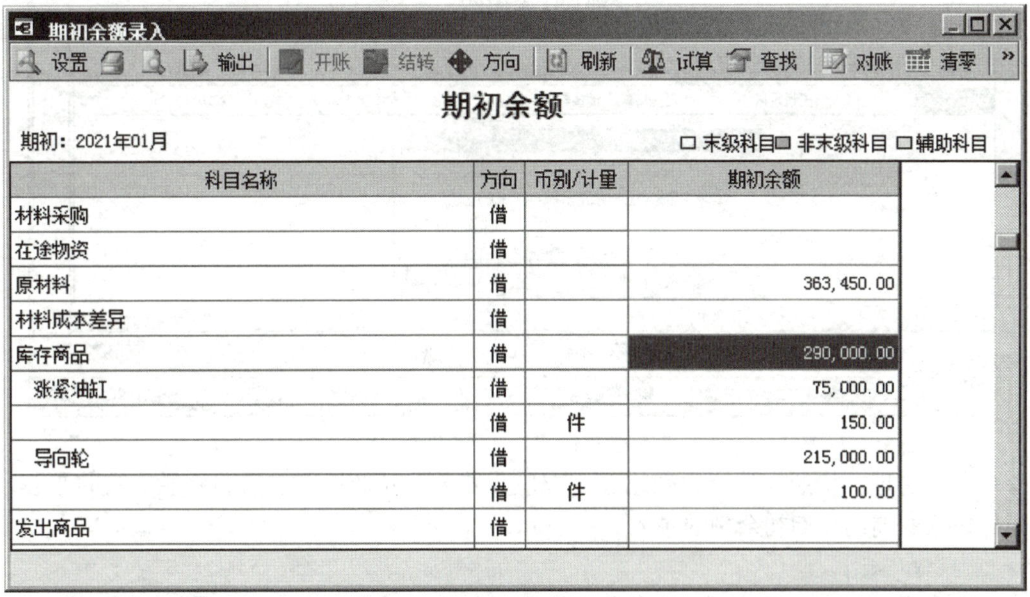

科目名称	方向	币别/计量	期初余额
材料采购	借		
在途物资	借		
原材料	借		363,450.00
材料成本差异	借		
库存商品	借		290,000.00
涨紧油缸	借		75,000.00
	借	件	150.00
导向轮	借		215,000.00
	借	件	100.00
发出商品	借		

图2-3-13 有数量核算的期初余额录入

【操作提示】

①底色为白色的表格是末级科目，可以直接录入数据。淡蓝色和淡黄色的表格不能直接录入数据。其中，淡蓝色的表格表示还有下级科目，需要在下级科目对应的表格录入数据；淡黄色的表格表示设置辅助核算的科目，需要双击后在弹出的［辅助期初余额］窗口录入数据。

②对于有数量核算的会计科目，应当先录入金额，再录入数量，单价由系统自动计算。

（二）录入有辅助核算的科目期初余额

1.有客户、供应商、个人往来辅助核算的会计科目

微课

录入有辅助核算科目的期初余额

（1）在［期初余额录入］窗口，双击“应收票据”的期初余额，弹出［辅助期初余额］窗口。

（2）单击［往来明细］按钮，进入［期初往来明细］窗口，单击［增行］按钮，按实训资料内容输入“应收票据”辅助核算信息。

（3）单击［汇总］按钮，系统弹出“完成了往来明细到辅助期初表的汇总！”提示框，如图2-3-14所示，单击［确定］按钮。

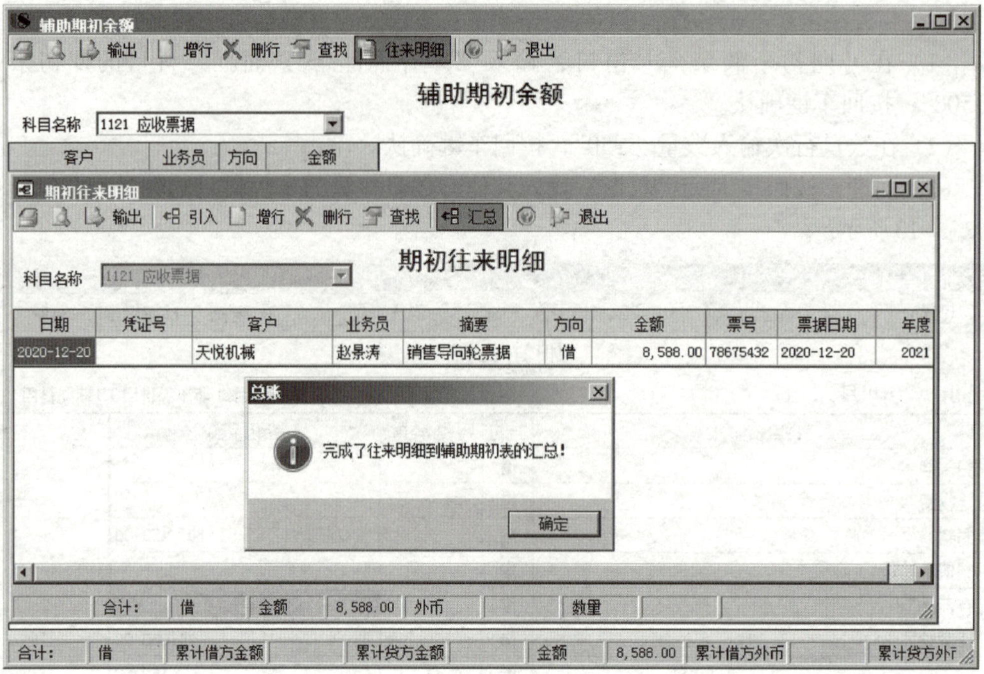

图2-3-14　期初往来明细录入

（4）同理，按照实训资料数据，完成应收账款、预收账款、应付账款、应付票据、预付账款的辅助账期初余额的录入。

【操作提示】

①有客户、供应商、个人往来辅助核算的会计科目，可通过单击［增行］或［往来明细］两种方式输入辅助期初余额，当需要跟踪往来未两清记录以便日后在往来两清时通过［往来明细］方式录入。

②当不想输入某项内容而系统又提示必须输入时，可以按Esc键取消输入。

2. 有项目、部门辅助核算的会计科目

（1）在［期初余额录入］窗口，双击"直接材料"的期初余额，弹出［辅助期初余额］窗口。

（2）单击［增行］按钮，输入相关内容即可，如图2-3-15所示。

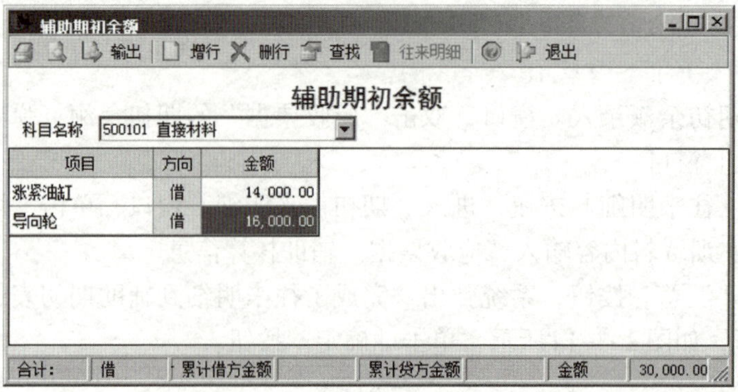

图2-3-15　辅助账期初余额录入

（三）试算平衡

1.录完所有科目余额后，在［期初余额录入］窗口，单击［试算］按钮，弹出［期初试算平衡表］对话框，如图2-3-16所示。

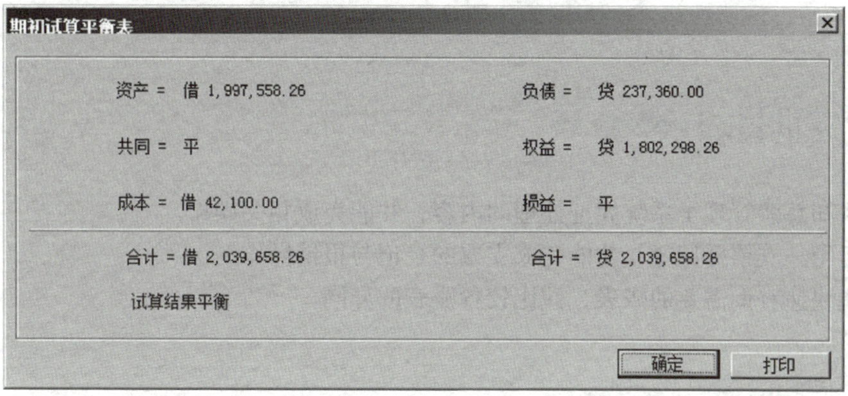

图2-3-16　期初试算平衡表

2.单击［确定］按钮。

【操作提示】

（1）若期初余额试算不平衡，需要修改期初余额直至试算平衡为止。

（2）期初余额试算不平衡，无法记账，但可以填制、修改、审核凭证。

实训四　总账管理子系统日常业务处理

实训目的

1. 认知总账管理子系统凭证处理的内容，并能完成相关操作。
2. 运用［支票登记簿］功能完成支票的登记与报销操作。
3. 能快速查询需要的账表，并比较各账表的异同。

实训内容

1. 凭证管理：填制凭证、修改凭证、审核凭证、出纳签字、凭证记账、常用凭证。
2. 出纳管理：支票登记簿的登记和报销、日记账查询。
3. 账表查询：总账、科目余额表、明细账、多栏账、辅助账等账表查询。

实训准备

引入“实训账套\实训三”的账套数据。

实训资料

山东泰恒建设机械有限公司为增值税一般纳税人，增值税税率为13%，2021年1月份公司日常经济业务工作如下：

一、凭证管理

2021年1月份公司发生的经济业务如下：

1. 1月2日，销售部赵景涛购买600元的办公用品，以现金支付，取得增值税普通发票一张，附单据一张。

（付款凭证）摘要：购买办公用品

借：销售费用（6601）　　600

　　贷：库存现金（1001）　　600

（现金流量：07支付的其他与经营活动有关的现金）

2.1月3日，财务部唐艺开出现金支票（票号：72345601）一张，从中国建设银行提取现金3 000元，作为备用金。

（付款凭证）摘要：提取备用金

借：库存现金（1001）　3 000

　　贷：银行存款/中国建设银行（100201）　3 000

3.1月5日，公司收到兴光集团投资资金10 000美元，汇率为1：6.52，收到中国工商银行转账支票（票号：92345601）一张。

（收款凭证）摘要：收到兴光集团投资款

借：银行存款/中国工商银行（100202）　65 200

　　贷：实收资本（4001）　65 200

（现金流量：17吸收投资所收到的现金）

4.1月8日，采购部刘佳慧从济宁盛达采购辐板一批，数量100件，单价420元/件，收到增值税专用发票一张，材料已验收入库。开出中国建设银行转账支票（票号：82345601）一张，支付货物尾款37 460元。

（付款凭证）摘要：购入济宁盛达辐板

借：原材料（1403）　42 000

　　应交税费/应交增值税/进项税额（22210101）　5 460

　　贷：银行存款/中国建设银行（100201）　37 460

　　　　预付账款（1123）　10 000

（现金流量：04购买商品、接受劳务支付的现金）

5.1月09日，销售部赵景涛收到嘉丰机械中国建设银行转账支票（票号：92345602）一张，金额为8 588元，用以偿还前欠货款。

（收款凭证）摘要：收到嘉丰机械货款

借：银行存款/中国建设银行（100201）　8 588

　　贷：应收账款（1122）　8 588

（现金流量：01销售商品、提供劳务收到的现金）

6.1月13日，采购部刘佳慧向济宁盛达订购缸筒一批，数量50件，单价160元/件，收到增值税专用发票一张，材料已验收入库，货款尚未支付。

（转账凭证）摘要：购入济宁盛达缸筒

借：原材料（1403）　8 000

　　应交税费/应交增值税/进项税额（22210101）　1 040

　　贷：应付账款/一般应付款（220201）　9 040

7.1月14日，以现金支付经理室业务招待费1 200元。

（付款凭证）摘要：报销业务招待费

借：管理费用/招待费（660205）　1 200

　　贷：库存现金（1001）　1 200

（现金流量：07支付的其他与经营活动有关的现金）

8.1月15日，采购部刘佳慧出差归来，报销差旅费2 800元，交回剩余现金200元。

（收款凭证）摘要：报销差旅费

借：管理费用/差旅费（660204）　　2 800

库存现金（1001）　　200

贷：其他应收款（1221）　　3 000

（现金流量：03收到的其他与经营活动有关的现金）

9.1月15日，销售部赵景涛销售给上海鑫瑞导向轮一批，数量50件，单价3 200元/件，已开出增值税专用发票，货物余款尚未收到（期初已预收50 000元）。

（转账凭证）摘要：销售导向轮

借：应收账款（1122）　　130 800

预收账款（2203）　　50 000

贷：主营业务收入（6001）　　160 000

应交税费/应交增值税/销项税额（22210102）　　20 800

10.1月16日，采购部刘佳慧领用中国建设银行转账支票（票号：82345602）一张，金额为9 040元，用于支付前欠济宁盛达货款。

（付款凭证）摘要：支付济宁盛达货款

借：应付账款/一般应付款（220201）　　9 040

贷：银行存款/中国建设银行（100201）　　9 040

（现金流量：04购买商品、接受劳务支付的现金）

11.1月20日，生产一部为生产涨紧油缸领料如下：法兰盘100件，单价50元；缸筒100件，单价160元；拉杆100件，单价90元；包装箱100个，单价3元，合计30 300元。

（转账凭证）摘要：领用材料

借：生产成本/直接材料（500101）　　30 300

贷：原材料（1403）　　30 300

12.1月24日，销售部赵景涛销售给嘉丰机械涨紧油缸一批，数量40件，单价760元/件，已开出增值税专用发票，货款尚未收到。

（转账凭证）摘要：销售涨紧油缸

借：应收账款（1122）　　34 352

贷：主营业务收入（6001）　　30 400

应交税费/应交增值税/销项税额（22210102）　　3 952

13.1月25日，涨紧油缸完工入库，数量90件，单位成本500元/件。其中直接材料成本为40 000元，直接人工成本为4 100元，制造费用为900元。

（转账凭证）摘要：涨紧油缸完工入库

借：库存商品/涨紧油缸（140501）　　45 000

贷：生产成本/直接材料（500101）　　40 000

生产成本/直接人工（500102）　　4 100

生产成本/制造费用（500103）　　900

14.1月28日，签发给长城制造的银行承兑汇票（票号：68675432）到期，面值81 360元，利息420.36元，已从中国建设银行支付。

（付款凭证）摘要：票据到期还本付息

借：财务费用/利息支出（660301）　　420.36

　　应付票据（2201）　　81 360

　　贷：银行存款/中国建设银行（100201）　　81 780.36

（现金流量：04购买商品、接受劳务支付的现金）

15.1月30日，经理室张启鸿通过公益机构向山区惠民学校捐赠20 000元，开出中国建设银行转账支票（票号：82345603）一张。

（付款凭证）摘要：向山区捐赠

借：营业外支出（6711）　　20 000

　　贷：银行存款/中国建设银行（100201）　　20 000

（现金流量：07支付的其他与经营活动有关的现金）

16.1月31日，结转产品销售成本。其中，涨紧油缸数量为40件，单位成本500元/件；导向轮数量为50件，单位成本2 150元/件。

（转账凭证）摘要：结转销售成本

借：主营业务成本（6401）　　127 500

　　贷：库存商品/涨紧油缸（140501）　　20 000

　　　　库存商品/导向轮（140502）　　107 500

17.1月31日，计提本月短期借款利息。

18.1月31日，结转期间损益。

备注：业务17和业务18须利用［转账定义］功能，在实训五中生成凭证。

二、出纳管理

（一）支票登记簿管理

1.在填制凭证时，支票付款业务自动登记支票登记簿（业务15除外）。

2.1月31日，查询1月份支票登记簿。

3.业务15在支票登记簿中登记支票领用与报销情况。

（二）日记账查询

1.查询2021年1月份现金日记账。

2.查询2021年1月份中国建设银行日记账。

3.查询2021年1月3日资金日报。

三、账表查询

（一）科目账查询

1.查询2021年1月份应交税费总账。

2.查询2021年1月份科目余额表。

（二）辅助账查询

1. 查询2021年1月份客户科目余额表。

2. 查询2021年1月份“嘉丰机械”客户明细账。

实训要求

1. 以“2002肖然”的身份填制凭证、查询凭证、凭证记账。
2. 凭证管理中业务16用［常用凭证］功能生成转账凭证。
3. 以“2004唐艺”的身份进行出纳签字、登记支票登记簿、查询日记账。
4. 以“2001高文博”的身份进行审核凭证、账表查询操作。

实训步骤

以“2002肖然”的身份登录企业应用平台，操作日期为具体业务发生时间。

一、凭证管理

（一）填制凭证

1. 填制一张不带辅助核算的凭证（业务1）

微课

填制凭证1

（1）在［业务工作］—［财务会计］菜单下，执行［总账］—［凭证］—［填制凭证］命令，进入［填制凭证］窗口。

（2）单击［增加］按钮，出现一张空白凭证。

（3）选择凭证类型“付款凭证”，输入制单日期“2021.01.02”、附单据数“1”。

（4）输入摘要“购买办公用品”、科目名称“6601”、借方金额“600”，按回车键后，系统自动将摘要带到下一行，输入科目名称“1001”，输入贷方金额“600”或者按“=”键。

（5）单击［流量］按钮，选择现金流量项目编码“07”，单击［确定］按钮。

（6）单击［保存］按钮，弹出“凭证已成功保存!”提示框，如图2-4-1所示。

（7）单击［确定］按钮，填制的凭证保存成功。

【操作提示】

①采用序时控制时，制单日期必须大于等于启用日期，小于等于系统日期。

②不同行的摘要可以相同，也可以不同，但不能为空。

③会计科目必须是末级科目。

④在填制凭证时录入的现金流量项目，为以后现金流量函数取数使用。

⑤金额可以是正数或负数（即红字），但不能为零。红字金额以负数形式输入。

⑥按“=”键取当前凭证借贷方金额的差额。

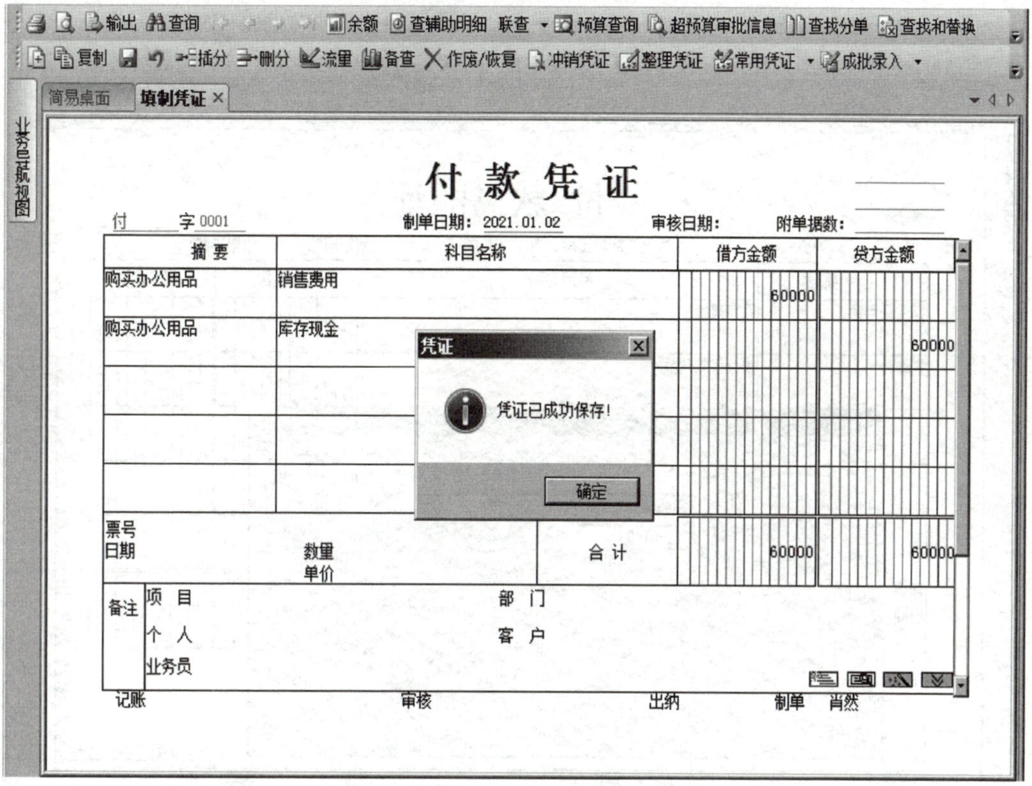

图2-4-1　填制不带辅助核算的凭证

⑦空格键可调整金额借贷方向。

⑧保存凭证时，系统自动检查发生额是否符合“有借必有贷，借贷必相等”，以及凭证类别是否满足限制类型和限制科目。

2. 填制一张带辅助核算的凭证

在填制凭证的过程中，如果使用的科目有辅助核算属性，则系统提示输入辅助明细内容，如“银行存款”“外币核算”“数量核算”“往来辅助核算”“部门辅助核算”“项目辅助核算”等科目。

微课

填制凭证 2

（1）录入银行存款科目辅助信息（业务2）

① 在［填制凭证］窗口，录入科目“100201”后，弹出［辅助项］提示框。

② 结算方式选择“201 现金支票”，票号输入“72345601”，单击［确定］按钮，发生日期自动带入制单日期“2021-01-03”，如图2-4-2所示。

③ 单击［确定］按钮，输入贷方金额“3 000”。

④ 单击［保存］按钮，系统弹出“此支票尚未登记，是否登记”对话框。

⑤ 单击［是］按钮，弹出［票号登记］对话框，输入相关内容，单击［确定］按钮，如图2-4-3所示。

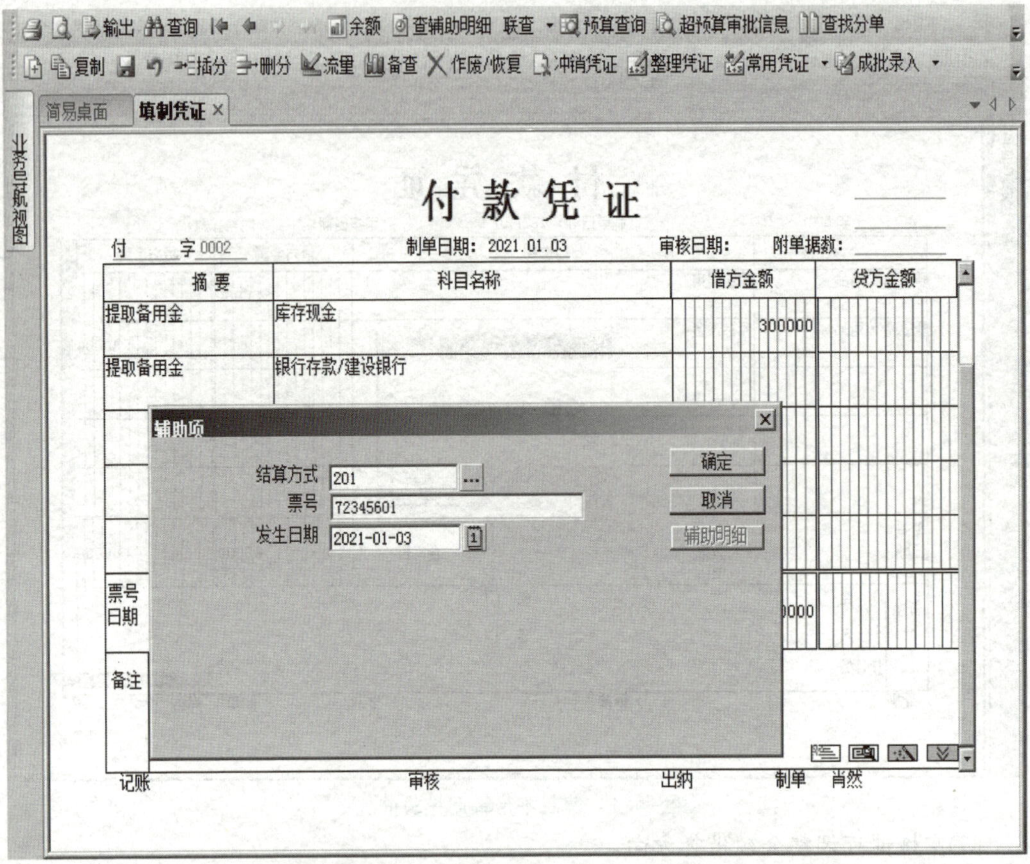

图2-4-2　输入银行结算方式辅助项

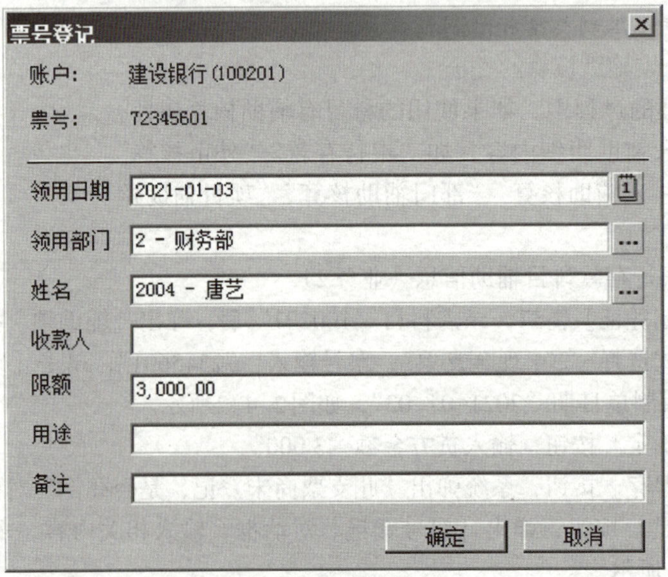

图2-4-3　票号登记

【操作提示】库存现金和银行存款之间的划转业务，可以不输入现金流量项目。

若科目为银行科目，且在［结算方式］中设置“票据管理”，在［选项］中设置“支票控制”，那么这里会要求要输入结算方式、票号和发生日期。

选择支票控制时，如果支票登记簿中未登记该支票，系统将弹出［票号登记］对话框，输入支票领用信息；如果支票登记簿中已登记该支票，在填制凭证的过程中系统则会自动勾销支票登记簿中未报销的支票。

（2）录入外币核算科目辅助信息（业务3）

微课

填制凭证3

① 在［填制凭证］窗口中，录入外币科目“100202”后，弹出［辅助项］对话框，输入结算方式、票号等内容后，单击［确定］按钮。

② 输入外币金额“10 000”，按回车键后，系统根据显示的外币汇率“6.52”，自动计算出本币金额“65 200”，如图2-4-4所示。

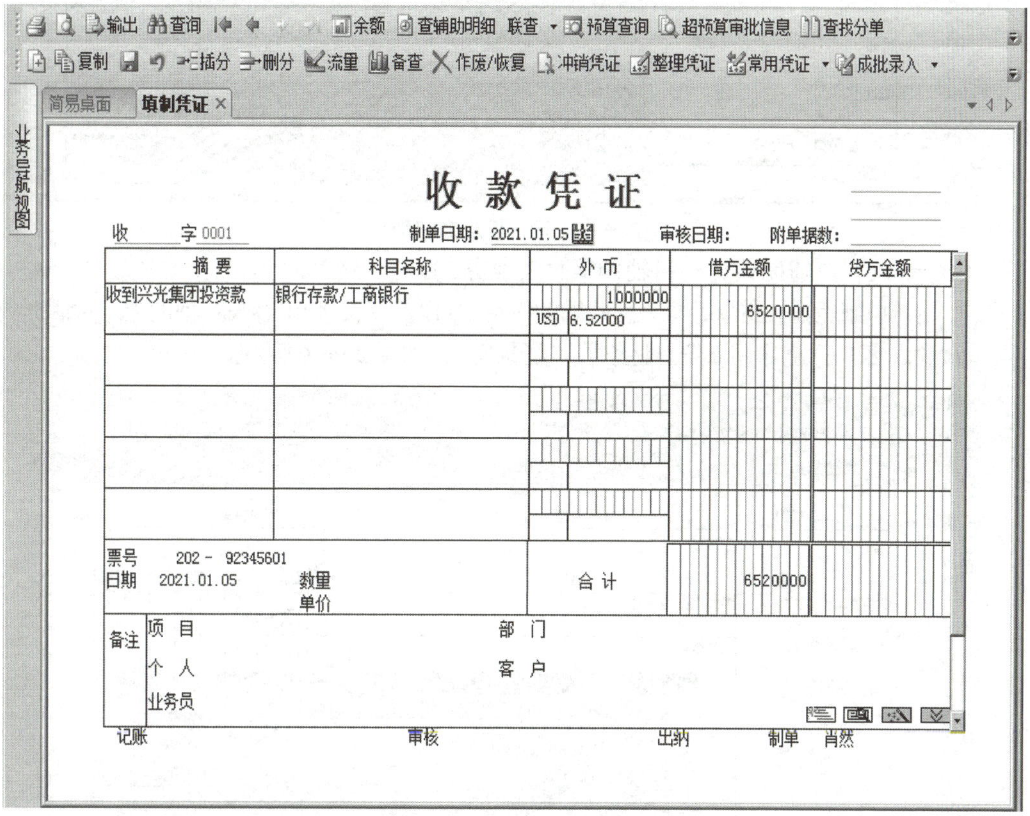

图2-4-4　输入外币金额

【操作提示】系统设置外币核算为“固定汇率”，汇率栏自动带入［外币设置］中的记账汇率。外币科目的本位币金额，系统自动根据“外币*汇率”计算，并将金额放在借方，可按空格键调整借贷方向。

（3）录入供应商辅助核算科目辅助信息（业务4）

① 在［填制凭证］窗口中，录入预付账款科目“1123”后，弹出供应商［辅助项］对话框。

② 输入供应商“济宁盛达”、业务员“刘佳慧”，如图2-4-5所示。

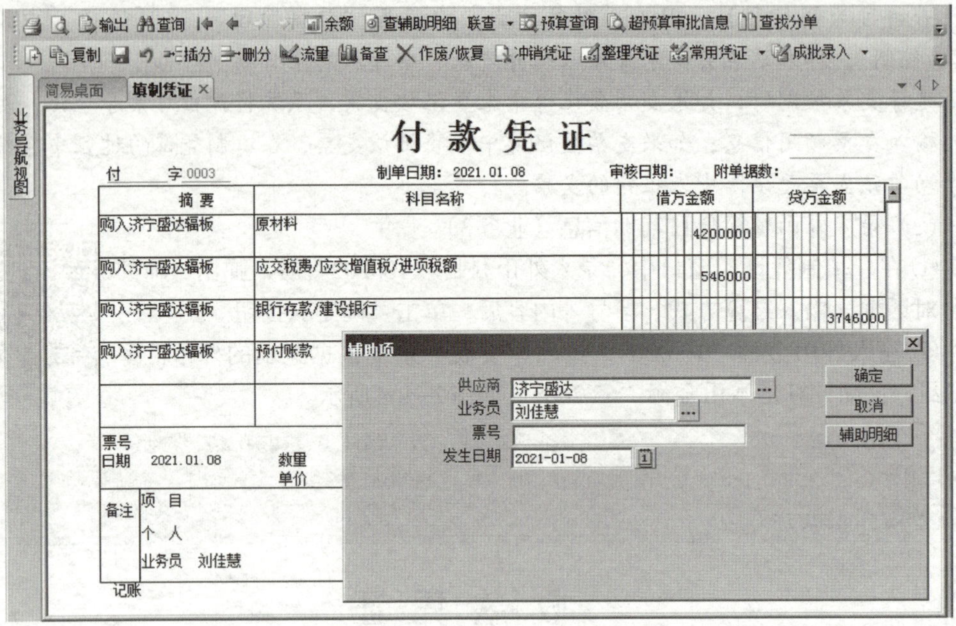

图2-4-5　输入供应商辅助项

（4）录入客户辅助核算科目辅助信息（业务5）

① 在［填制凭证］窗口，录入应收账款科目“1122”后，弹出客户［辅助项］对话框。

② 输入客户“嘉丰机械”、业务员“赵景涛”，如图2-4-6所示。

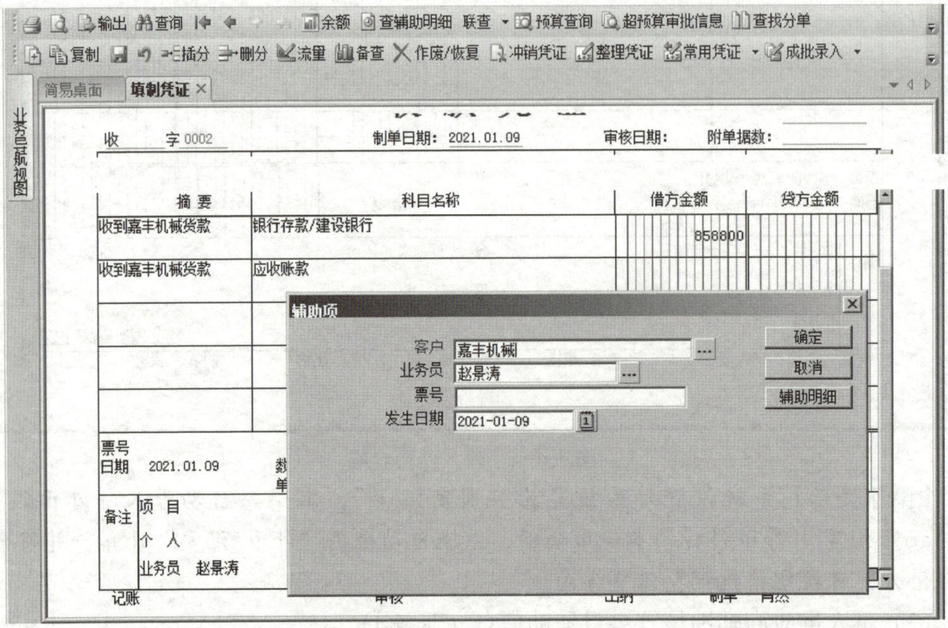

图2-4-6　输入客户辅助项

【操作提示】在录入往来辅助核算时，如果客户或供应商是新增单位，可以通过［编辑］功能直接在此增加新客户或供应商，系统会自动将该往来单位追加到客户档案或供应商档案中。

（5）录入部门辅助核算科目辅助信息（业务7）

① 在［填制凭证］窗口中，录入科目“管理费用/招待费（660205）”后，弹出部门［辅助项］对话框。

② 输入部门“经理室”，如图2-4-7所示，单击［确定］按钮。

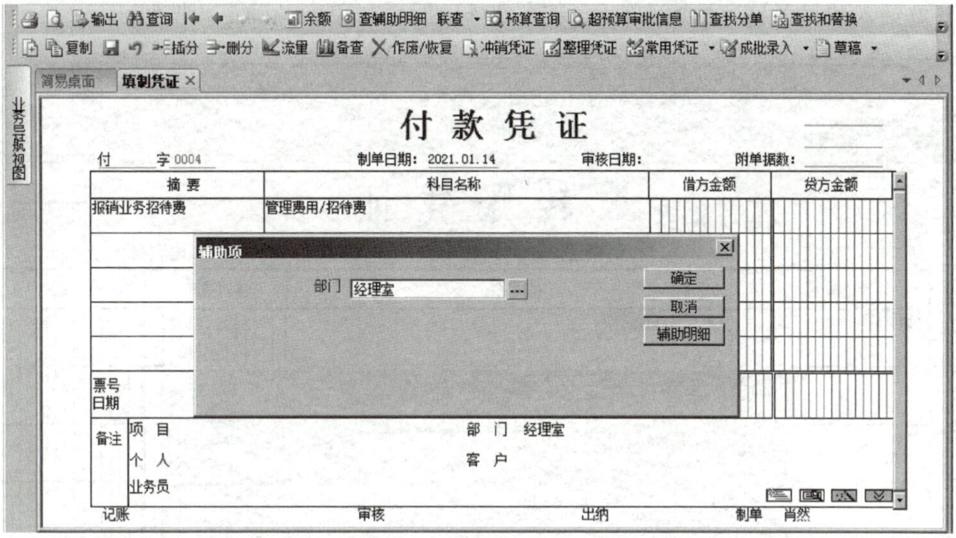

图2-4-7　输入部门辅助项

（6）录入个人辅助核算科目辅助信息（业务8）

① 在［填制凭证］窗口，录入管理费用/差旅费科目“660204”后，弹出部门［辅助项］对话框。

② 输入部门“采购部”、个人“刘佳慧”，如图2-4-8所示，单击［确定］按钮。

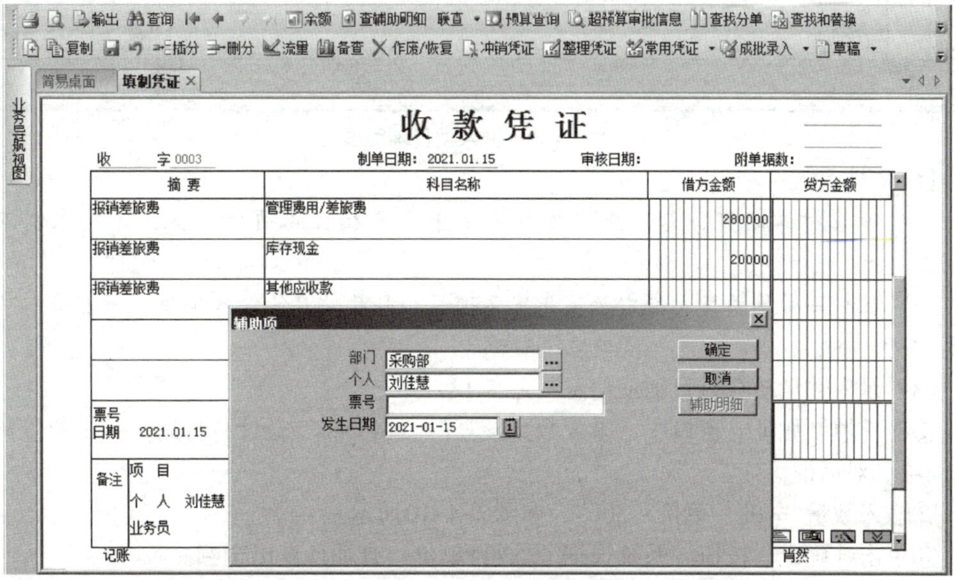

图2-4-8　输入个人辅助项

【操作提示】在输入部门辅助核算信息时，可直接输入个人名称，系统自动根据个人所属部门输入部门名称。

(7) 录入项目辅助核算科目辅助信息（业务11）

① 在［填制凭证］窗口，录入“生产成本/直接材料科目（500101）”后，弹出项目［辅助项］对话框。

② 输入项目名称“涨紧油缸”，如图2-4-9所示，单击［确定］按钮。

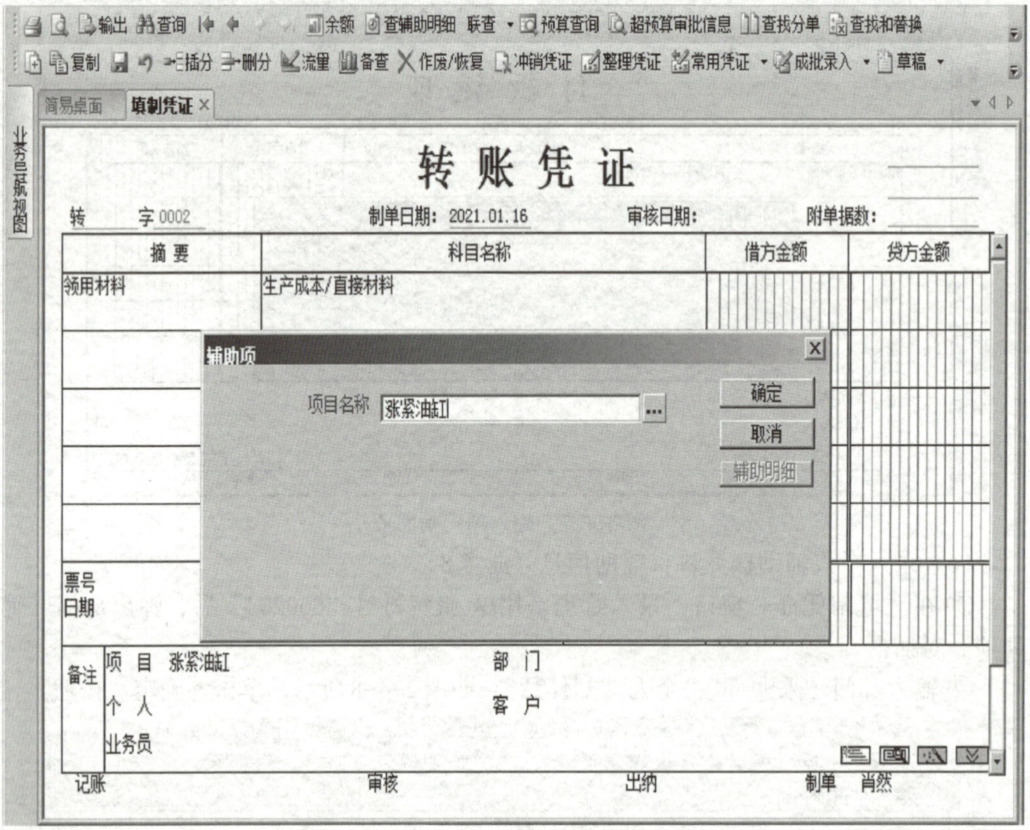

图2-4-9 输入项目辅助项

【操作提示】

(1) 项目核算的科目必须先在项目定义中设置相应的项目大类，才能在制单中使用。

(2) 在科目所属项目大类中必须先定义项目，且此处只能输入项目，不能输入项目分类。

(8) 录入数量核算科目辅助信息（业务13）

①在［填制凭证］窗口中，录入数量核算的“140501”会计科目后，弹出数量核算［辅助项］对话框。

②输入数量“90”、单价“500”，如图2-4-10所示。

③单击［确定］按钮，系统根据“数量*单价”自动计算出金额。

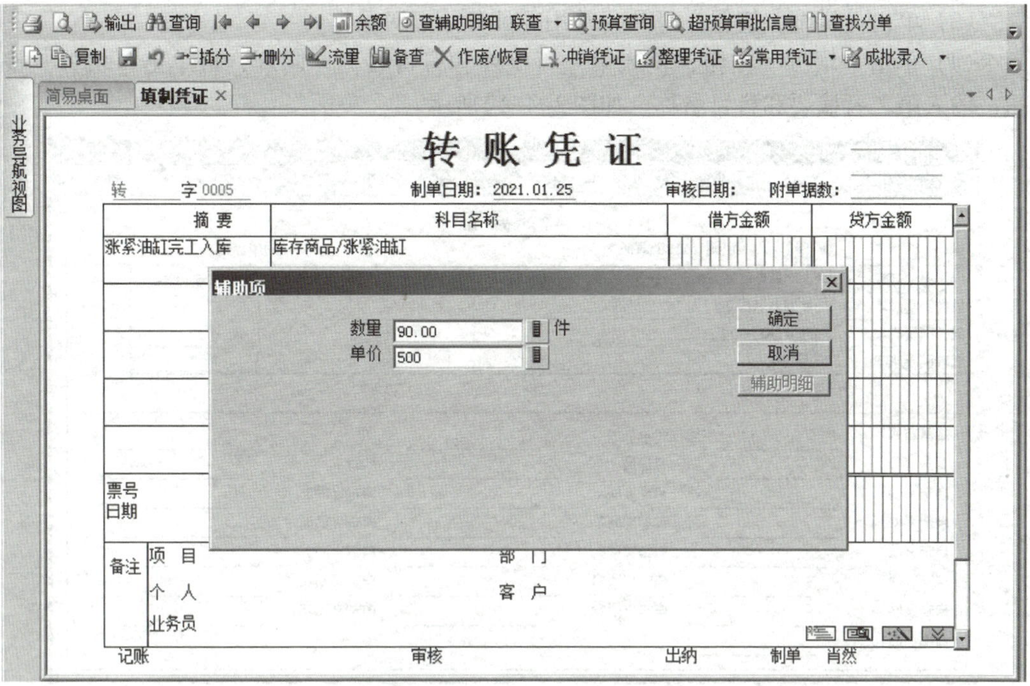

图2-4-10　输入数量辅助项

【明德善思】会计凭证是登记账簿的重要依据，是保证账簿记录正确的基础，同时也决定着会计报表数据的真实性。作为具有法律效力的证明，应该真实、完整、准确地反映经济业务的发生及完成情况。会计人员在填制凭证时，应随时查错纠错，保证凭证内容的规范性。同时，也启示大家，在今后的会计工作中，养成良好的工作作风和社会责任，爱岗敬业，规范做事，严格按照会计准则要求去做，严谨细心，养成良好的职业习惯。

（二）常用凭证（业务16）

微课

常用凭证

1. 增加常用凭证

（1）在［业务工作］—［财务会计］菜单下，执行［总账］—［凭证］—［常用凭证］命令，打开［常用凭证］对话框。

（2）单击［增加］按钮，输入编码“1”、说明“结转销售成本”、凭证类别“转 转账凭证”，如图2-4-11所示。

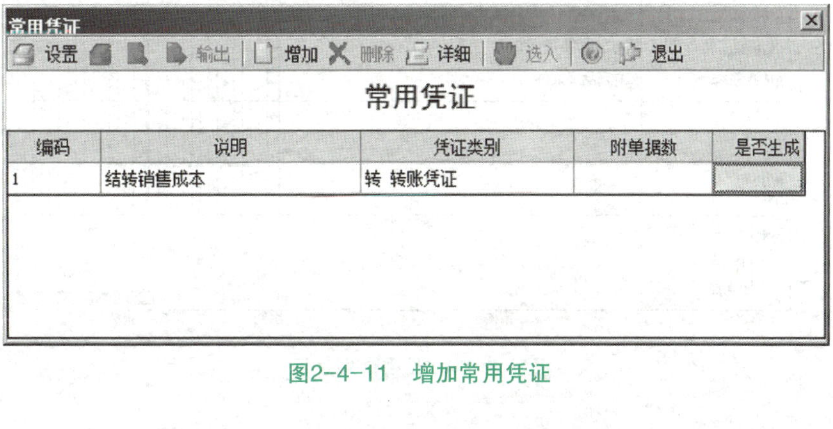

图2-4-11　增加常用凭证

（3）单击［详细］按钮，打开［常用凭证分录］对话框。

（4）单击［增分］按钮，输入第一行摘要和科目名称；同理，再单击［增分］按钮，输入第二行摘要和科目名称，如图2-4-12所示。

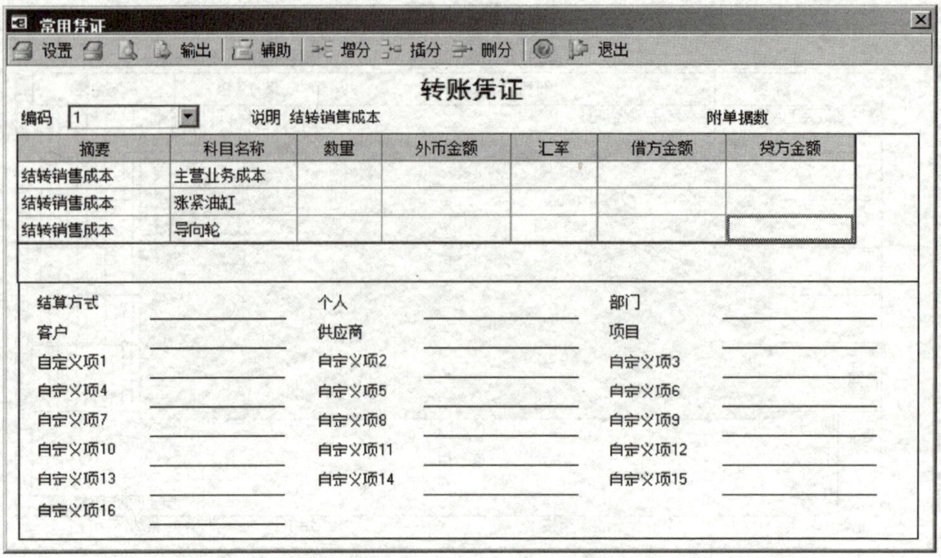

图2-4-12 增加常用凭证分录

（5）单击［退出］按钮，退出后增加常用凭证成功。

2.调用常用凭证

（1）执行［总账］—［凭证］—［填制凭证］命令，进入［填制凭证］窗口。

（2）单击［常用凭证］按钮下拉列表中的“调用常用凭证”，打开［调用常用凭证］对话框，输入常用凭证代号“1”，点击［确定］按钮，调用常用凭证成功，如图2-4-13所示。

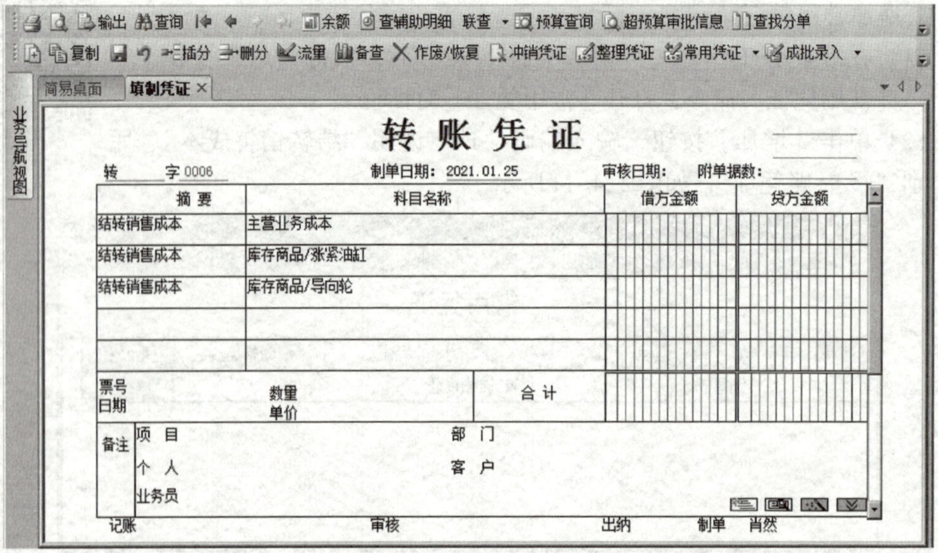

图2-4-13 调用常用凭证

（3）修改制单日期，输入借方金额，鼠标选中贷方库存商品科目后，放到凭证下方的“数量单价”处，待鼠标呈现形状时，双击鼠标，在系统弹出的［辅助项］对话框中输入数量和单价，系统自动计算金额。

（4）点击［保存］按钮，凭证保存成功。

【操作提示】

（1）增加常用凭证的另一种方式：在［填制凭证］窗口输入凭证内容后，单击［常用凭证］按钮下拉列表中的［生成常用凭证］，快速增加常用凭证。

（2）调用常用凭证的另一种方式：执行［凭证］—［常用凭证］命令，在［常用凭证］对话框中，通过单击［选入］按钮也可快速制单。

（3）调用常用凭证时，注意修改科目的辅助核算信息。

（三）修改未经审核、签字的凭证（如付款凭证003，选做）

（1）执行［总账］—［凭证］—［填制凭证］命令，进入［填制凭证］窗口。

（2）通过单击按钮找到要修改的凭证，或者通过单击［查询］按钮打开［凭证查询］对话框，输入凭证类别“付 付款凭证”、凭证月份“2021年1月”、凭证号“3”，如图2-4-14所示，单击［确定］按钮。

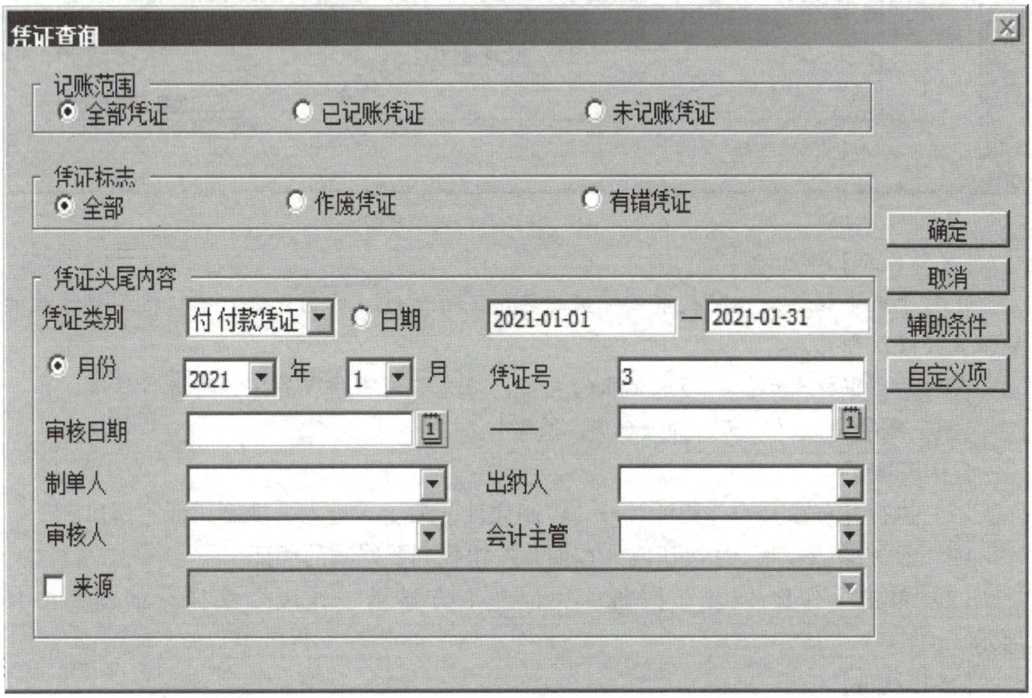

图2-4-14 在［填制凭证］窗口查询凭证

（3）将光标放在要修改的地方直接修改即可。如果要修改科目的辅助项信息，先选中辅助核算科目，再将光标置于备注栏的对应辅助项，待鼠标变成形状时，如图2-4-15所示，双击鼠标，弹出“辅助项”对话框，把供应商“济宁盛达”删除后输入要修改的供应商即可。

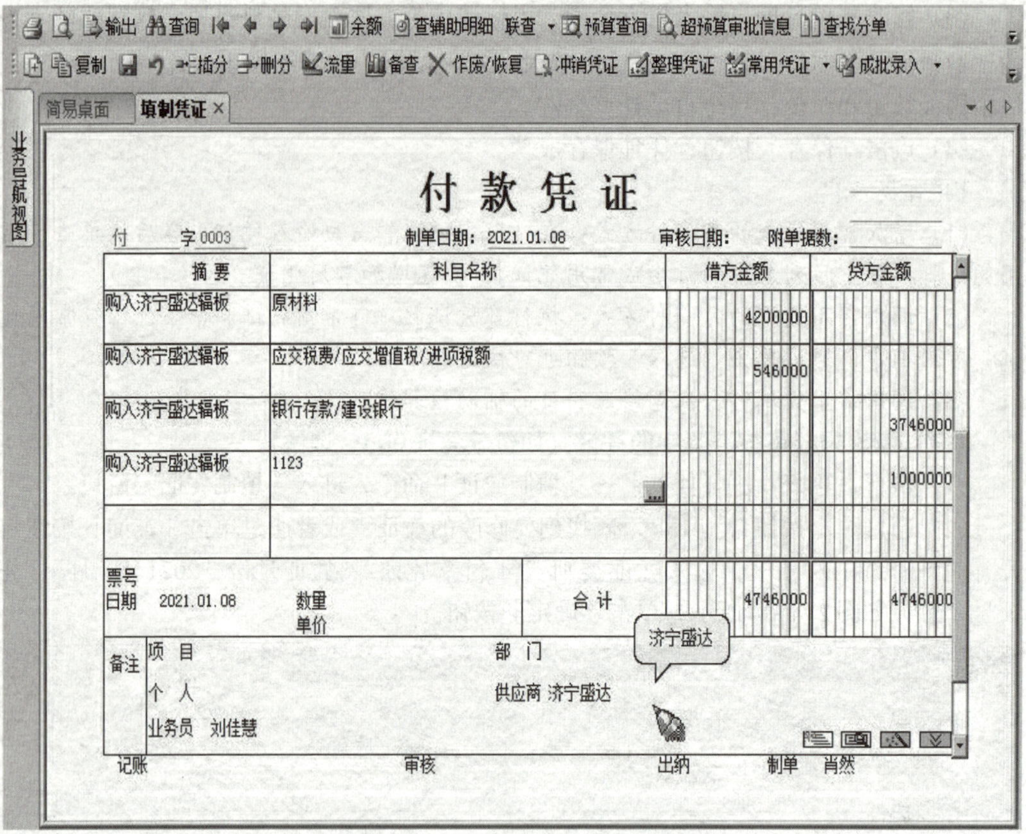

图2-4-15　修改科目辅助核算

【操作提示】

①对于未审核、未签字或审核标错的凭证，可通过［填制凭证］窗口找到要修改的凭证直接修改即可。

②对于已审核或已签字而未记账的凭证，应先取消审核或签字，再进行修改。

（四）删除凭证（如转账凭证005，选做）

1.作废凭证

（1）执行［总账］—［凭证］—［填制凭证］命令，进入［填制凭证］窗口。

（2）通过 |◀ ◀ ▶ ▶| 按钮或［查询］按钮找到要修改的凭证。

（3）单击［作废/恢复］按钮，凭证左上方显示“作废”字样，如图2-4-16所示。

【操作提示】

①对于尚未审核或签字的凭证，不需要或出现不便修改的错误时，可将其作废。

②对于已经审核或签字的凭证要想作废，应当先取消审核或签字，再行作废。

③作废凭证仍保留凭证内容及凭证编号，显示“作废”字样，相当于一张空白凭证。

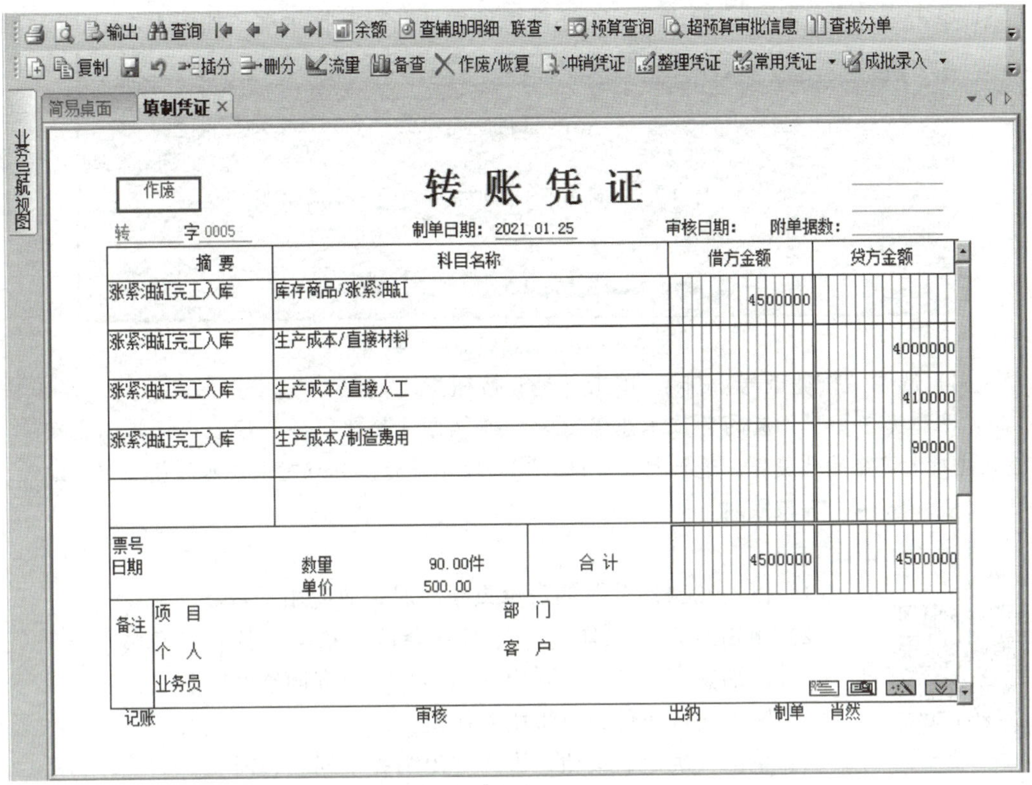

图2-4-16 作废凭证

④作废凭证不能修改、审核，但参与记账。

⑤作废的凭证，通过单击［作废/恢复］按钮，可恢复为一张正常的凭证。

2. 删除凭证

（1）单击［整理凭证］按钮，弹出［凭证期间选择］对话框，凭证期间选择“2021.01”。

（2）单击［确定］按钮，弹出［作废凭证表］对话框，如图2-4-17所示。

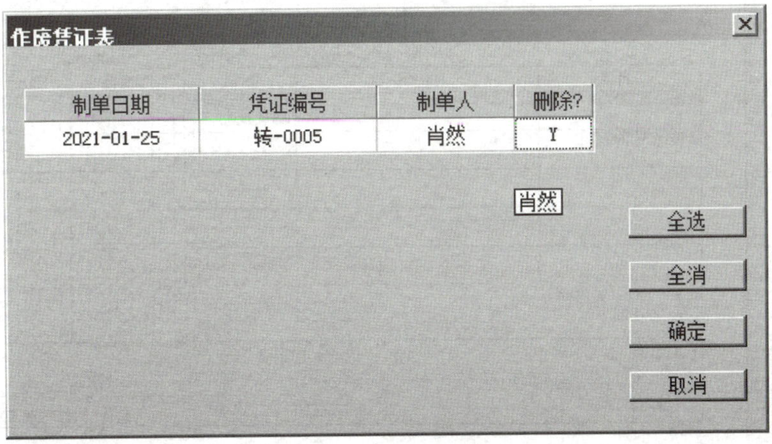

微课

删除凭证

图2-4-17 作废凭证表

（3）单击［确定］按钮，弹出“是否还需整理凭证断号”提示框，如图2-4-18所示。

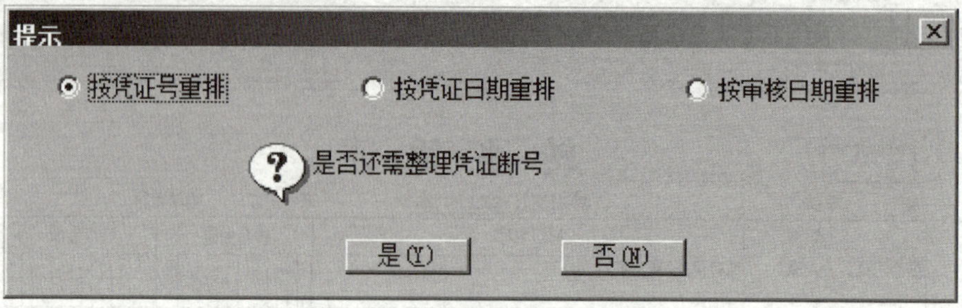

图2-4-18 整理凭证断号提示

（4）选中“按凭证号重排”，单击［是］按钮。

【操作提示】①作废的凭证不想保留时，可单击［整理凭证］按钮，将其彻底删除。②只能对未记账的作废凭证进行整理凭证。③整理凭证时，可以对未记账的凭证重新编号。

（五）出纳签字与取消

1. 进行出纳签字

微课

出纳签字

（1）以“2004唐艺”的身份重新注册企业应用平台。

（2）单击［业务工作］—［财务会计］菜单，执行［总账］—［凭证］—［出纳签字］命令，弹出［出纳签字］查询条件对话框。

（3）输入查询条件，可采用默认值。

（4）单击［确定］按钮，进入［出纳签字列表］窗口。

（5）双击要出纳签字的凭证，打开［出纳签字］窗口。

（6）检查要签字的凭证无误后，单击［签字］按钮，凭证底部“出纳”处自动签上出纳姓名，如图2-4-19所示；或者单击［批处理］下拉框中的“成批出纳签字”，系统一次性对所有未出纳签字的凭证进行签字。

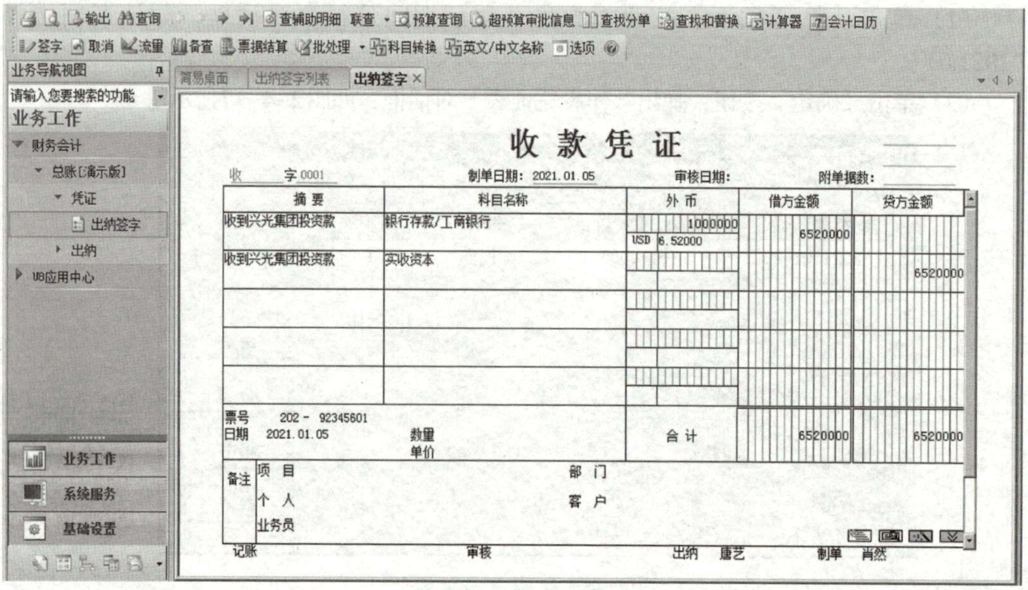

图2-4-19 出纳签字

【操作提示】

①出纳签字和凭证审核没有先后顺序之分。

②出纳签字前需要指定现金科目、银行科目。

③凭证一经签字，就不能再修改或删除，只有取消签字后才可以修改、删除。

④出纳签字或取消出纳签字只有有权限的人员才可执行。

2. 取消出纳签字

（1）在［出纳签字］窗口，单击［取消］按钮，凭证底部“出纳”处的签字自动取消。

（2）单击“→”按钮，对其他凭证取消出纳签字。也可以通过单击［批处理］按钮下拉框中的［成批取消签字］，对凭证进行成批取消出纳签字。

（六）凭证审核与取消

1. 审核凭证

（1）以“2001高文博”的身份重新注册企业应用平台。

（2）打开［业务工作］—［财务会计］菜单，执行［总账］—［凭证］—［审核凭证］命令，弹出［审核凭证］查询条件对话框。

（3）输入查询条件，可采用默认值。

（4）单击［确定］按钮，进入［凭证审核列表］窗口，如图2-4-20所示。

微课

审核凭证

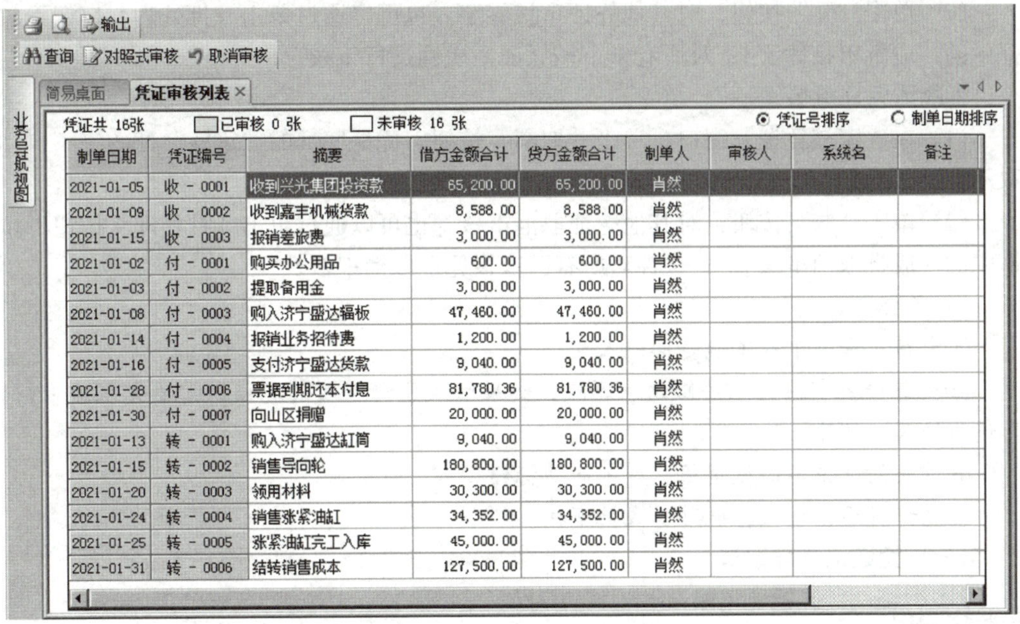

制单日期	凭证编号	摘要	借方金额合计	贷方金额合计	制单人	审核人	系统名	备注
2021-01-05	收 - 0001	收到兴光集团投资款	65,200.00	65,200.00	肖然			
2021-01-09	收 - 0002	收到嘉丰机械货款	8,588.00	8,588.00	肖然			
2021-01-15	收 - 0003	报销差旅费	3,000.00	3,000.00	肖然			
2021-01-02	付 - 0001	购买办公用品	600.00	600.00	肖然			
2021-01-03	付 - 0002	提取备用金	3,000.00	3,000.00	肖然			
2021-01-08	付 - 0003	购入济宁盛达辐板	47,460.00	47,460.00	肖然			
2021-01-14	付 - 0004	报销业务招待费	1,200.00	1,200.00	肖然			
2021-01-16	付 - 0005	支付济宁盛达货款	9,040.00	9,040.00	肖然			
2021-01-28	付 - 0006	票据到期还本付息	81,780.36	81,780.36	肖然			
2021-01-30	付 - 0007	向山区捐赠	20,000.00	20,000.00	肖然			
2021-01-13	转 - 0001	购入济宁盛达缸筒	9,040.00	9,040.00	肖然			
2021-01-15	转 - 0002	销售导向轮	180,800.00	180,800.00	肖然			
2021-01-20	转 - 0003	领用材料	30,300.00	30,300.00	肖然			
2021-01-24	转 - 0004	销售涨紧油缸	34,352.00	34,352.00	肖然			
2021-01-25	转 - 0005	涨紧油缸完工入库	45,000.00	45,000.00	肖然			
2021-01-31	转 - 0006	结转销售成本	127,500.00	127,500.00	肖然			

图2-4-20　凭证审核列表

（5）双击要审核的凭证，打开［审核凭证］窗口。

（6）检查要审核的凭证无误后，单击［审核］按钮，凭证底部的“审核”处自动签上审核人姓名，如图2-4-21所示。

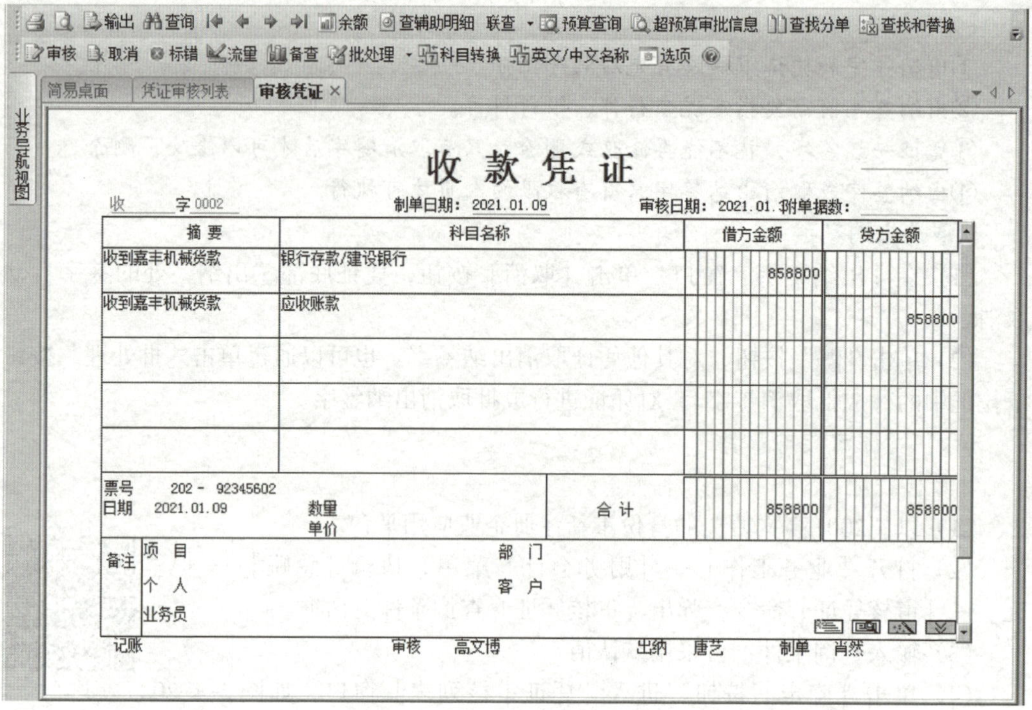

图2-4-21 审核凭证

（7）单击“”按钮，对其他凭证审核签字。也可以通过单击［批处理］按钮下拉框中的［成批审核凭证］，对所有未审核凭证一次性进行审核。

2. 取消凭证审核

（1）在［审核凭证］窗口，单击［取消］按钮，凭证底部的“审核”处的签字自动取消。

（2）单击“”按钮，对其他凭证取消审核。也可以通过单击［批处理］按钮下拉框中的［成批取消审核］，一次性对所有已审核凭证取消审核。

【操作提示】

①审核人和制单人不能是同一人。

②凭证一经审核将无法修改、删除，如果修改已经审核的凭证，需要先取消审核，再进行修改、删除。

③作废的凭证不能被审核，也不能被标错。

④凭证可逐张审核，也可以成批审核。

（七）凭证记账与取消

微课

凭证记账

1. 凭证记账

（1）以“2002肖然”的身份重新注册企业应用平台。

（2）打开［业务工作］—［财务会计］菜单，执行［总账］—［凭证］—［记账］命令，进入［记账］窗口。

（3）单击［全选］按钮，选择所有要记账的凭证，如图2-4-22所示。

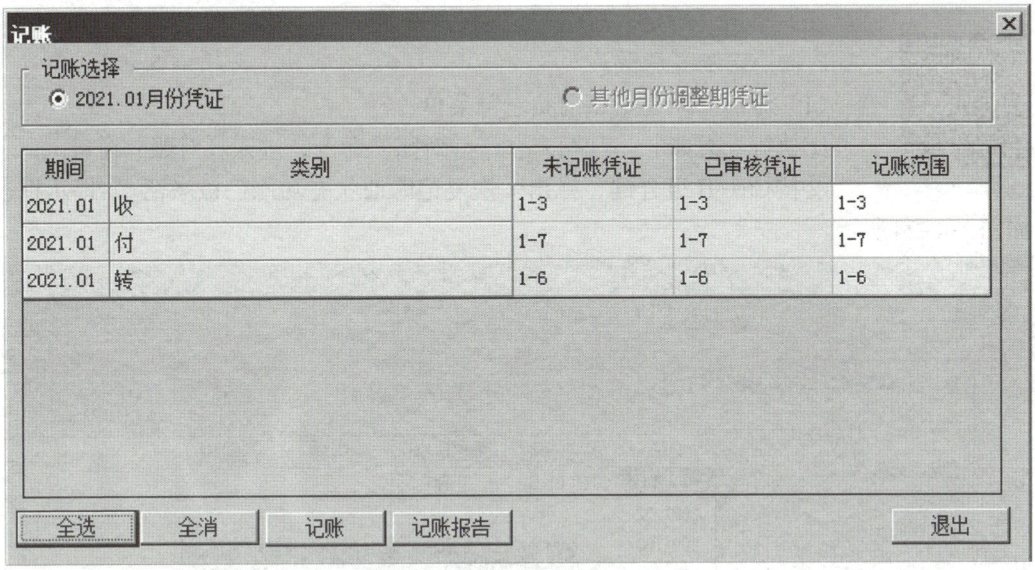

图2-4-22　选择记账范围

（4）单击［记账］按钮，显示［期初试算平衡］对话框，单击［确定］按钮。

（5）系统自动登记有关的总账、明细账、辅助账。登记完毕，弹出“记账完毕！”提示框，如图2-4-23所示。

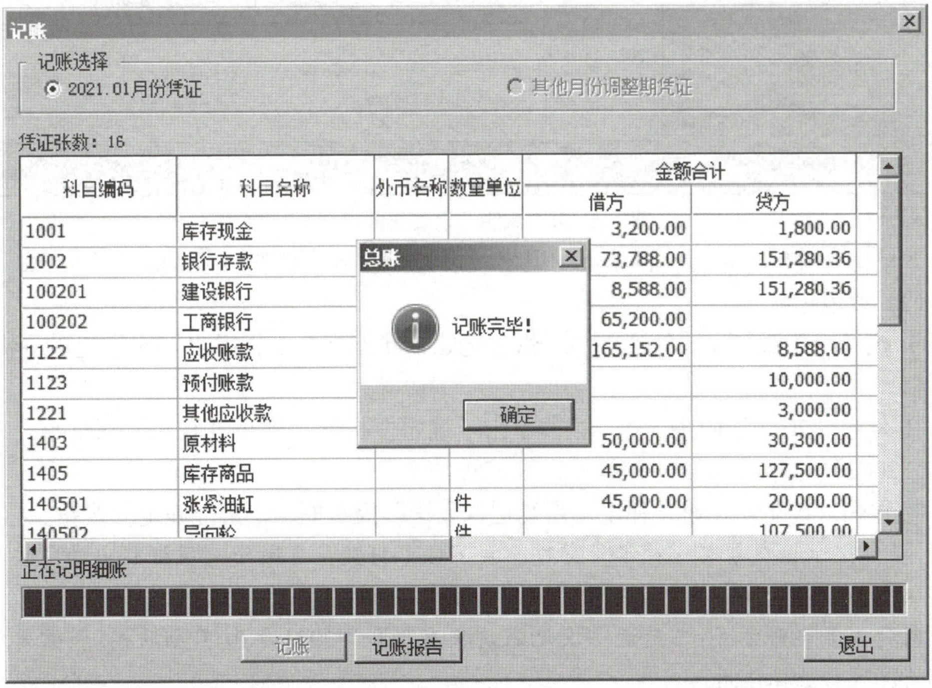

图2-4-23　记账完毕提示框

【操作提示】

①在第一次记账时，若期初余额试算不平衡，系统将不允许记账。

②未经审核的凭证不能记账，但是作废的凭证不需审核可直接记账。

微课

取消记账

(6)单击［确定］按钮，记账完毕。单击［退出］按钮。

2. 取消记账（选做）

(1)激活“恢复记账前状态”菜单

①执行［总账］—［期末］—［对账］命令，进入［对账］窗口。

②按Ctrl+H组合键，弹出“恢复记账前状态功能已被激活。”提示框，如图2-4-24所示。

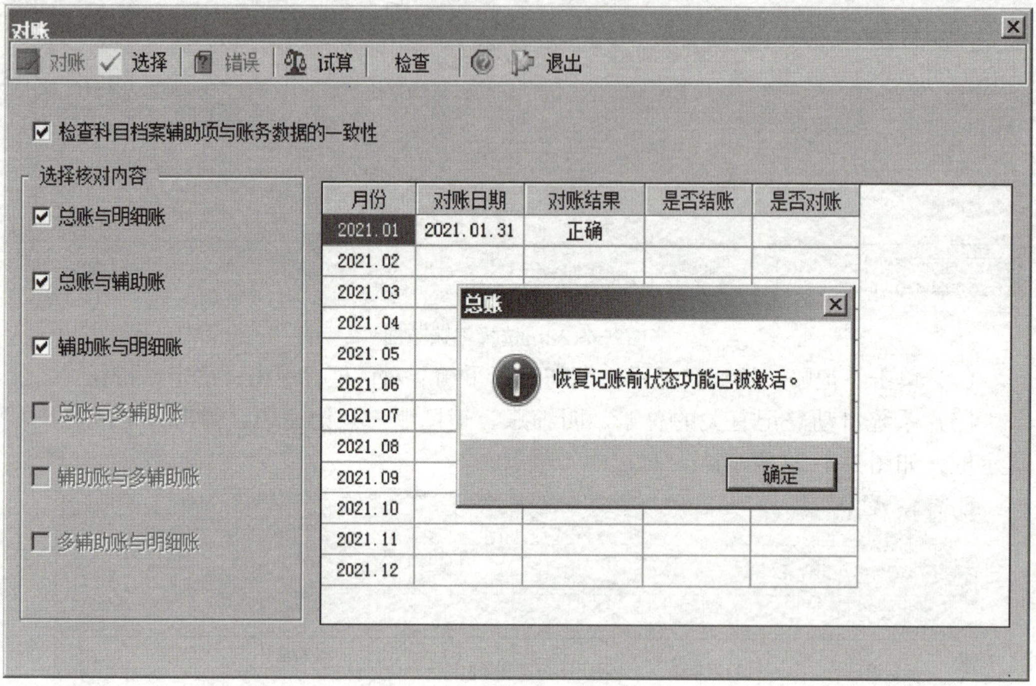

图2-4-24 激活“恢复记账前状态”

③单击［确定］按钮，再单击［退出］按钮，退出［对账］对话框。

(2)取消记账

①执行［总账］—［凭证］—［恢复记账前状态］命令，弹出［恢复记账前状态］对话框。

②勾选“2021年01月初状态”，单击［确定］按钮，弹出［输入］对话框，输入口令“2002”，如图2-4-25所示。

③单击［确定］按钮，弹出“恢复记账完毕”提示框，单击［确定］按钮。

【操作提示】在期末［对账］窗口，按下Ctrl+H键，可激活［凭证］中的“恢复记账前状态”功能菜单，再次按下Ctrl+H键隐藏此菜单。

两种恢复记账方式：“最近一次记账前状态”和“2021年01月初状态”，需要根据实际情况进行选择使用。

（八）冲销凭证（选做）

1. 在［填制凭证］窗口，单击［冲销凭证］，打开［冲销凭证］对话框。

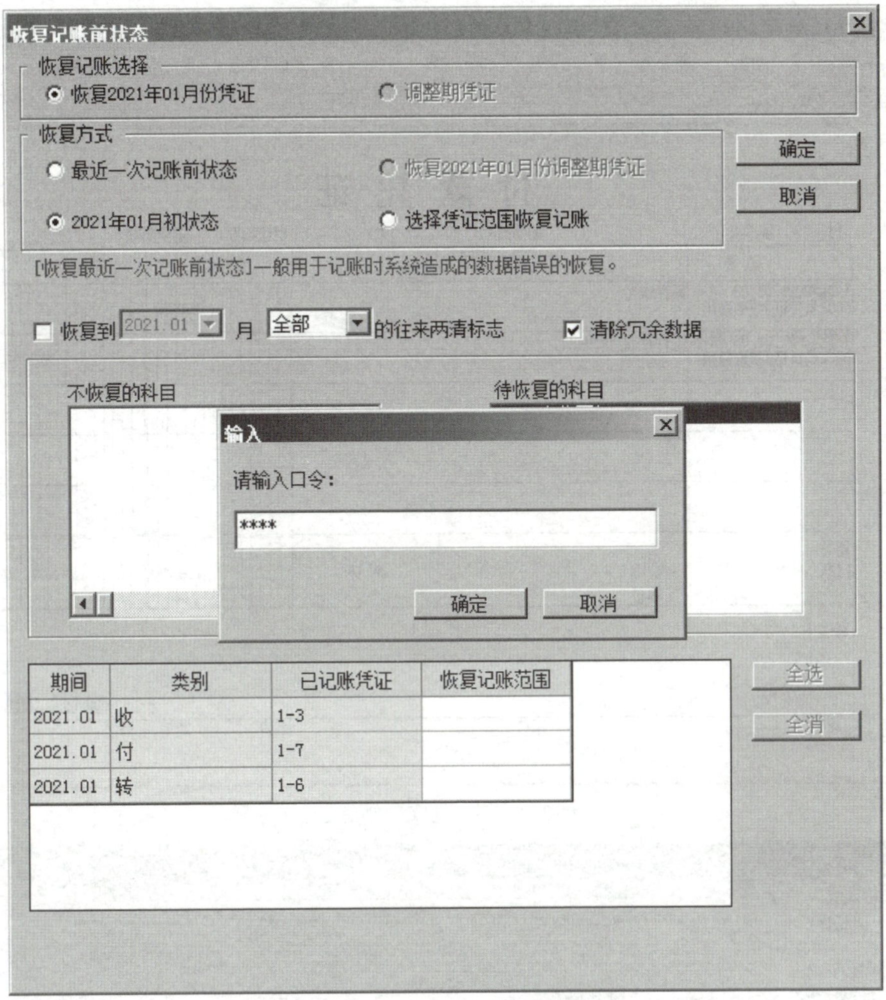

图2-4-25 恢复记账前状态

微课

冲销凭证

2.输入要冲销的凭证条件，选择月份“2021.01”、凭证类别“付 付款凭证”、凭证号“2”。

3.单击［确定］按钮，系统自动生成一张红字冲销凭证，如图2-4-26所示，修改制单日期后，单击［保存］按钮即可。

【操作提示】

（1）红字冲销凭证是针对已记账凭证而言的，视同正常凭证进行保存和管理。

（2）制作红字冲销凭证将错误凭证冲销后，需要再编制正确的蓝字凭证进行补充。

（九）查询凭证（选做）

微课

查询凭证

1.执行［总账］—［凭证］—［查询凭证］命令，系统弹出［凭证查询］对话框。

2.输入凭证类别“收 收款凭证”和其他凭证查询条件，如图2-4-27所示。

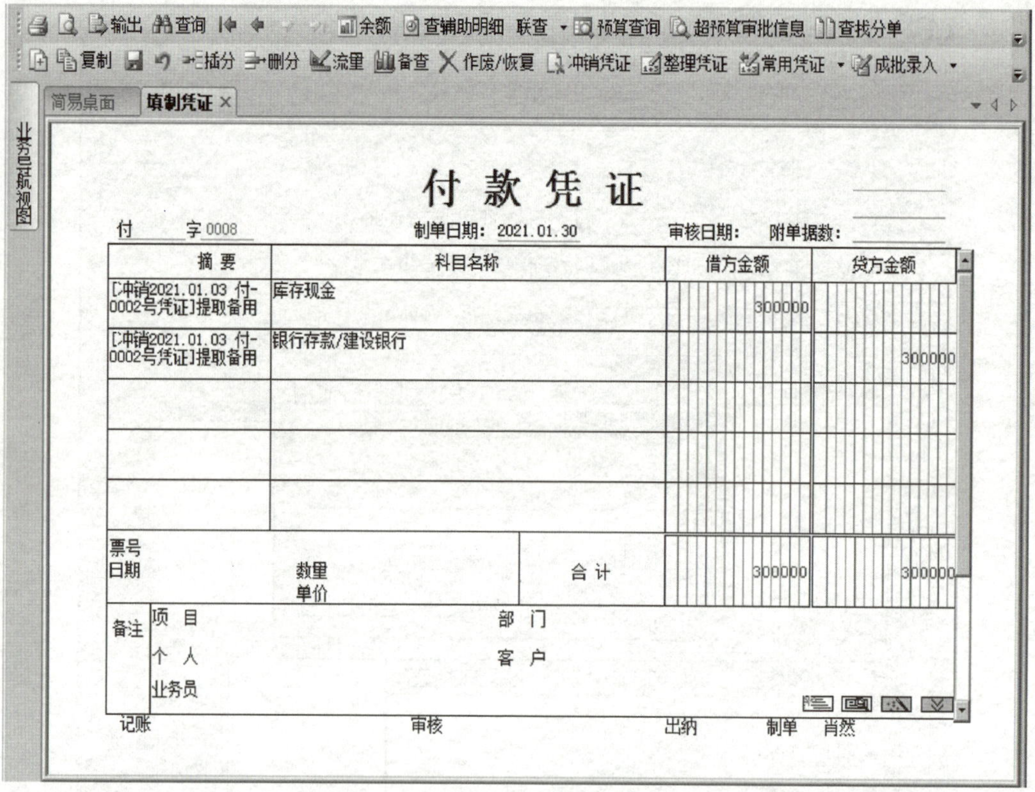

图2-4-26 红字冲销凭证

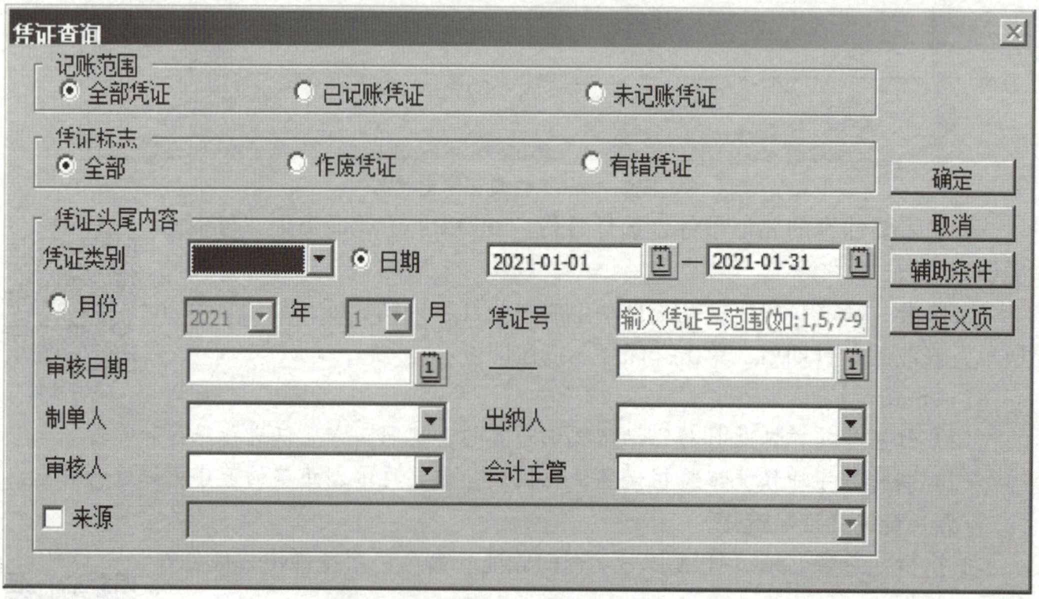

图2-4-27 凭证查询

3.单击［确定］按钮，进入［凭证查询列表］窗口。

4.双击某一凭证行，显示该张凭证内容。

二、出纳管理

（一）支票登记簿管理

1.在填制凭证时，支票付款业务自动登记支票登记簿（业务15除外）

具体操作见凭证管理中的填制凭证。

2.1月30日，查询1月份支票登记簿

（1）以“2004唐艺”的身份重新注册企业应用平台。

（2）单击［业务工作］—［财务会计］菜单，执行［总账］—［出纳］—［支票登记簿］命令，打开［银行科目选择］对话框。

（3）选择“银行存款/建设银行（100201）”，点击［确定］按钮。

（4）打开［支票登记簿］窗口，可以查看本月支票的领用及报销情况，如图2-4-28所示。

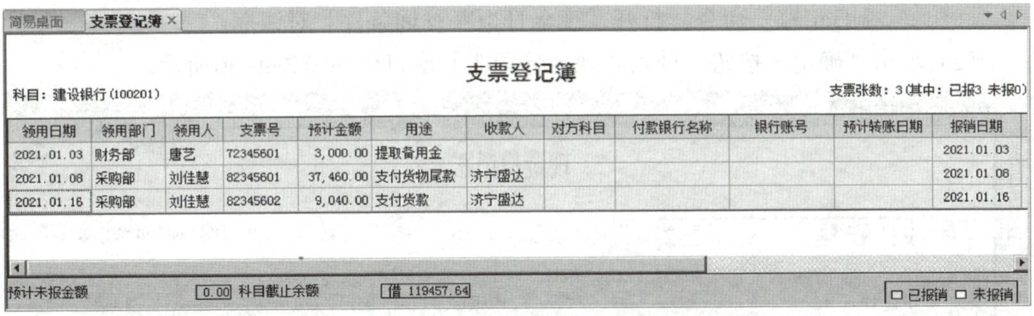

领用日期	领用部门	领用人	支票号	预计金额	用途	收款人	对方科目	付款银行名称	银行账号	预计转账日期	报销日期
2021.01.03	财务部	唐艺	72345601	3,000.00	提取备用金						2021.01.03
2021.01.08	采购部	刘佳慧	82345601	37,460.00	支付货物尾款	济宁盛达					2021.01.08
2021.01.16	采购部	刘佳慧	82345602	9,040.00	支付货款	济宁盛达					2021.01.16

图2-4-28　查询支票登记簿

【操作提示】

①屏幕显示所有已登记支票的记录情况，右上角显示已报销和未报销支票数。

②报销日期为空时，表示该支票未报销，支票背景呈现白色，否则系统认为该支票已报销，支票背景呈现黄色。

微课

支票领用与报销

3.业务15在支票登记簿中登记支票领用与报销情况

（1）在［支票登记簿］窗口，单击［增加］按钮，输入支票领用信息，如图2-4-29所示。

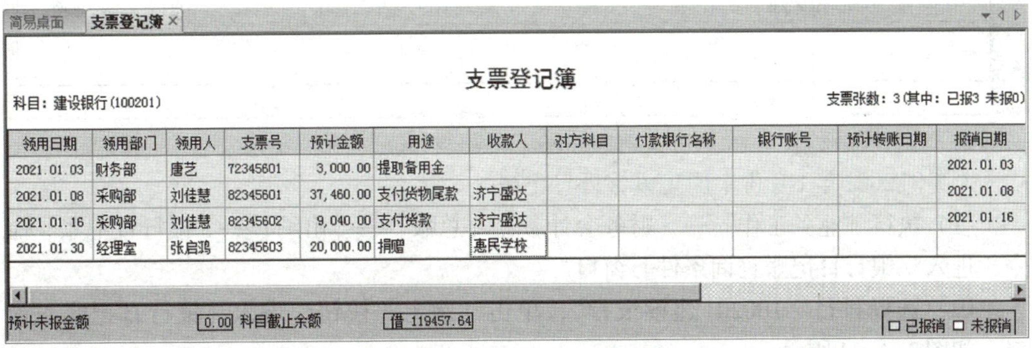

领用日期	领用部门	领用人	支票号	预计金额	用途	收款人	对方科目	付款银行名称	银行账号	预计转账日期	报销日期
2021.01.03	财务部	唐艺	72345601	3,000.00	提取备用金						2021.01.03
2021.01.08	采购部	刘佳慧	82345601	37,460.00	支付货物尾款	济宁盛达					2021.01.08
2021.01.16	采购部	刘佳慧	82345602	9,040.00	支付货款	济宁盛达					2021.01.16
2021.01.30	经理室	张启鸿	82345603	20,000.00	捐赠	惠民学校					

图2-4-29　登记支票登记簿

（2）输入报销日期“2021.01.30”，按回车键。

（3）单击［保存］按钮，支票背景颜色由白色变为黄色，显示为已报销状态。

【操作提示】

①支票登记簿有两种支票登记方式，一种是出纳在［支票登记簿］窗口通过［增加］按钮登记；另一种是制单人在填制凭证时通过［票号登记］窗口登记。

②支票登记簿有两种支票报销方式，一种是出纳在［支票登记簿］窗口直接输入报销日期；另一种是制单人在填制凭证时根据系统提示进行报销。

（二）日记账、资金日报查询

微课

日记账查询

以“2004 唐艺”的身份登录企业应用平台，操作日期为“2021-01-31”。

1. 查询2021年1月份现金日记账

（1）执行［业务工作］—［财务会计］—［总账］—［出纳］—［现金日记账］命令，打开［现金日记账查询条件］对话框。

（2）单击［确定］按钮，进入［现金日记账］窗口，如图2-4-30所示。

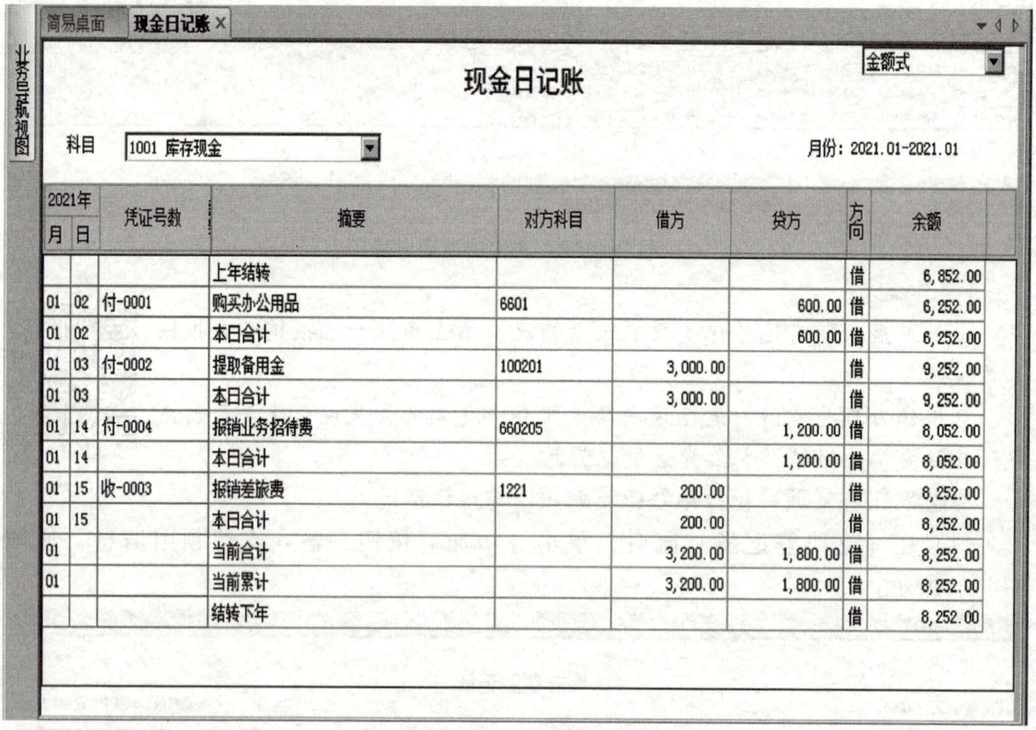
简易桌面 现金日记账

现金日记账

金额式

科目 1001 库存现金

月份：2021.01-2021.01

2021年 月	日	凭证号数	摘要	对方科目	借方	贷方	方向	余额
			上年结转				借	6,852.00
01	02	付-0001	购买办公用品	6601		600.00	借	6,252.00
01	02		本日合计			600.00	借	6,252.00
01	03	付-0002	提取备用金	100201	3,000.00		借	9,252.00
01	03		本日合计		3,000.00		借	9,252.00
01	14	付-0004	报销业务招待费	660205		1,200.00	借	8,052.00
01	14		本日合计			1,200.00	借	8,052.00
01	15	收-0003	报销差旅费	1221	200.00		借	8,252.00
01	15		本日合计		200.00		借	8,252.00
01			当前合计		3,200.00	1,800.00	借	8,252.00
01			当前累计		3,200.00	1,800.00	借	8,252.00
			结转下年				借	8,252.00

图2-4-30 现金日记账

2. 查询2021年1月份中国建设银行日记账

（1）执行［业务工作］—［财务会计］—［总账］—［出纳］—［银行日记账］命令，进入［银行日记账查询条件］窗口。

（2）选择科目“100201 建设银行”，单击［确定］按钮，进入［银行日记账］窗口，如图2-4-31所示。

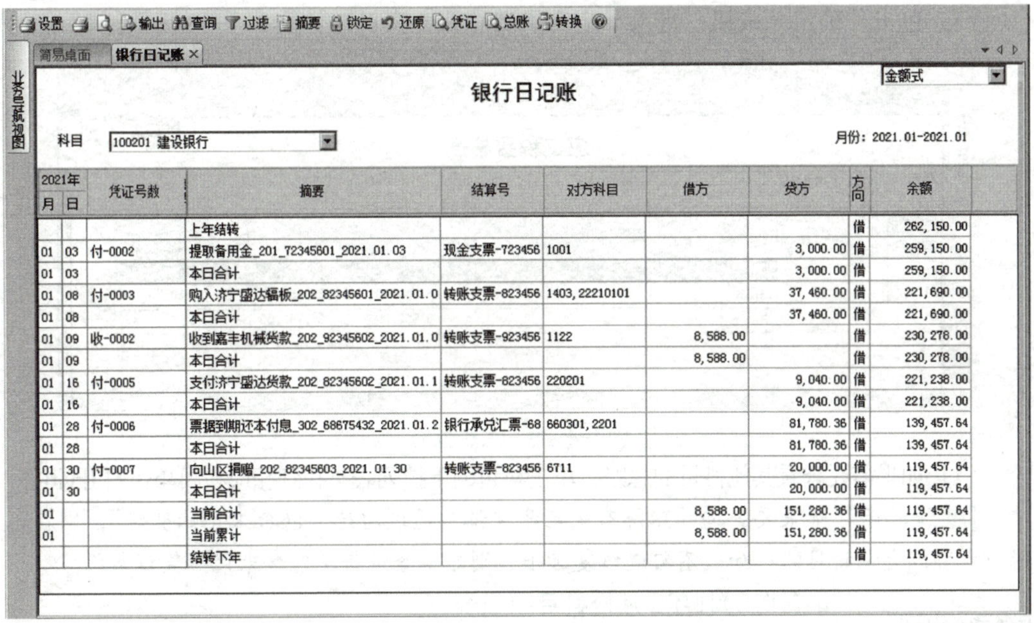

银行日记账

科目 100201 建设银行　　　　月份：2021.01-2021.01

2021年 月	日	凭证号数	摘要	结算号	对方科目	借方	贷方	方向	余额
			上年结转					借	262,150.00
01	03	付-0002	提取备用金_201_72345601_2021.01.03	现金支票-723456	1001		3,000.00	借	259,150.00
01	03		本日合计				3,000.00	借	259,150.00
01	08	付-0003	购入济宁盛达辐板_202_82345601_2021.01.0	转账支票-823456	1403,22210101		37,460.00	借	221,690.00
01	08		本日合计				37,460.00	借	221,690.00
01	09	收-0002	收到嘉丰机械货款_202_92345602_2021.01.0	转账支票-923456	1122	8,588.00		借	230,278.00
01	09		本日合计			8,588.00		借	230,278.00
01	16	付-0005	支付济宁盛达货款_202_82345602_2021.01.1	转账支票-823456	220201		9,040.00	借	221,238.00
01	16		本日合计				9,040.00	借	221,238.00
01	28	付-0006	票据到期还本付息_302_68675432_2021.01.2	银行承兑汇票-68	660301,2201		81,780.36	借	139,457.64
01	28		本日合计				81,780.36	借	139,457.64
01	30	付-0007	向山区捐赠_202_82345603_2021.01.30	转账支票-823456	6711		20,000.00	借	119,457.64
01	30		本日合计				20,000.00	借	119,457.64
01			当前合计			8,588.00	151,280.36	借	119,457.64
01			当前累计			8,588.00	151,280.36	借	119,457.64
			结转下年					借	119,457.64

图2-4-31　银行日记账

3. 查询2021年1月3日资金日报

（1）执行［出纳］—［资金日报］命令，打开［资金日报表查询条件］对话框。

（2）输入日期“2021-01-03”，单击［确定］按钮。

（3）进入［资金日报表］窗口，如图2-4-32所示。

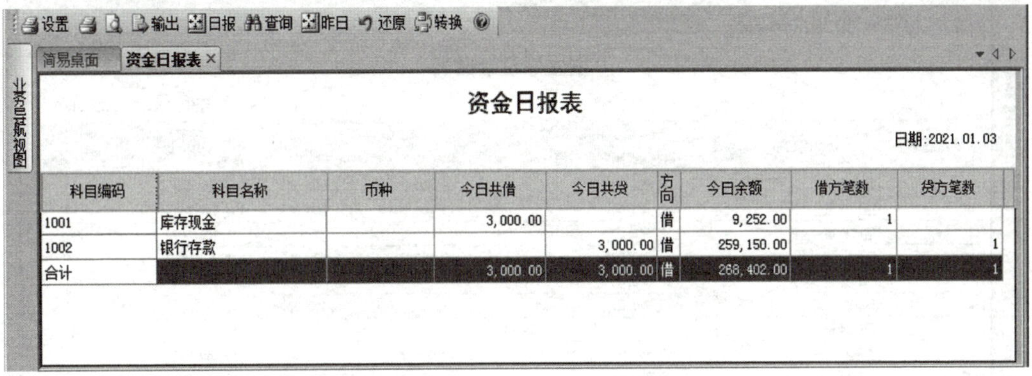

资金日报表

日期:2021.01.03

科目编码	科目名称	币种	今日共借	今日共贷	方向	今日余额	借方笔数	贷方笔数
1001	库存现金		3,000.00		借	9,252.00	1	
1002	银行存款			3,000.00	借	259,150.00		1
合计			3,000.00	3,000.00	借	268,402.00	1	1

图2-4-32　资金日报表

三、账表查询

以“2001高文博”的身份登录企业应用平台，操作日期为“2021-01-31”。

（一）科目账查询

1. 查询2021年1月份“应交税费”总账

（1）执行［业务工作］—［财务会计］—［总账］—［账表］—［科目账］—［总账］命令，弹出［总账查询条件］对话框。

（2）输入要查询的会计科目“2221至2221”。

（3）单击［确定］按钮，进入［应交税费总账］窗口，如图2-4-33所示。

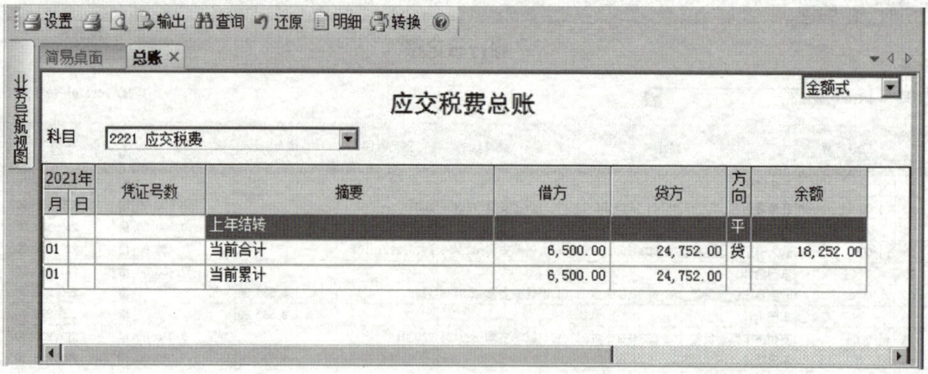

2021年 月	2021年 日	凭证号数	摘要	借方	贷方	方向	余额
			上年结转			平	
01			当前合计	6,500.00	24,752.00	贷	18,252.00
01			当前累计	6,500.00	24,752.00		

图2-4-33　总账查询

（4）如果需要查看其他科目的总账，单击科目的下拉列表，找到相应科目单击打开即可。

【操作提示】如果要查询的账簿有未记账凭证，通过勾选“包含未记账凭证”，则在记账前也可以查询科目账；如果不勾选该复选框，则账簿查询将不包含未记账凭证数据。

微课

余额表查询

2. 查询2021年1月份科目余额表

（1）执行［业务工作］—［财务会计］—［总账］—［账表］—［科目账］—［余额表］命令，弹出［发生额及余额查询条件］对话框。

（2）选择默认查询条件，单击［确定］按钮，进入［发生额及余额表］窗口，如图2-4-34所示。

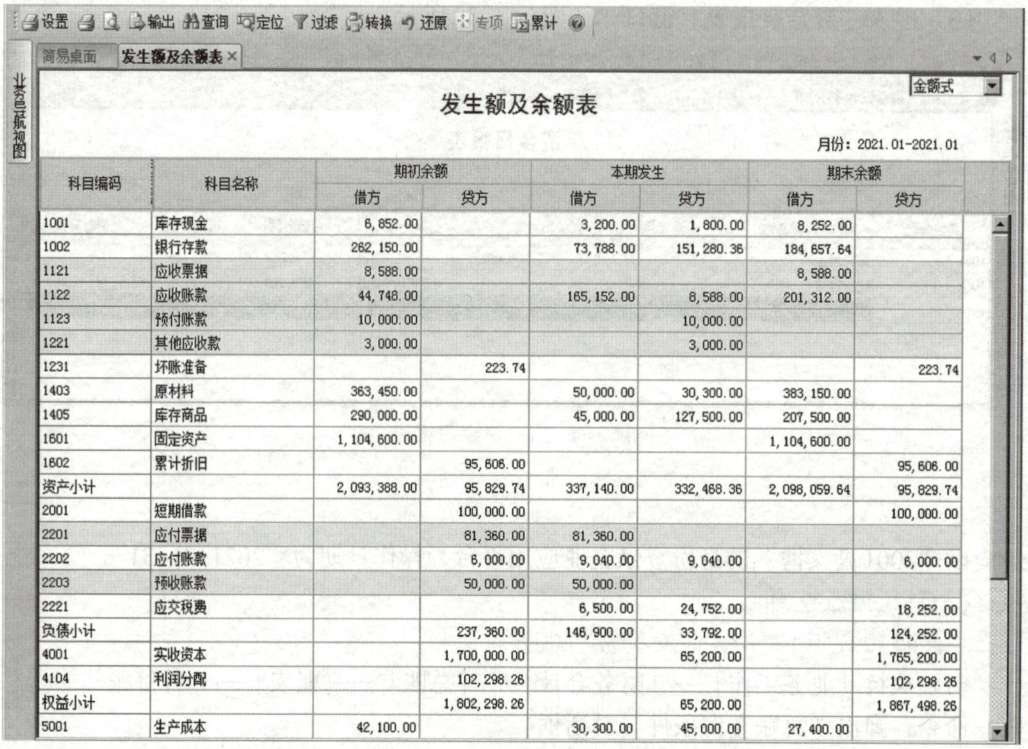

科目编码	科目名称	期初余额		本期发生		期末余额	
		借方	贷方	借方	贷方	借方	贷方
1001	库存现金	6,852.00		3,200.00	1,800.00	8,252.00	
1002	银行存款	262,150.00		73,788.00	151,280.36	184,657.64	
1121	应收票据	8,588.00				8,588.00	
1122	应收账款	44,748.00		165,152.00	8,588.00	201,312.00	
1123	预付账款	10,000.00			10,000.00		
1221	其他应收款	3,000.00			3,000.00		
1231	坏账准备		223.74				223.74
1403	原材料	363,450.00		50,000.00	30,300.00	383,150.00	
1405	库存商品	290,000.00		45,000.00	127,500.00	207,500.00	
1601	固定资产	1,104,600.00				1,104,600.00	
1602	累计折旧		95,606.00				95,606.00
资产小计		2,093,388.00	95,829.74	337,140.00	332,468.36	2,098,059.64	95,829.74
2001	短期借款		100,000.00				100,000.00
2201	应付票据		81,360.00	81,360.00			
2202	应付账款		6,000.00	9,040.00	9,040.00		6,000.00
2203	预收账款		50,000.00	50,000.00			
2221	应交税费			6,500.00	24,752.00		18,252.00
负债小计			237,360.00	146,900.00	33,792.00		124,252.00
4001	实收资本		1,700,000.00		65,200.00		1,765,200.00
4104	利润分配		102,298.26				102,298.26
权益小计			1,802,298.26		65,200.00		1,867,498.26
5001	生产成本	42,100.00		30,300.00	45,000.00	27,400.00	

图2-4-34　余额表查询

（二）辅助账查询

1. 查询2021年1月份客户科目余额表

微课

辅助账查询

（1）执行［业务工作］—［财务会计］—［总账］—［账表］—［客户往来辅助账］—［客户往来余额表］—［客户科目余额表］命令，弹出［客户科目余额表查询条件］对话框。

（2）选择默认查询条件，单击［确定］按钮，进入［客户科目余额表］窗口，如图2-4-35所示。

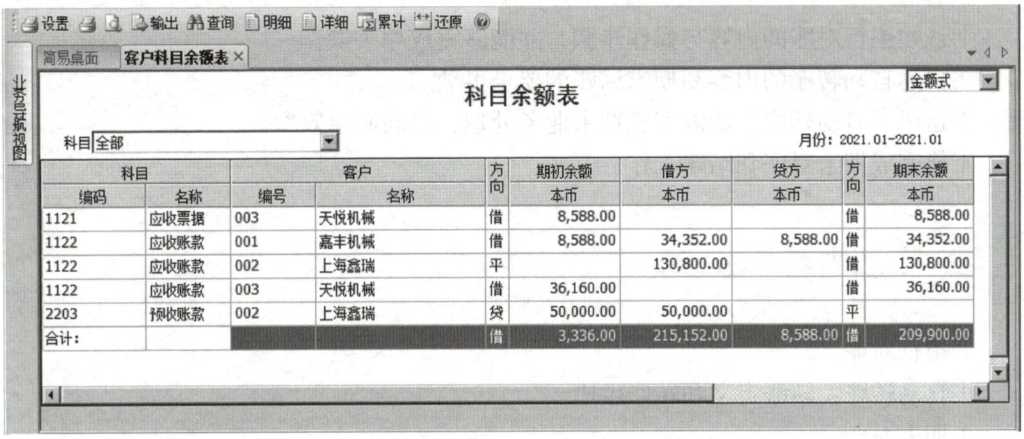

科目		客户		方向	期初余额	借方	贷方	方向	期末余额
编码	名称	编号	名称		本币	本币	本币		本币
1121	应收票据	003	天悦机械	借	8,588.00			借	8,588.00
1122	应收账款	001	嘉丰机械	借	8,588.00	34,352.00	8,588.00	借	34,352.00
1122	应收账款	002	上海鑫瑞	平		130,800.00		借	130,800.00
1122	应收账款	003	天悦机械	借	36,160.00			借	36,160.00
2203	预收账款	002	上海鑫瑞	贷	50,000.00	50,000.00		平	
合计：				借	3,336.00	215,152.00	8,588.00	借	209,900.00

图2-4-35　客户科目余额表

2. 查询2021年1月份“嘉丰机械”客户明细账

执行［账表］—［客户往来辅助账］—［客户往来明细账］—［客户明细账］命令，选择客户名称“001嘉丰机械”，进入“嘉丰机械”的［客户明细账］窗口，如图2-4-36所示。

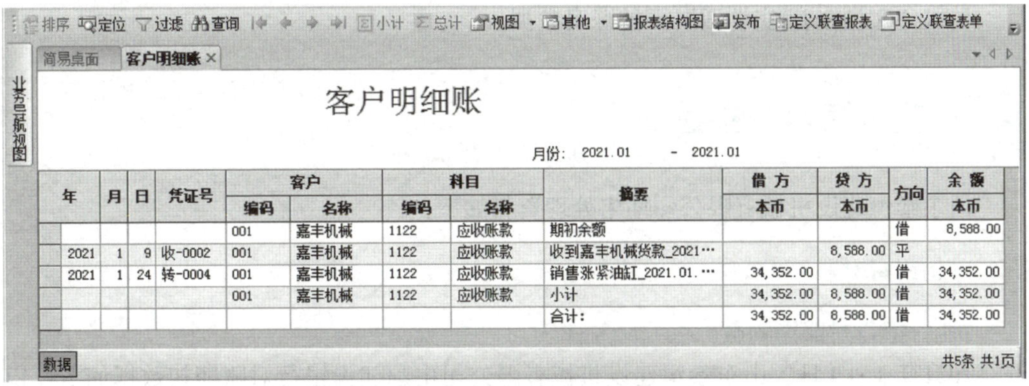

年	月	日	凭证号	客户		科目		摘要	借方	贷方	方向	余额
				编码	名称	编码	名称		本币	本币		本币
				001	嘉丰机械	1122	应收账款	期初余额			借	8,588.00
2021	1	9	收-0002	001	嘉丰机械	1122	应收账款	收到嘉丰机械货款_2021…		8,588.00	平	
2021	1	24	转-0004	001	嘉丰机械	1122	应收账款	销售涨紧油缸_2021.01.…	34,352.00		借	34,352.00
				001	嘉丰机械	1122	应收账款	小计	34,352.00	8,588.00	借	34,352.00
								合计：	34,352.00	8,588.00	借	34,352.00

图2-4-36　客户明细账

【操作提示】

（1）客户科目余额表用于查询某往来科目下所有客户的发生额和余额情况。

（2）客户科目明细账用于查询指定科目下所有客户的明细账情况。

（3）客户明细账用于查询某一客户所有科目的明细账情况。

实训五 总账管理子系统期末处理

实训目的

1.认知银行对账的内容与操作步骤，并能够完成相关操作。
2.描述自动转账的内容和期末结账的要求事项。
3.运用［自动转账］功能完成期末业务处理，提高制单效率。
4.能完成期末对账和结账工作。

实训内容

1.银行对账。
2.自动转账：转账定义和转账生成。
3.期末对账。
4.期末结账和取消结账。

实训准备

引入“实训账套\实训四”下的账套数据。

实训资料

山东泰恒建设机械有限公司期末处理资料如下：

一、银行对账

（一）银行对账期初数

2021年1月1日，山东泰恒建设机械有限公司中国建设银行对账期初数据如下：银行存款日记账期初余额为262 150元，银行对账单期初余额为273 450元，2020年12月31日企业开具转账支票一张，票号：82345600，金额为11 300元，银行未记账。

（二）银行对账单

山东泰恒建设机械有限公司2021年1月份的中国建设银行对账单数据，见表2-5-1。

表2-5-1　1月份中国建设银行对账单　单位：元

日期	结算方式	票号	借方金额	贷方金额
2021.01.02	转账支票	82345600		11 300.00
2021.01.03	现金支票	72345601		3 000.00
2021.01.08	转账支票	82345601		37 460.00
2021.01.09	转账支票	92345602	8 588.00	
2021.01.16	转账支票	82345602		9 040.00
2021.01.28	银行承兑汇票	68675432		81 780.36

二、自动转账定义

（一）自定义结转

1月31日，计提本月短期借款利息。

借：财务费用/利息支出（660301）　　JG（　　）

　　贷：应付利息（2231）　　QM（2001，月，贷）*0.07/12

（二）期间损益结转

1月31日，结转期间损益。

三、期末对账

完成期末对账工作，检查是否账账相符。

四、期末结账

检查本月业务是否处理完毕，完成总账管理子系统月末结账处理。

实训要求

1. 以“2002肖然”的身份进行转账定义和转账生成。
2. 以“2004唐艺”的身份进行银行对账。
3. 以“2001高文博”的身份进行审核凭证、期末对账和期末结账。

实训步骤

微课

银行对账

一、银行对账

以“2004唐艺”的身份登录企业应用平台，登录日期为“2021-01-31”。

（一）录入银行对账期初

1.单击［业务工作］菜单项，执行［财务会计］—［总账］—［出纳］—［银行对账］—［银行对账期初录入］命令，弹出［银行科目选择］对话框，选择科目“建设银行（100201）”。

2.单击［确定］按钮，打开［银行对账期初］对话框。

3.输入单位日记账的调整前余额“262 150”，输入银行对账单的调整前余额“273 450”。

4.单击［日记账期初未达项］按钮，打开［企业方期初］窗口。

5.单击［增加］按钮，输入凭证日期“2020.12.31”、结算方式“202”、票号“82345600”、贷方金额“11 300”，如图2-5-1所示。

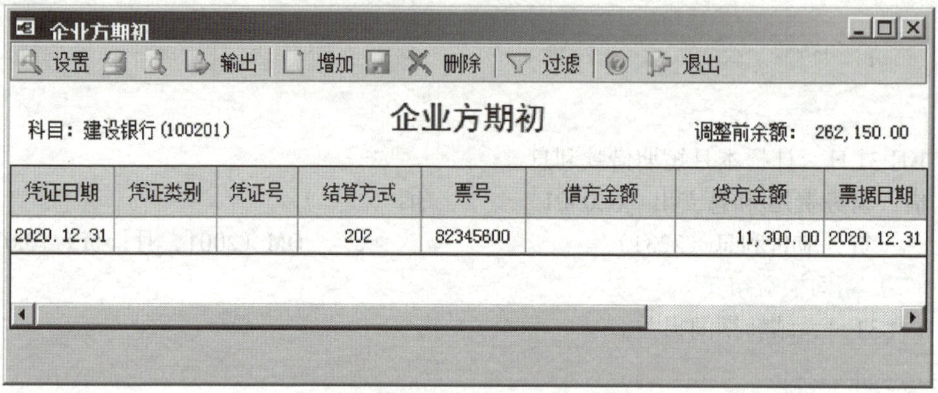

图2-5-1 录入企业方期初数

6.单击［保存］按钮，系统自动将该未达账项金额输入“减：企业已付 银行未付”栏目中。

7.单击［退出］按钮，确认单位日记账和银行对账单的调整后余额相同，如图2-5-2所示。

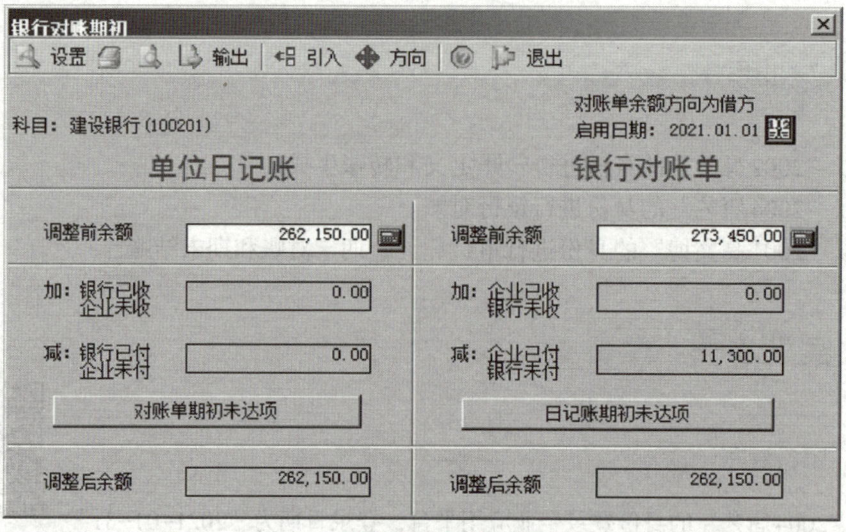

图2-5-2 期初银行存款余额调节表

【操作提示】

（1）第一次启用银行对账功能时，需要录入银行对账期初数，以后会计期间无须再录入。

（2）录入银行对账单、单位日记账及期初未达项后，系统将根据调整前余额及期初未达项自动计算出银行对账单与单位日记账的调整后余额。若录入正确，单位日记账与银行对账单的调整后余额应相等。

（二）录入银行对账单

1.执行［银行对账］—［银行对账单］命令，打开［银行科目选择］对话框。

2.选择银行科目“建设银行（100201）”。

3.单击［确定］按钮，进入［银行对账单］窗口。

4.单击［增加］按钮，依次输入表2-5-1的实训资料，如图2-5-3所示，单击［保存］按钮。

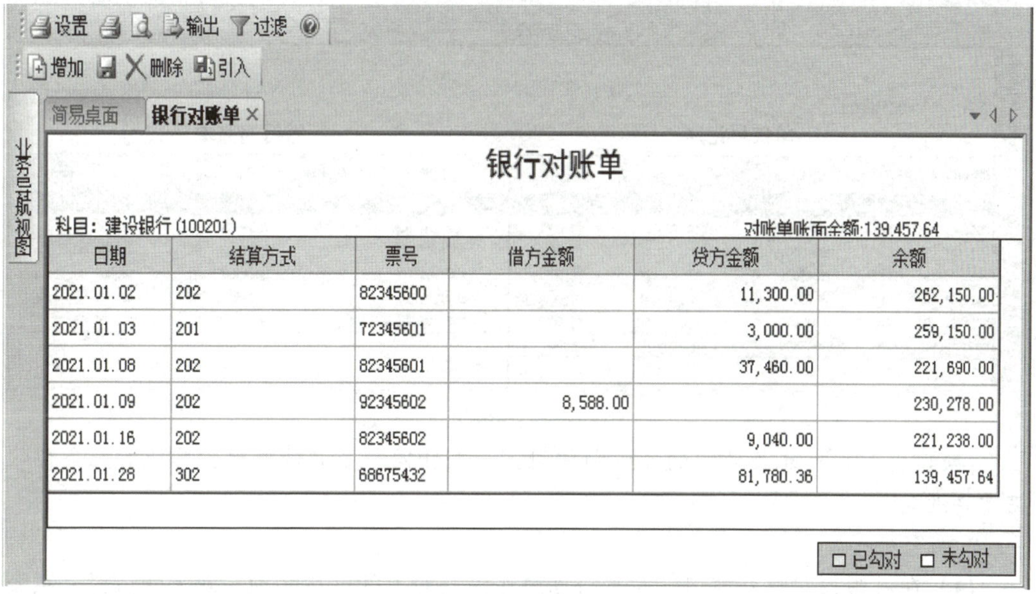

日期	结算方式	票号	借方金额	贷方金额	余额
2021.01.02	202	82345600		11,300.00	262,150.00
2021.01.03	201	72345601		3,000.00	259,150.00
2021.01.08	202	82345601		37,460.00	221,690.00
2021.01.09	202	92345602	8,588.00		230,278.00
2021.01.16	202	82345602		9,040.00	221,238.00
2021.01.28	302	68675432		81,780.36	139,457.64

图2-5-3　录入银行对账单数据

（三）进行银行对账

1.自动对账

（1）执行［银行对账］—［银行对账］命令，打开［银行科目选择］对话框。

（2）选择科目“100201建设银行”。

（3）单击［确定］按钮，进入［银行对账］窗口。

（4）单击［对账］按钮，打开［自动对账］对话框。

（5）输入截止日期“2021-01-31”，选择“日期相差12日之内”“结算票号相同”“结算方式相同”，如图2-5-4所示。

（6）单击［确定］按钮，系统显示自动对账结果，如图2-5-5所示。

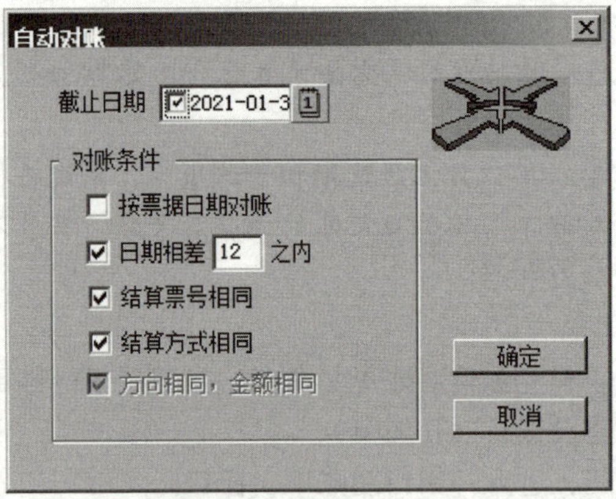

图2-5-4 自动对账条件设置

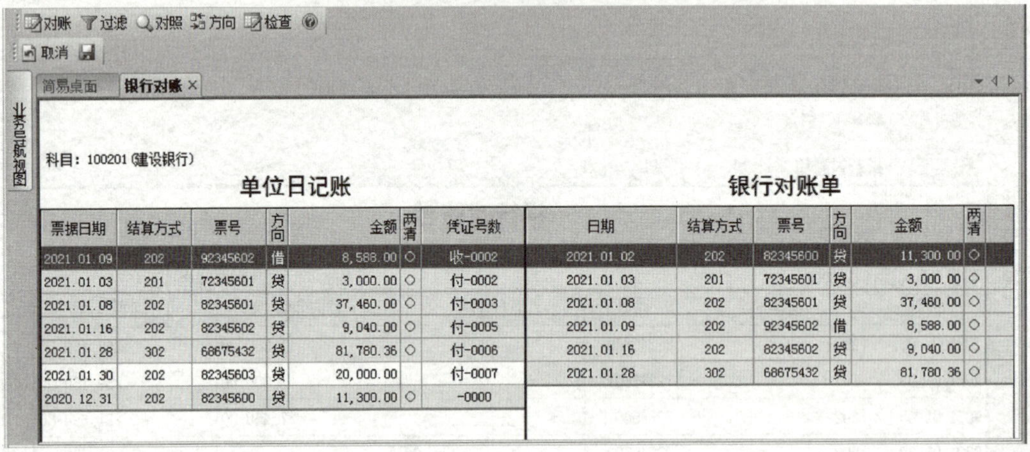

单位日记账

票据日期	结算方式	票号	方向	金额	两清	凭证号数
2021.01.09	202	92345602	借	8,588.00	○	收-0002
2021.01.03	201	72345601	贷	3,000.00	○	付-0002
2021.01.08	202	82345601	贷	37,460.00	○	付-0003
2021.01.16	202	82345602	贷	9,040.00	○	付-0005
2021.01.28	302	68675432	贷	81,780.36	○	付-0006
2021.01.30	202	82345603	贷	20,000.00		付-0007
2020.12.31	202	82345600	贷	11,300.00	○	-0000

银行对账单

日期	结算方式	票号	方向	金额	两清
2021.01.02	202	82345600	贷	11,300.00	○
2021.01.03	201	72345601	贷	3,000.00	○
2021.01.08	202	82345601	贷	37,460.00	○
2021.01.09	202	92345602	借	8,588.00	○
2021.01.16	202	82345602	贷	9,040.00	○
2021.01.28	302	68675432	贷	81,780.36	○

图2-5-5 对账结果

【操作提示】对账条件中的“方向相同，金额相同”是必选条件，其他对账条件根据需要设置。

2. 手工对账

（1）在［银行对账］窗口，对于自动对账没有对上的已达账项，双击两清栏，系统自动打上“√”标志。

（2）手工对账完毕，单击［检查］按钮，检查结果是否平衡，反复调整直至平衡为止。

【操作提示】

①采用自动对账核对的银行业务，系统将自动在单位日记账和银行对账单两清栏打上“0”标志，并视为已达账项；采用手工对账核对的银行业务，双击两清栏系统自动在两清栏打上“√”标志。

②如果对账后，发现前面银行对账期初和银行对账单数据录入错误，需要单击［取消］按钮或双击两清栏取消对账，修改完录入的错误数据后，再重新对账。

（四）查询银行存款余额调节表

1. 执行［银行对账］—［余额调节表查询］命令，进入［银行存款余额调节表］窗口。

2.双击“100201建设银行”行次，或者选中该行后单击［查看］按钮，打开该银行账户的银行存款余额调节表，如图2-5-6所示。

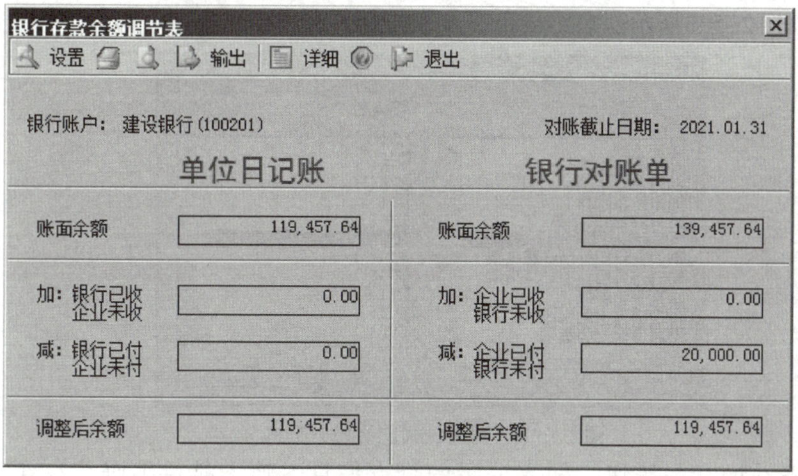

图2-5-6 银行存款余额调节表

微课

转账定义

【操作提示】

（1）银行存款余额调节表是系统自动生成的，只能查询，不能修改。

（2）如果银行存款余额调节表不平衡或有其他错误，须检查前面是否录入有误。

二、自动转账定义

以“2002肖然”的身份重新注册企业应用平台，操作日期为“2021-01-31”。

（一）转账定义

1.自定义转账设置

（1）单击［业务工作］菜单项，执行［财务会计］—［总账］—［期末］—［转账定义］—［自定义转账］命令，进入［自定义转账设置］窗口。

（2）单击［增加］按钮，弹出［转账目录］对话框。输入转账序号“0001”、转账说明“计提短期借款利息”，选择凭证类别“转 转账凭证”，如图2-5-7所示。

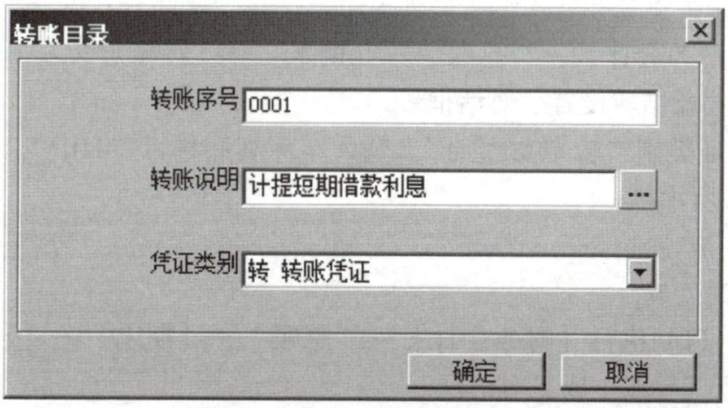

图2-5-7 转账目录设置

（3）单击［确定］按钮，返回到［自定义转账设置］窗口，开始设置转账分录信息。

（4）单击［增行］按钮，输入分录的借方信息。输入科目编码“660301”、方向

“借”、金额公式“JG（）”，或者利用公式向导，单击“金额公式”栏右下角的［选择］按钮，弹出［公式向导］对话框，选中公式名“取对方科目计算结果”或函数名“JG（）”，如图2-5-8所示。单击［下一步］按钮，再单击［完成］按钮。

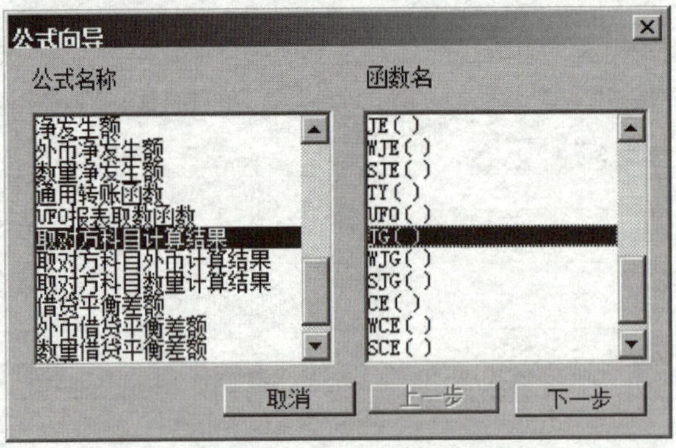

图2-5-8　利用公式向导输入公式

（5）单击［增行］按钮，输入分录的贷方信息。输入科目编码“2231”、方向“贷”、金额公式“QM（2001，月，贷）*0.07/12”，或者利用公式向导输入公式，如图2-5-9所示。

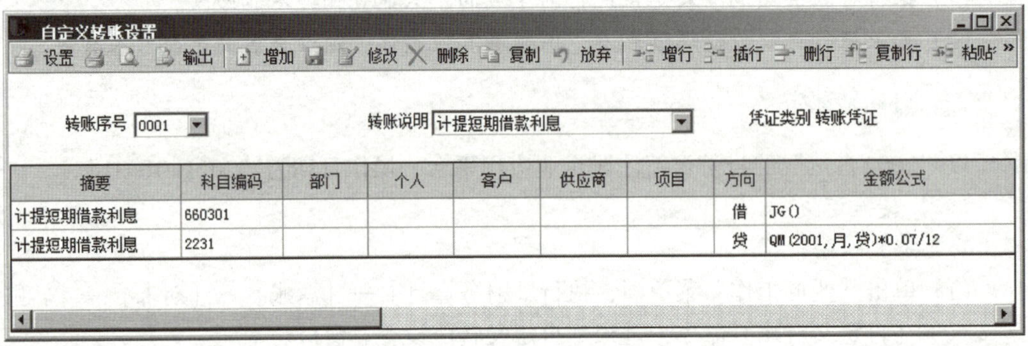

图2-5-9　自定义转账设置

（6）依次单击［保存］—［退出］按钮。

2. 期间损益转账定义

（1）执行［财务会计］—［总账］—［期末］—［转账定义］—［期间损益］命令，进入［期间损益结转设置］对话框。

（2）选择凭证类别“转 转账凭证”，输入本年利润科目“4103”，单击［确定］按钮，如图2-5-10所示。

（二）转账生成

1. 自定义转账生成

微课

转账生成

（1）执行［财务会计］—［总账］—［期末］—［转账生成］命令，打开［转账生成］对话框。

（2）单击左边［自定义转账］单选按钮。

（3）单击［全选］按钮，系统自动在“是否结转”栏目输入“Y”标志，如图2-5-11所示。

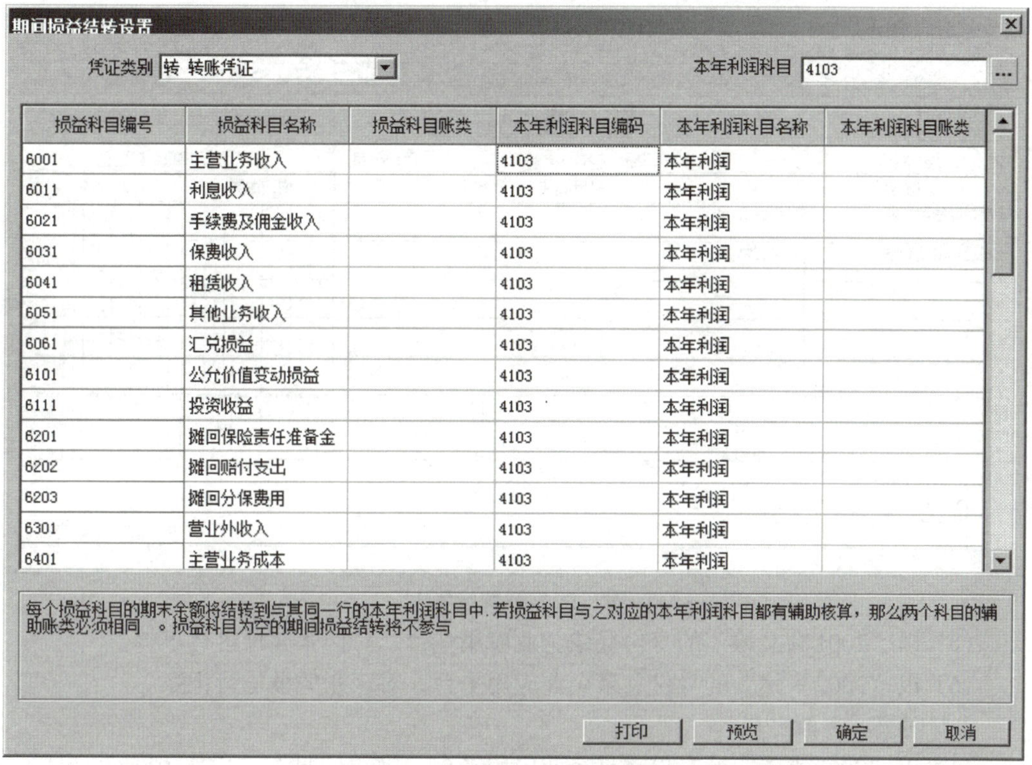

图2-5-10　期间损益结转设置

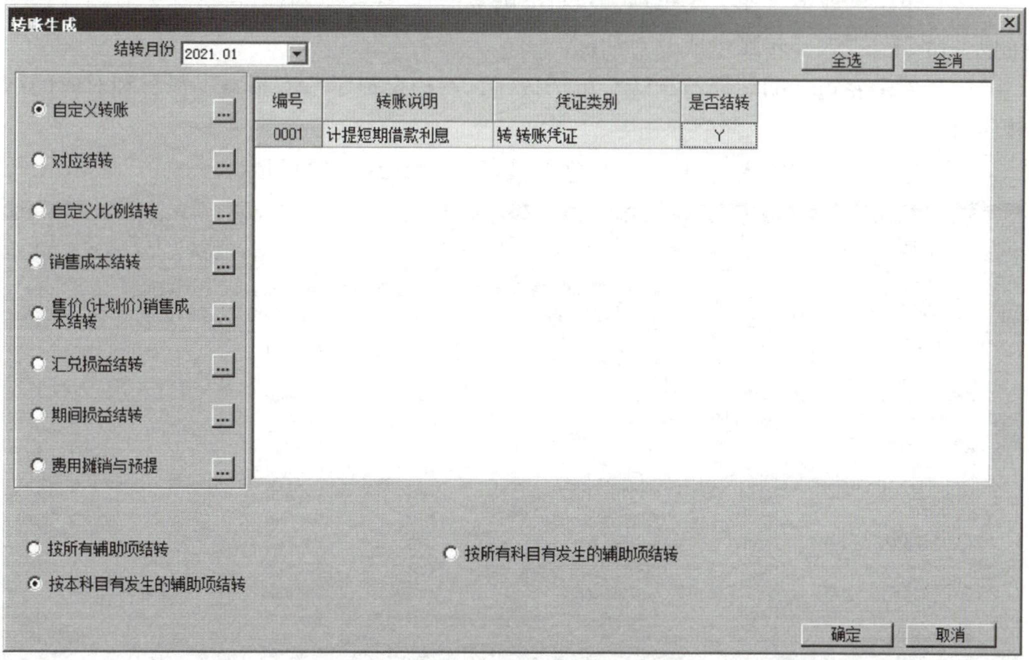

图2-5-11　自定义转账生成

（4）单击［确定］按钮，系统自动生成计提短期借款的转账凭证。单击［保存］按钮，凭证左上角自动生成“已生成”标志，如图2-5-12所示。单击［退出］按钮。

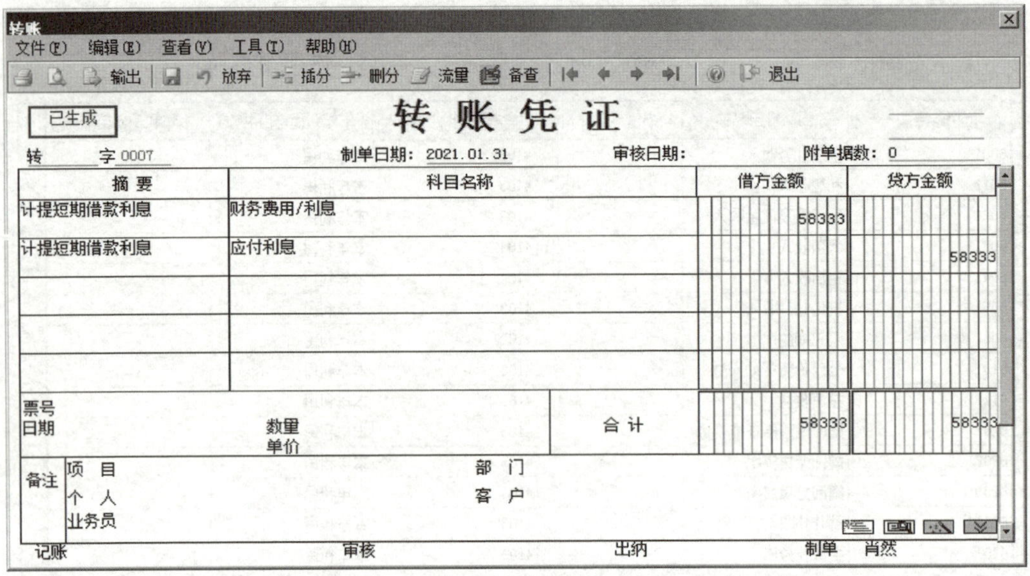

图2-5-12 转账生成

（5）以“2001高文博”的身份登录企业应用平台，对该张凭证进行审核。

（6）以“2002肖然”的身份登录企业应用平台，对该张凭证进行记账。

2.期间损益转账生成

（1）以“2002肖然”的身份登录企业应用平台，操作日期为“2021-01-31”。

（2）单击［业务工作］菜单项，执行［财务会计］—［总账］—［期末］—［转账生成］命令，进入［转账生成］对话框。

（3）单击左边［期间损益结转］单选按钮，右边会显示所有损益类科目和对应的结转科目。

（4）选择类型“收入”，单击［全选］按钮，如图2-5-13所示。

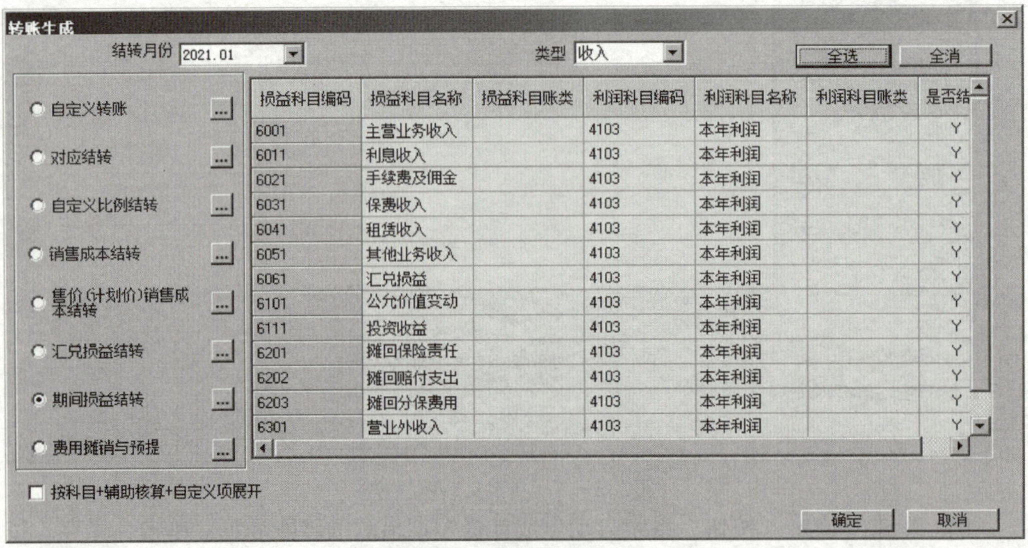

损益科目编码	损益科目名称	损益科目账类	利润科目编码	利润科目名称	利润科目账类	是否结
6001	主营业务收入		4103	本年利润		Y
6011	利息收入		4103	本年利润		Y
6021	手续费及佣金		4103	本年利润		Y
6031	保费收入		4103	本年利润		Y
6041	租赁收入		4103	本年利润		Y
6051	其他业务收入		4103	本年利润		Y
6061	汇兑损益		4103	本年利润		Y
6101	公允价值变动		4103	本年利润		Y
6111	投资收益		4103	本年利润		Y
6201	摊回保险责任		4103	本年利润		Y
6202	摊回赔付支出		4103	本年利润		Y
6203	摊回分保费用		4103	本年利润		Y
6301	营业外收入		4103	本年利润		Y

图2-5-13 期间损益转账生成

（5）单击［确定］按钮，系统生成一张转账凭证，将收入结转到本年利润。

（6）单击［保存］按钮，凭证左上角出现“已生成”标志，如图2-5-14所示。

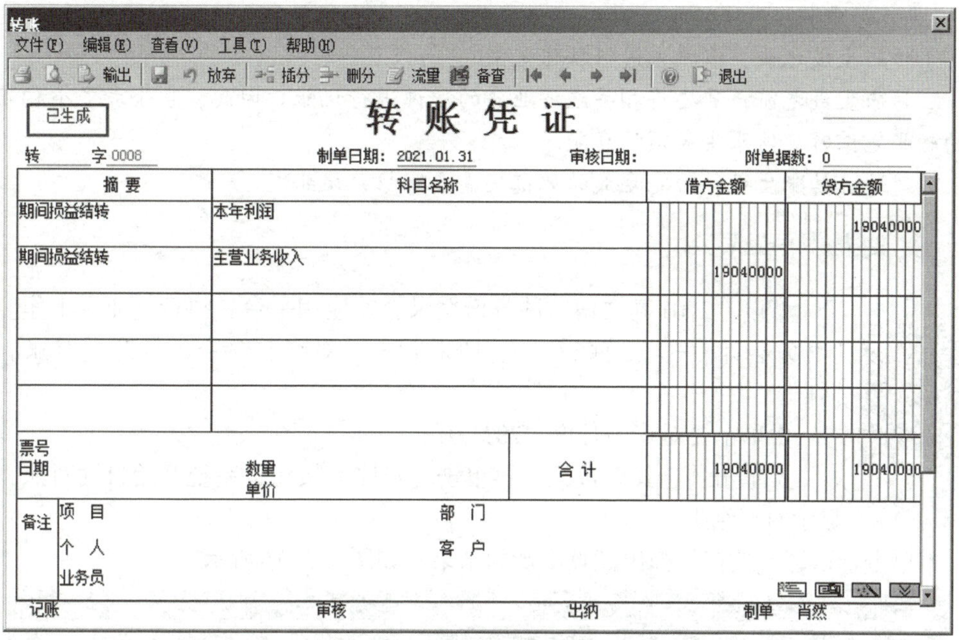

图2-5-14　收入结转凭证

（7）单击［退出］按钮，返回到［转账生成］窗口。

（8）同理，选择类型“支出”，单击［全选］按钮，再单击［确定］按钮，弹出“2021.01月或之前有未记账凭证，是否继续结转”提示框，单击［是］按钮，系统生成一张转账凭证，将支出结转到本年利润，如图2-5-15所示。

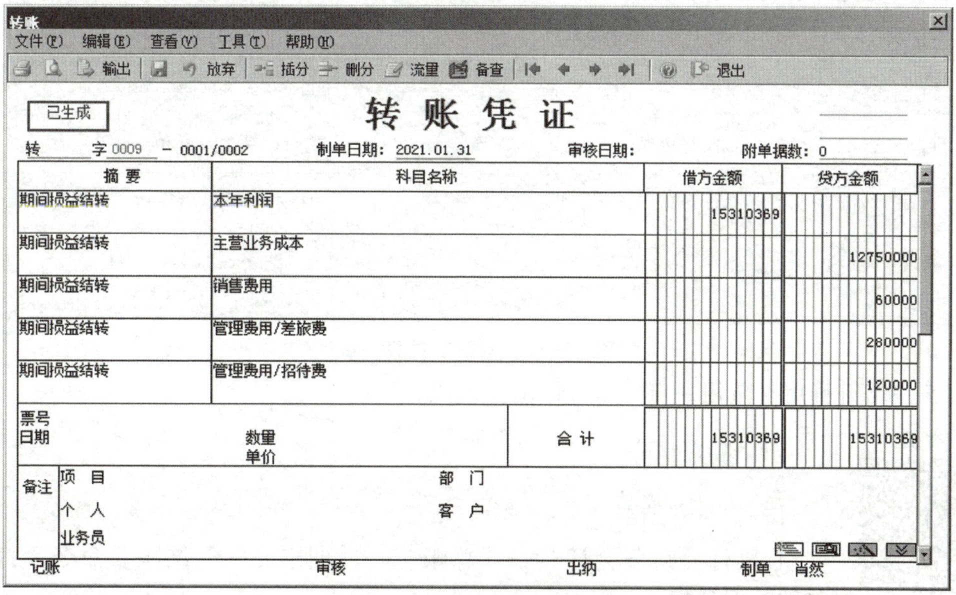

图2-5-15　费用结转凭证

（9）以“2001高文博”的身份登录企业应用平台，对两张凭证进行审核。以“2002肖然”的身份登录企业应用平台，对两张凭证进行记账。

【操作提示】

①转账生成之前，需要先进行转账定义。

②转账生成之前，需要将相关经济业务的凭证进行记账。因此，在生成多个相互关联的转账凭证时，转账生成须注意顺序。

③通过［转账生成］功能生成的凭证仍需要审核、记账。

三、期末对账及试算平衡

微课

期末对账及试算平衡

1.以“2001高文博”的身份登录企业应用平台，执行［业务工作］—［财务会计］—［总账］—［期末］—［对账］命令，打开［对账］对话框。

2.单击要对账的月份“2021.01”。

3.单击［选择］按钮，再单击［对账］按钮，系统开始自动对账，并显示对账结果。

4.单击［试算］按钮，弹出试算平衡的结果，如图2-5-16所示。

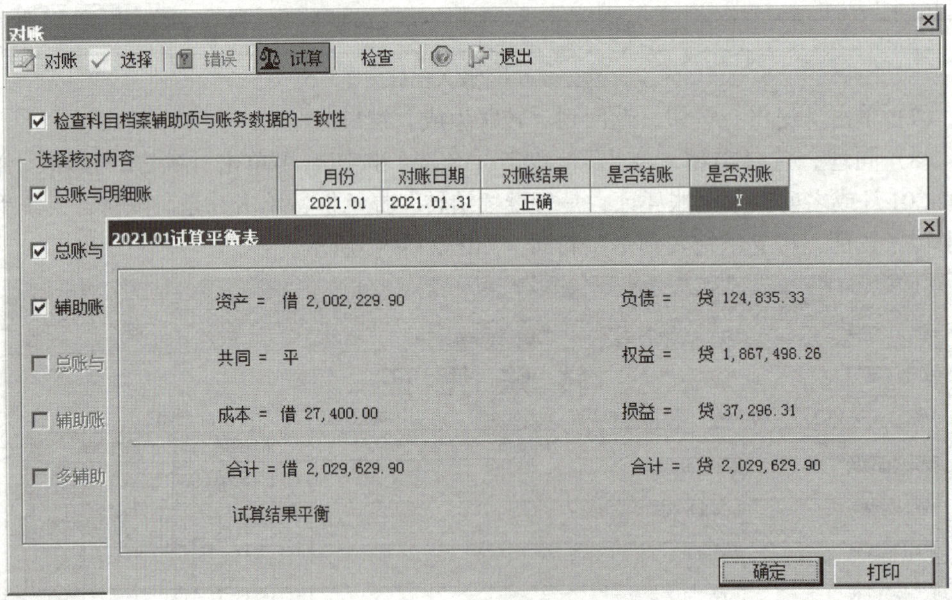

图2-5-16 对账及试算平衡

5.单击［确定］按钮，再单击［退出］按钮。

微课

月末结账

四、期末结账

（一）月末结账

1.执行［财务会计］—［总账］—［期末］—［结账］命令，打开［结账］对话框。

2.单击要结账的月份“2021.01”，如图2-5-17所示。

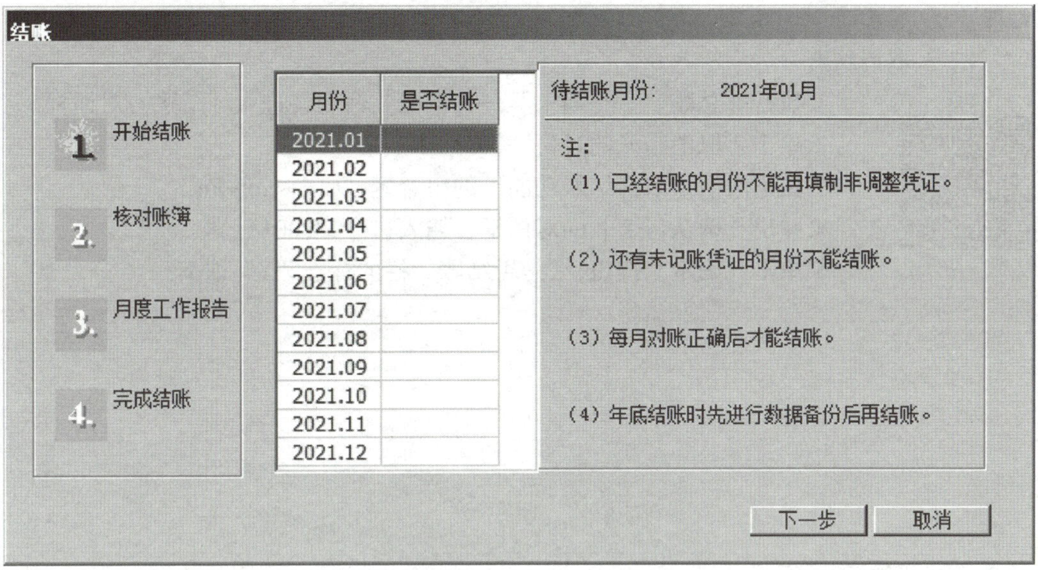

图2-5-17　结账

3.依次单击［下一步］、［对账］按钮，系统对要结账的月份进行总账、明细账、辅助账之间的账账核对。

4.单击［下一步］按钮，系统显示“2021年01月工作报告”，不符合结账要求的信息会在该工作报告中显示，如图2-5-18所示。

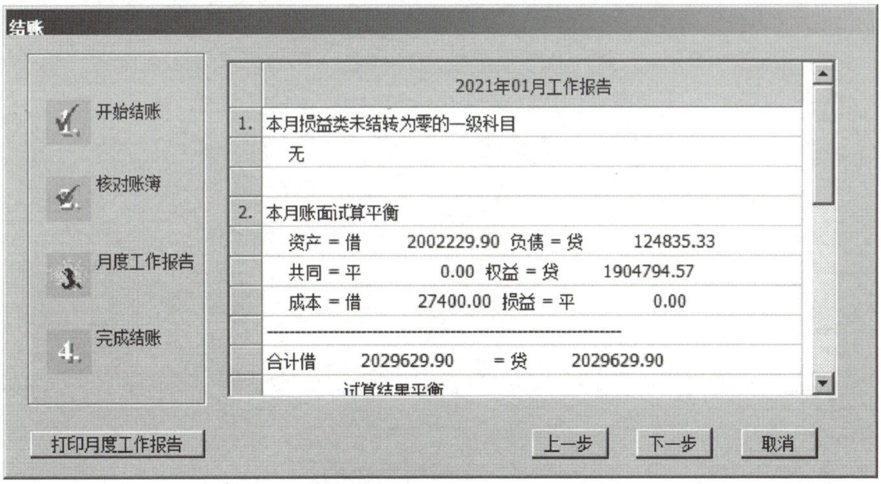

图2-5-18　结账工作报告

5.查看工作报告后，单击［下一步］按钮。

6.单击［结账］按钮，若符合结账要求，系统将进行结账，否则不允许结账。

【操作提示】

（1）本月有未记账凭证时，不能结账。

（2）本月损益类科目有余额时，不能结账。

（3）如果启用其他子系统，其他子系统未全部结账，则总账管理子系统本月无法结账。

（二）取消结账

微课

取消结账

1.执行［总账］—［期末］—［结账］命令，进入［结账］对话框。

2.单击要取消结账的月份“2021.01”。

3.按下激活“取消结账功能”的组合键“Ctrl+shift+F6”。

4.弹出［确认口令］的对话框，输入口令“2001”。

5.单击［确定］按钮，“是否结账”栏的标志“Y”取消。

实训六　报表管理子系统

实训目的

1.领会编制报表相关的基本概念。
2.能根据工作需要，自行设计一张报表。
3.能利用报表模板快速生成财务报表数据。
4.完成单元公式、审核公式和舍位公式的操作。

实训内容

1.自定义一张货币资金表。
2.报表公式的使用：单元公式、审核公式、舍位公式。
3.利用报表模板，生成资产负债表、利润表和现金流量表。

实训准备

引入“实训账套\实训五”的账套数据。

实训资料

2021年1月31日，山东泰恒建设机械有限公司的报表资料如下：

一、货币资金表

（一）货币资金表格式（见表2-6-1）

表2-6-1　　货币资金表

编制单位：泰恒建设机械　　年　月　日　　单位：元

项目	行次	期初数	期末数
库存现金	1		
银行存款	2		
合计	3		

制表人：

说明：

标题：设置为黑体、字号16、居中、行高11、列宽35。

表头："编制单位"行设置为宋体、居中、12号字、行高9、列宽35。

"年、月、日"设置为关键字。

表体：表样单元设置为宋体、粗体、居中、12号字、行高9、列宽35。

数值单元设置为宋体、居右、12号字、行高9、列宽35。

表尾：设置为宋体、居右、12号字、行高9，列宽35。

（二）报表公式

1. 库存现金期初数：C4=QC（"1001"，月）

库存现金期末数：D4=QM（"1001"，月）

2. 银行存款期初数：C5=QC（"1002"，月）

银行存款期末数：D5=QM（"1002"，月）

3. 期初数合计：C6=C4+C5

期末数合计：D6=D4+D5

二、资产负债表、利润表和现金流量表

利用报表模板生成资产负债表、利润表和现金流量表，在编制资产负债表时，根据"资产=负债+所有者权益"原理设置审核公式。

实训要求

以账套主管"2001高文博"的身份编制报表。

实训步骤

以账套主管"2001高文博"的身份登录企业应用平台，操作日期为"2021-01-31"。

一、自定义货币资金表

执行［业务工作］—［财务会计］—［UFO报表］命令，打开［UFO报表］窗口，系统弹出"日积月累"提示框，单击［关闭］按钮。

（一）新建一张空白报表

执行［文件］—［新建］命令或单击［新建］按钮，系统自动创建一张空白报表，默认报表名称为"report1"，报表状态为"格式状态"，如图2-6-1所示。

【操作提示】单击报表左下角的［格式/数据］状态按钮，进行报表"格式状态"和"数据状态"的转换。

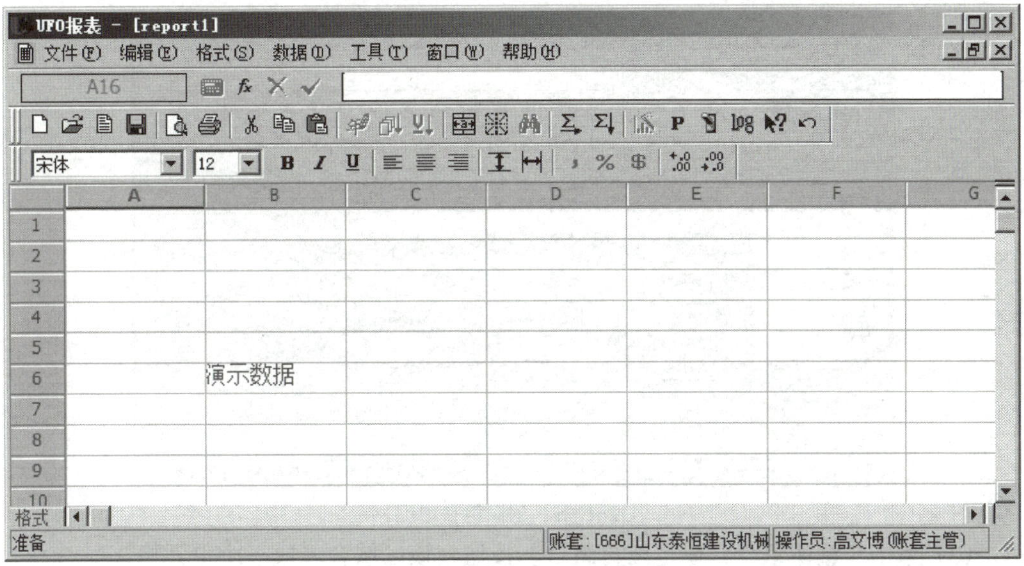

图2-6-1　空白UFO报表

（二）报表格式定义

1.设置表尺寸

（1）执行［格式］—［表尺寸］命令，弹出［表尺寸］对话框。

（2）输入行数“7”、列数“4”，如图2-6-2所示。

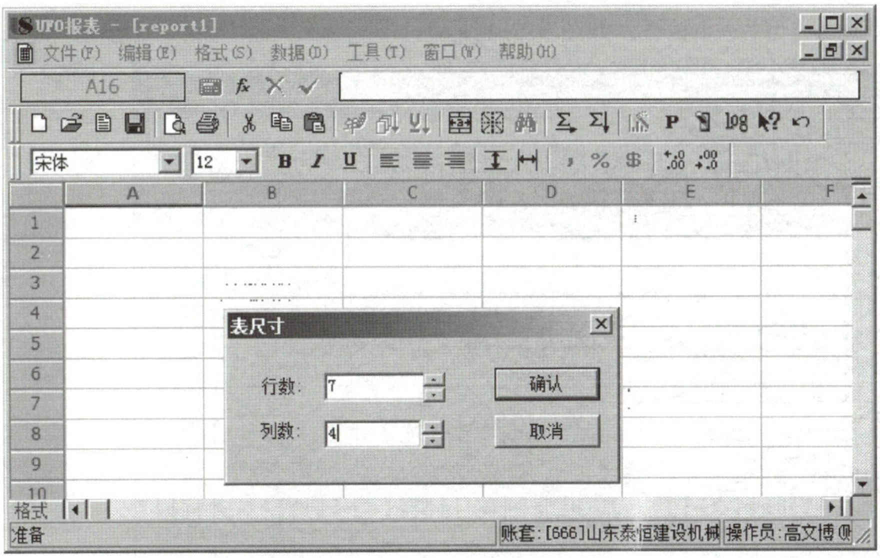

图2-6-2　设置表尺寸

微课

设置货币资金表格式

（3）单击［确认］按钮，屏幕只剩下7行4列，其余部分则变成灰色。

2.定义组合单元

（1）选择需要合并的区域“A1：D1”。

（2）执行［格式］—［组合单元］命令，或单击［组合单元］按钮，打开［组合单元］对话框，如图2-6-3所示。

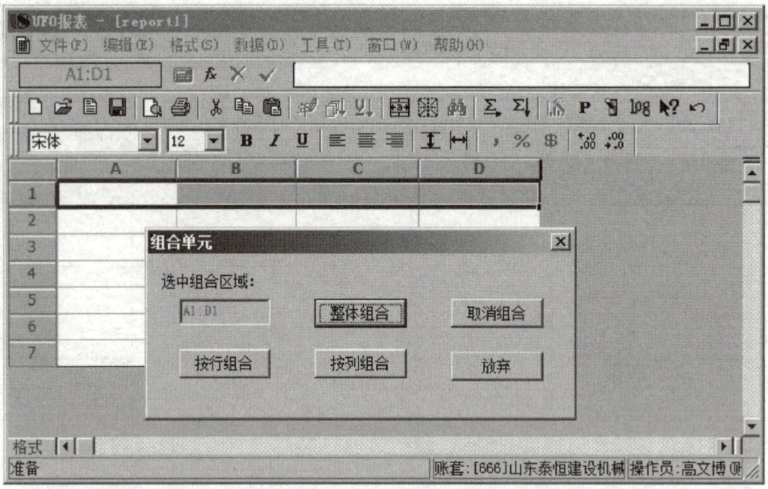

图2-6-3 定义组合单元

（3）单击［整体组合］或［按行组合］按钮，该区域合并成一个单元格。

（4）同理，定义“A2：D2”区域为组合单元。

3. 画表格线

（1）选中报表需要画线的区域“A3：D6”。

（2）执行［格式］—［区域画线］命令，或单击［区域画线］按钮，打开［区域画线］对话框。

（3）选择画线类型为“网线”，如图2-6-4所示。

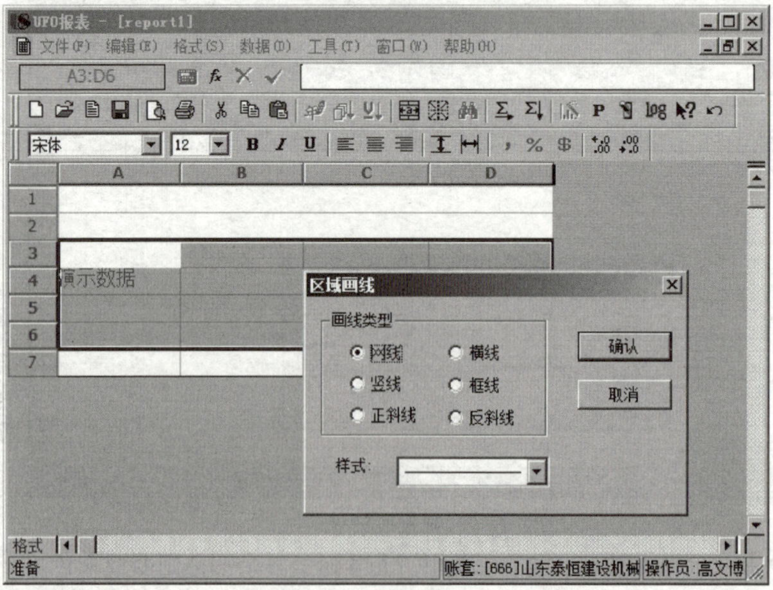

图2-6-4 画表格线

（4）单击［确认］按钮，在所选区域画上表格线。

4. 定义报表行高

（1）选定需要调整的单位所在的行“A1：D1”。

（2）执行［格式］—［行高］命令，打开［行高］对话框，输入行高“11”，如图2-6-5所示。

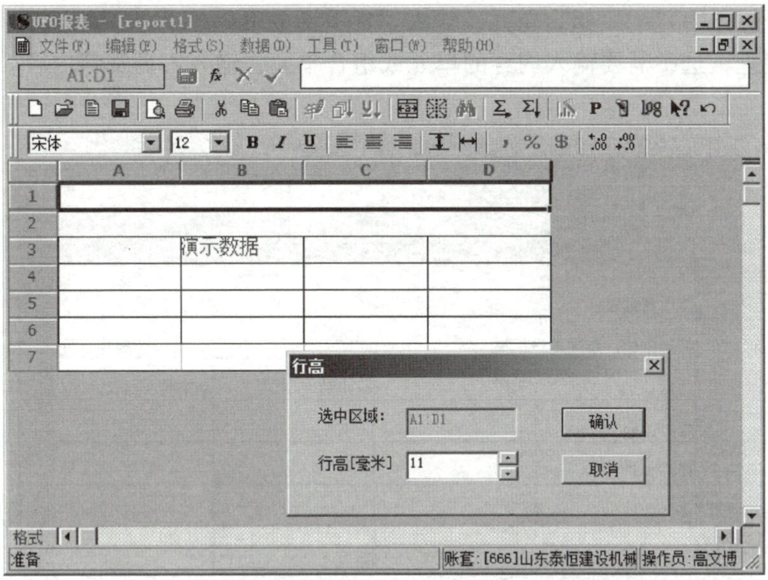

图2-6-5　设置报表行高

（3）单击［确认］按钮。

（4）同理，设置第2至7行的行高为“9”。

5. 定义报表列宽

（1）选中A列至D列。

（2）执行［格式］—［列宽］命令，打开［列宽］对话框，输入列宽“35”，如图2-6-6所示。

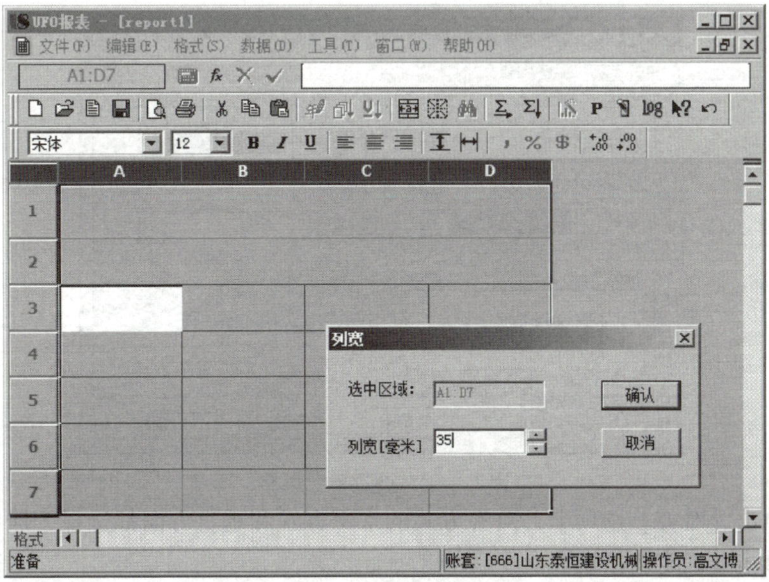

图2-6-6　设置报表列宽

（3）单击［确认］按钮。

6. 输入报表项目

（1）鼠标选中“A1”组合单元，输入“货币资金表”。

（2）同理，选中需要输入内容的单元或组合单元，输入实训资料内容，如图2-6-7所示。

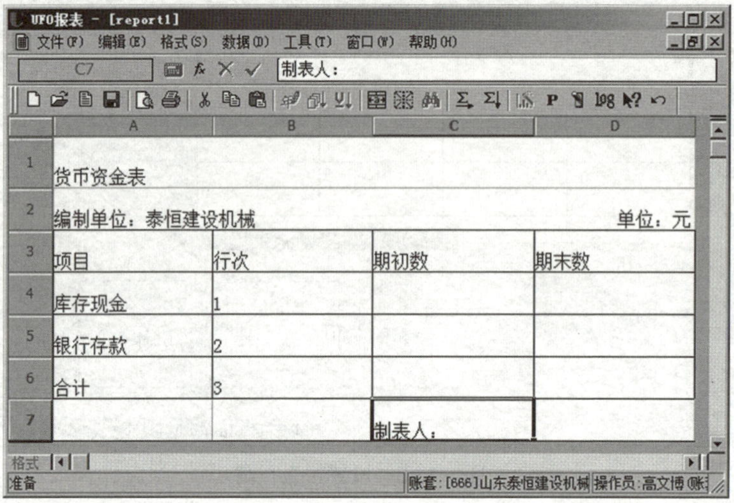

图2-6-7 输入报表项目

7. 定义单元风格

（1）选中标题所在组合单元“A1”。

（2）执行［格式］—［单元属性］命令，打开［单元格属性］对话框。

（3）单击［字体图案］选项卡，设置字体为“黑体”，字号为“16”，如图2-6-8所示。

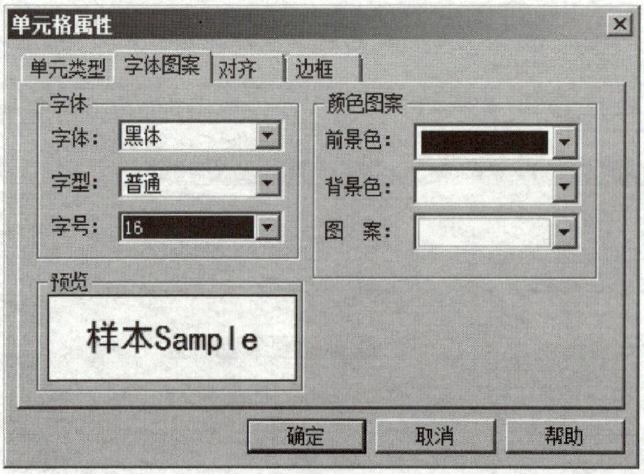

图2-6-8 设置单元风格

（4）单击［对齐］选项卡，对齐方式的水平方式和垂直方向都选择“居中”。

（5）单击［确定］按钮。

（6）同理，设置表体、表尾的单元风格。

8. 定义单元属性

（1）选中单元格“D7”，执行［格式］—［单元属性］命令，打开［单元格属性］对话框。

（2）单击［单元类型］选项卡，选中单元类型中的“字符”，如图2-6-9所示。

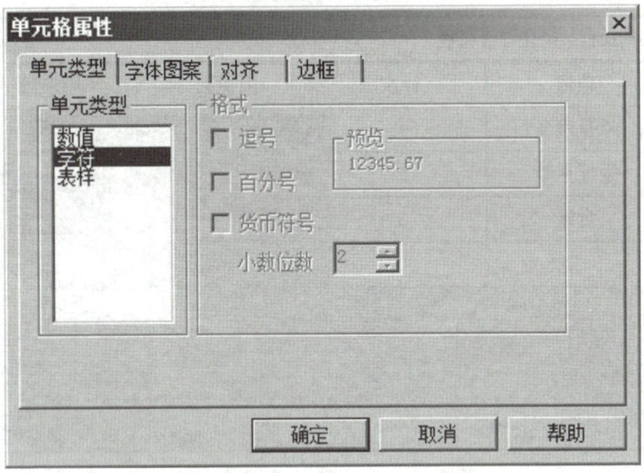

图2-6-9　定义单元属性

9. 设置关键字

（1）选中需要输入关键字的组合单元“A2”，执行［数据］—［关键字］—［设置］命令，打开［设置关键字］对话框。

（2）选中“年”单选框，如图2-6-10所示。

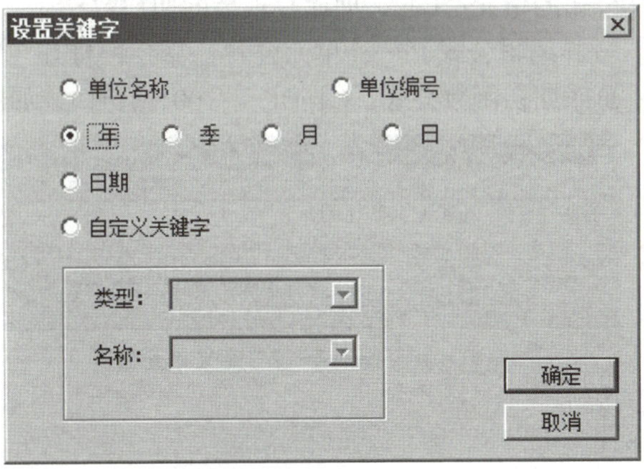

图2-6-10　设置关键字

（3）单击［确定］按钮。

（4）同理，依次设置“月”“日”为关键字。

10. 调整关键字位置

（1）执行［数据］—［关键字］—［偏移］命令，打开［定义关键字偏移］对话框。

（2）在需要调整位置的关键字后面输入偏移量：年“-180”、月“-140”、日“-100”，如图2-6-11所示。

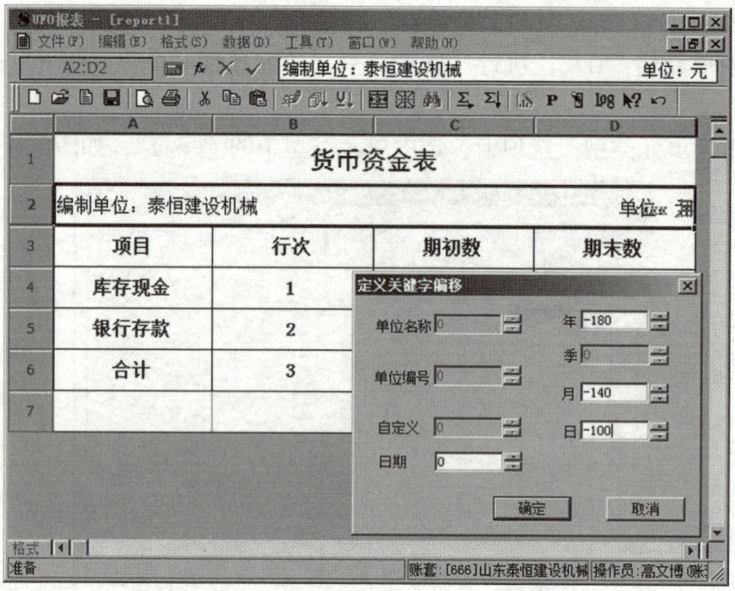

图2-6-11　定义关键字偏移

（3）单击［确定］按钮。

（三）报表公式定义

1. 定义单元公式

（1）直接输入公式。

①选中需要定义公式的单元“C4”，即库存现金的期初数。

②执行［数据］—［编辑公式］—［单元公式］命令，打开［定义公式］对话框，在对话框内直接输入总账期初函数公式：C4=QC（"1001"，月），如图2-6-12所示。

微课

设置货币资金表公式

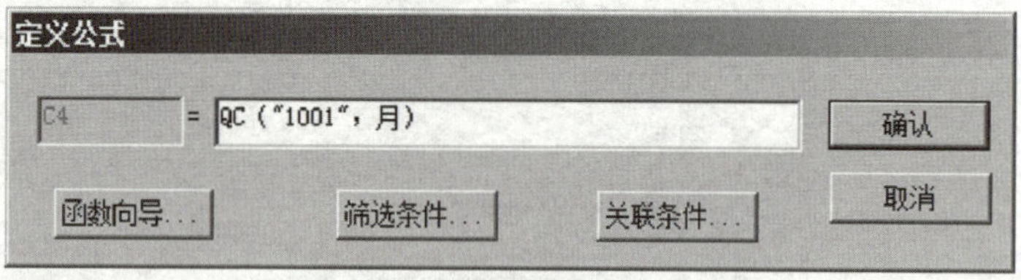

图2-6-12　定义单元公式

③单击［确认］按钮。

（2）引导输入公式。

①选中需要定义公式的单元“D4”，即库存现金的期末数。

②执行［数据］—［编辑公式］—［单元公式］命令，打开［定义公式］对话框。

③单击［函数向导］按钮，打开［函数向导］对话框。

④在函数分类列表框中选择“用友账务函数”，在右边函数名列表框中选择“期末（QM）”，如图2-6-13所示。

⑤单击［下一步］按钮，打开［用友账务函数］对话框。

⑥单击［参照］按钮，打开［账务函数］对话框，科目输入“1001”，其他采用系统默认值，如图2-6-14所示。

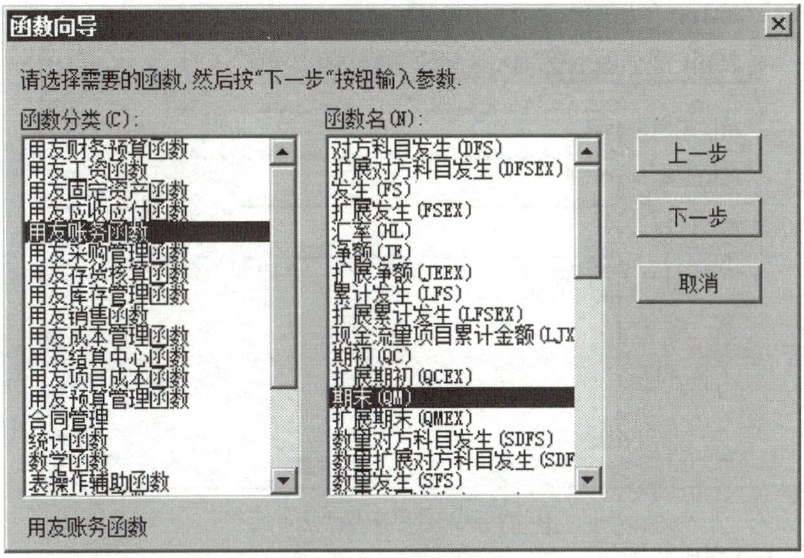

图2-6-13　函数向导

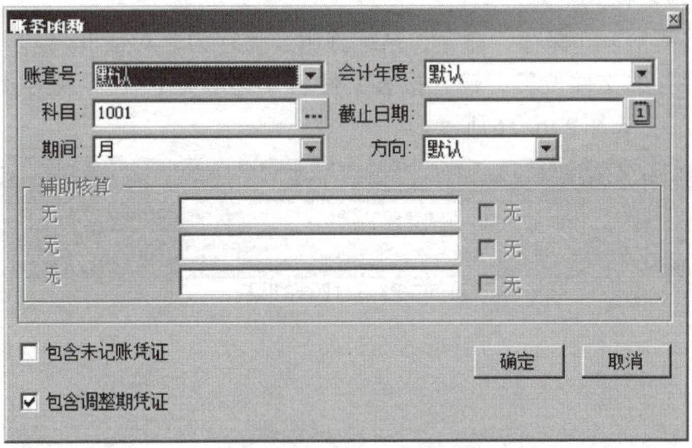

图2-6-14　账务函数

⑦点击［确认］按钮，返回［用友账务函数］对话框。

⑧点击［确认］按钮，返回［定义公式］对话框，点击［确认］按钮，单元公式定义完毕。

⑨同理，根据实训资料，直接输入或利用函数向导定义其他的单元公式。

【操作提示】在输入公式时，必须在英文半角符号下进行。

2. 定义审核公式

执行［数据］—［编辑公式］—［审核公式］命令，打开［审核公式］对话框，编辑审核公式。具体操作在后面“利用报表模板生成资产负债表”的操作步骤中讲解。

3. 定义舍位平衡公式

（1）执行［数据］—［编辑公式］—［舍位公式］命令，打开［舍位平衡公式］对话框。

（2）输入舍位表名“swb”、舍位范围“c4：d6”、舍位位数“3”、平衡公式“C6=

C4+C5”“D6=D4+D5”，如图2-6-15所示。

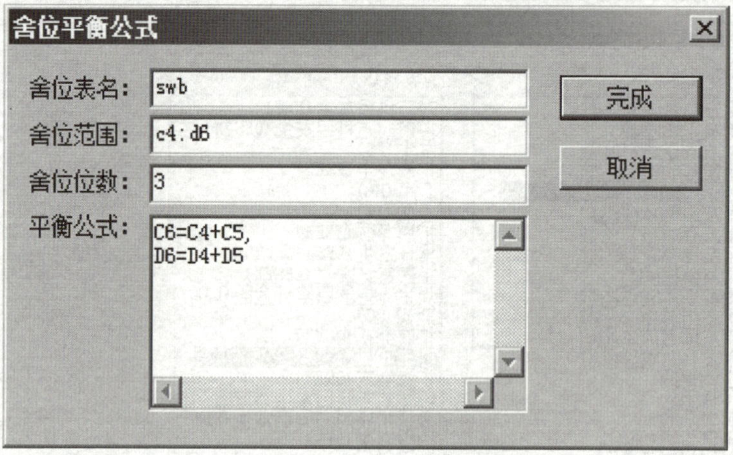

图2-6-15 定义舍位平衡公式

（3）单击［完成］按钮。

（四）保存报表格式

1.执行［文件］—［保存］命令，系统弹出［另存为］对话框。

2.选择要保存的文件位置，输入报表文件名“货币资金表”，保存类型默认为“报表文件（*.rep）”，如图2-6-16所示。

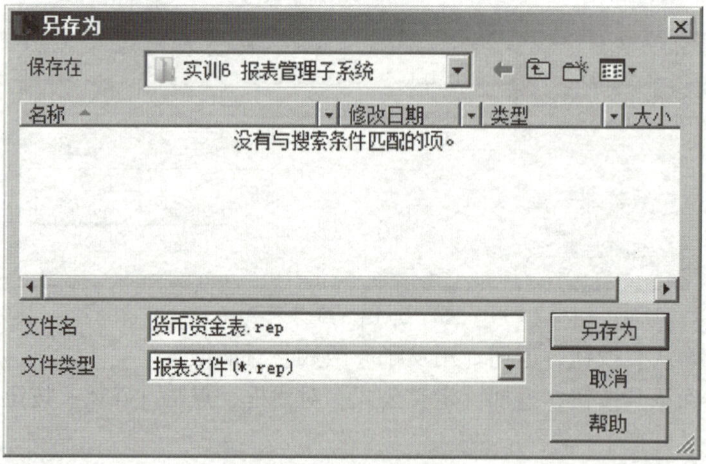

图2-6-16 保存报表格式

3.单击［另存为］按钮。

微课

货币资金表数据处理

（五）报表数据处理

报表数据处理需要在数据状态下进行，单击报表左下角的［格式/数据］按钮，使当前状态为“数据”状态。

1.录入关键字

（1）执行［数据］—［关键字］—［录入］命令，打开［录入关键字］对话框。

（2）输入关键字：年“2021”、月“1”、日“31”，如图2-6-17所示。

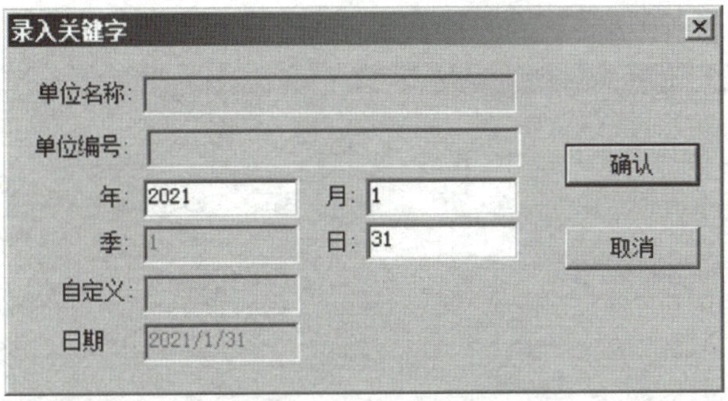

图2-6-17　录入关键字

（3）单击［确定］按钮。

（4）弹出“是否重算第1页”提示框，单击［是］按钮，系统自动根据单元公式计算1月份的数据，如图2-6-18所示。

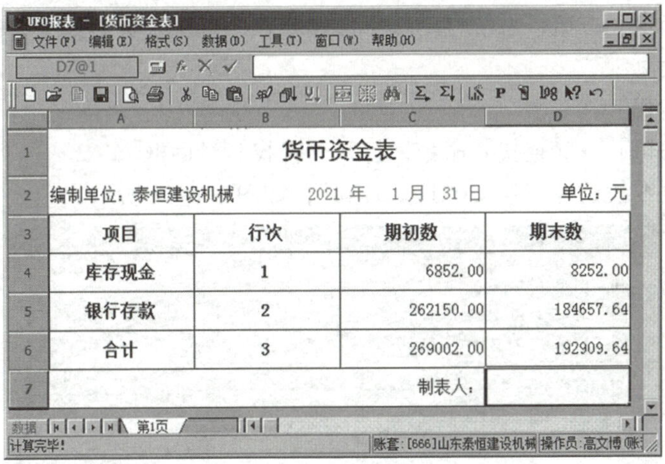

图2-6-18　货币资金表数据

2. 表页管理

如果需要编制其他月份的货币资金表，可以追加表页，并对表页排序。

（1）追加表页。

①执行［编辑］—［追加］—［表页］命令，打开［追加表页］对话框。

②输入需要追加的表页数“3”，如图2-6-19所示。

图2-6-19　追加表页

③单击［确定］按钮，系统自动在当前表页后面追加3张表页。

（2）表页排序（选做）。

①执行［数据］—［排序］—［表页］命令，打开［表页排序］对话框。

②选择第一关键字“年”，排序方向为“递增”；选择第二关键字“月”，排序方向

为“递增”，如图2-6-20所示。

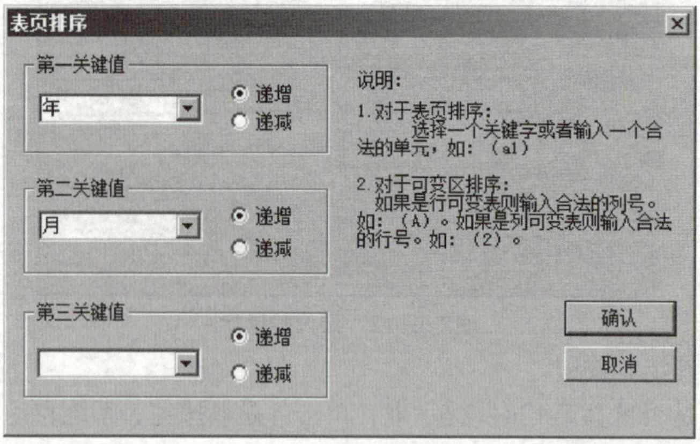

图2-6-20　表页排序

③单击［确定］按钮，系统自动按年份递增顺序重排表页，如果年份相同则按月份递增顺序重排表页。

（3）表页查找。

①执行［编辑］—［查找］命令，打开［查找］对话框。

②输入表页查找条件“年=2021”“月=1”，如图2-6-21所示。

图2-6-21　表页查找

③单击［查找］按钮，系统自动查找到2021年1月的表页并将该页设置为当前表页。

3.表页重算或整表重算（选做）

如果报表公式或公式取数的数据源有变动，需要进行表页重算或整表重算，以更正当前表页或所有表页的数据。

（1）执行［数据］—［表页重算］命令，弹出“是否重算第1页”提示框，单击［是］按钮，系统自动根据最新的数据和单元公式计算生成“当前表页数据”。

（2）执行［数据］—［整表重算］命令，弹出“是否确定全表重算”提示框。单击［是］按钮，系统自动根据最新的数据和单元公式计算生成“所有表页数据”。

【操作提示】整表重算是对该表的所有表页全部进行计算，而表页重算仅是对当前表页的数据进行计算。

4. 报表舍位平衡

（1）执行［数据］—［舍位平衡］命令。

（2）系统自动根据前面定义的舍位平衡公式进行舍位操作，并将舍位后的报表保存在“swb.rep”文件中，如图2-6-22所示。

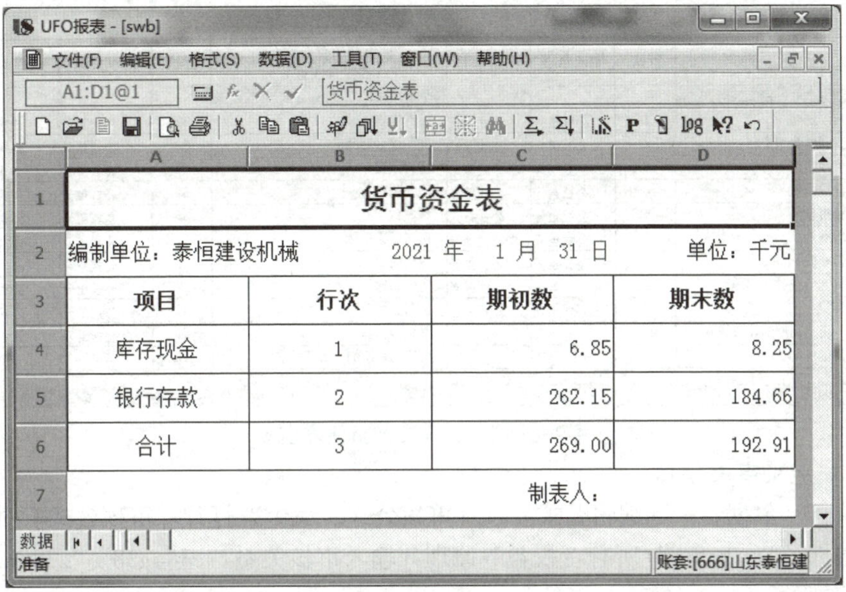

图2-6-22　舍位平衡表

（3）单击［保存］按钮，系统自动将该表保存到与“货币资金表”相同的位置。

（4）单击［关闭］按钮，退出舍位平衡表。

二、调用报表模板生成资产负债表

（一）调用资产负债表模板

1. 执行［文件］—［新建］命令，新建一张空白报表，默认为格式状态。

2. 执行［格式］—［报表模板］命令，打开［报表模板］对话框。

3. 所在的行业选择“2007年新会计制度科目”，财务报表选择“资产负债表”，如图2-6-23所示。

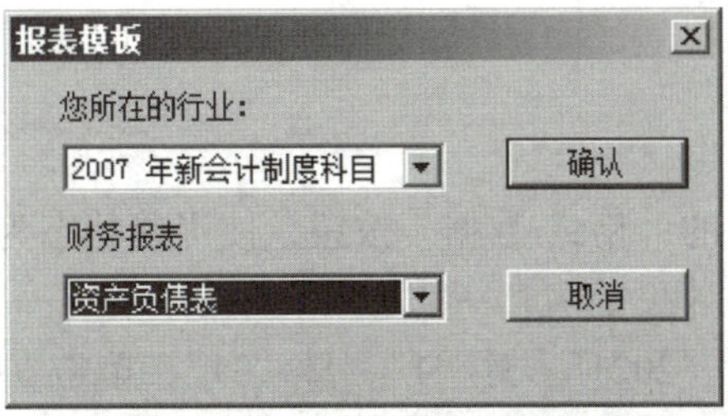

图2-6-23　调用资产负债表模板

微课

调用报表模板生成资产负债表

4. 单击［确认］按钮，弹出“模板格式将覆盖本表格式！是否继续？”提示框。

5. 单击［确认］按钮，即可打开“资产负债表”模板，如图2-6-24所示。

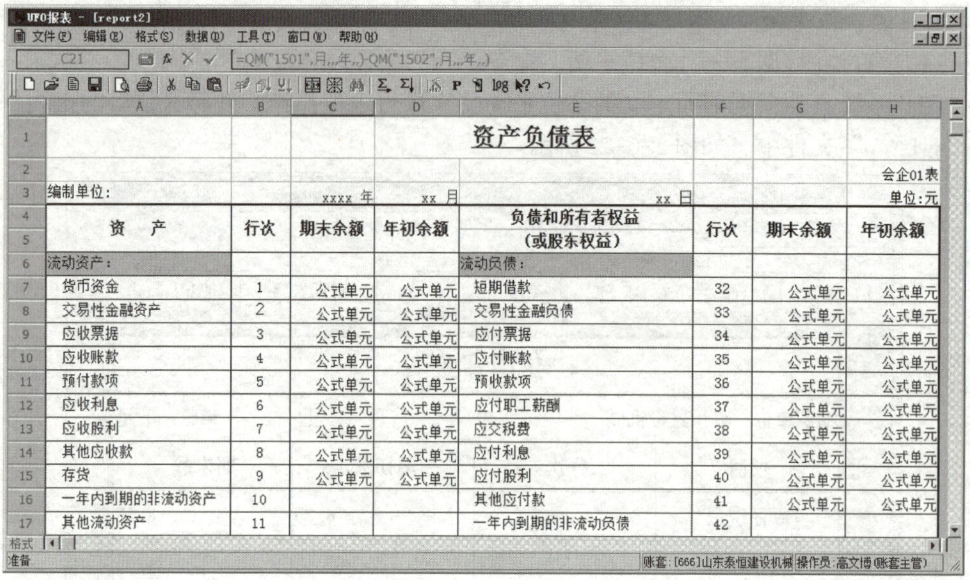

	A	B	C	D	E	F	G	H
1					资产负债表			
2								会企01表
3	编制单位:		xxxx 年	xx 月	xx 日			单位:元
4–5	资　产	行次	期末余额	年初余额	负债和所有者权益（或股东权益）	行次	期末余额	年初余额
6	流动资产:				流动负债:			
7	货币资金	1	公式单元	公式单元	短期借款	32	公式单元	公式单元
8	交易性金融资产	2	公式单元	公式单元	交易性金融负债	33	公式单元	公式单元
9	应收票据	3	公式单元	公式单元	应付票据	34	公式单元	公式单元
10	应收账款	4	公式单元	公式单元	应付账款	35	公式单元	公式单元
11	预付款项	5	公式单元	公式单元	预收款项	36	公式单元	公式单元
12	应收利息	6	公式单元	公式单元	应付职工薪酬	37	公式单元	公式单元
13	应收股利	7	公式单元	公式单元	应交税费	38	公式单元	公式单元
14	其他应收款	8	公式单元	公式单元	应付利息	39	公式单元	公式单元
15	存货	9	公式单元	公式单元	应付股利	40	公式单元	公式单元
16	一年内到期的非流动资产	10			其他应付款	41	公式单元	公式单元
17	其他流动资产	11			一年内到期的非流动负债	42		

图2-6-24　打开资产负债表模板

（二）定义审核公式

1.执行［数据］—［编辑公式］—［审核公式］命令，打开［审核公式］对话框。

2.根据“资产=负债+所有者权益”原理，输入审核关系“c38=g38”“d38=h38”，如图2-6-25所示。

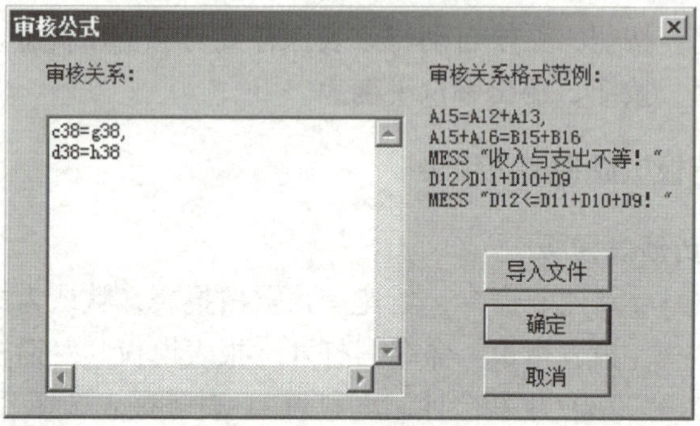

图2-6-25　定义审核公式

3.点击［确定］按钮。

（三）生成资产负债表

1.录入关键字生成报表

（1）单击报表左下角的［格式/数据］按钮，使当前状态为“数据”状态。

（2）执行［数据］—［关键字］—［录入］命令，打开［录入关键字］对话框。

（3）输入关键字：年“2021”、月“1”、日“31”，单击［确定］按钮。

（4）系统弹出“是否重算第1页”提示框，单击［是］按钮，系统自动根据单元公式计算1月份的数据，如图2-6-26所示。

2.报表审核

（1）执行［数据］—［审核］命令。

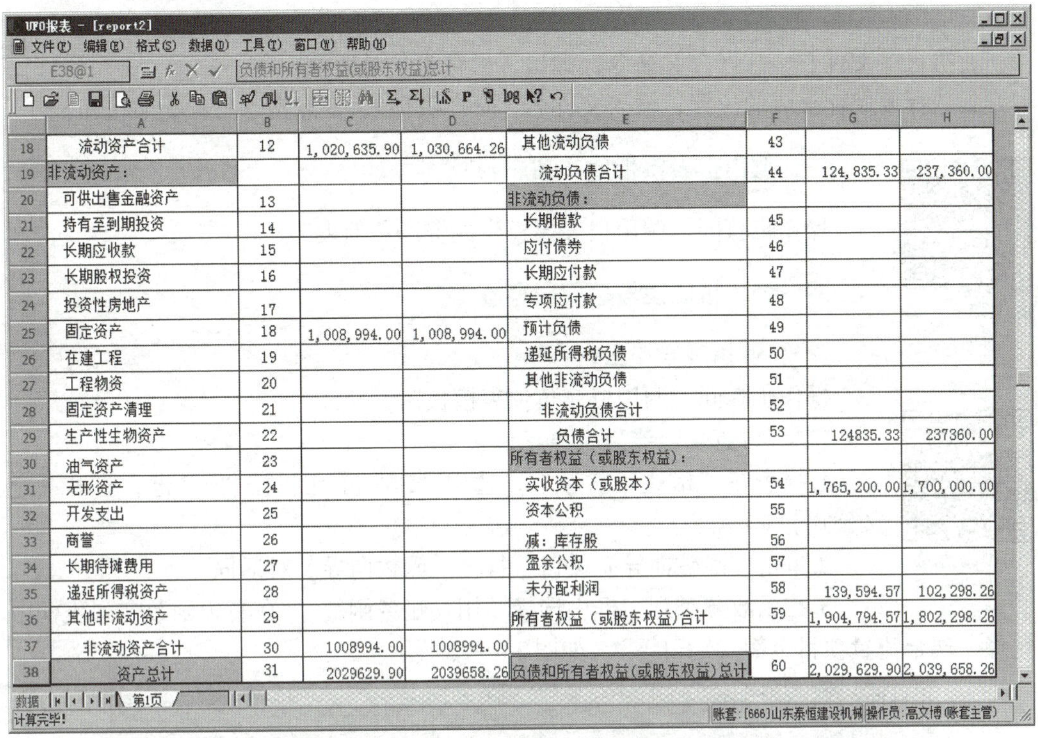

UFO报表 - [report2]

文件(F) 编辑(E) 格式(S) 数据(D) 工具(T) 窗口(W) 帮助(H)

E38@1　负债和所有者权益(或股东权益)总计

	A	B	C	D	E	F	G	H
18	流动资产合计	12	1,020,635.90	1,030,664.26	其他流动负债	43		
19	非流动资产：				流动负债合计	44	124,835.33	237,360.00
20	可供出售金融资产	13			非流动负债：			
21	持有至到期投资	14			长期借款	45		
22	长期应收款	15			应付债券	46		
23	长期股权投资	16			长期应付款	47		
24	投资性房地产	17			专项应付款	48		
25	固定资产	18	1,008,994.00	1,008,994.00	预计负债	49		
26	在建工程	19			递延所得税负债	50		
27	工程物资	20			其他非流动负债	51		
28	固定资产清理	21			非流动负债合计	52		
29	生产性生物资产	22			负债合计	53	124835.33	237360.00
30	油气资产	23			所有者权益（或股东权益）：			
31	无形资产	24			实收资本（或股本）	54	1,765,200.00	1,700,000.00
32	开发支出	25			资本公积	55		
33	商誉	26			减：库存股	56		
34	长期待摊费用	27			盈余公积	57		
35	递延所得税资产	28			未分配利润	58	139,594.57	102,298.26
36	其他非流动资产	29			所有者权益（或股东权益)合计	59	1,904,794.57	1,802,298.26
37	非流动资产合计	30	1008994.00	1008994.00				
38	资产总计	31	2029629.90	2039658.26	负债和所有者权益(或股东权益)总计	60	2,029,629.90	2,039,658.26

数据　第1页

计算完毕!　账套：[666]山东泰恒建设机械　操作员：高文博(账套主管)

图2-6-26　生成资产负债表数据

（2）系统自动根据前面定义的审核公式进行报表审核。

（3）如果审核正确，系统在报表左下角提示“完全正确!”，如图2-6-27所示；如果审核错误，系统会弹出“审核错误”提示框，这时需要查找原因修改，直至审核正确为止。

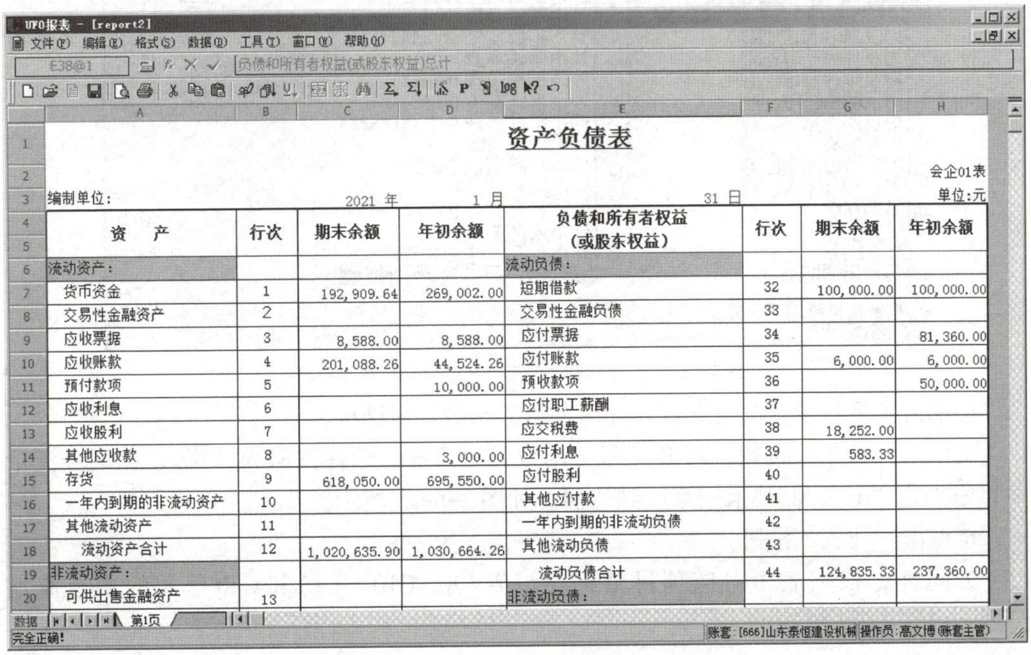

UFO报表 - [report2]

文件(F) 编辑(E) 格式(S) 数据(D) 工具(T) 窗口(W) 帮助(H)

E38@1　负债和所有者权益(或股东权益)总计

资产负债表

会企01表

编制单位：　2021 年　1 月　31 日　单位:元

	A	B	C	D	E	F	G	H
4-5	资　产	行次	期末余额	年初余额	负债和所有者权益（或股东权益）	行次	期末余额	年初余额
6	流动资产：				流动负债：			
7	货币资金	1	192,909.64	269,002.00	短期借款	32	100,000.00	100,000.00
8	交易性金融资产	2			交易性金融负债	33		
9	应收票据	3	8,588.00	8,588.00	应付票据	34		81,360.00
10	应收账款	4	201,088.26	44,524.26	应付账款	35	6,000.00	6,000.00
11	预付款项	5		10,000.00	预收款项	36		50,000.00
12	应收利息	6			应付职工薪酬	37		
13	应收股利	7			应交税费	38	18,252.00	
14	其他应收款	8		3,000.00	应付利息	39	583.33	
15	存货	9	618,050.00	695,550.00	应付股利	40		
16	一年内到期的非流动资产	10			其他应付款	41		
17	其他流动资产	11			一年内到期的非流动负债	42		
18	流动资产合计	12	1,020,635.90	1,030,664.26	其他流动负债	43		
19	非流动资产：				流动负债合计	44	124,835.33	237,360.00
20	可供出售金融资产	13			非流动负债：			

数据　第1页

完全正确!　账套：[666]山东泰恒建设机械　操作员：高文博(账套主管)

图2-6-27　报表审核

（四）保存资产负债表

1.执行［文件］—［保存］命令，弹出［另存为］对话框。

2.选择要保存报表的位置，输入文件名“资产负债表”，点击［另存为］按钮。

微课

调用报表模板生成利润表

三、调用报表模板生成利润表

操作步骤同“调用报表模板生成资产负债表”。

四、调用报表模板生成现金流量表

微课

调用报表模板生成现金流量表

（一）调用现金流量表模板

操作步骤同“调用资产负债表模板”。

（二）设置现金流量表单元公式

1.报表在“格式”状态下，选中“C6”单元，按“=”键，打开［定义公式］对话框。

2.单击［函数向导］按钮，打开［函数向导］对话框。

3.在函数分类列表框中选择“用友账务函数”，在右边函数名列表框中选择“现金流量项目金额（XJLL）”，如图2-6-28所示。

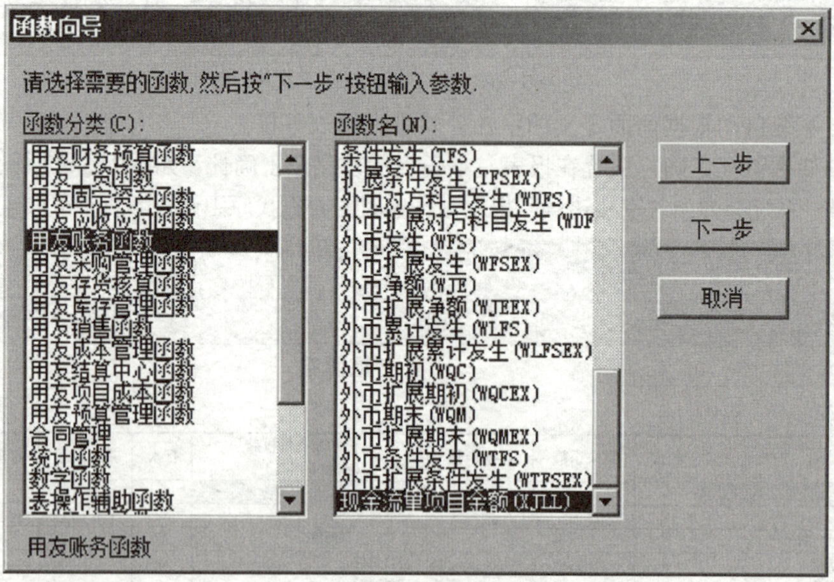

图2-6-28 选择“现金流量项目金额”函数

4.单击［下一步］按钮，打开［用友账务函数］对话框。

5.单击［参照］按钮，打开［账务函数］对话框，选择方向为“流入”，现金流量项目编码为“01”，其他采用系统默认值，如图2-6-29所示。

6.点击［确认］按钮。

7.同理，根据表中对应项目名称，设置C8、C10、C13和C30单元的现金流量公式。

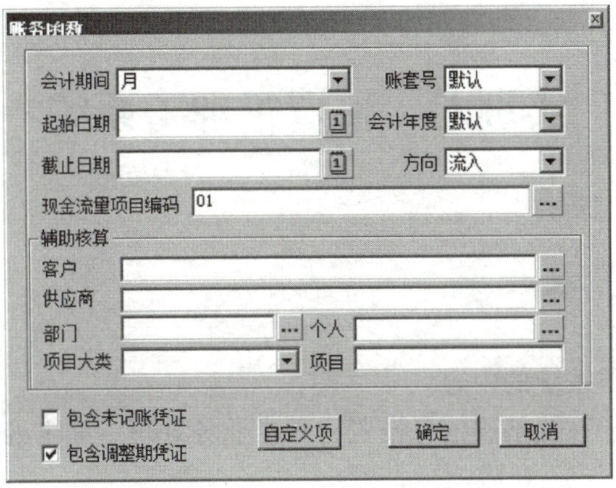

图2-6-29　设置“现金流量项目金额”函数

（三）生成现金流量表数据

1. 单击［格式/数据］按钮，使报表处于“数据”状态。

2. 录入关键字：年“2021”、月“01”，生成现金流量表。

3. 执行［文件］—［保存］命令，弹出［另存为］对话框。选择要保存报表的位置，输入文件名“资产负债表”，点击［另存为］按钮，如图2-6-30所示。

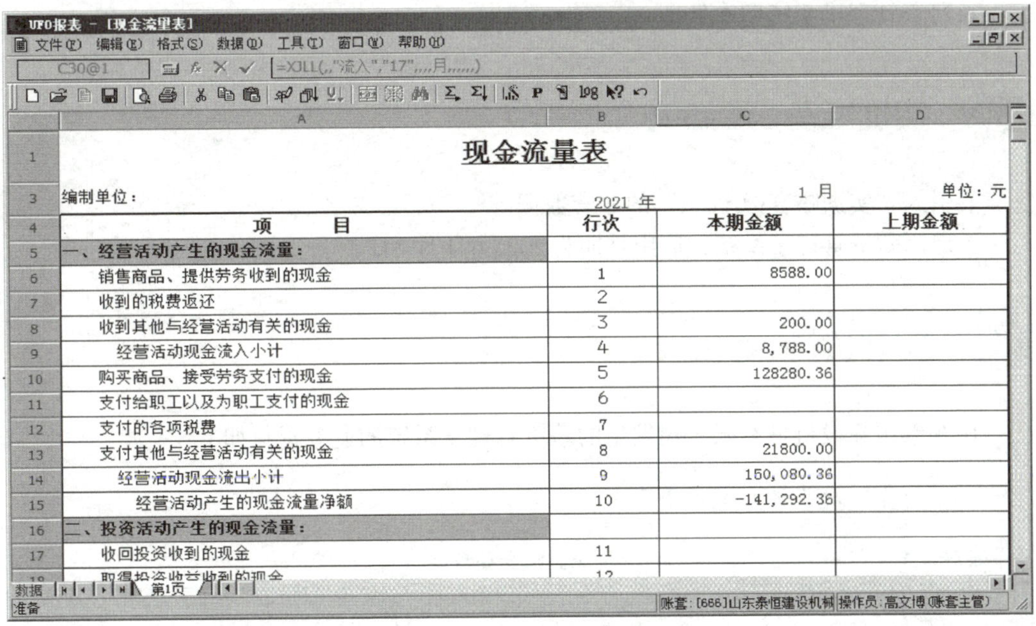

项　　目	行次	本期金额	上期金额
一、经营活动产生的现金流量：			
销售商品、提供劳务收到的现金	1	8588.00	
收到的税费返还	2		
收到其他与经营活动有关的现金	3	200.00	
经营活动现金流入小计	4	8,788.00	
购买商品、接受劳务支付的现金	5	128280.36	
支付给职工以及为职工支付的现金	6		
支付的各项税费	7		
支付其他与经营活动有关的现金	8	21800.00	
经营活动现金流出小计	9	150,080.36	
经营活动产生的现金流量净额	10	-141,292.36	
二、投资活动产生的现金流量：			
收回投资收到的现金	11		
取得投资收益收到的现金	12		

图2-6-30　生成现金流量表数据

4. 执行［文件］—［保存］命令，弹出［另存为］对话框。选择要保存报表的位置，输入文件名“现金流量表”，点击［另存为］按钮。

【明德善思】财务报表是财务报告的主要组成部分，可为企业决策提供有效依据。会计人员应严格按照会计准则如实编制报表，否则将会构成财务造假，损害国家财经法律法规和会计制度的严肃性，扰乱社会经济秩序，影响社会安定。党的二十大报告提出“弘扬诚信文化，健全诚信建设长效机制”，这对于提高全社会文明程度、践行社会主义核心价值观具有重要意义。

实训七　薪资管理子系统

实训目的

1.认知薪资管理子系统的内容。
2.学会薪资管理子系统基础信息设置、日常业务处理、期末处理。

实训内容

1.建立工资账套。
2.薪资管理子系统基础信息设置。
3.薪资管理子系统日常业务处理。
4.薪资管理子系统期末处理。

实训准备

1.引入“实训账套\实训三”的账套数据。
2.启用薪资管理子系统，启用日期为2021年1月1日。

实训资料

山东泰恒建设机械有限公司发生的薪资管理子系统的业务资料如下：

一、建立工资账套（见表2-7-1）

表2-7-1　工资账套参数

选项	内容
参数设置	工资类别个数：多个 核算币别名称：人民币RMB
扣税设置	从工资中代扣个人所得税
扣零设置	不扣零
人员编码	同公共平台的人员编码保持一致

二、基础信息设置

（一）工资类别设置（见表2-7-2）

表2-7-2　工资类别

工资类别名称	部门	工资类别启用日期
正式职工	全部部门	2021年1月1日
临时职工	全部部门	2021年1月1日

（二）工资类别主管设置

为“2003张岩华”授权“正式职工”“临时职工”的“工资类别主管”权限。

（三）银行档案设置（见表2-7-3）

表2-7-3　银行档案

银行编码	银行名称	企业账户定长	企业账号长度	个人账户定长	个人账号长度	自动带出账号长度
05	中国建设银行济宁任城支行	是	12	是	19	16

（四）工资项目设置

设置工资项目，并将所有工资项目添加到工资类别“正式职工”中，要求按表中工资项目顺序进行排序，见表2-7-4。

表2-7-4　工资项目

工资项目	类型	长度	小数	增减项
基本工资	数字	8	2	增项
岗位工资	数字	8	2	增项
工龄工资	数字	8	2	增项
交通补贴	数字	8	2	增项
奖金	数字	8	2	增项
应发合计	数字	10	2	增项
缺勤扣款	数字	8	2	减项
代扣养老保险	数字	8	2	减项
代扣税	数字	10	2	减项
扣款合计	数字	10	2	减项
实发合计	数字	10	2	增项
缺勤天数	数字	8	2	其他
养老保险计提基数	数字	8	2	其他
计税工资	数字	8	2	其他
计提工资基数	数字	8	2	其他

（五）人员档案设置

设置工资类别为“正式职工”的人员档案，见表2-7-5。

表2-7-5 人员档案

人员编号	人员姓名	性别	雇佣状态	所属部门	人员类别	是否业务员	银行代发账号
1001	张启鸿	男	在职	经理室	企业管理人员	是	6217002207599889001
2001	高文博	男	在职	财务部	企业管理人员	是	6217002207599889002
2002	肖 然	女	在职	财务部	企业管理人员	是	6217002207599889003
2003	张岩华	女	在职	财务部	企业管理人员	是	6217002207599889004
2004	唐 艺	男	在职	财务部	企业管理人员	是	6217002207599889005
3001	赵景涛	男	在职	销售部	销售人员	是	6217002207599889006
4001	刘佳慧	女	在职	采购部	采购人员	是	6217002207599889007
5001	吴晓波	男	在职	仓管部	仓管人员	是	6217002207599889008
6001	刘莉莉	女	在职	生产一部	生产管理人员	是	6217002207599889009
6002	李宏远	男	在职	生产一部	生产人员	是	6217002207599889010
6003	王 彬	男	在职	生产二部	生产管理人员	是	6217002207599889011
6004	赵 妍	女	在职	生产二部	生产人员	是	6217002207599889012

注：所有人员档案的银行名称均为中国建设银行济宁任城支行。

（六）计算公式设置

按照表2-7-6的工资项目计算方法，设置工资项目的计算公式。

表2-7-6 计算公式

工资项目	公式定义
交通补贴	iff（人员类别="采购人员" or 人员类别="销售人员"，300，100）
缺勤扣款	基本工资/22*缺勤天数
养老保险计提基数	基本工资+岗位工资
代扣养老保险	养老保险计提基数*0.08
计税工资	基本工资+岗位工资+工龄工资+交通补贴+奖金-代扣养老保险
计提工资基数	基本工资+岗位工资+工龄工资+交通补贴+奖金-缺勤扣款

（七）所得税计税依据设置

个人所得税扣税基数改为“计税工资”，个人所得税起征点为5 000元，附加费用1 300元，采用系统内置的个人所得税税率表。

三、日常业务处理

（一）录入工资数据

根据2021年1月“正式职工”的工资数据（见表2-7-7），录入工资基本数据。

表2-7-7　　工资数据　　单位：元

人员编号	人员姓名	所属部门	人员类别	基本工资	岗位工资	工龄工资	奖金
1001	张启鸿	经理室	企业管理人员	6 000	2 000	500	1 000
2001	高文博	财务部	企业管理人员	4 400	1 200	300	900
2002	肖　然	财务部	企业管理人员	3 500	1 000	300	700
2003	张岩华	财务部	企业管理人员	2 500	900	200	700
2004	唐　艺	财务部	企业管理人员	2 200	900	400	900
3001	赵景涛	销售部	销售人员	2 200	800	400	1 700
4001	刘佳慧	采购部	采购人员	2 000	1 200	300	1 700
5001	吴晓波	仓管部	仓管人员	2 100	800	200	500
6001	刘莉莉	生产一部	生产管理人员	2 200	800	400	400
6002	李宏远	生产一部	生产人员	1 800	600	200	400
6003	王　彬	生产二部	生产管理人员	2 200	800	500	300
6004	赵　妍	生产二部	生产人员	1 800	600	150	300

（二）1月份工资变动情况

1.考勤情况：肖然缺勤2天，赵景涛、吴晓波各缺勤1天。

2.销售人员奖金增加200元。

（三）工资分摊设置

设置山东泰恒建设机械有限公司工资分摊类型，见表2-7-8和表2-7-9。

表2-7-8　　工资费用分配

分摊构成设置（计提比例100%）				
部门名称	人员类别	工资项目	借方科目	贷方科目
经理室、财务部	企业管理人员	计提工资基数	660201	221101
销售部	销售人员	计提工资基数	6601	221101
采购部	采购人员	计提工资基数	660201	221101
仓管部	仓管人员	计提工资基数	660201	221101
生产一部、生产二部	生产管理人员	计提工资基数	5101	221101
生产一部	生产人员	计提工资基数	500102（涨紧油缸）	221101
生产二部	生产人员	计提工资基数	500102（导向轮）	221101

表2-7-9　计提养老保险（公司）

分摊构成设置（计提比例20%）				
部门名称	人员类别	工资项目	借方科目	贷方科目
经理室、财务部	企业管理人员	养老保险计提基数	660201	221103
销售部	销售人员	养老保险计提基数	6601	221103
采购部	采购人员	养老保险计提基数	660201	221103
仓管部	仓管人员	养老保险计提基数	660201	221103
生产一部、生产二部	生产管理人员	养老保险计提基数	5101	221103
生产一部	生产人员	养老保险计提基数	500102（涨紧油缸）	221103
生产二部	生产人员	养老保险计提基数	500102（导向轮）	221103

（四）生成工资分摊凭证

1月31日，根据上述工资分摊设置的类型，生成工资费用分配、计提养老保险（公司）的凭证。

（五）统计分析

1.查询1月份与工资有关的记账凭证。

2.查询1月份“工资发放签名表”。

四、期末处理

检查本月业务是否处理完毕，完成薪资管理子系统月末结账处理。

实训要求

1.以账套主管“2001高文博”的身份启用薪资管理子系统，并建立工资账套。

2.以薪资主管“2003张岩华”的身份进行薪资管理子系统的操作。

实训步骤

一、启用薪资管理子系统

1.以“2001高文博”的身份登录企业应用平台，操作日期为“2021-01-01”。

2.执行［基础设置］—［基本信息］—［系统启用］命令，打开［系统启用］对话框。

3.选中“WA-薪资管理”，弹出［日历］对话框，选择启用自然日期“2021-01-01”，如图2-7-1所示。

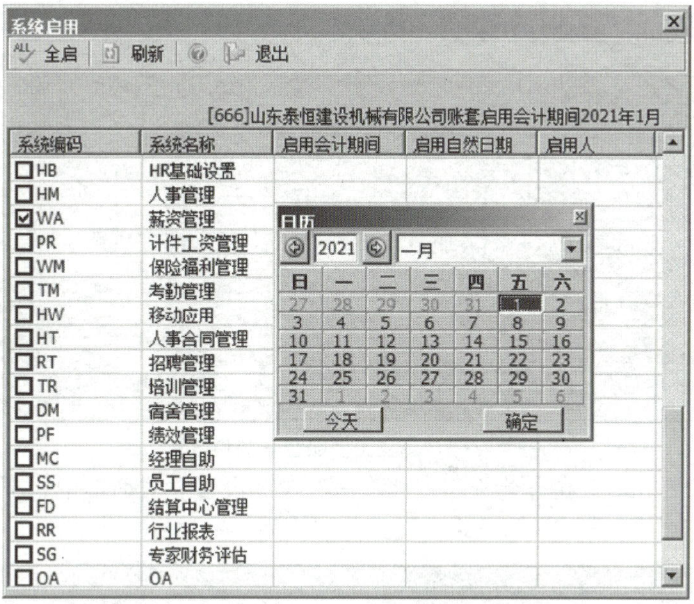

图2-7-1　启用薪资管理子系统

微课
启用薪资管理子系统

4.单击［确定］按钮，弹出“确实要启用当前系统吗?”提示框，单击［是］按钮。

二、建立工资账套

1.执行［业务工作］—［人力资源］—［薪资管理］命令，弹出［建立工资套］对话框。

2.在［建立工资账套—1.参数设置］对话框中，选择本账套所需处理的工资类别个数“多个”，确认币别名称为“人民币RMB”，如图2-7-2所示。

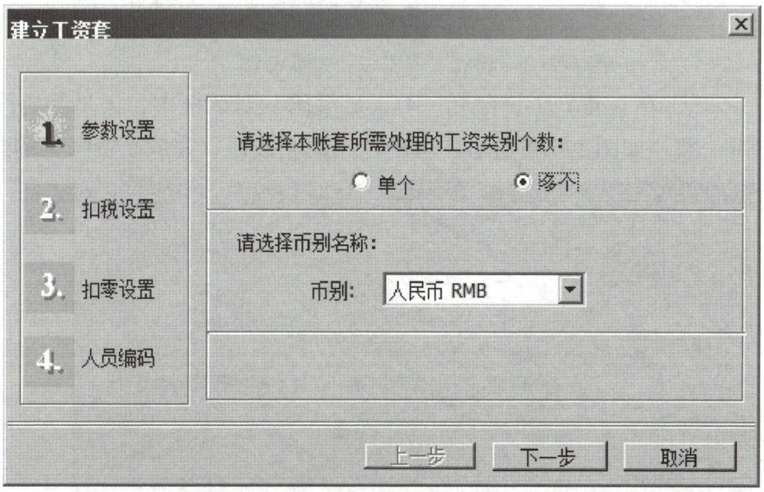

图2-7-2　建立工资账套—参数设置

微课
建立多工资类别账套

3.单击［下一步］，在［建立工资账套—2.扣税设置］对话框中，勾选“是否从工资中代扣个人所得税”，如图2-7-3所示。

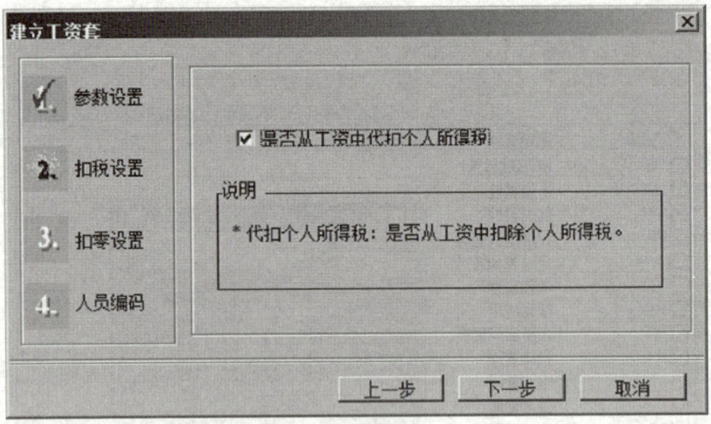

图2-7-3　建立工资账套—扣税设置

4.单击［下一步］，在［建立工资账套—3.扣零设置］对话框中，不勾选“扣零”，如图2-7-4所示。

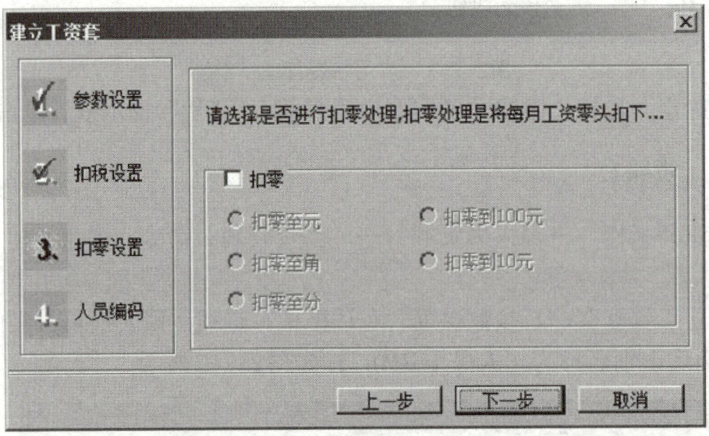

图2-7-4　建立工资账套—扣零设置

5.单击［下一步］，在［建立工资账套—4.人员编码］对话框中，人员编码同公共平台的人员编码保持一致，如图2-7-5所示。单击［完成］按钮，完成工资账套的建立。

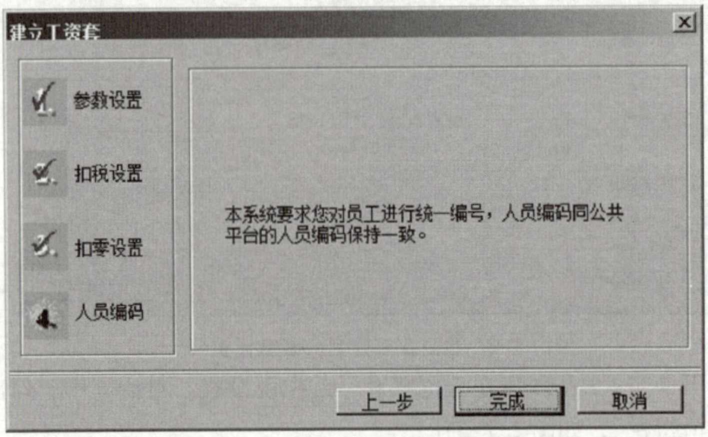

图2-7-5　建立工资账套—人员编码

【操作提示】

(1) 选择从工资中代扣个人所得税，系统将自动生成工资项目“代扣税”，自动进行代扣税的计算。

(2) 扣零处理是指在用现金发工资时将零头扣除，积累取整，达到整数时当月发放，如果由银行代发工资则不需用。

三、基础信息设置

(一) 工资类别设置

1.执行［薪资管理］—［工资类别］—［新建工资类别］命令，进入［新建工资类别］窗口，输入工资类别名称“正式职工”，如图2-7-6所示。

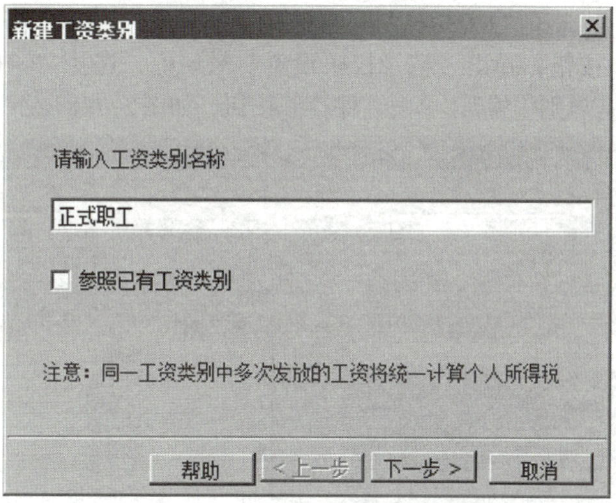

图2-7-6　新建工资类别—输入工资类别名称

微课

工资类别设置

2.单击［下一步］，在弹出的［新建工资类别—请选择部门］对话框中，单击“选定全部部门”，如图2-7-7所示。

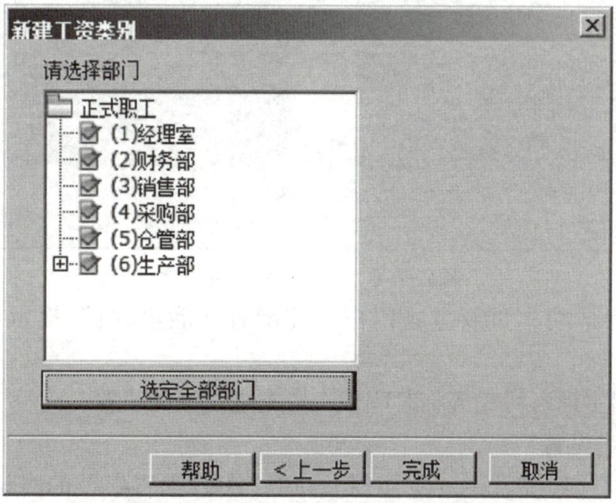

图2-7-7　新建工资类别—选择部门

3.单击［完成］按钮，弹出“是否以2021-01-01为当前工资类别的启用日期?”提示框，单击［是］按钮。

4.同理，根据实训资料完成临时职工工资类别的录入。

【操作提示】

（1）输入临时职工工资类别时，要先关闭之前新建的正式职工工资类别，然后再单击“新建工资类别”。

（2）在工资类别为多个时，每次重新进入U8系统，都要选择工资类别。

微课

工资类别主管设置

（二）工资类别主管设置

1.单击［系统服务］，执行［系统服务］—［权限］—［数据权限分配］命令，进入［权限浏览］窗口。

2.选择“2003张岩华”，选择业务对象“工资权限”，单击工具栏［授权］按钮，弹出［记录权限设置］对话框，选择“001 正式职工”，勾选“工资类别主管”，单击［保存］按钮，如图2-7-8所示。

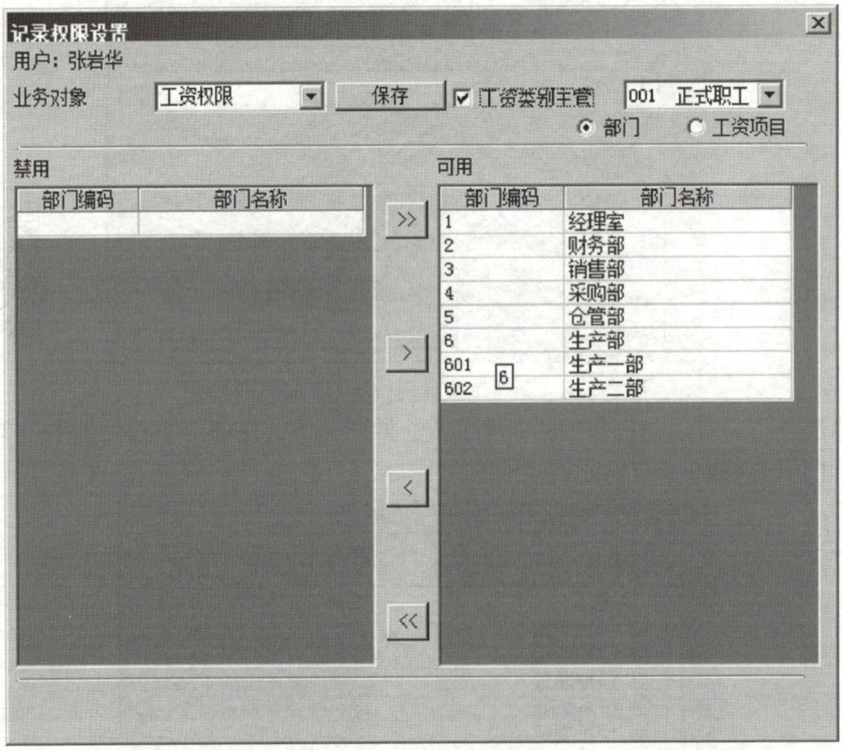

图2-7-8 工资类别主管设置

3.弹出“保存成功，重新登录门户，此配置才能生效！”提示框，单击［确定］按钮。

4.同理，根据实训资料完成临时职工工资类别主管的设置。

（三）银行档案设置

1.单击工具栏［系统］—［重注册］，以“2003张岩华”的身份登录企业应用平台，登录日期为“2021-01-01”。

2. 执行［基础设置］—［基础档案］—［收付结算］—［银行档案］命令，进入［银行档案］窗口。

微课

银行档案设置

3. 单击工具栏［增加］按钮，弹出［增加银行档案］对话框，输入银行编码“05”、银行名称“中国建设银行济宁任城支行”；企业账户规则勾选“定长”，输入账号长度“12”；个人账户规则勾选“定长”，输入账号长度“19”，自动带出账号长度“16”，如图2-7-9所示，单击［保存］按钮。

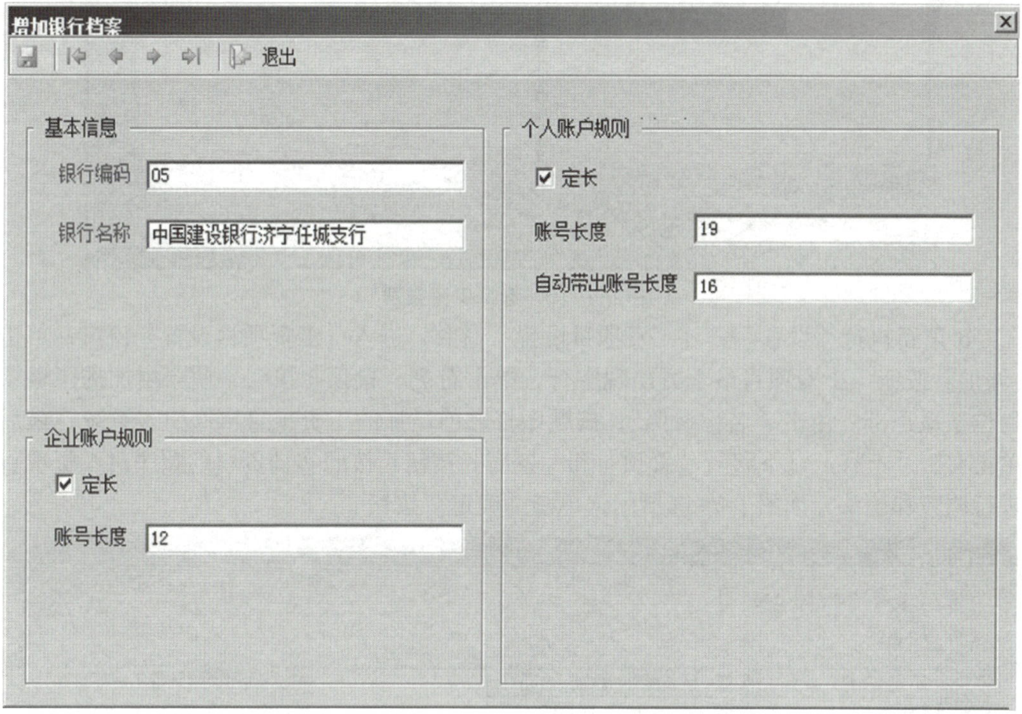

图2-7-9　增加银行档案

（四）工资项目设置

1. 执行［业务工作］—［人力资源］—［薪资管理］—［设置］—［工资项目设置］命令，打开［工资项目设置］对话框。

微课

工资项目设置

2. 单击［增加］按钮，工资项目最下方出现空行，单击右侧［置顶］按钮，使新增加的工资项目位于最顶部。

3. 工资项目名称从右侧“名称参照”下拉列表中选择“基本工资”，类型选择“数字”，长度选择“8”，小数选择“2”，增减项选择“增项”。

4. 同理，根据实训资料按顺序完成其他工资项目的设置，单击［确定］按钮，弹出“工资项目已经改变，请确认各工资类别的公式是否正确，否则计算结果可能不正确”提示框，单击［确定］按钮关闭对话框。

5. 打开［薪资管理］—［工资类别］—［打开工资类别］命令，选择“正式职工”，如图2-7-10所示，单击［确定］按钮。

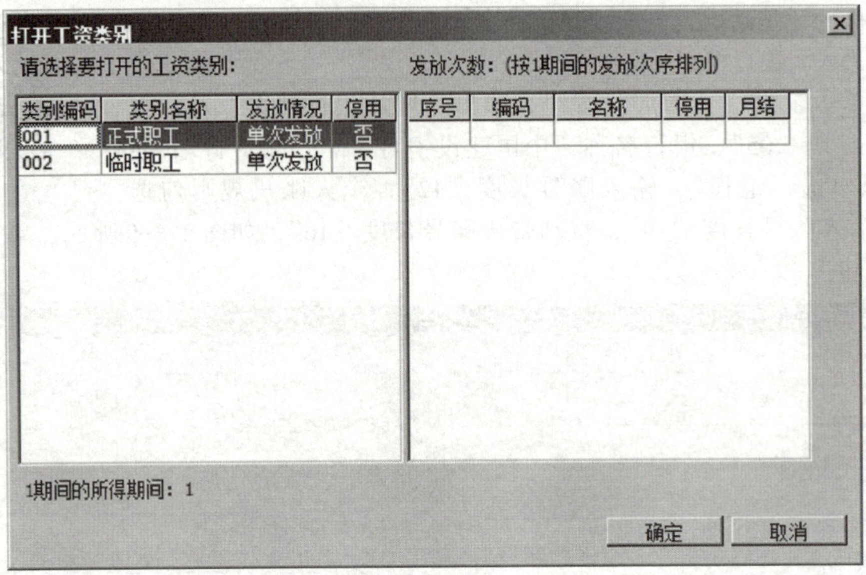

图2-7-10　选择工资类别

6.重新执行［设置］—［工资项目设置］命令，进入［工资项目设置］窗口，单击［增加］按钮，工资项目最下方出现空行，单击右侧［置顶］按钮，使新增加的工资项目位于最顶部。单击“名称参照”，按顺序将之前增加的工资项目再次引入系统，最后单击右侧［上移］、［下移］、［置顶］和［置底］按钮，按照实训资料的顺序对工资项目进行调整和确认，如图2-7-11所示，单击［确定］按钮。

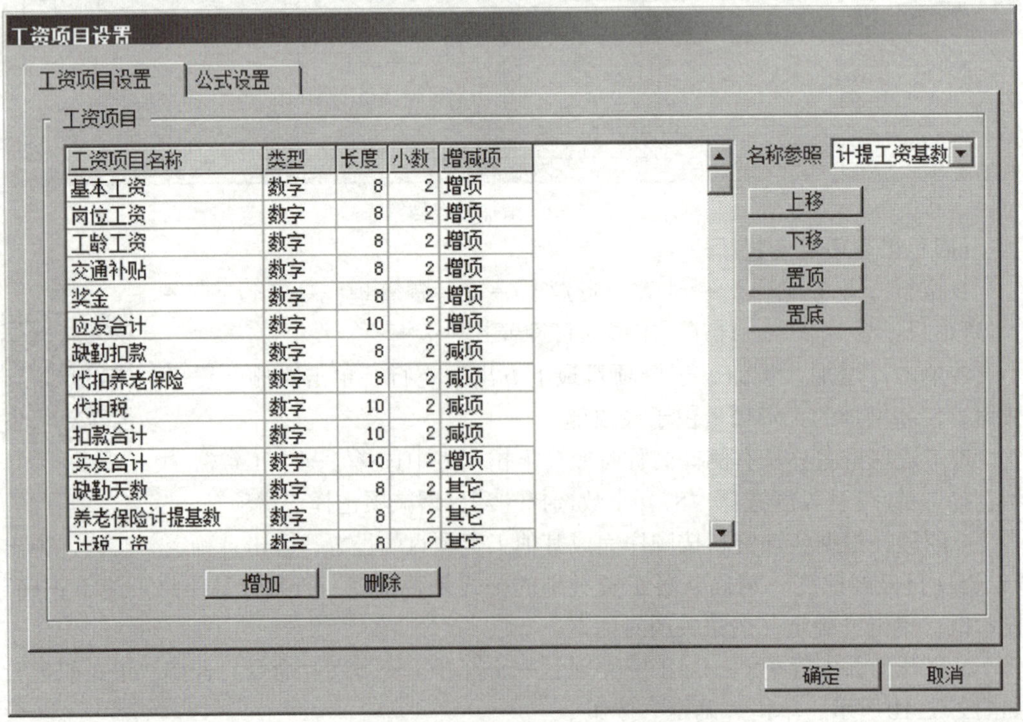

图2-7-11　工资项目设置

【操作提示】

（1）工资项目名称可以参照系统中提供的名称，也可以手动输入。

（2）在增加工资项目时，如果弹出“非法工资项目名称”提示框，说明该工资项目系统中已自带，不能增加或删除。

（3）所有项目增加完成后须打开正式职工类别，按顺序再次引入系统。

（五）人员档案设置

1.执行［薪资管理］—［设置］—［人员档案］命令，进入［人员档案］窗口。

2.单击工具栏［批增］按钮，进入［人员批量增加］窗口，选中所有部门，单击［查询］按钮，显示所有部门的所有人员，如图2-7-12所示。

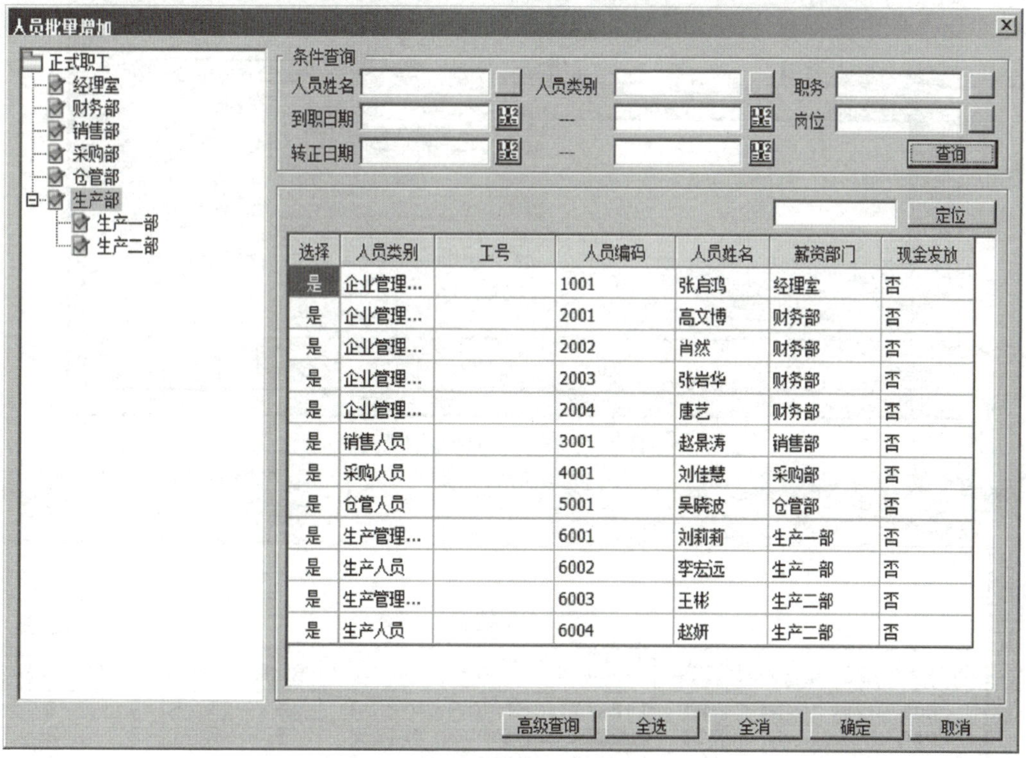

图2-7-12　人员批量增加

3.单击［确定］按钮，返回至［人员档案］窗口，双击“1001张启鸿”，打开［人员档案明细］对话框，银行名称选择“中国建设银行济宁任城支行”，银行账号输入“6217002207599889001”，如图2-7-13所示。

4.单击［确定］按钮，弹出“写入该人员档案信息吗？”提示框，单击［确定］按钮，自动进入“2001高文博”的人员档案明细，选择银行名称，输入银行账号。

5.同理，根据实训资料依次完成其他人员档案的录入，录入完毕，单击［取消］按钮，返回到［人员档案］窗口，即可看到输入的所有人员档案，如图2-7-14所示。

微课

人员档案设置

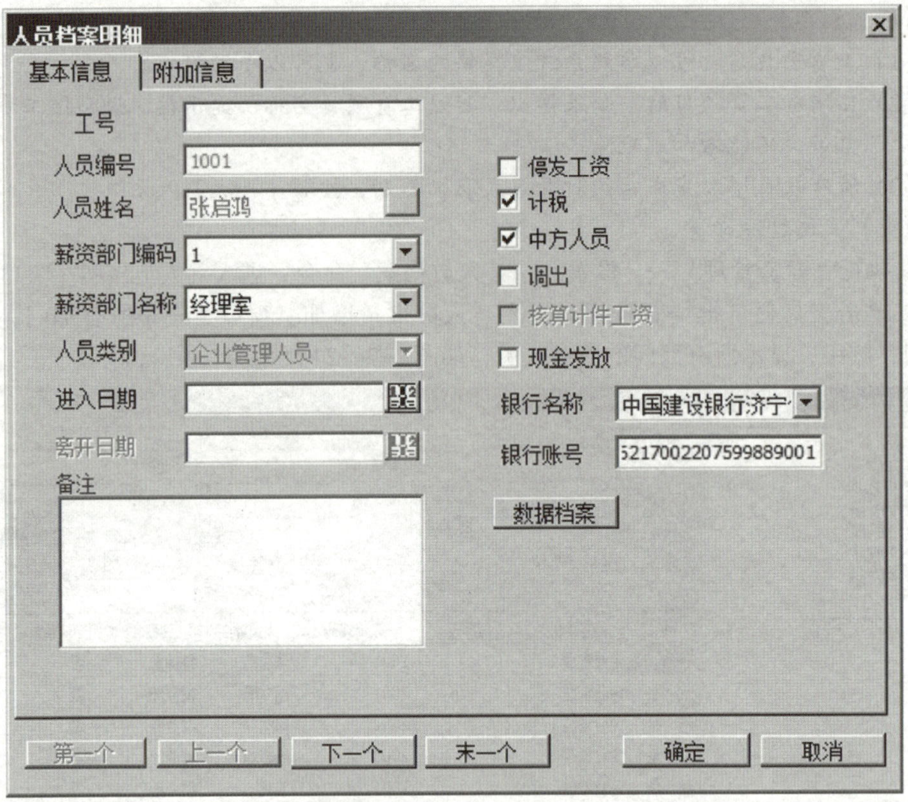

图2-7-13 人员档案明细

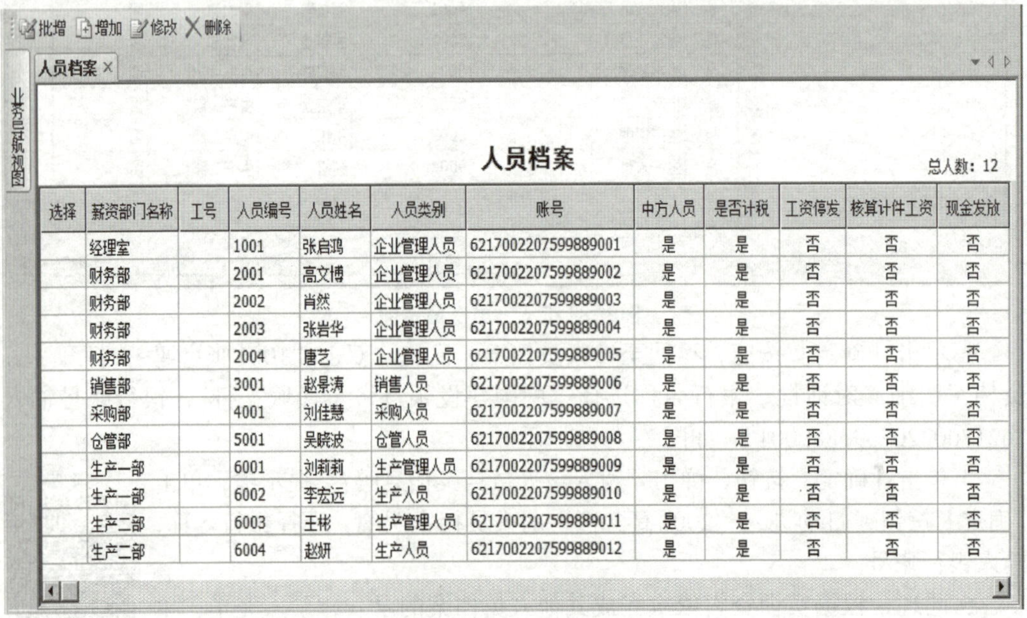

人员档案

总人数：12

选择	薪资部门名称	工号	人员编号	人员姓名	人员类别	账号	中方人员	是否计税	工资停发	核算计件工资	现金发放
	经理室		1001	张启鸿	企业管理人员	6217002207599889001	是	是	否	否	否
	财务部		2001	高文博	企业管理人员	6217002207599889002	是	是	否	否	否
	财务部		2002	肖然	企业管理人员	6217002207599889003	是	是	否	否	否
	财务部		2003	张岩华	企业管理人员	6217002207599889004	是	是	否	否	否
	财务部		2004	唐艺	企业管理人员	6217002207599889005	是	是	否	否	否
	销售部		3001	赵景清	销售人员	6217002207599889006	是	是	否	否	否
	采购部		4001	刘佳慧	采购人员	6217002207599889007	是	是	否	否	否
	仓管部		5001	吴晓波	仓管人员	6217002207599889008	是	是	否	否	否
	生产一部		6001	刘莉莉	生产管理人员	6217002207599889009	是	是	否	否	否
	生产一部		6002	李宏远	生产人员	6217002207599889010	是	是	否	否	否
	生产二部		6003	王彬	生产管理人员	6217002207599889011	是	是	否	否	否
	生产二部		6004	赵妍	生产人员	6217002207599889012	是	是	否	否	否

图2-7-14 人员档案信息

【操作提示】增加人员档案时还可以单击上方工具栏内［增加］按钮，分别输入人员档案信息。

（六）计算公式设置

1. 执行［薪资管理］—［设置］—［工资项目设置］命令，进入［工资项目设置］窗口。

微课

计算公式设置

2. 单击［公式设置］选项卡，单击［增加］按钮，选择“交通补贴”工资项目，右侧交通补贴公式定义中输入公式“iff（人员类别="采购人员"or 人员类别="销售人员"，300，100）”，单击［公式确认］按钮，如图2-7-15所示。

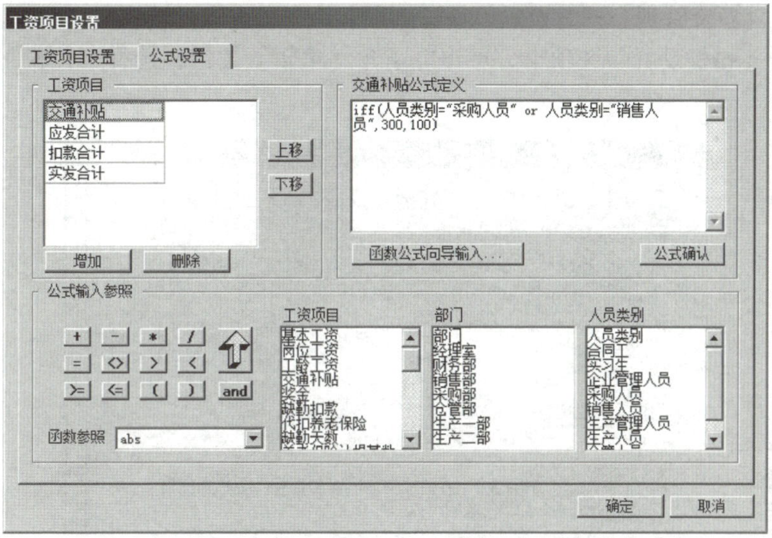

图2-7-15　设置交通补贴计算公式

3. 同理，根据实训资料完成其他工资项目计算公式的录入。

4. 最后单击［上移］、［下移］根据资料对工资项目进行排序，如图2-7-16所示，单击［确定］按钮退出。

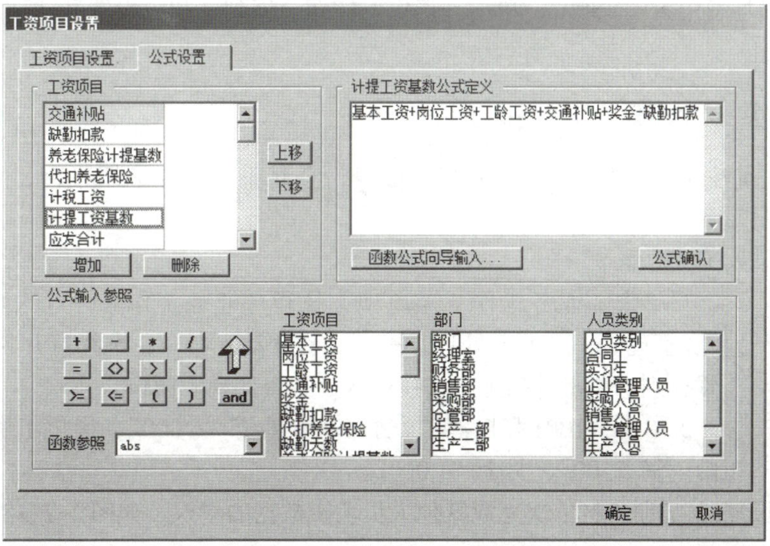

图2-7-16　工资项目计算公式排序

【操作提示】

(1) 在输入公式时，必须在英文半角符号下进行。

(2) 计算公式可以手工输入，也可以采用函数公式向导输入。输入完毕后须单击［公式确认］按钮予以保存，如果提示“非法的公式定义”，则说明公式输入有误。

(3) 输入公式后必须对公式设置页面的工资项目进行排序，工资变动就按此顺序进行工资的计算。

（七）所得税计税依据设置

1.执行［薪资管理］—［设置］—［选项］命令，进入［选项］对话框。

2.单击［扣税设置］选项卡，单击左下角［编辑］按钮，选择“计税工资”，如图2-7-17所示。

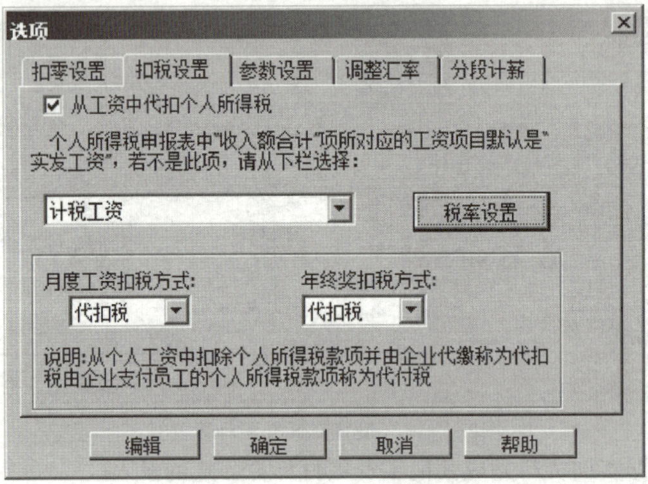

微课

设置所得税计税依据

图2-7-17 设置所得税计税依据

3.单击［税率设置］，进入［个人所得税申报表—税率表］窗口，确认基数为“5 000”，附加费用为“1 300”，单击［确定］按钮，回到［扣税设置］选项卡，再单击［确定］按钮。

四、日常业务处理

单击［重注册］，以“2003张岩华”的身份登录系统企业应用平台，登录日期为“2021-01-31”。

（一）录入工资数据

微课

录入工资数据

1.单击［业务工作］菜单项，执行［业务工作］—［人力资源］—［薪资管理］—［业务处理］—［工资变动］命令，选择打开“正式职工”工资类别，单击［确定］按钮进入［工资变动］窗口。

2.单击“1001张启鸿”，输入基本工资“6 000”、岗位工资“2 000”、工龄工资“500”、奖金“1 000”。

3.同理，根据实训资料依次完成其他人员工资数据的录入，如图2-7-18所示。

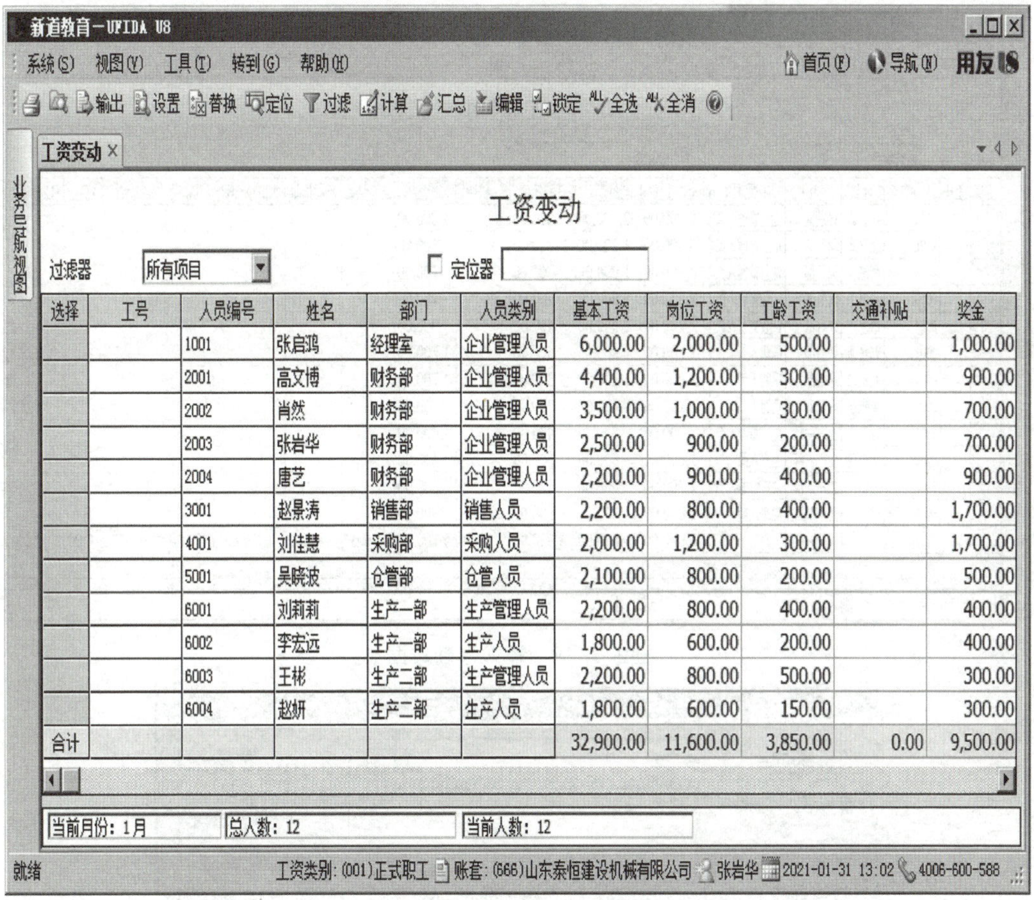

选择	工号	人员编号	姓名	部门	人员类别	基本工资	岗位工资	工龄工资	交通补贴	奖金
		1001	张启鸿	经理室	企业管理人员	6,000.00	2,000.00	500.00		1,000.00
		2001	高文博	财务部	企业管理人员	4,400.00	1,200.00	300.00		900.00
		2002	肖然	财务部	企业管理人员	3,500.00	1,000.00	300.00		700.00
		2003	张岩华	财务部	企业管理人员	2,500.00	900.00	200.00		700.00
		2004	唐艺	财务部	企业管理人员	2,200.00	900.00	400.00		900.00
		3001	赵景涛	销售部	销售人员	2,200.00	800.00	400.00		1,700.00
		4001	刘佳慧	采购部	采购人员	2,000.00	1,200.00	300.00		1,700.00
		5001	吴晓波	仓管部	仓管人员	2,100.00	800.00	200.00		500.00
		6001	刘莉莉	生产一部	生产管理人员	2,200.00	800.00	400.00		400.00
		6002	李宏远	生产一部	生产人员	1,800.00	600.00	200.00		400.00
		6003	王彬	生产二部	生产管理人员	2,200.00	800.00	500.00		300.00
		6004	赵妍	生产二部	生产人员	1,800.00	600.00	150.00		300.00
合计						32,900.00	11,600.00	3,850.00	0.00	9,500.00

图2-7-18　录入工资数据

【操作提示】

（1）输入工资时，为避免因项目太多而出错，可使用过滤器，只选择需要输入的项目。

（2）没有公式设定的工资项目可以输入，有公式设定的工资项目由系统根据计算公式自动计算生成。

（二）1月份工资变动情况

1.录入考勤情况

在［工资变动］窗口录入考勤情况：肖然缺勤2天，赵景涛、吴晓波各缺勤1天，如图2-7-19所示。

2.销售人员奖金增加200元

（1）在［工资变动］窗口，单击工具栏［全选］按钮，所有人员自动签上“Y”标志，表明所有人员被选中。

（2）单击工具栏中［替换］按钮，弹出［工资项数据替换］对话框。

（3）“将工资项目”一栏选择“奖金”，“替换成”一栏输入“奖金+200”，替换条件选择“人员类别”“=”“销售人员”，如图2-7-20所示。

微课
工资变动

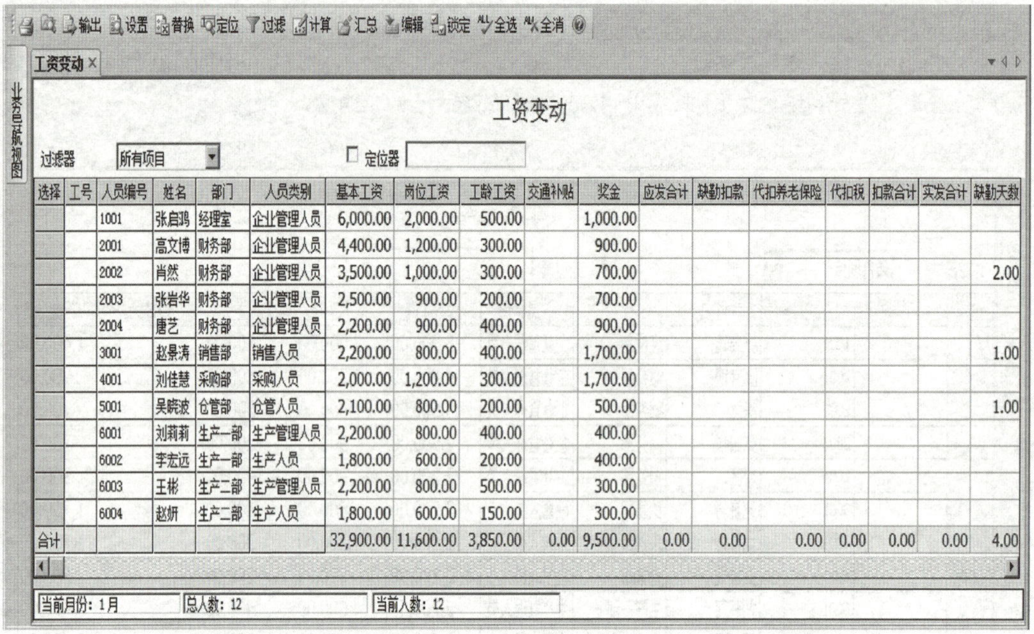

工资变动

选择	工号	人员编号	姓名	部门	人员类别	基本工资	岗位工资	工龄工资	交通补贴	奖金	应发合计	缺勤扣款	代扣养老保险	代扣税	扣款合计	实发合计	缺勤天数
		1001	张启鸿	经理室	企业管理人员	6,000.00	2,000.00	500.00		1,000.00							
		2001	高文博	财务部	企业管理人员	4,400.00	1,200.00	300.00		900.00							
		2002	肖然	财务部	企业管理人员	3,500.00	1,000.00	300.00		700.00							2.00
		2003	张岩华	财务部	企业管理人员	2,500.00	900.00	200.00		700.00							
		2004	唐艺	财务部	企业管理人员	2,200.00	900.00	400.00		900.00							
		3001	赵景涛	销售部	销售人员	2,200.00	800.00	400.00		1,700.00							1.00
		4001	刘佳慧	采购部	采购人员	2,000.00	1,200.00	300.00		1,700.00							
		5001	吴晓波	仓管部	仓管人员	2,100.00	800.00	200.00		500.00							1.00
		6001	刘莉莉	生产一部	生产管理人员	2,200.00	800.00	400.00		400.00							
		6002	李宏远	生产一部	生产人员	1,800.00	600.00	200.00		400.00							
		6003	王彬	生产二部	生产管理人员	2,200.00	800.00	500.00		300.00							
		6004	赵妍	生产二部	生产人员	1,800.00	600.00	150.00		300.00							
合计						32,900.00	11,600.00	3,850.00	0.00	9,500.00	0.00	0.00	0.00	0.00	0.00	0.00	4.00

图2-7-19　输入考勤数据

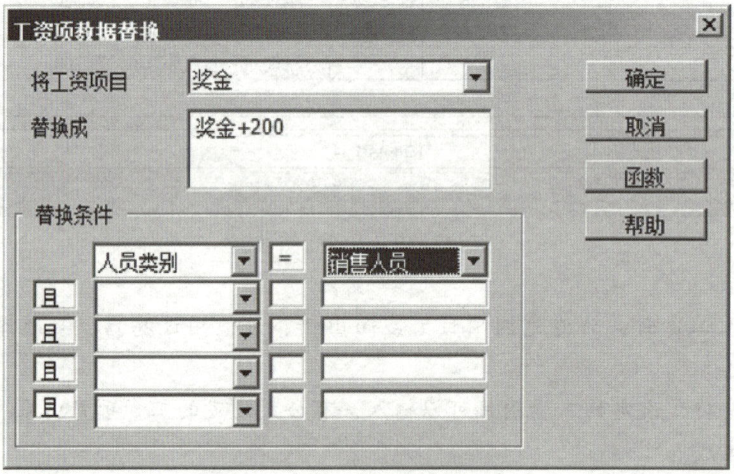

图2-7-20　输入增加的奖金

（4）单击［确定］按钮，弹出“数据替换后将不可恢复。是否继续?”提示框。

（5）单击［是］按钮，弹出“1条记录被替换，是否重新计算?”提示框，单击［是］按钮。

3.数据计算与汇总

在［工资变动］窗口中，单击工具栏内［计算］按钮，提示“正在执行操作，请稍候…”，计算工资数据，单击工具栏内［汇总］按钮，提示“正在执行操作，请稍候…”，汇总工资数据，汇总完毕，如图2-7-21所示。

【操作提示】如果修改了某些数据或工资项目公式等内容，必须调用［计算］和［汇总］功能对个人工资数据重新计算，以保证数据的正确性。

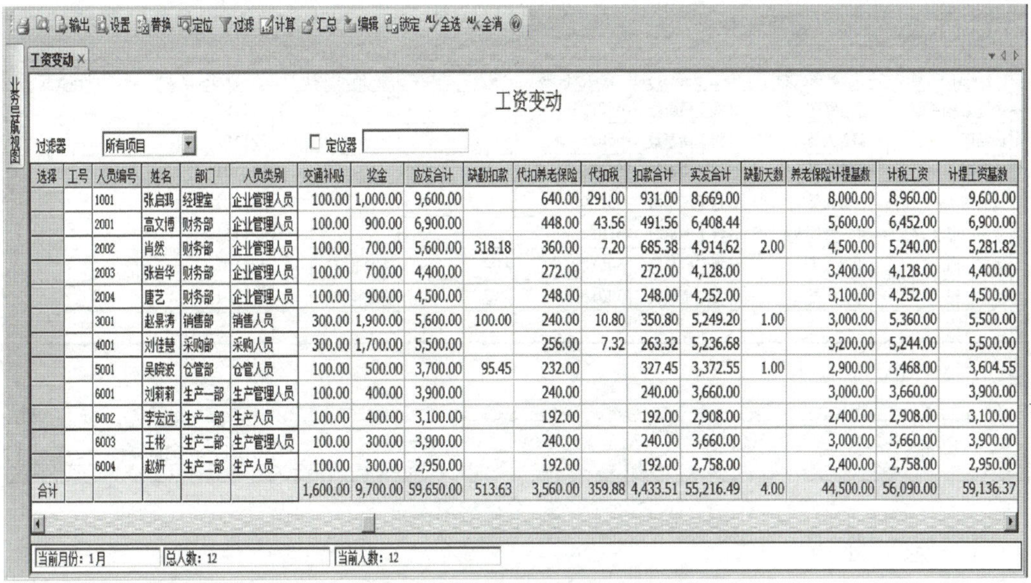

选择	工号	人员编号	姓名	部门	人员类别	交通补贴	奖金	应发合计	缺勤扣款	代扣养老保险	代扣税	扣款合计	实发合计	缺勤天数	养老保险计提基数	计税工资	计提工资基数
		1001	张启鸡	经理室	企业管理人员	100.00	1,000.00	9,600.00		640.00	291.00	931.00	8,669.00		8,000.00	8,960.00	9,600.00
		2001	高文博	财务部	企业管理人员	100.00	900.00	6,900.00		448.00	43.56	491.56	6,408.44		5,600.00	6,452.00	6,900.00
		2002	肖然	财务部	企业管理人员	100.00	700.00	5,600.00	318.18	360.00	7.20	685.38	4,914.62	2.00	4,500.00	5,240.00	5,281.82
		2003	张岩华	财务部	企业管理人员	100.00	700.00	4,400.00		272.00		272.00	4,128.00		3,400.00	4,128.00	4,400.00
		2004	唐艺	财务部	企业管理人员	100.00	900.00	4,500.00		248.00		248.00	4,252.00		3,100.00	4,252.00	4,500.00
		3001	赵景涛	销售部	销售人员	300.00	1,900.00	5,600.00	100.00	240.00	10.80	350.80	5,249.20	1.00	3,000.00	5,360.00	5,500.00
		4001	刘佳慧	采购部	采购人员	300.00	1,700.00	5,500.00		256.00	7.32	263.32	5,236.68		3,200.00	5,244.00	5,500.00
		5001	吴晓波	仓管部	仓管人员	100.00	500.00	3,700.00	95.45	232.00		327.45	3,372.55	1.00	2,900.00	3,468.00	3,604.55
		6001	刘莉莉	生产一部	生产管理人员	100.00	400.00	3,900.00		240.00		240.00	3,660.00		3,000.00	3,660.00	3,900.00
		6002	李宏远	生产一部	生产人员	100.00	400.00	3,100.00		192.00		192.00	2,908.00		2,400.00	2,908.00	3,100.00
		6003	王彬	生产二部	生产管理人员	100.00	300.00	3,900.00		240.00		240.00	3,660.00		3,000.00	3,660.00	3,900.00
		6004	赵妍	生产二部	生产人员	100.00	300.00	2,950.00		192.00		192.00	2,758.00		2,400.00	2,758.00	2,950.00
合计						1,600.00	9,700.00	59,650.00	513.63	3,560.00	359.88	4,433.51	55,216.49	4.00	44,500.00	56,090.00	59,136.37

图2-7-21　工资数据计算与汇总

【明德善思】尊重劳动是薪资管理的基本原则，企业应充分考虑员工的实际工作情况，科学合理地制定劳动报酬。党的二十大报告提出，“分配制度是促进共同富裕的基础性制度。坚持按劳分配为主体、多种分配方式并存”，要规范收入分配秩序，完善财富积累机制，坚持多劳多得，鼓励勤劳致富，促进机会公平。同学们应树立正确的劳动观，积极投身劳动实践，在劳动实践中收获“果实”，不断成长，完善自我，成为一名合格的新时代劳动者。

（三）工资分摊设置

1. 执行［薪资管理］—［业务处理］—［工资分摊］命令，进入［工资分摊］对话框。

2. 单击［工资分摊设置］按钮，打开［分摊类型设置］对话框。

3. 单击［增加］按钮，打开［分摊计提比例设置］对话框，计提类型名称输入“工资费用分配”，分摊计提比例选择“100%”，如图2-7-22所示。

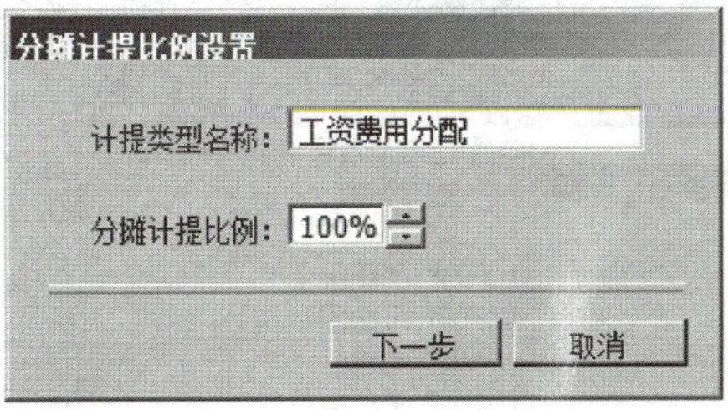

图2-7-22　分摊计提比例设置

微课
工资分摊设置

4. 单击［下一步］，打开［分摊构成设置］对话框，人员类别选择“企业管理人员”，部门名称选择“经理室”“财务部”，工资项目选择“计提工资基数”，借方科目输入“660201”，贷方科目输入“221101”。

5. 同理，根据实训资料依次完成其他部门工资费用分摊构成设置的录入，如图2-7-23所示。

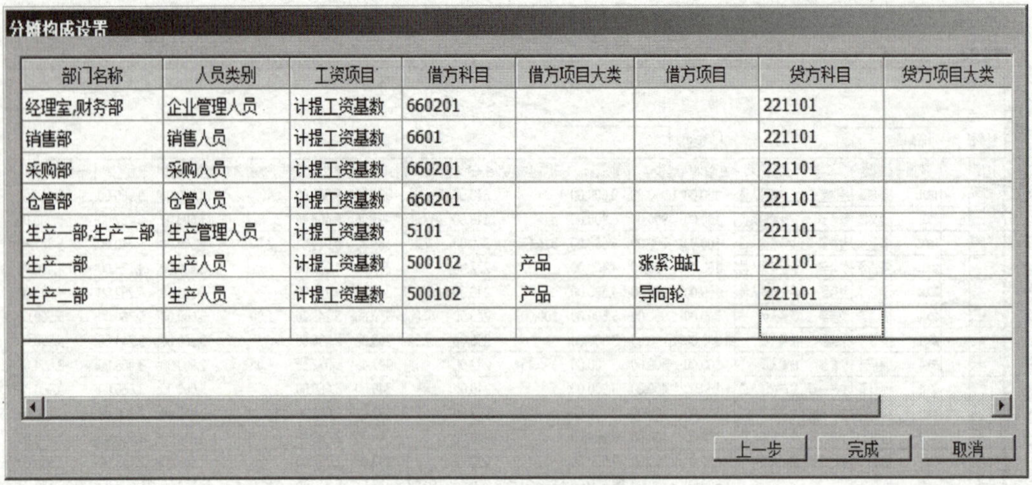
分摊构成设置

部门名称	人员类别	工资项目	借方科目	借方项目大类	借方项目	贷方科目	贷方项目大类
经理室,财务部	企业管理人员	计提工资基数	660201			221101	
销售部	销售人员	计提工资基数	6601			221101	
采购部	采购人员	计提工资基数	660201			221101	
仓管部	仓管人员	计提工资基数	660201			221101	
生产一部,生产二部	生产管理人员	计提工资基数	5101			221101	
生产一部	生产人员	计提工资基数	500102	产品	张紧油缸	221101	
生产二部	生产人员	计提工资基数	500102	产品	导向轮	221101	

图2-7-23 分摊构成设置

【操作提示】

（1）生产一部和二部的生产人员输入借方科目后，要先选择借方项目大类“产品”，再选择具体的借方项目，按项目核算。

（2）除部门名称外，其他内容相同的部门可一并输入。

（3）工资分摊设置的是后续自动生成凭证的内容。

6.单击［完成］按钮，回到［分摊类型设置］对话框，继续单击［增加］按钮完成计提养老保险（公司）的工资分摊设置，完成后返回［分摊类型设置］对话框，单击［返回］按钮回到［工资分摊］对话框，工资分摊设置完成。

（四）生成工资分摊凭证

1.执行［薪资管理］—［业务处理］—［工资分摊］命令，进入［工资分摊］对话框，选择“工资费用分配”“计提养老保险（公司）”，勾选［全选］，选择所有部门，计提分配方式选择“分配到部门”，勾选“明细到工资项目”“按项目核算”，如图2-7-24所示。

微课

生成工资分摊凭证

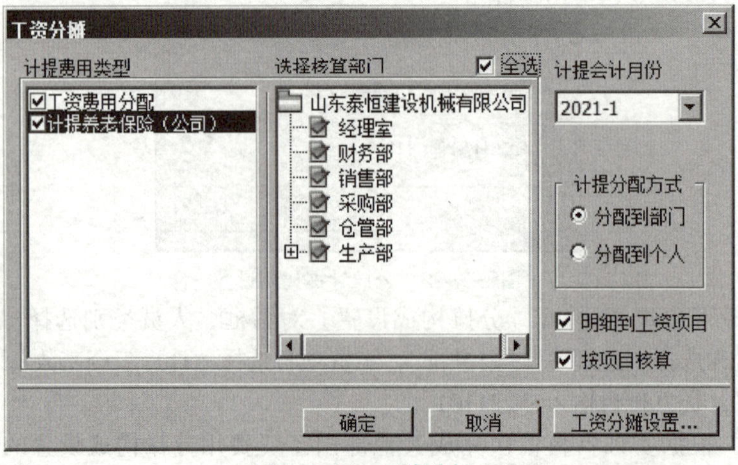

图2-7-24 工资分摊

2.单击［确定］按钮，进入［工资费用一览表］窗口，在“工资费用分配”类型中勾选“合并科目相同、辅助项相同的分录”，如图2-7-25所示。然后在类型中选择“计提养老保险（公司）”，勾选“合并科目相同、辅助项相同的分录”。

输出 重选 制单 批制
工资分摊明细
业务导航视图
工资费用分配一览表
☑ 合并科目相同、辅助项相同的分录
类型 工资费用分配
计提会计月份 1月

部门名称	人员类别	计提工资基数						
		分配金额	借方科目	借方项目大类	借方项目	贷方科目	贷方项目大类	贷方项目
经理室	企业管理人员	9600.00	660201			221101		
财务部		21081.82	660201			221101		
销售部	销售人员	5500.00	6601			221101		
采购部	采购人员	5500.00	660201			221101		
仓管部	仓管人员	3604.55	660201			221101		
生产一部	生产管理人员	3900.00	5101			221101		
	生产人员	3100.00	500102	产品	张紧油缸	221101		
生产二部	生产管理人员	3900.00	5101			221101		
	生产人员	2950.00	500102	产品	导向轮	221101		

记录数：9
已经制单

图2-7-25　工资费用分配一览表

3.单击工具栏内［批制］按钮，进入［填制凭证］窗口，选择凭证类型“转账凭证”，单击［保存］按钮，如图2-7-26所示。

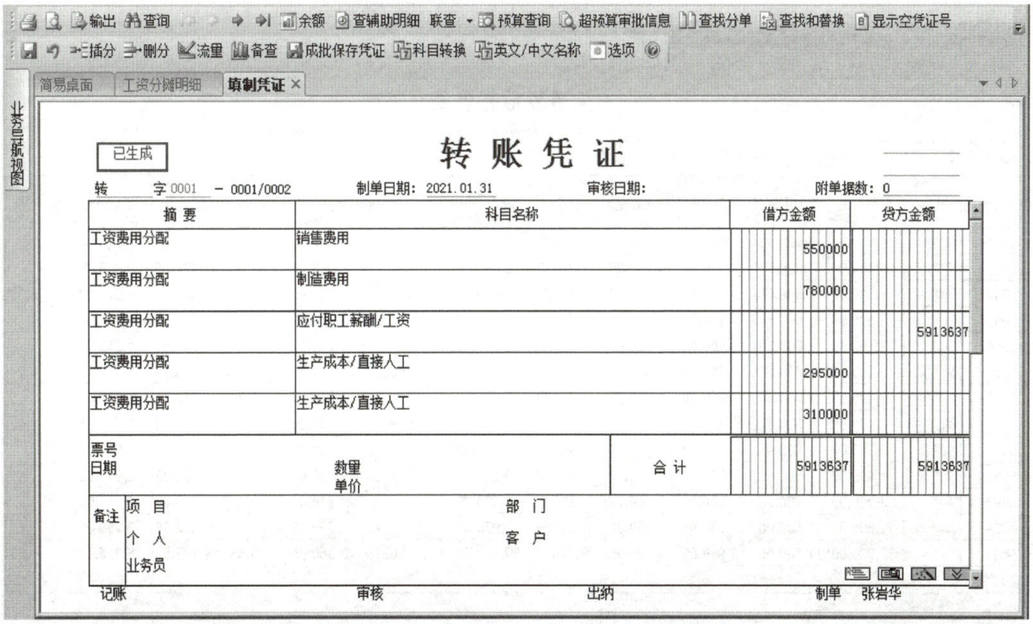
输出 查询 余额 查辅助明细 联查 预算查询 超预算审批信息 查找分单 查找和替换 显示空凭证号
插分 删分 流量 备查 成批保存凭证 科目转换 英文/中文名称 选项
简易桌面 工资分摊明细 填制凭证
业务导航视图
已生成
转账凭证
转 字 0001 - 0001/0002　制单日期：2021.01.31　审核日期：　附单据数：0

摘要	科目名称	借方金额	贷方金额
工资费用分配	销售费用	550000	
工资费用分配	制造费用	780000	
工资费用分配	应付职工薪酬/工资		5913637
工资费用分配	生产成本/直接人工	295000	
工资费用分配	生产成本/直接人工	310000	
票号 日期　数量 单价	合计	5913637	5913637

备注　项目　部门
个人　客户
业务员
记账　审核　出纳　制单　张岩华

图2-7-26　生成凭证

微课

查询记账凭证

4.单击“➔”按钮，找到“计提养老保险（公司）”的凭证，选择凭证类型“转账凭证”，单击［保存］按钮。

（五）统计分析

1.查询1月份与工资有关的记账凭证

（1）执行［薪资管理］—［统计分析］—［凭证查询］命令，进入［凭证查询］对话框，如图2-7-27所示。

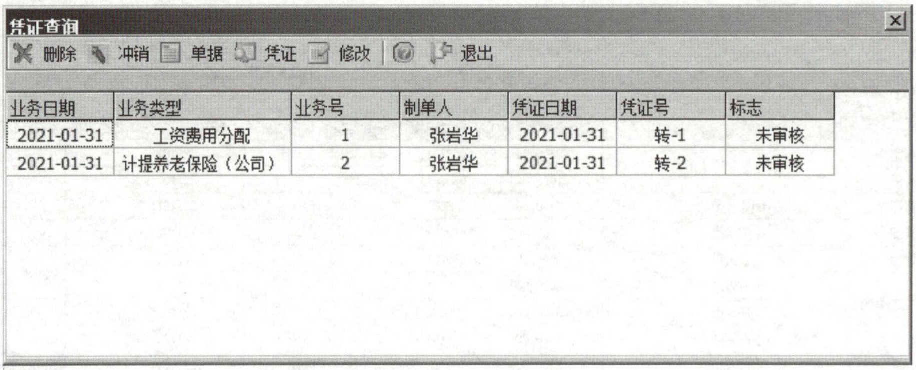

业务日期	业务类型	业务号	制单人	凭证日期	凭证号	标志
2021-01-31	工资费用分配	1	张岩华	2021-01-31	转-1	未审核
2021-01-31	计提养老保险（公司）	2	张岩华	2021-01-31	转-2	未审核

图2-7-27　凭证查询

微课

查询工资发放签名表

（2）选中要查询的凭证，单击［凭证］按钮即可查看对应凭证。

2.查询1月份“工资发放签名表”

（1）执行［薪资管理］—［统计分析］—［账表］—［工资表］命令，从［工资表］对话框中选择“工资发放签名表”，单击［查看］按钮。

（2）弹出［请选择若干部门］对话框，选择正式职工下的所有部门，单击［确定］按钮，进入［工资发放签名表］窗口即可查看，如图2-7-28所示。

人员编号	姓名	基本工资	岗位工资	工龄工资	交通补贴	奖金	应发合计	缺勤扣款	代扣养老保险	代扣税	扣款合计	实发合计	缺勤天数
1001	张启鸿	6,000.00	2,000.00	500.00	100.00	1,000.00	9,600.00		640.00	291.00	931.00	8,669.00	
2001	高文博	4,400.00	1,200.00	300.00	100.00	900.00	6,900.00		448.00	43.56	491.56	6,408.44	
2002	肖然	3,500.00	1,000.00	300.00	100.00	700.00	5,600.00	318.18	360.00	7.20	685.38	4,914.62	2.00
2003	张岩华	2,500.00	900.00	200.00	100.00	700.00	4,400.00		272.00		272.00	4,128.00	
2004	唐艺	2,200.00	900.00	400.00	100.00	900.00	4,500.00		248.00		248.00	4,252.00	
3001	赵景涛	2,200.00	800.00	400.00	300.00	1,900.00	5,600.00	100.00	240.00	10.80	350.80	5,249.20	1.00
4001	刘佳慧	2,000.00	1,200.00	300.00	300.00	1,700.00	5,500.00		256.00	7.32	263.32	5,236.68	
5001	吴晓波	2,100.00	800.00	200.00	100.00	500.00	3,700.00	95.45	232.00		327.45	3,372.55	1.00
6001	刘莉莉	2,200.00	800.00	400.00	100.00	400.00	3,900.00		240.00		240.00	3,660.00	
6002	李宏远	1,800.00	600.00	200.00	100.00	400.00	3,100.00		192.00		192.00	2,908.00	
6003	王彬	2,200.00	800.00	500.00	100.00	300.00	3,900.00		240.00		240.00	3,660.00	
6004	赵妍	1,800.00	600.00	150.00	100.00	300.00	2,950.00		192.00		192.00	2,758.00	
合计		32,900.00	11,600.00	3,850.00	1,600.00	9,700.00	59,650.00	513.63	3,560.00	359.88	4,433.51	55,216.49	4.00

图2-7-28　工资发放签名表

五、期末处理

1.执行［薪资管理］—［业务处理］—［月末处理］命令，弹出［月末处理］对话框，如图2-7-29所示。

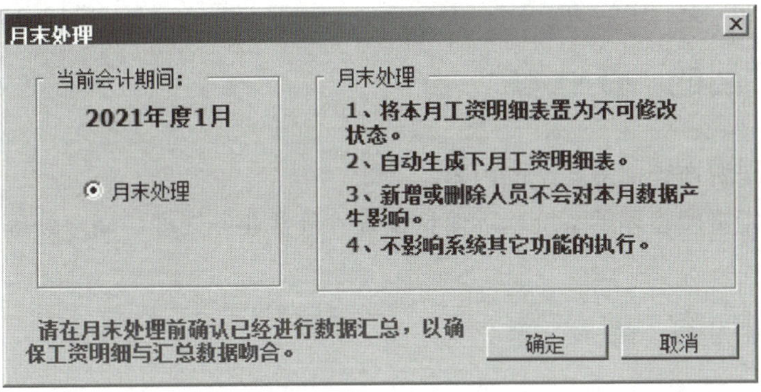

图2-7-29　月末处理

2.单击［确定］按钮，弹出“月末处理之后，本月工资将不许变动！继续月末处理吗?”提示框，单击［是］按钮。

3.弹出“是否选择清零项”提示框，单击［是］按钮，进入［选择清零项目］对话框，依次选择“奖金”“缺勤天数”，单击“>”，勾选“保存本次选择结果”，如图2-7-30所示。

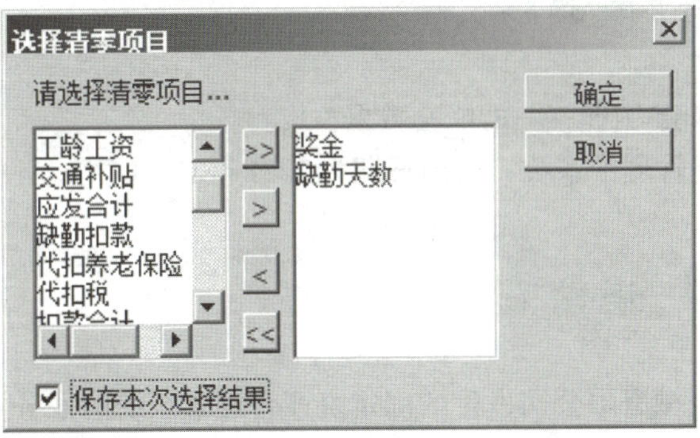

图2-7-30　选择清零项目

微课
薪资管理
期末处理

4.单击［确定］按钮。弹出“月末处理完毕！”提示框，单击［确定］按钮，完成月末处理。

实训八 固定资产管理子系统

实训目的

1. 认知固定资产管理子系统的内容。
2. 学会固定资产管理子系统基础信息设置、日常业务处理、期末处理。

实训内容

1. 建立固定资产账套。
2. 固定资产管理子系统基础信息设置。
3. 固定资产管理子系统日常业务处理。
4. 固定资产管理子系统期末处理。

实训准备

1. 引入“实训账套\实训三”的账套数据。
2. 启用固定资产管理子系统，启用日期为2021年1月1日。

实训资料

山东泰恒建设机械有限公司发生的固定资产管理子系统的业务资料如下：

一、建立固定资产账套（见表2-8-1）

表2-8-1 固定资产账套参数

启用步骤	设置内容
约定及说明	我同意
启用月份	2021年1月
折旧信息	本账套计提折旧 主要折旧方法：平均年限法（二） 其他按照系统缺省设置

续表

启用步骤	设置内容
编码方式	编码长度：2112 固定资产编码方式：按“类别编号+部门编号+序号”自动编码 序号长度：3
账务接口	与账务系统进行对账 固定资产对账科目：1601 固定资产 累计折旧对账科目：1602 累计折旧 在对账不平情况下允许固定资产月末结账
补充参数	业务发生后立即制单 月末结账前一定要完成制单登账业务 固定资产缺省入账科目：1601 累计折旧缺省入账科目：1602 减值准备缺省入账科目：1603 增值税进项税额缺省入账科目：22210101

二、基础信息设置

（一）设置部门对应折旧科目（见表2-8-2）

表2-8-2　部门对应折旧科目

部门	部门对应折旧科目
经理室、财务部、采购部、仓管部	管理费用/折旧费（660203）
销售部	销售费用（6601）
生产部	制造费用（5101）

（二）设置固定资产类别（见表2-8-3）

表2-8-3　固定资产类别

类别编码	类别名称	使用年限/年	净残值率%	折旧方法	卡片样式
01	房屋及建筑物	20	5	平均年限法（二）	通用样式
02	机器设备	10	5	平均年限法（二）	含税卡片样式
03	电子设备	3	5	平均年限法（二）	含税卡片样式
04	交通运输设备	4	5	平均年限法（二）	含税卡片样式

（三）设置增减方式对应入账科目（见表2-8-4）

表2-8-4 增减方式对应入账科目

增加方式	对应入账科目	减少方式	对应入账科目
直接购入	100201 中国建设银行	出售	1606 固定资产清理
投资者投入	4001 实收资本	盘亏	1901 待处理财产损溢
捐赠	6301 营业外收入	捐赠转出	6711 营业外支出
盘盈	6901 以前年度损益调整	报废	1606 固定资产清理
在建工程转入	1604 在建工程	毁损	1606 固定资产清理

（四）录入原始卡片（见表2-8-5）

表2-8-5 固定资产原始卡片 单位：元

资产名称	类别名称	使用部门	增加方式	使用年限/月	开始使用日期	原值	累计折旧	折旧科目
办公区	房屋及建筑物	经理室	在建工程转入	240	2019-6-18	300 000	21 375	660203
作业区	房屋及建筑物	生产一部/生产二部	在建工程转入	240	2019-6-18	350 000	24 938	5101
数控加工车床	机器设备	生产一部	直接购入	120	2019-6-1	150 000	21 375	5101
叉车	机器设备	生产一部/生产二部	直接购入	120	2020-2-5	176 000	13 933	5101
长城轿车	交通运输设备	经理室	直接购入	48	2020-8-5	108 000	8 550	660203
台式电脑	电子设备	财务部	直接购入	36	2020-2-10	5 000	1 319	660203
笔记本电脑	电子设备	销售部	直接购入	36	2020-2-10	5 600	1 478	6601
台式电脑	电子设备	采购部	直接购入	36	2020-2-10	5 000	1 319	660203
台式电脑	电子设备	仓管部	直接购入	36	2020-2-10	5 000	1 319	660203
合计						1 104 600	95 606	

注：净残值率均为5%；使用状况均为“在用”；折旧方法均为平均年限法（二）；生产一部、生产二部共同使用的固定资产，使用比例均为50%。

三、日常业务处理

（一）1月份固定资产业务

1.5日，为经理室购入大众轿车一辆，收到增值税专用发票一张，价款为210 000

元，增值税为27 300元，价税合计237 300元，以中国建设银行转账支票支付，票号：82345604。净残值率为5%，预计使用年限为4年。

2.15日，经理室为长城轿车添置新配件，价款为6 000元，以中国建设银行转账支票支付，票号：82345605。

3.31日，因数控加工车床的市场实际价值下降，计提减值准备15 000元。

4.31日，计提1月份固定资产折旧。

5.31日，仓管部台式电脑提前报废，进行资产清理。

6.31日，资产盘点，发现销售部丢失笔记本电脑一台，经批准由员工赵景涛个人赔偿。

（二）查询固定资产账表

1.查询固定资产变动情况表。

2.查询固定资产及累计折旧表（一）。

四、期末处理

（一）月末对账

提示：总账中对凭证审核、记账后才能对账。

（二）月末结账

检查本月业务是否处理完毕，完成固定资产管理子系统月末结账处理。

实训要求

1.以账套主管“2001高文博”的身份启用固定资产管理子系统。

2.以“2003张岩华”的身份进行固定资产管理子系统的操作。

实训步骤

一、启用固定资产管理子系统

1.以“2001高文博”的身份登录企业应用平台，操作日期为“2021-01-01”。

2.执行［基础设置］—［基本信息］—［系统启用］命令，进入［系统启用］窗口。

3.选中“FA-固定资产”，弹出［日历］对话框，选择启用自然日期“2021-01-01”，如图2-8-1所示。

4.单击［确定］按钮，系统弹出“确实要启用当前系统吗？”提示框，单击［是］按钮。

微课

启用固定资产管理子系统

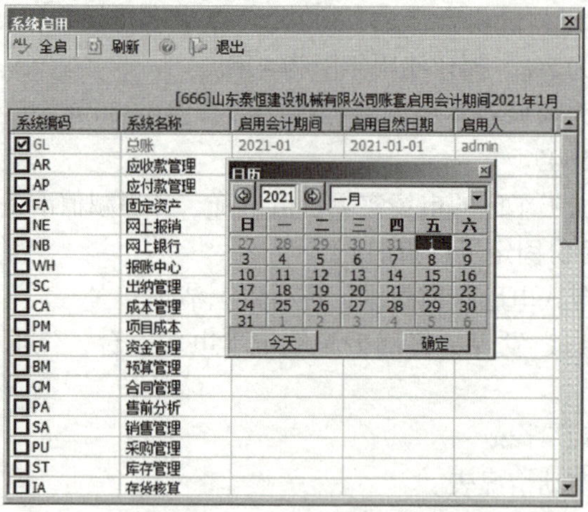

图2-8-1 启用固定资产管理子系统

二、建立固定资产账套

（一）登录固定资产管理子系统

1.以“2003张岩华”的身份登录企业应用平台，操作日期为“2021-01-01”。

2.执行［业务工作］—［财务会计］—［固定资产］命令，弹出“这是第一次打开此账套，还未进行过初始化，是否进行初始化?”提示框，如图2-8-2所示。

微课

建立固定资产账套

图2-8-2 固定资产管理初始化提示框

3.单击［是］按钮，打开［初始化账套向导］对话框。

（二）初始化账套向导

1.在［初始化账套向导—1.约定及说明］对话框中，勾选“我同意”，如图2-8-3所示。

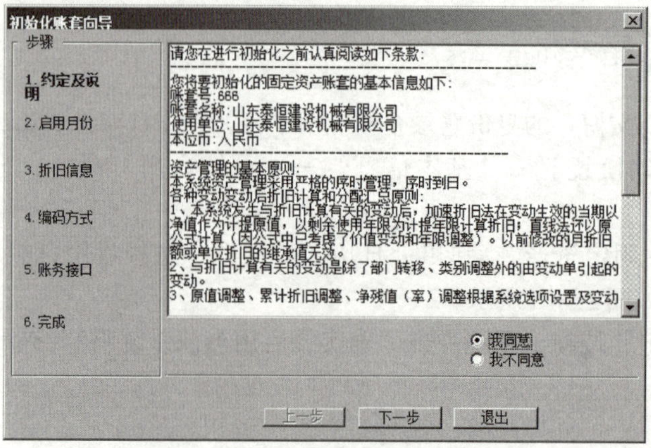

图2-8-3 初始化账套向导—约定及说明

2. 单击［下一步］，在［初始化账套向导—2. 启用月份］对话框中，默认日期为2021年01月，如图2-8-4所示。

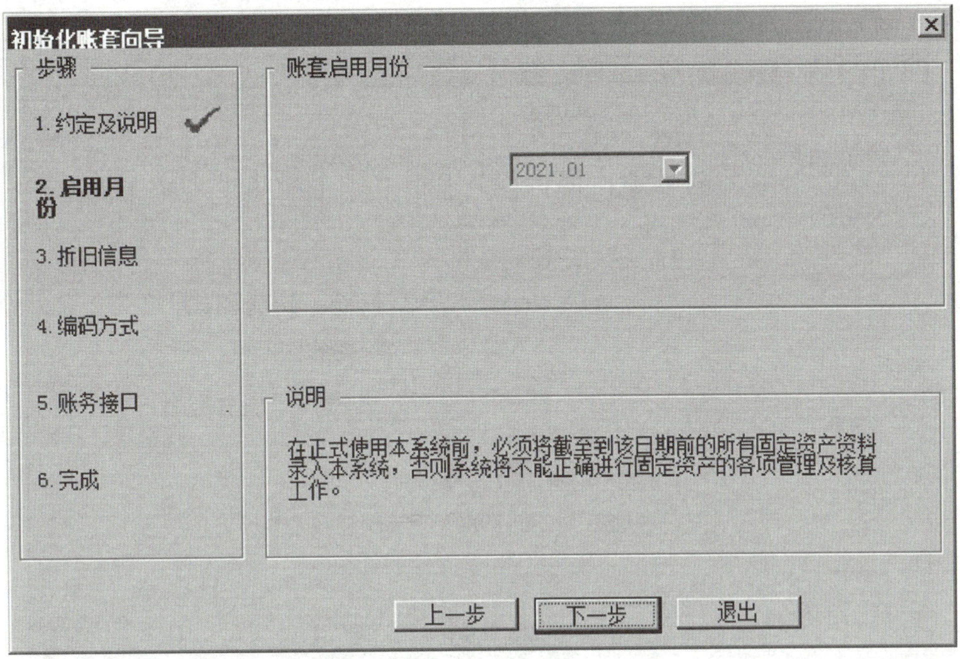

图2-8-4　初始化账套向导—启用月份

3. 单击［下一步］，在［初始化账套向导—3. 折旧信息］对话框中，采用系统默认设置，如图2-8-5所示。

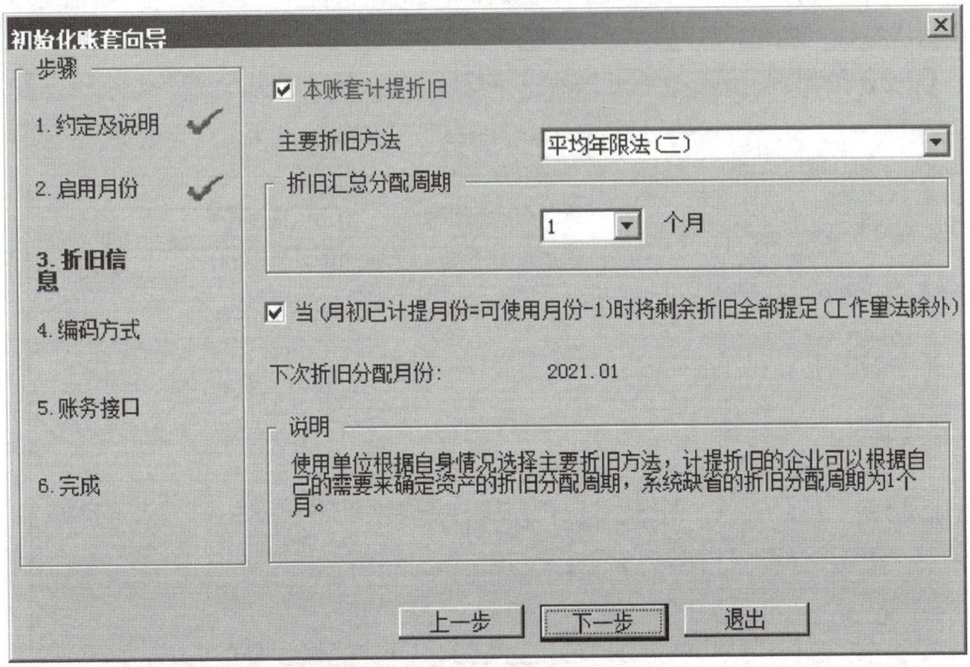

图2-8-5　初始化账套向导—折旧信息

4.单击［下一步］，在［初始化账套向导—4.编码方式］对话框中，确认资产类别编码长度为“2112”，单击选中“自动编码”，选择“类别编号+部门编号+序号”的固定资产编码方式，序号长度选择“3”，如图2-8-6所示。

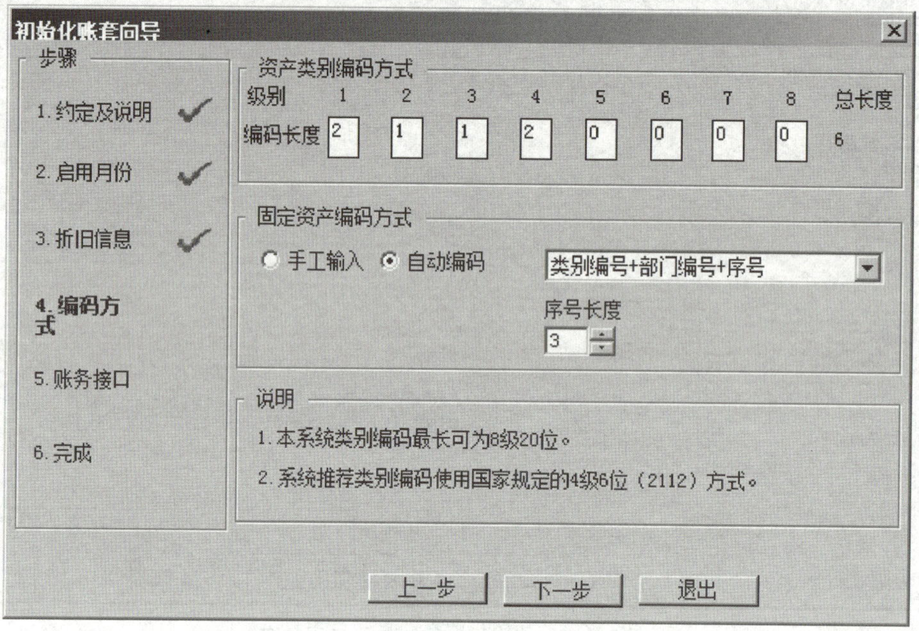

图2-8-6　初始化账套向导—编码方式

5.单击［下一步］，在［初始化账套向导—5.账务接口］对话框中，输入或选择固定资产对账科目为“1601，固定资产”，累计折旧对账科目为“1602，累计折旧”，其他采用默认参数，如图2-8-7所示。

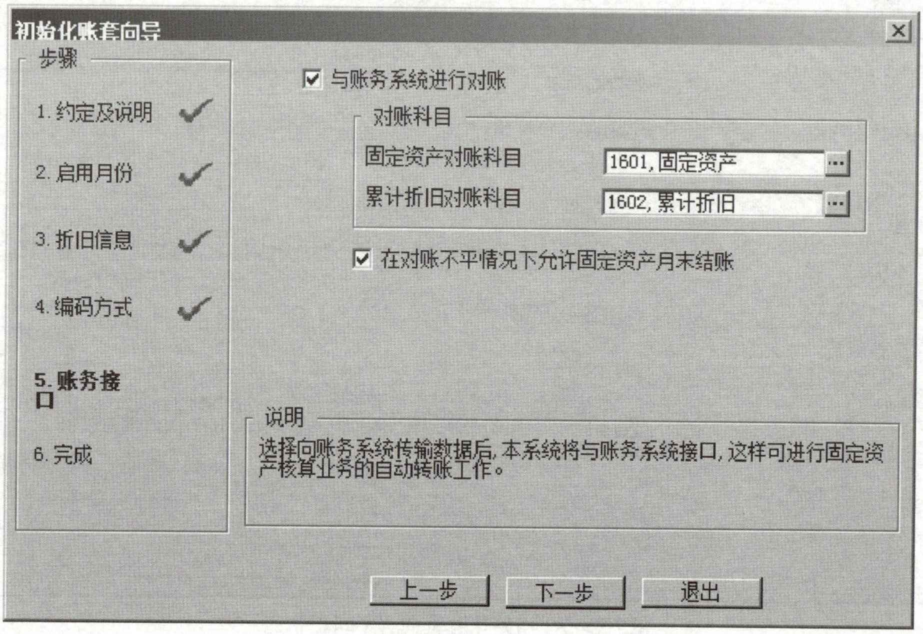

图2-8-7　初始化账套向导—账务接口

6.单击［下一步］，在［初始化账套向导—6.完成］对话框中，核对信息无误，如图2-8-8所示，单击［完成］按钮。

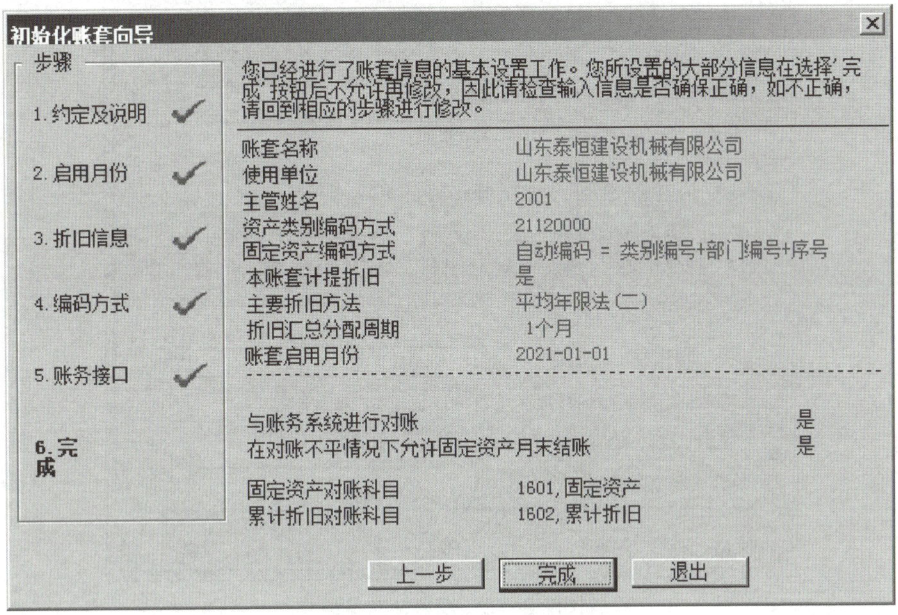

图2-8-8　初始化账套向导—完成

7.弹出“已经完成了新账套的所有设置工作，是否确定所设置的信息完全正确并保存对新账套的所有设置?”提示框，单击［是］按钮。

8.弹出“已成功初始化本固定资产账套!”提示框，如图2-8-9所示，单击［确定］按钮，完成固定资产账套的初始化。

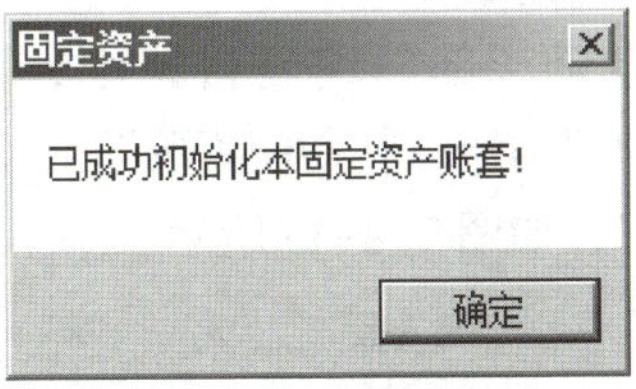

图2-8-9　已成功初始化本固定资产账套

（三）设置补充参数

微课

设置补充参数

1.执行［固定资产］—［设置］—［选项］命令，进入［选项］对话框。

2.在［与账务系统接口］选项卡，单击［编辑］按钮。

3.勾选“业务发生后立即制单”，输入或选择［固定资产］缺省入账科目为“1601，固定资产”，［累计折旧］缺省入账科目为“1602，累计折旧”，［减值准备］缺省入账科目为“1603，固定资产减值准备”，［增值税进项税额］缺省入账科目为“22210101，进项税额”，如图2-8-10所示，单击［确定］按钮。

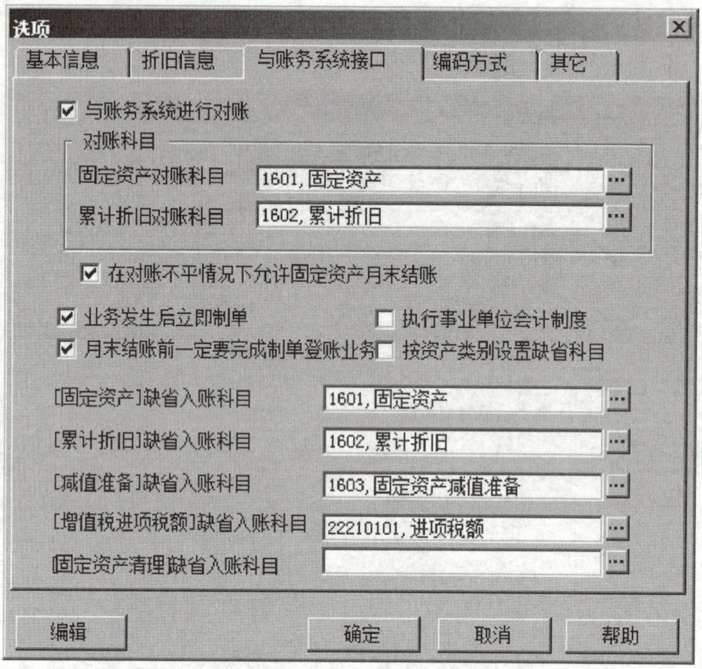

图2-8-10　设置补充参数

三、基础信息设置

微课

设置部门对应折旧科目

（一）设置部门对应折旧科目

1. 执行［固定资产］—［设置］—［部门对应折旧科目］命令，进入［部门对应折旧科目］窗口。

2. 在左侧固定资产部门编码目录中，选择“经理室”，单击工具栏［修改］按钮，自动切换到［单张视图］选项卡，选择或输入折旧科目“660203，折旧费”，如图2-8-11所示。

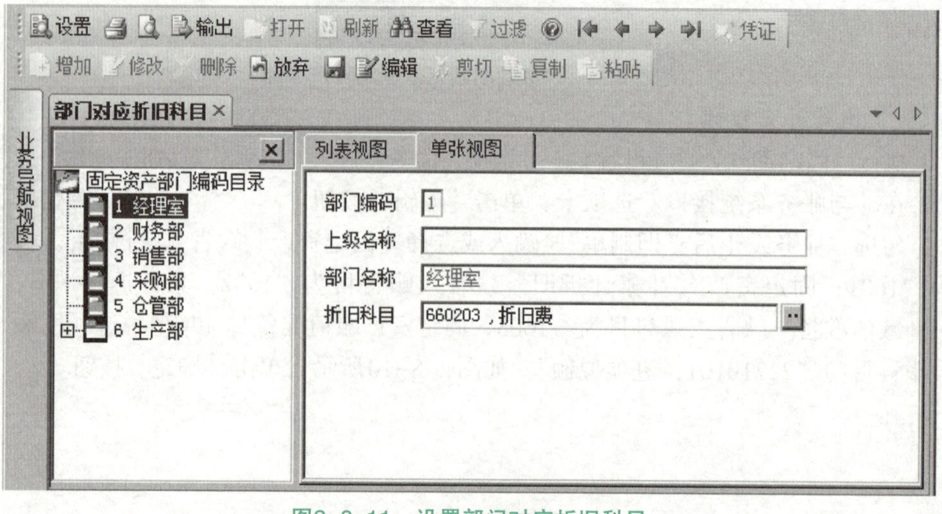

图2-8-11　设置部门对应折旧科目

3.回车或单击［保存］按钮。同理，根据实训资料依次完成其他部门折旧科目的设置。

【操作提示】生产部在设置部门折旧科目时，可以对一级部门和下级部门分别设置，也可以在设置一级部门时，选择将所有下级部门的折旧科目替换为一级部门的折旧科目。

（二）设置固定资产类别

微课

设置固定资产类别

1.执行［固定资产］—［设置］—［资产类别］命令，进入［资产类别］窗口。

2.单击［单张视图］选项卡，单击工具栏［增加］按钮。

3.输入类别名称“房屋及建筑物”、使用年限“20”年、净残值率“5”%，卡片样式改为“通用样式”，如图2-8-12所示。

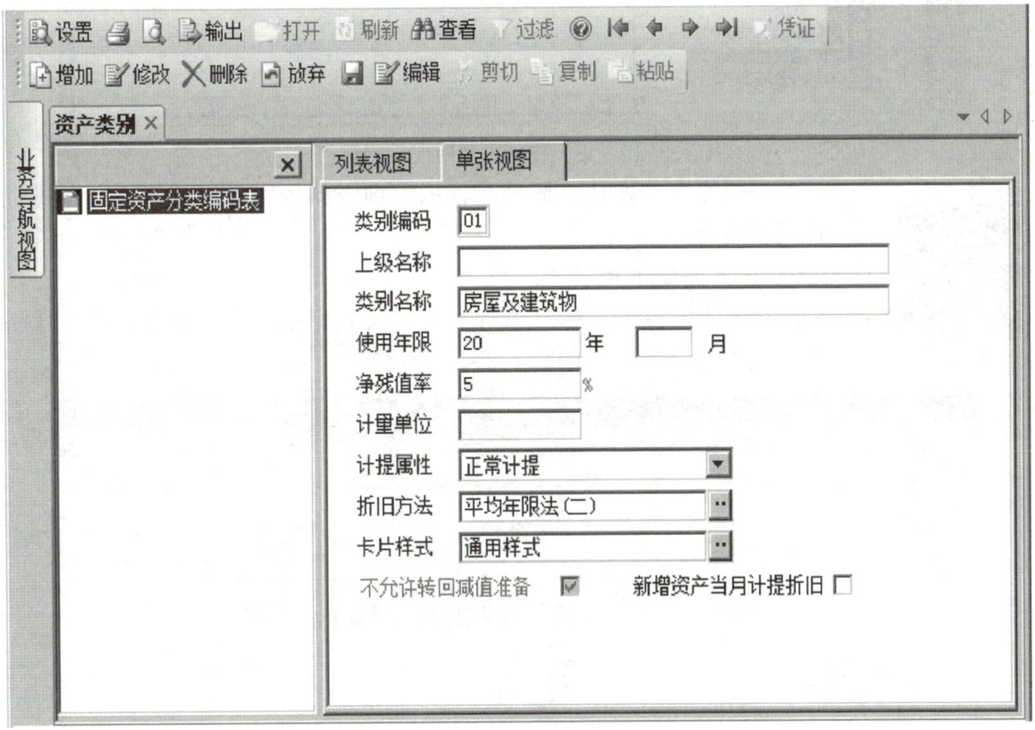

图2-8-12　设置固定资产类别

4.单击［保存］按钮。同理，根据实训资料依次完成其他固定资产类别的设置。

（三）设置增减方式对应入账科目

微课

设置增减方式对应入账科目

1.执行［固定资产］—［设置］—［增减方式］命令，进入［增减方式］窗口。

2.单击左侧“1 增加方式”，选择“101 直接购入”，单击工具栏［修改］按钮。

3.输入或选择对应入账科目“100201，建设银行”，如图2-8-13所示。

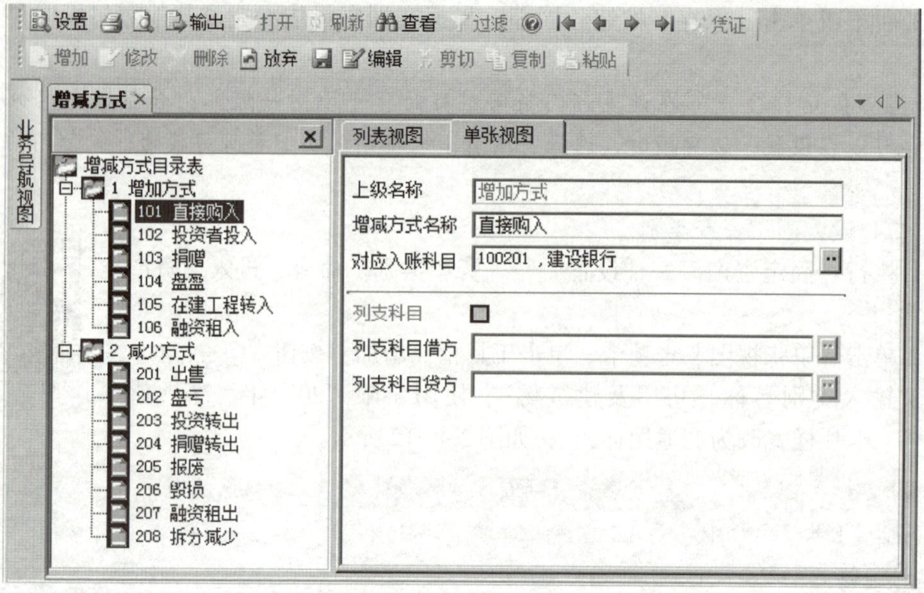

图2-8-13 设置增减方式对应入账科目

微课

录入原始卡片

4. 单击［保存］按钮。同理，根据实训资料依次完成其他增减方式对应入账科目设置。

（四）录入原始卡片

1. 执行［固定资产］—［卡片］—［录入原始卡片］命令，进入［固定资产类别档案］窗口，如图2-8-14所示。

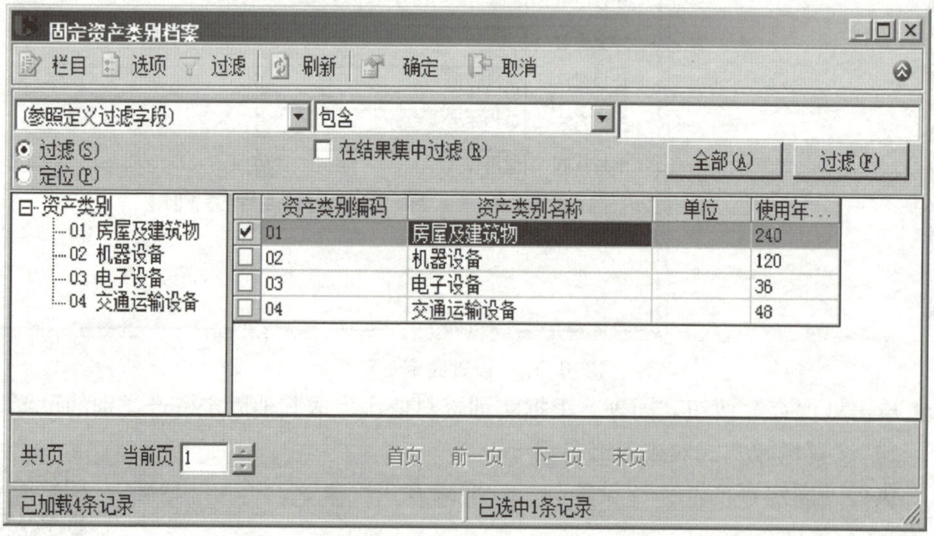

图2-8-14 固定资产类别档案

2. 选择资产类别编码“01 房屋及建筑物”，单击［确定］按钮，进入［固定资产卡片］窗口。

3. 修改固定资产名称为“办公区”，点击使用部门，选择“单部门使用”，单击［确定］按钮，进入［部门基本参照］对话框，选择“经理室”，单击［确定］按钮。

4. 增加方式选择“在建工程转入”，使用状况选择“在用”，输入开始使用日期“2019-06-18”、原值“300 000”、累计折旧“21 375”，使用年限、折旧方法、净残值率等其他项目由系统自动给出，如图2-8-15所示。

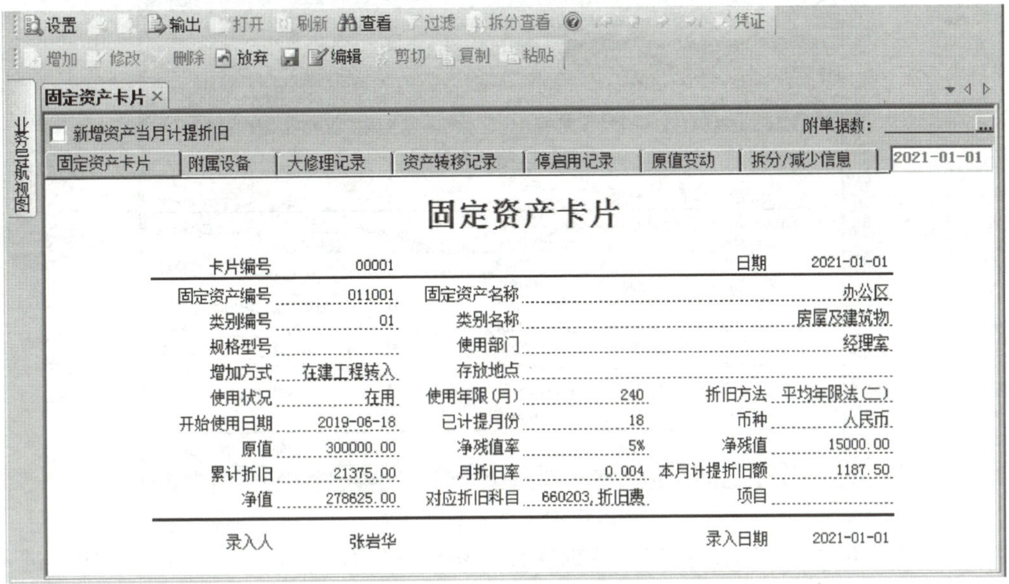

图2-8-15　固定资产原始卡片

5. 单击［保存］按钮，弹出“数据保存成功！”提示框，单击［确定］按钮。同理，根据实训资料依次完成其他固定资产原始卡片的录入。

【操作提示】

（1）资产类别名称系统默认为上一次输入的类别，在更改时，点击［全部］按钮，即可显示全部的资产类别，或者将之前的删除重新选择。

（2）生产一部、生产二部共同使用的固定资产，使用比例均为50%。使用部门要选择“多部门使用”，单击［确定］按钮，进入［使用部门］对话框，点击下方［增加］按钮，依次选择使用部门，输入使用比例“50”%。

四、日常业务处理

（一）资产增加

微课

资产增加

1月5日，为经理室购入大众轿车一辆，收到增值税专用发票一张，价款为210 000元，增值税为27 300元，价税合计237 300元，以中国建设银行转账支票支付，票号：82345604。净残值率为5%，预计使用年限为4年。

1. 点击［重注册］，以“2003张岩华”的身份登录企业应用平台，登录日期为“2021-01-05”。

2. 执行［业务工作］—［财务会计］—［固定资产］—［卡片］—［资产增加］命令，进入［固定资产类别档案］窗口，选择“04 交通运输设备”，单击［确定］按钮，进入［固定资产卡片］窗口。

3. 输入固定资产名称“大众轿车”，使用部门选择“经理室”，增加方式选择“直接购入"，使用状况为"在用"，开始使用日期为"2021-01-05"，输入原值"210 000"、增值税"27 300"，如图2-8-16所示。

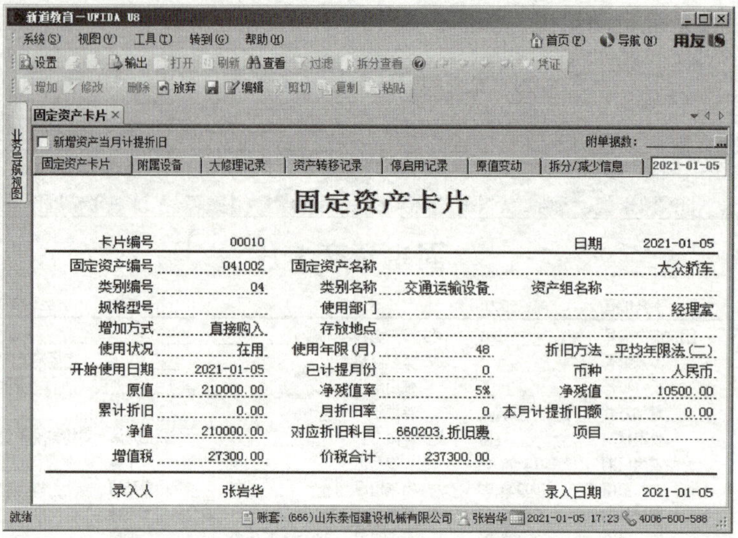

图2-8-16　固定资产增加

4.单击［保存］按钮，弹出"数据保存成功！"提示框，单击［确定］按钮，进入［填制凭证］窗口。

5.选择凭证类型"付款凭证"，单击"100201"，在下方票号和日期处，出现"铅笔头"形状时，双击弹出［辅助项］窗口，输入结算方式选择"202"，票号输入"82345604"，日期选择"2021-01-05"，单击［确定］按钮。单击工具栏［流量］按钮，选择或输入现金流量项目编码"13"，单击［确定］按钮，返回到［填制凭证］窗口，单击工具栏［保存］按钮，如图2-8-17所示。

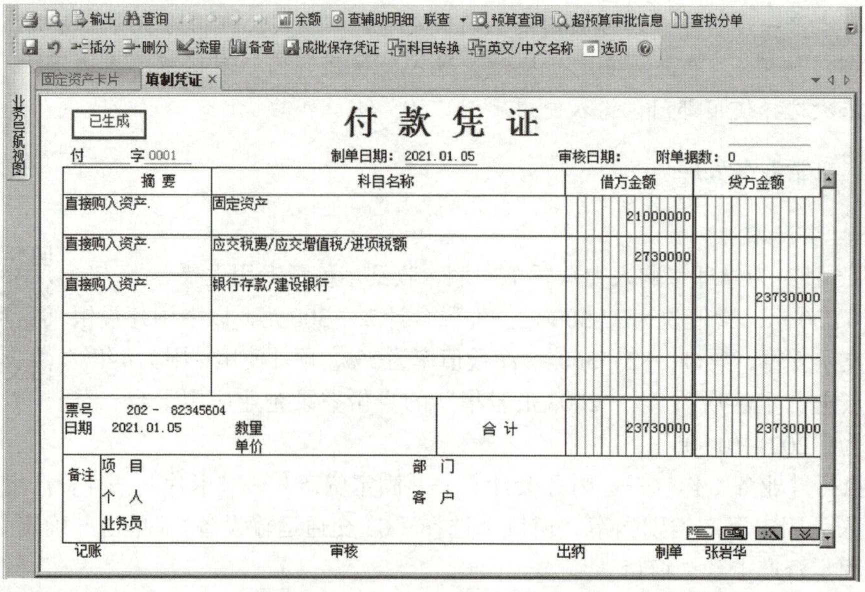

图2-8-17　固定资产增加凭证

【操作提示】卡片输入完成后，也可不立即制单，月末使用［批量制单］功能批量生成凭证。

（二）资产原值变动

微课 资产原值变动

1月15日，经理室为长城轿车添置新配件，价款为6 000元，以中国建设银行转账支票支付，票号：82345605。

1. 点击［重注册］，以“2003张岩华”的身份登录企业应用平台，登录日期为“2021-01-15”。

2. 执行［业务工作］—［财务会计］—［固定资产］—［卡片］—［变动单］—［原值增加］命令，进入［固定资产变动单］窗口。

3. 选择卡片编号“00005 长城轿车”，输入增加金额“6 000”，变动原因为“添置新配件”，如图2-8-18所示。

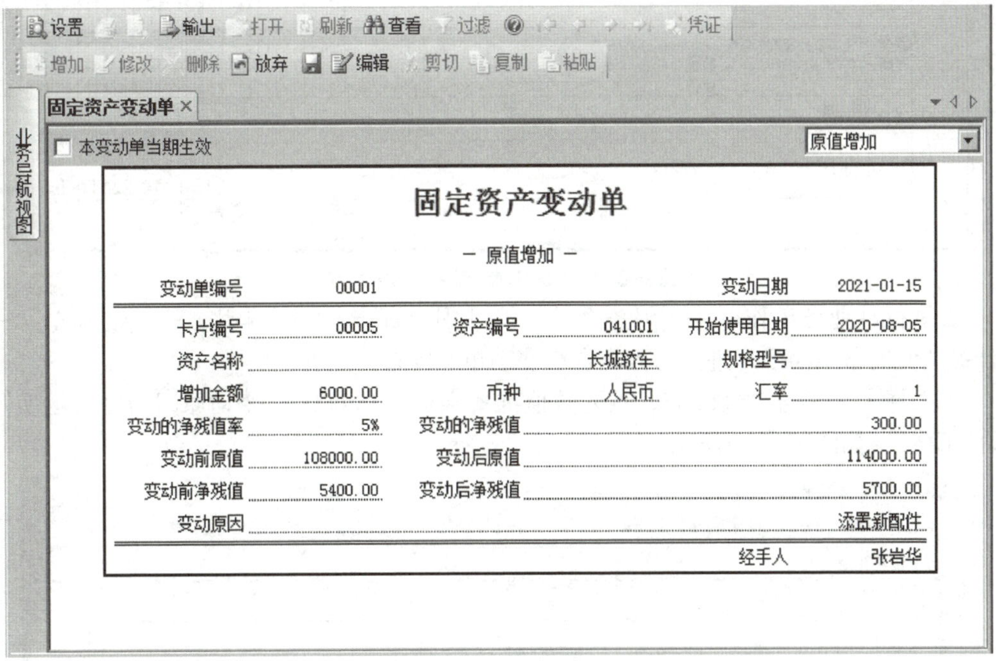

图2-8-18　固定资产原值增加变动单

4. 单击［保存］按钮，弹出［填制凭证］窗口，选择凭证类型“付款凭证”，输入贷方科目“100201 银行存款/建设银行”，回车弹出［辅助项］对话框，结算方式选择“202 转账支票”，输入票号“82345605”，选择现金流量项目编码“13”，单击［保存］按钮，如图2-8-19所示。

【操作提示】变动单不能修改，如果发现变动单有误，只能通过［变动单管理］功能删除后重做。

（三）计提减值准备

微课 计提减值准备

1月31日，因数控加工车床的市场实际价值下降，计提减值准备15 000元。

1. 点击［重注册］，以“2003张岩华”的身份登录企业应用平台，登录日期为“2021-01-31”。

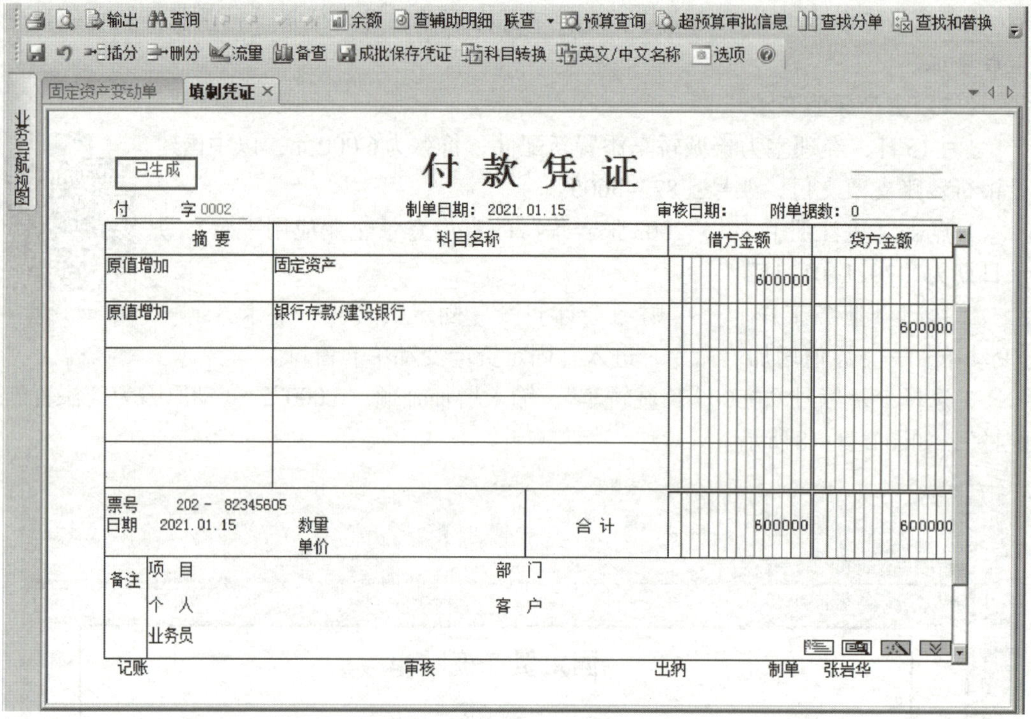

图2-8-19　固定资产原值增加凭证

2. 执行［业务工作］—［财务会计］—［固定资产］—［卡片］—［变动单］—［计提减值准备］命令，进入［固定资产变动单］窗口。

3. 选择卡片编号“00003”，输入减值准备金额“15 000”，变动原因为“市场实际价值下降”，如图2-8-20所示。

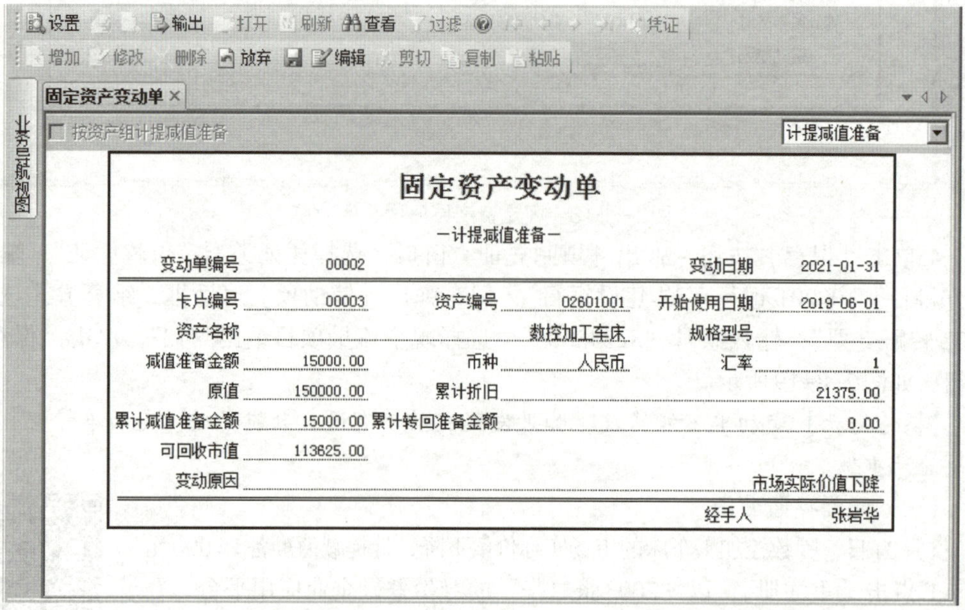

图2-8-20　固定资产减值准备变动单

4. 单击［保存］按钮，弹出［填制凭证］窗口，选择凭证类型“转账凭证”，输入借方科目“6701 资产减值损失”，单击［保存］按钮，如图2-8-21所示。

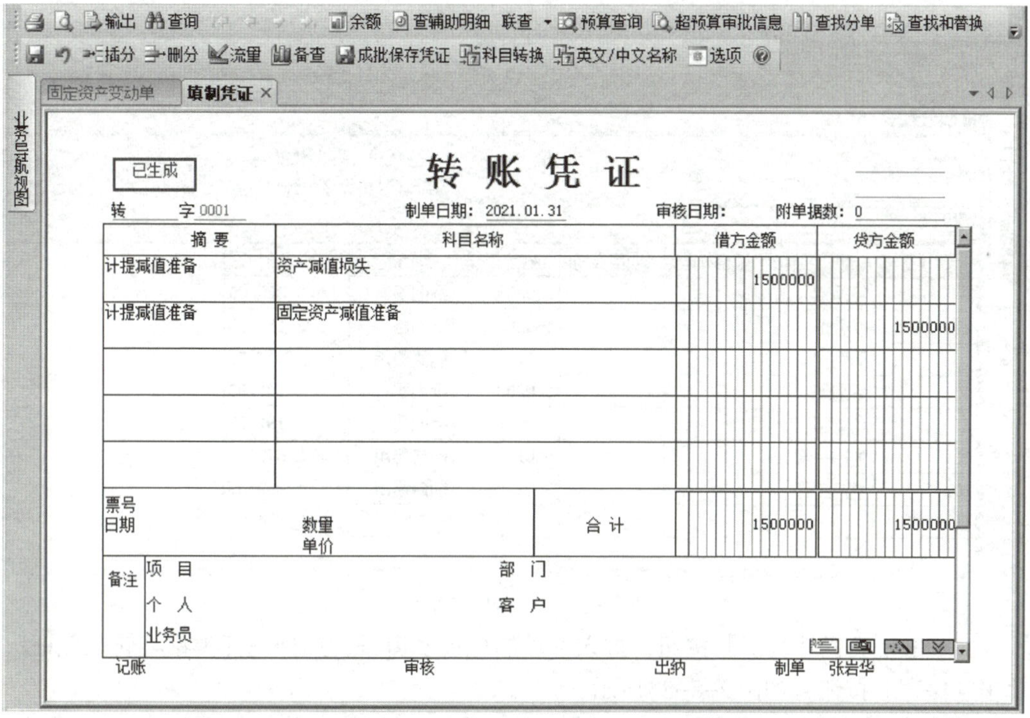

图2-8-21　固定资产计提减值准备凭证

（四）计提折旧

1月31日，计提1月份固定资产折旧。

微课

计提折旧

1. 执行［固定资产］—［处理］—［计提本月折旧］命令，弹出“是否要查看折旧清单？”提示框。单击［是］按钮，弹出“本操作将计提本月折旧，并花费一定时间，是否要继续？”提示框，单击［是］按钮，进入［折旧清单］窗口，如图2-8-22所示。

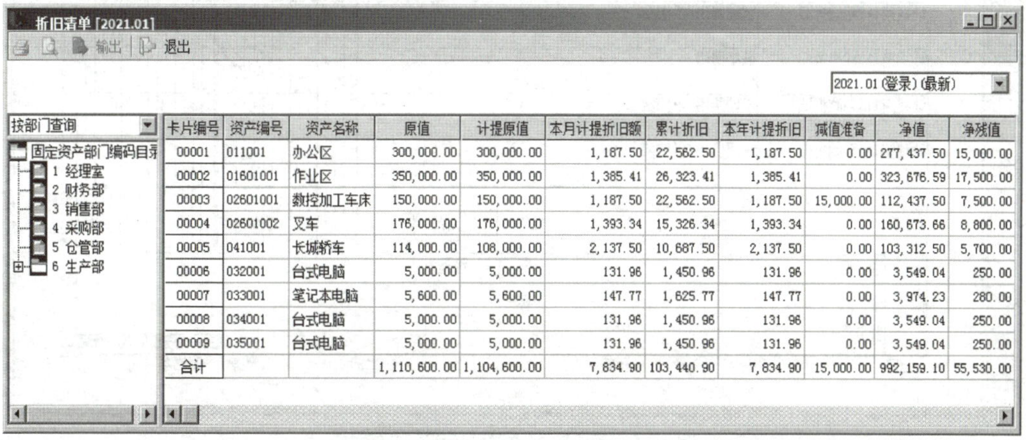

卡片编号	资产编号	资产名称	原值	计提原值	本月计提折旧额	累计折旧	本年计提折旧	减值准备	净值	净残值
00001	011001	办公区	300,000.00	300,000.00	1,187.50	22,562.50	1,187.50	0.00	277,437.50	15,000.00
00002	01601001	作业区	350,000.00	350,000.00	1,385.41	26,323.41	1,385.41	0.00	323,676.59	17,500.00
00003	02601001	数控加工车床	150,000.00	150,000.00	1,187.50	22,562.50	1,187.50	15,000.00	112,437.50	7,500.00
00004	02601002	叉车	176,000.00	176,000.00	1,393.34	15,326.34	1,393.34	0.00	160,673.66	8,800.00
00005	041001	长城轿车	114,000.00	108,000.00	2,137.50	10,687.50	2,137.50	0.00	103,312.50	5,700.00
00006	032001	台式电脑	5,000.00	5,000.00	131.96	1,450.96	131.96	0.00	3,549.04	250.00
00007	033001	笔记本电脑	5,600.00	5,600.00	147.77	1,625.77	147.77	0.00	3,974.23	280.00
00008	034001	台式电脑	5,000.00	5,000.00	131.96	1,450.96	131.96	0.00	3,549.04	250.00
00009	035001	台式电脑	5,000.00	5,000.00	131.96	1,450.96	131.96	0.00	3,549.04	250.00
合计			1,110,600.00	1,104,600.00	7,834.90	103,440.90	7,834.90	15,000.00	992,159.10	55,530.00

图2-8-22　固定资产折旧清单

2.单击［退出］按钮，提示“计提折旧完成！”，单击［确定］按钮，显示［折旧分配表］窗口，如图2-8-23所示。

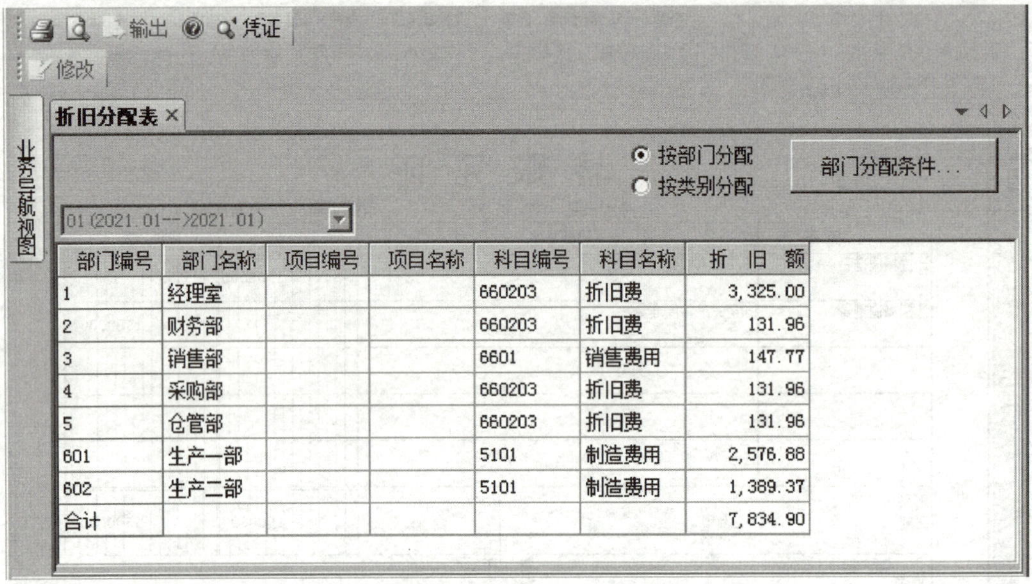

部门编号	部门名称	项目编号	项目名称	科目编号	科目名称	折旧额
1	经理室			660203	折旧费	3,325.00
2	财务部			660203	折旧费	131.96
3	销售部			6601	销售费用	147.77
4	采购部			660203	折旧费	131.96
5	仓管部			660203	折旧费	131.96
601	生产一部			5101	制造费用	2,576.88
602	生产二部			5101	制造费用	1,389.37
合计						7,834.90

图2-8-23 折旧分配表

3.单击工具栏［凭证］按钮，进入［填制凭证］窗口，选择凭证类型“转账凭证”，单击［保存］按钮，如图2-8-24所示。

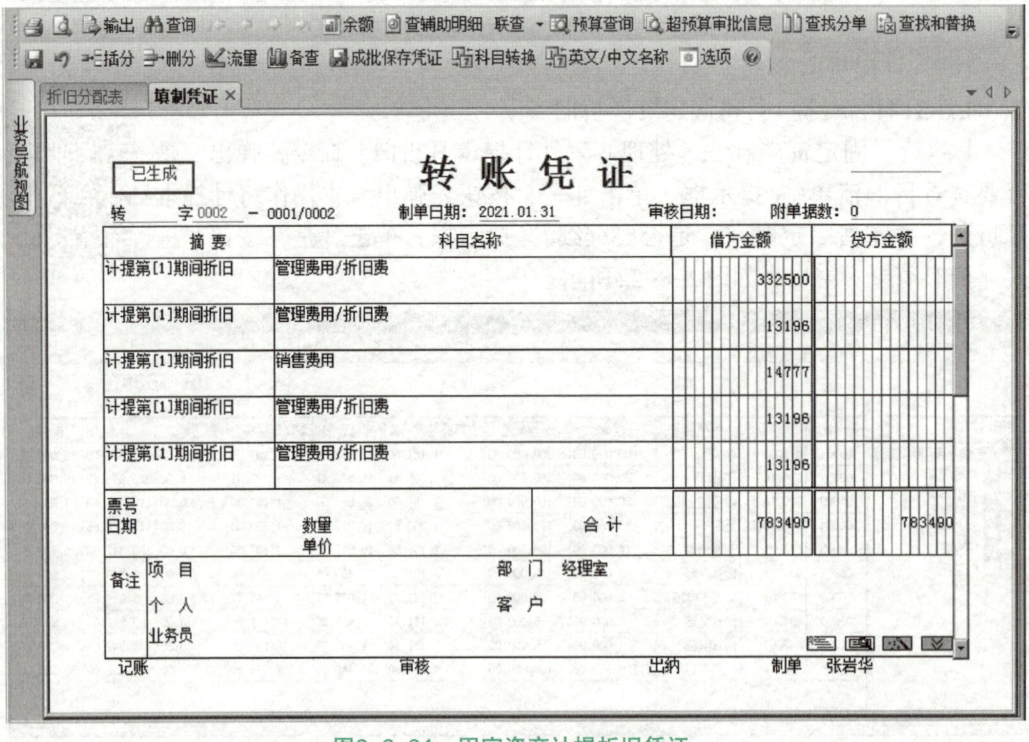

图2-8-24 固定资产计提折旧凭证

（五）资产报废

1月31日，仓管部台式电脑提前报废，进行资产清理。

微课

资产报废

1.执行［固定资产］—［卡片］—［资产减少］命令，进入［资产减少］对话框。

2.选择卡片编号“00009”，单击［增加］按钮，弹出“00009”的相关信息，减少方式选择“报废”，输入清理原因“提前报废”，如图2-8-25所示。

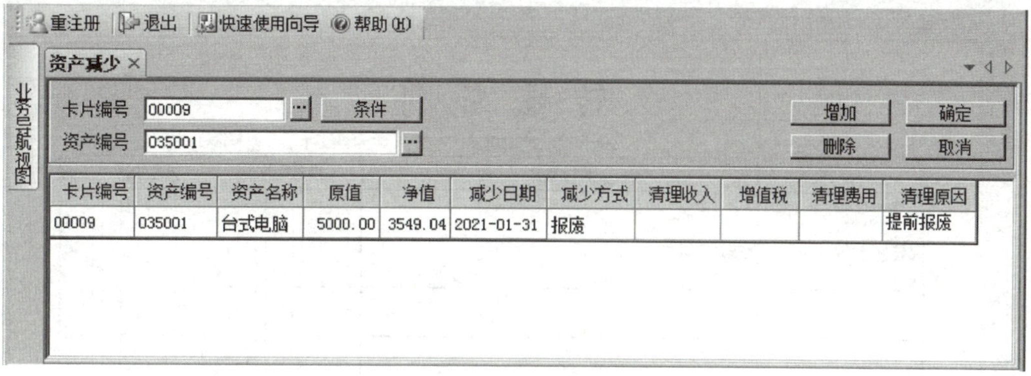

图2-8-25　固定资产减少

3.单击［确定］按钮，弹出“所选卡片已减少成功!”提示框，单击［确定］按钮，进入［填制凭证］窗口，选择凭证类型“转账凭证”，单击［保存］按钮，如图2-8-26所示。

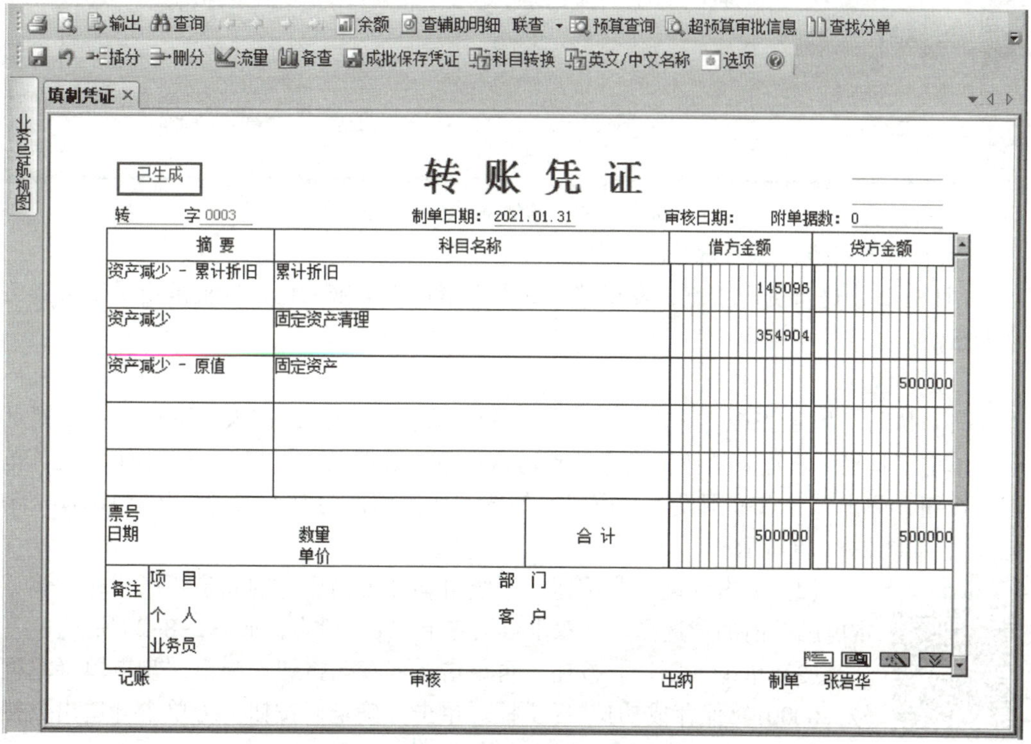

图2-8-26　固定资产报废凭证

4.执行［总账］—［凭证］—［填制凭证］命令，进入［填制凭证］对话框。单击工具栏［增加］按钮，选择凭证类型“转账凭证”，制单日期为“2021.01.31”，输入摘要“结转报废损失”，借方科目为“（6711）营业外支出”，贷方科目为“（1606）固定资产清理”，借贷方金额均为“3 549.04”元，如图2-8-27所示，单击［保存］按钮。

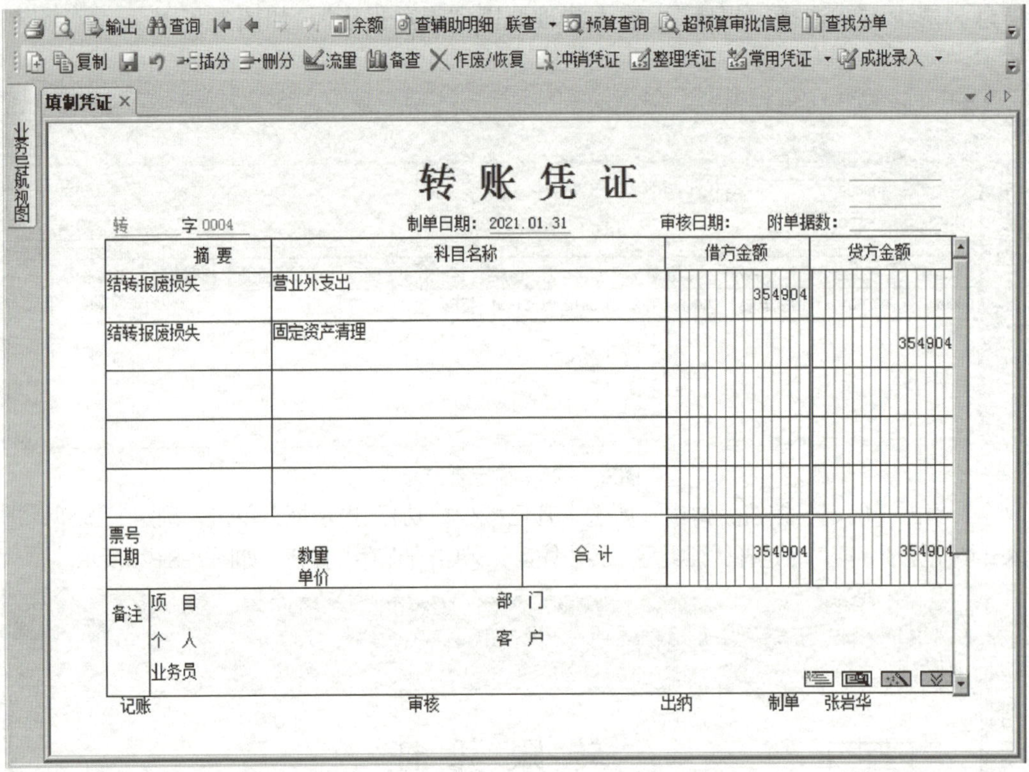

图2-8-27　结转报废损失凭证

（六）资产盘点及盈亏确认

1月31日，进行资产盘点，发现销售部丢失笔记本电脑一台，经批准由员工赵景涛个人赔偿。

1.资产盘点

（1）执行［固定资产］—［卡片］—［资产盘点］命令，进入［资产盘点］对话框。单击工具栏［增加］按钮，进入［新增盘点单—数据录入］窗口，单击工具栏［范围］按钮，弹出［盘点范围设置］窗口，勾选“按使用部门盘点”，使用部门选择“销售部”，如图2-8-28所示。

微课

资产盘点

（2）单击［确定］按钮，系统自动弹出销售部的固定资产，在“笔记本电脑”前的“选择”处双击自动签上“Y”标志，如图2-8-29所示。

（3）单击［删行］按钮，再单击［保存］按钮，弹出“盘点单（单据号：00001）保存成功！”提示框。单击［确定］按钮，再单击［退出］按钮。形成一张盘点单，如图2-8-30所示。

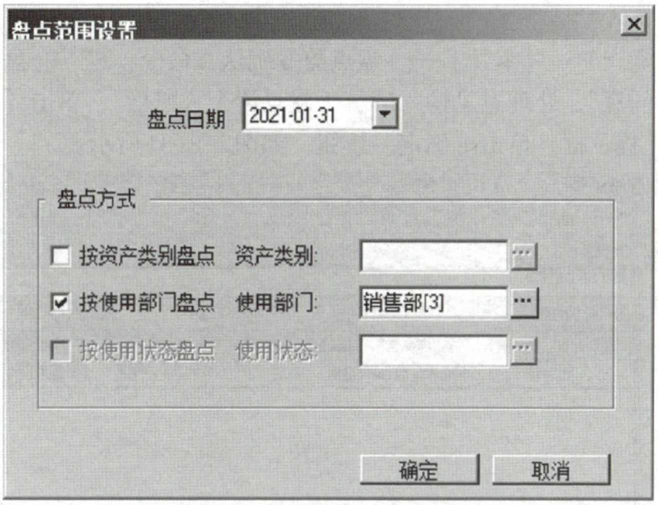

图2-8-28 盘点范围设置

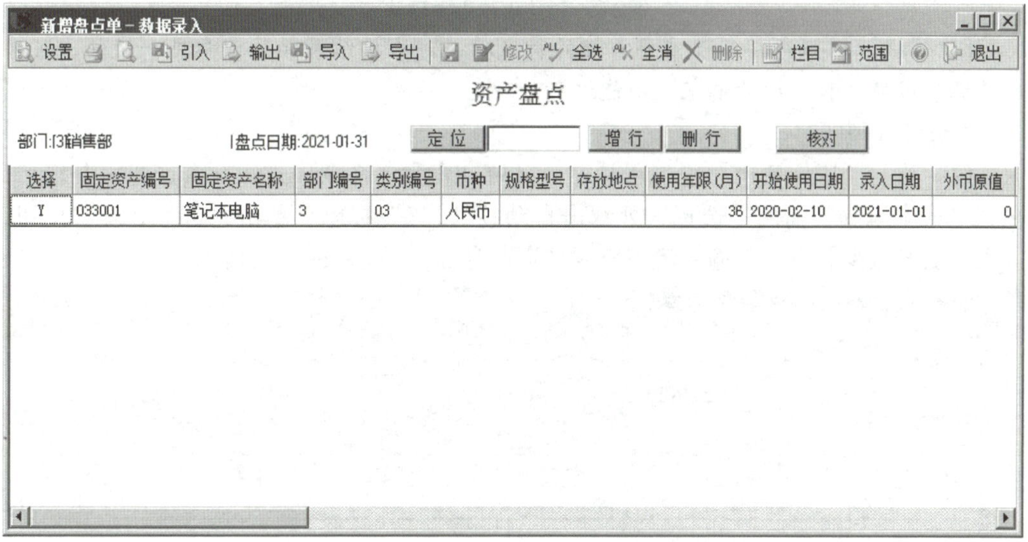

图2-8-29 盘点数据录入

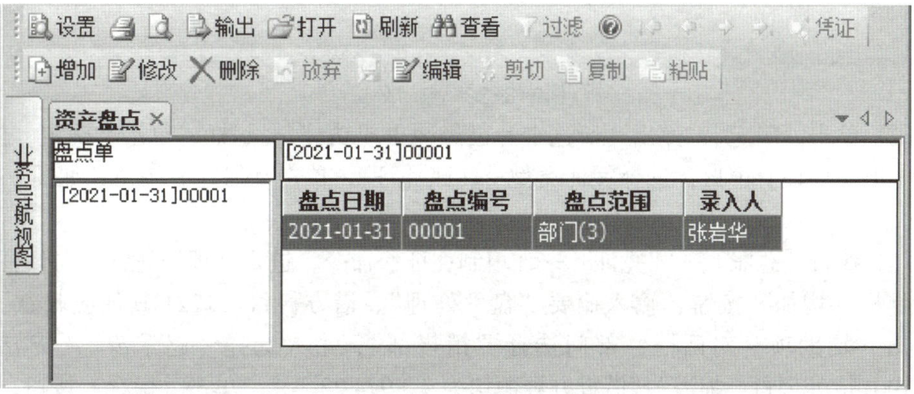

图2-8-30 盘点单

2. 盘点盈亏确认

执行［固定资产］—［卡片］—［盘点盈亏确认］命令，进入［盘盈盘亏确认］窗口，审核选择“同意”，处理意见输入“员工赵景涛个人赔偿”，单击［保存］按钮。弹出“保存成功！”提示框，单击［确定］按钮，如图2-8-31所示。

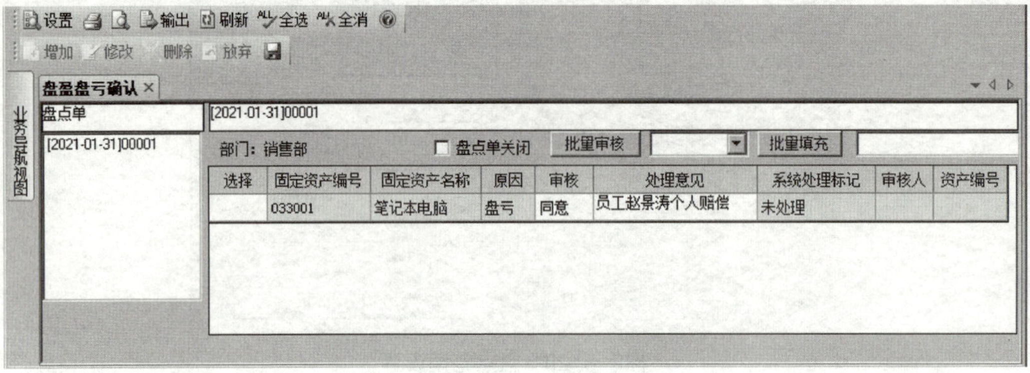

图2-8-31　盘盈盘亏确认

【操作提示】如存在多张需要审核的盘点单，对审核结果和处理意见一致的，可采用“批量审核”和“批量填充”功能进行处理。

3. 盈亏处理

(1) 执行［固定资产］—［卡片］—［资产盘亏］命令，进入［资产盘亏］窗口，在“笔记本电脑”前的“选择”处双击自动签上“Y”标志，单击［盘亏处理］按钮，进入［资产减少］窗口，输入清理原因“资产盘亏”，如图2-8-32所示。

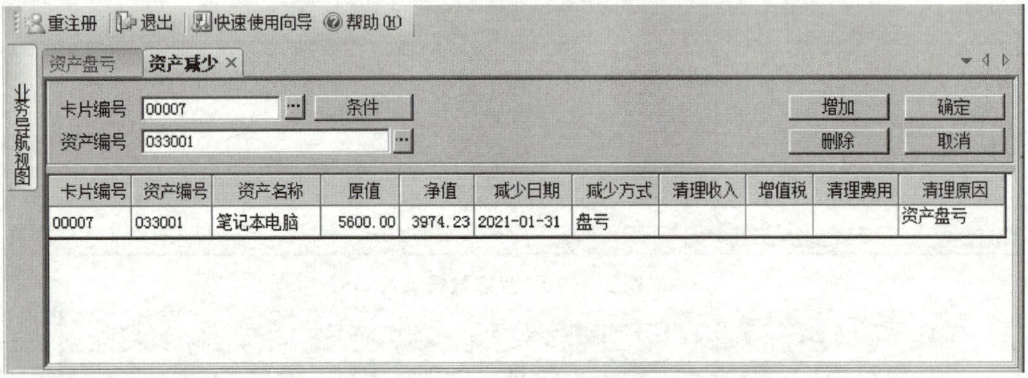

图2-8-32　盘亏处理

(2) 单击［确定］，弹出“所选卡片已经减少成功！”提示框，单击［确定］按钮，进入［填制凭证］窗口，选择凭证类型“转账凭证”，单击［保存］按钮，如图2-8-33所示。

(3) 执行［总账］—［凭证］—［填制凭证］命令，进入［填制凭证］对话框。单击工具栏［增加］按钮，输入摘要“盘亏处理”、借方科目“1221 其他应收款”，回车弹出［辅助项］对话框，部门选择“销售部”，个人选择“赵景涛”，贷方科目为“1901 待处理财产损溢”，借贷方金额均为“3 974.23”元，单击［保存］按钮，如图2-8-34所示。

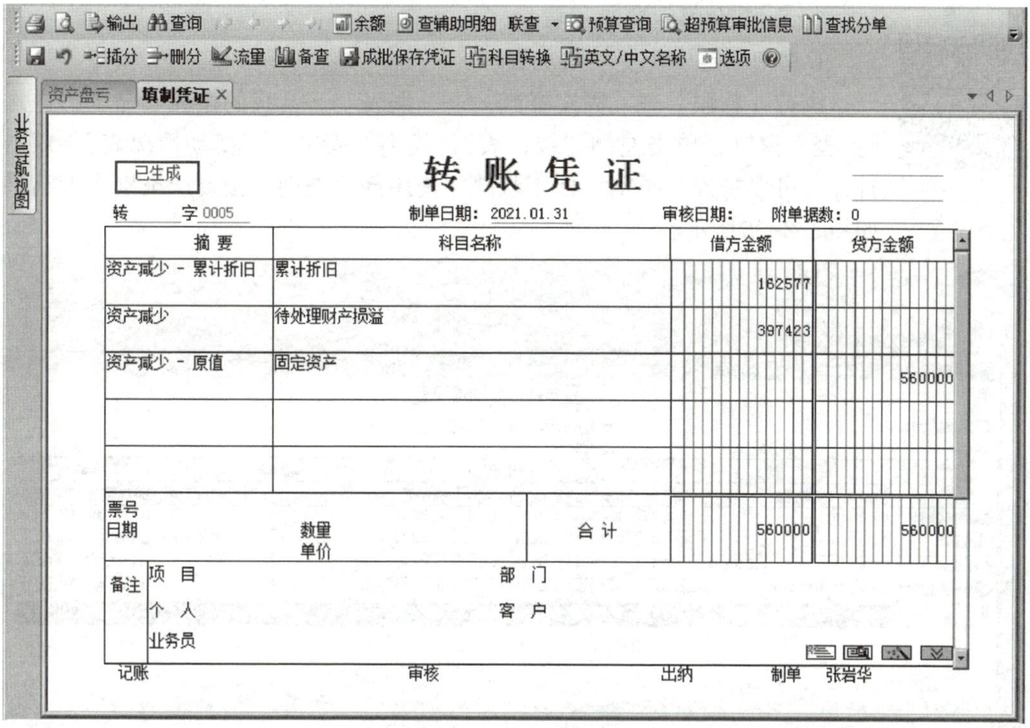

图2-8-33　盘亏凭证

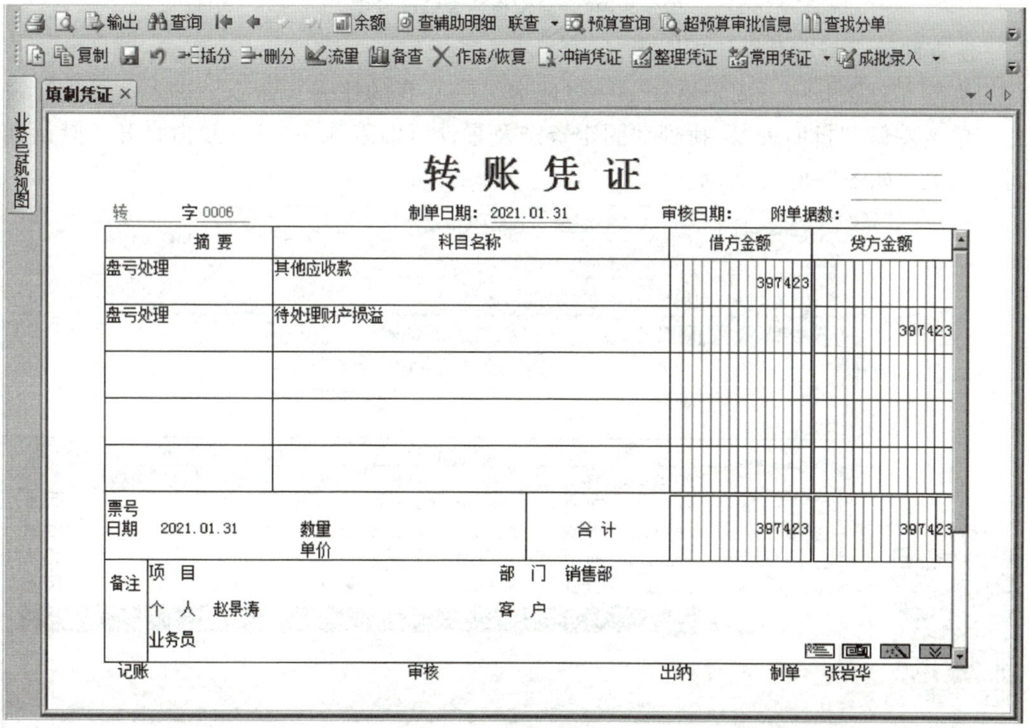

图2-8-34　盘亏处理凭证

微课

查询固定资产变动情况表

（七）查询固定资产账表

1. 查询固定资产变动情况表

执行［总账］—［固定资产］—［账表］—［我的账表］命令，进入［报表］窗口。单击左侧“统计表”，找到“固定资产变动情况表”，双击打开，可以按资产类别、使用状况、使用部门查询，按资产类别查询结果如图2-8-35所示。

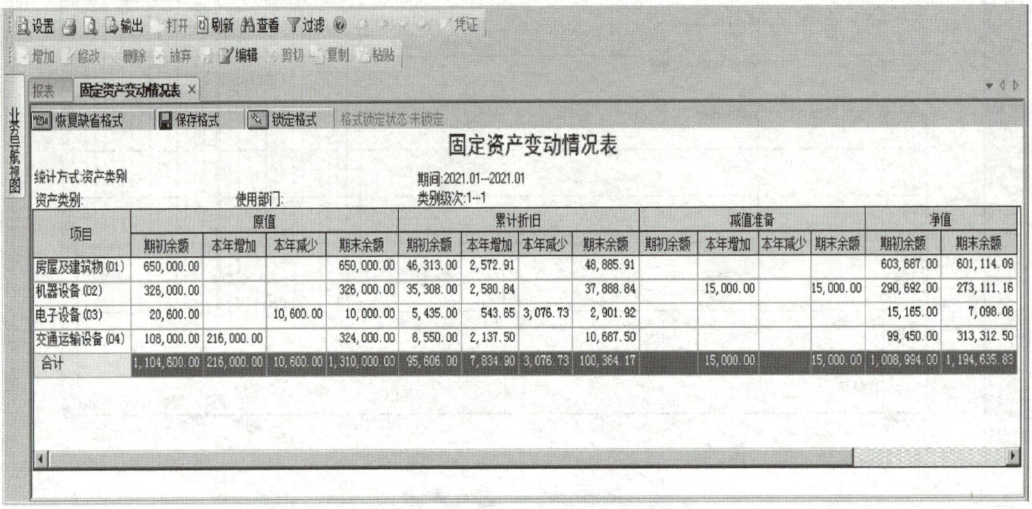

固定资产变动情况表

统计方式:资产类别　　期间:2021.01--2021.01

资产类别:　　使用部门:　　类别级次:1--1

项目	原值				累计折旧				减值准备				净值	
	期初余额	本年增加	本年减少	期末余额	期初余额	本年增加	本年减少	期末余额	期初余额	本年增加	本年减少	期末余额	期初余额	期末余额
房屋及建筑物(01)	650,000.00			650,000.00	46,313.00	2,572.91		48,885.91					603,687.00	601,114.09
机器设备(02)	326,000.00			326,000.00	35,308.00	2,580.84		37,888.84		15,000.00		15,000.00	290,692.00	273,111.16
电子设备(03)	20,600.00		10,600.00	10,000.00	5,435.00	543.65	3,076.73	2,901.92					15,165.00	7,098.08
交通运输设备(04)	108,000.00	216,000.00		324,000.00	8,550.00	2,137.50		10,687.50					99,450.00	313,312.50
合计	1,104,600.00	216,000.00	10,600.00	1,310,000.00	95,606.00	7,834.90	3,076.73	100,364.17		15,000.00		15,000.00	1,008,994.00	1,194,635.83

图2-8-35　固定资产变动情况表

2. 查询固定资产及累计折旧表（一）

执行［总账］—［固定资产］—［账表］—［我的账表］命令，进入［报表］窗口。单击左侧“折旧表”，找到“固定资产及累计折旧表（一）”，双击打开，默认期间、级次，如图2-8-36所示。

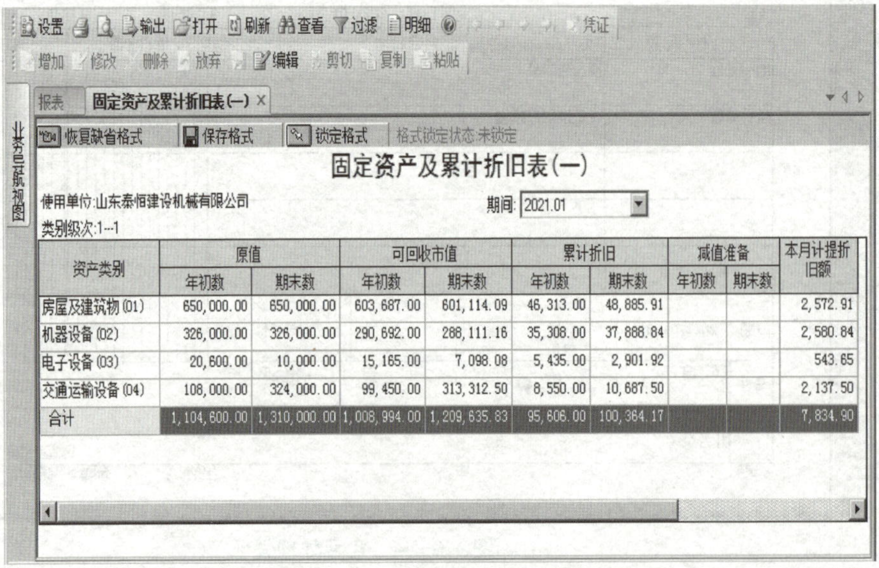

固定资产及累计折旧表(一)

使用单位:山东泰恒建设机械有限公司　　期间: 2021.01

类别级次:1--1

资产类别	原值		可回收市值		累计折旧		减值准备		本月计提折旧额
	年初数	期末数	年初数	期末数	年初数	期末数	年初数	期末数	
房屋及建筑物(01)	650,000.00	650,000.00	603,687.00	601,114.09	46,313.00	48,885.91			2,572.91
机器设备(02)	326,000.00	326,000.00	290,692.00	288,111.16	35,308.00	37,888.84			2,580.84
电子设备(03)	20,600.00	10,000.00	15,165.00	7,098.08	5,435.00	2,901.92			543.65
交通运输设备(04)	108,000.00	324,000.00	99,450.00	313,312.50	8,550.00	10,687.50			2,137.50
合计	1,104,600.00	1,310,000.00	1,008,994.00	1,209,635.83	95,606.00	100,364.17			7,834.90

微课

查询固定资产及累计折旧表（一）

图2-8-36　固定资产及累计折旧表（一）

五、期末处理

（一）月末对账

1.以“2001高文博”的身份对凭证进行审核，以“2004唐艺”的身份对凭证进行出纳签字，以“2002肖然”的身份对凭证进行记账，最后切换到“2003张岩华”的身份登录。

2.执行［业务工作］—［财务会计］—［固定资产］—［处理］—［对账］命令，弹出［与账务对账结果］对话框，如图2-8-37所示。

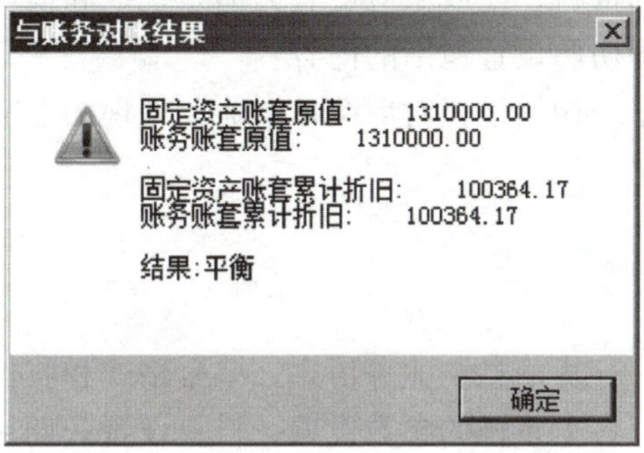

图2-8-37　固定资产月末对账

微课

固定资产
期末处理

【操作提示】

（1）总账记账完毕，固定资产系统才可以进行对账，固定资产对账平衡才能进行月末结账。

（2）在财务接口中选择“在对账不平情况下允许固定资产月末结账”，可以直接进行月末结账。

（二）月末结账

执行［业务工作］—［财务会计］—［固定资产］—［处理］—［月末结账］命令，弹出［月末结账…］提示框，单击［开始结账］按钮，弹出［与账务对账结果］对话框，单击［确定］按钮，弹出“月末结账成功完成!”提示框，如图2-8-38所示，单击［确定］按钮，完成固定资产月末结账工作。

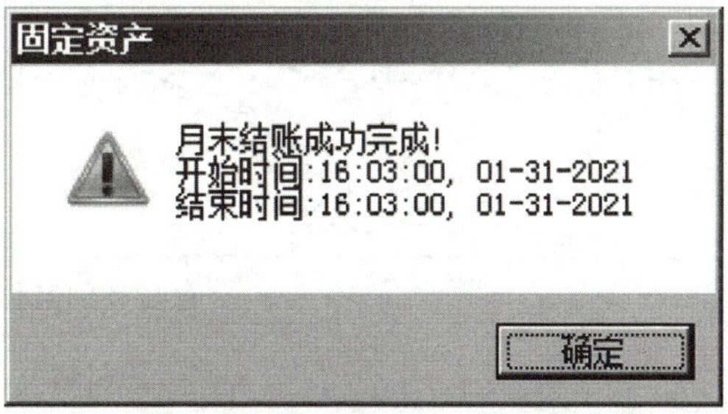

图2-8-38　固定资产月末结账

实训九　供应链管理系统初始设置

实训目的

1. 能根据提供的实训资料，完成供应链有关的系统级和模块级初始设置。
2. 能描述供应链管理初始设置包括的内容。
3. 领会各项供应链系统初始设置对后续日常业务处理的影响。

实训内容

1. 系统级初始设置：存货信息、业务信息、单据格式和收付结算等信息的设置。
2. 模块级初始设置：各子系统的参数设置、科目设置和期初数据处理等操作。

实训准备

1. 引入“实训账套\实训三”的账套数据。
2. 启用应收款管理、应付款管理、采购管理、销售管理、库存管理、存货核算和固定资产管理子系统，启用日期为2021年1月1日。

实训资料

山东泰恒建设机械有限公司的供应链管理系统初始设置实训资料如下：

一、供应链管理系统级初始设置（见表2-9-1至表2-9-13）

（一）存货分类

表2-9-1　　存货分类

存货类别编码	存货类别名称
01	原材料
02	周转材料
03	库存商品
09	其他

（二）计量单位组及计量单位

表2-9-2　　计量单位组及计量单位

计量单位组编码	计量单位组名称	计量单位组类别
01	数量	无换算率
02	重量	固定换算率
计量单位编号	计量单位名称	所属计量单位组编码
01	件	01
02	个	01
03	台	01
04	千米	01
05	次	01

（三）存货档案和其他档案

表2-9-3　　存货档案

存货编码	存货名称	存货分类编码	主计量单位	税率（%）	存货属性	参考成本（元）
0101	法兰盘	01	件	13	外购、生产耗用	50.00
0102	缸筒	01	件	13	外购、生产耗用	160.00
0103	拉杆	01	件	13	外购、生产耗用	90.00
0104	轮壳	01	件	13	外购、生产耗用	720.00
0105	轮毂	01	件	13	外购、生产耗用	300.00
0106	辐板	01	件	13	外购、生产耗用	420.00
0107	包装箱	01	个	13	外购、生产耗用	3.00
存货编码	存货名称	存货分类编码	主计量单位	税率（%）	存货属性	参考售价（元）
0301	涨紧油缸	03	件	13	外购、内销、自制	760.00
0302	导向轮	03	件	13	内销、自制	3 200.00

【提示】包装箱在包装产成品后，随产成品一并出售，属于公司原材料。

表2-9-4　　其他档案

存货编码	存货名称	存货分类编码	主计量单位	税率（%）	存货属性	参考成本（元）
0901	运输费	09	千米	9	外购、内销、应税劳务	
0902	服务器	09	台	13	外购、资产	
0903	代销手续费	09	次	6	外购、内销、应税劳务	

（四）仓库档案

表2-9-5　存货仓库

仓库编码	仓库名称	计价方式
01	原材料库	先进先出法
02	周转材料库	先进先出法
03	产成品库	移动平均法

表2-9-6　其他仓库

仓库编码	仓库名称	计价方式	备注
04	固定资产库	个别计价法	不参与MRP计算、不计入成本

（五）收发类别

表2-9-7　收发类别

收发类别编码	收发类别名称	收发标志	收发类别编码	收发类别名称	收发标志
1	入库类别	收	2	出库类别	发
11	采购入库	收	21	销售出库	发
12	产成品入库	收	22	领用出库	发
13	盘盈入库	收	23	盘亏出库	发
14	其他入库	收	24	其他出库	发

（六）采购类型

表2-9-8　采购类型

采购类型编码	采购类型名称	入库类别	是否默认值
01	普通采购	采购入库	是
02	其他采购	采购入库	否

（七）销售类型

表2-9-9　销售类型

销售类型编码	销售类型名称	出库类别	是否默认值
01	普通销售	销售出库	是
02	其他销售	销售出库	否

（八）费用项目分类和费用项目

表2-9-10 费用项目分类

分类编码	分类名称
1	无分类

表2-9-11 费用项目

费用项目编码	费用项目名称	费用项目分类	费用项目分类名称
11	运输费	1	无分类
12	代销手续费	1	无分类

（九）付款条件

表2-9-12 付款条件

付款条件编码	付款条件名称	信用天数	优惠天数1	优惠率1	优惠天数2	优惠率2
01	2/10，1/20，*n*/30	30	10	2	20	1

（十）本单位开户银行

表2-9-13 本单位开户银行

编码	银行账号	币种	开户银行	所属银行编码	客户编号	机构号	联行号
01	370501686422	人民币	中国建设银行济宁任城支行	03	01	01	01

（十一）单据编号

1. 采购专用发票和销售专用发票采用“完全手工编号”。
2. 修改销售专用发票表体项目，增加项目名称“40退补标志”。

二、供应链管理各子系统参数设置

（一）应收款管理子系统参数设置（见表2-9-14）

表2-9-14 参数设置

选项卡	参数设置
常规	单据审核日依据为“单据日期” 坏账处理方式为“应收余额百分比法” 勾选“自动计算现金折扣” 其他参数为系统默认
凭证	受控科目制单方式为“明细到单据” 其他参数为系统默认
权限与预警	取消“控制操作员权限” 其他参数为系统默认
核销设置	其他参数为系统默认

（二）应付款管理子系统参数设置（见表2-9-15）

表2-9-15 参数设置

选项卡	参数设置
常规	单据审核日依据为“单据日期” 勾选“自动计算现金折扣” 其他参数为系统默认
凭证	受控科目制单方式为“明细到单据” 其他参数为系统默认
权限与预警	取消“控制操作员权限” 其他参数为系统默认
核销设置	参数为系统默认
收付款控制	参数为系统默认

（三）采购管理子系统参数设置

单据默认税率为13%。

（四）销售管理子系统参数设置

有委托代销业务、有直运销售业务、直运销售必有订单，不勾选“销售生成出库单”。

（五）存货核算子系统参数设置

销售成本核算方式为“销售出库单”；委托代销成本核算方式为“按发出商品核算”；暂估方式为“单到回冲”。

（六）库存管理子系统参数设置

选项参数为系统默认。

三、供应链管理各子系统科目设置

（一）应收款管理子系统科目及其他设置

1.科目设置（见表2-9-16）

表2-9-16 科目设置

设置项目名称	科目设置
基本科目设置	应收科目为1122，预收科目为2203，销售收入科目为6001，税金科目为22210102，现金折扣科目为660301，票据利息科目为660301，商业承兑科目为1121，银行承兑科目为1121
结算方式科目设置	现金结算方式对应科目为1001，其余的结算方式对应科目为100201

2.坏账准备设置

提取比例为0.5%，坏账准备期初余额为223.74元，坏账准备科目为1231，对应科目为6702。

3.账龄区间设置

账期内账龄区间设置总天数为10天、30天、60天、90天。

（二）应付款管理子系统科目设置（见表2-9-17）

表2-9-17　科目设置

设置项目名称	科目设置
基本科目设置	应付科目为220201，预付科目为1123，采购科目为1402，税金科目为22210101，现金折扣科目为660301，银行承兑科目为2201，票据利息科目为660301，固定资产采购科目为1601
结算方式科目设置	现金结算方式对应科目为1001，其余的结算方式对应科目为100201

（三）存货核算子系统科目设置（见表2-9-18、表2-9-19）

表2-9-18　存货科目

仓库编码	仓库名称	存货编码	存货名称	存货科目编码	存货科目名称	委托代销发出商品科目编码	委托代销发出商品科目名称
01	原材料库			1403	原材料		
03	产成品库	0301	涨紧油缸	140501	涨紧油缸	1406	发出商品
03	产成品库	0302	导向轮	140502	导向轮	1406	发出商品

表2-9-19　存货对方科目

收发类别编码	收发类别名称	对方科目编码	对方科目名称
11	采购入库	1402	在途物资
12	产成品入库	500101	生产成本/直接材料
13	盘盈入库	1901	待处理财产损溢
21	销售出库	6401	主营业务成本
22	领用出库	500101	生产成本/直接材料
23	盘亏出库	1901	待处理财产损溢

备注：采购入库的暂估科目为“应付账款/暂估应付款（220202）”。

四、供应链管理各子系统期初数据

（一）应收款管理子系统期初数据（见表2-9-20至表2-9-22）

表2-9-20　应收账款（1122）期初余额　单位：元

日期	客户名称	摘要	方向	余额
2020-12-26	嘉丰机械	销售部赵景涛销售涨紧油缸10件，无税单价760元/件，销售专用发票号：35434567	借	8 588
2020-12-28	天悦机械	销售部赵景涛销售导向轮10件，无税单价3 200元/件，销售专用发票号：35434569	借	36 160

表2-9-21 预收账款（2203）期初余额 单位：元

日期	客户名称	摘要	方向	余额
2020-12-23	上海鑫瑞	销售部赵景涛预售导向轮50件，无税单价3 200元/件，收到电汇款票号：65438967	贷	50 000

表2-9-22 应收票据（1121）期初余额 单位：元

日期	客户名称	摘要	方向	余额
2020-11-20	天悦机械	销售部赵景涛销售涨紧油缸10件，无税单价760元/件，收到中国建设银行承兑的不带息银行承兑汇票一张，票号：78675432，到期日：2021-01-20	借	8 588

备注：在应收款管理子系统中录入期初余额后要与总账管理子系统进行对账。

（二）应付款管理子系统期初数据（见表2-9-23、表2-9-24）

表2-9-23 预付账款（1123）期初余额 单位：元

日期	供应商名称	摘要	方向	余额
2020-12-22	济宁盛达	采购部刘佳慧采购辐板100件，无税单价420元/件，转账支票号：65437889	借	10 000

表2-9-24 应付票据（2201）期初余额 单位：元

日期	供应商名称	摘要	方向	余额
2020-12-28	长城制造	采购部刘佳慧采购轮壳100件，无税单价720元/件，以中国建设银行承兑的带息银行承兑汇票支付，票号：68675432，票面利率：6%，到期日：2021-01-28	贷	81 360

备注：在应付款管理子系统中录入期初余额后要与总账管理子系统进行对账。

（三）采购管理子系统期初数据

2020年12月27日，采购部刘佳慧从山东鑫源采购法兰盘一批，数量120件，无税单价50元/件，已验收入原材料库。月末采购专用发票尚未收到，企业已做暂估入库。

【操作提示】在采购管理子系统中录入期初数据后要进行期初采购记账。

（四）库存管理和存货核算子系统期初数据（见表2-9-25）

表2-9-25　库存和存货子系统期初数据　金额单位：元

仓库名称	存货编码	存货名称	数量/件	单价	金额
原材料库	0101	法兰盘	250	50	12 500
原材料库	0102	缸筒	250	160	40 000
原材料库	0103	拉杆	250	90	22 500
原材料库	0104	轮壳	200	720	144 000
原材料库	0105	轮毂	200	300	60 000
原材料库	0106	辐板	200	420	84 000
原材料库	0107	包装箱	150	3	450
原材料小计			1 500		363 450
产成品库	0301	涨紧油缸	150	500	75 000
产成品库	0302	导向轮	100	2 150	215 000
库存商品小计			250		290 000

备注：在库存管理子系统中录入期初结存后，需要进行期初数据审核；在存货核算子系统中录入期初余额后，需要进行期初数据记账。

五、固定资产管理子系统初始设置

（一）建立固定资产账套（见表2-9-26）

表2-9-26　固定资产账套参数

启用步骤	设置内容
约定及说明	我同意
启用月份	2021年1月
折旧信息	本账套计提折旧 主要折旧方法：平均年限法（二） 其他按照系统缺省设置
编码方式	编码长度：2112 固定资产编码方式：按“类别编号+部门编号+序号”自动编码 序号长度：3
账务接口	与账务系统进行对账 固定资产对账科目：1601 固定资产 累计折旧对账科目：1602 累计折旧 在对账不平情况下允许固定资产月末结账
补充参数	业务发生后立即制单 月末结账前一定要完成制单登账业务 固定资产缺省入账科目：1601 累计折旧缺省入账科目：1602 减值准备缺省入账科目：1603 增值税进项税额缺省入账科目：22210101

（二）设置部门对应折旧科目（见表2-9-27）

表2-9-27 部门对应折旧科目

部门	部门对应折旧科目
经理室、财务部、采购部、仓管部	管理费用/折旧费（660203）
销售部	销售费用（6601）
生产部	制造费用（5101）

（三）设置固定资产类别（见表2-9-28）

表2-9-28 固定资产类别

类别编码	类别名称	使用年限/年	净残值率/%	折旧方法	卡片样式
01	房屋及建筑物	20	5	平均年限法（二）	通用样式
02	机器设备	10	5	平均年限法（二）	含税卡片样式
03	电子设备	3	5	平均年限法（二）	含税卡片样式
04	交通运输设备	10	5	平均年限法（二）	含税卡片样式

实训要求

1. 以账套主管“2001高文博”的身份进行供应链管理系统级初始设置。
2. 以账套主管“2001高文博”的身份进行供应链管理模块级初始设置。

实训步骤

以账套主管“2001高文博”的身份登录企业应用平台，进行供应链管理系统初始设置，登录日期为“2021-01-01”。

一、启用供应链管理各子系统

1. 执行［基础设置］—［基本信息］—［系统启用］命令，打开［系统启用］对话框。
2. 依次启用“应收款管理”“应付款管理”“固定资产”“销售管理”“采购管理”“库存管理”“存货核算”，启用自然日期为“2021-01-01”，如图2-9-1所示。

二、供应链管理系统级初始设置

微课

设置存货分类

（一）设置存货分类

1. 执行［基础设置］—［基础档案］—［存货］—［存货分类］命令，打开［存货分类］窗口。
2. 单击［增加］按钮，输入分类编码“01”、分类名称“原材料”，单击［保存］按钮。

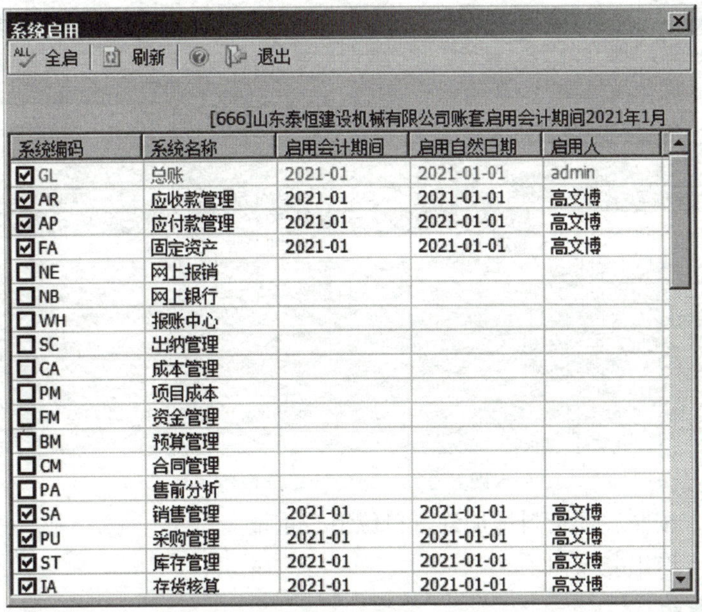

图2-9-1　系统启用

3. 同理，按照实训资料依次增加其他的存货分类，如图2-9-2所示。

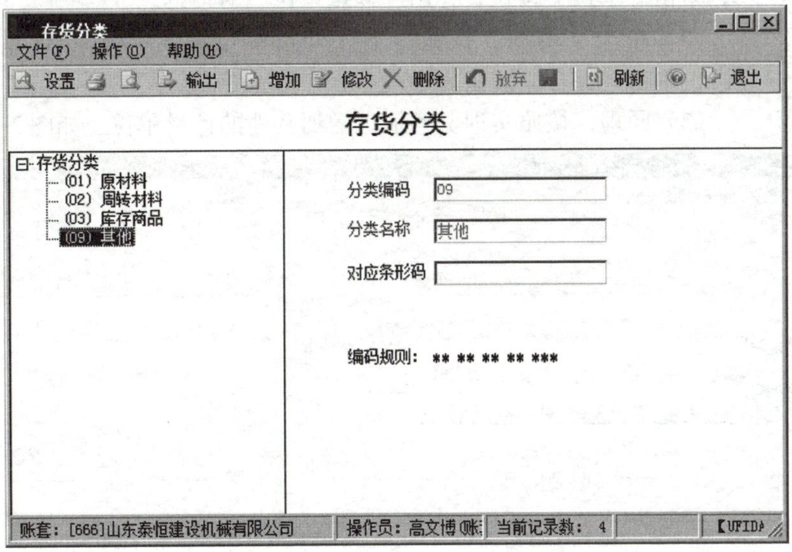

图2-9-2　设置存货分类

（二）设置计量单位组及计量单位

1. 设置计量单位组

（1）执行［基础设置］—［基础档案］—［存货］—［计量单位］命令，进入［计量单位］窗口。

（2）单击［分组］按钮，系统弹出［计量单位组］对话框，单击［增加］按钮。

（3）输入计量单位组编码“01”、计量单位组名称“数量”，选择计量单位组类别为“无换算率”，单击［保存］按钮，如图2-9-3所示。

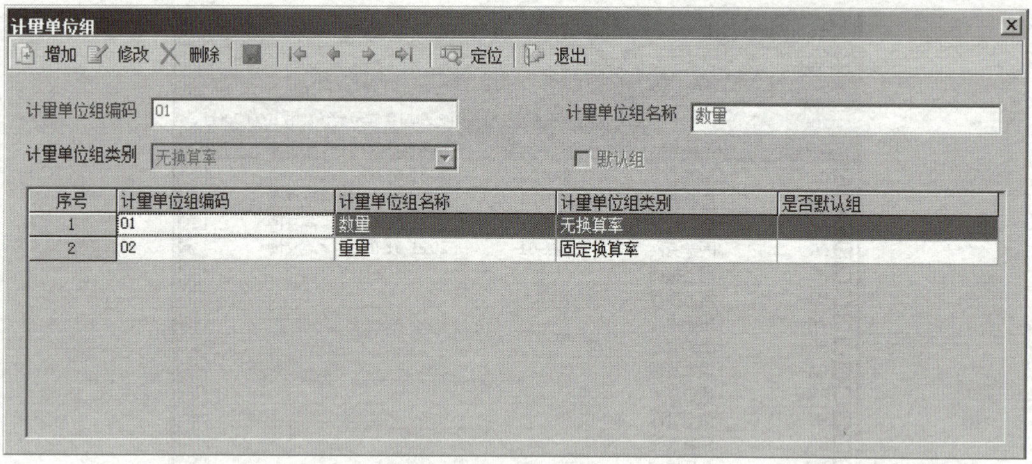

图2-9-3 设置计量单位组

（4）同理，按照实训资料增加计量单位组“重量”。

（5）单击［退出］按钮。

2. 设置计量单位

微课

设置计量单位

（1）在［计量单位］窗口，选中计量单位组“（01）数量<无换算率>”，单击［单位］按钮，弹出［计量单位］对话框。

（2）单击［增加］按钮，输入计量单位编码“01”、计量单位名称“件”，单击［保存］按钮。

（3）同理，按照实训资料依次增加其他的计量单位，如图2-9-4所示。

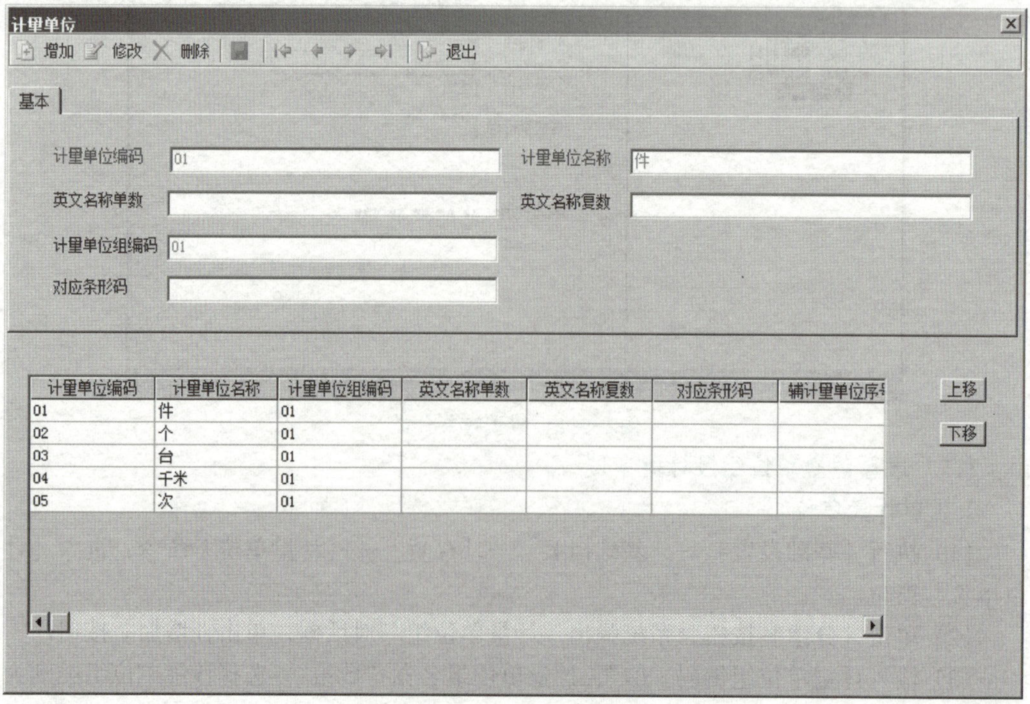

图2-9-4 设置计量单位

(4) 单击［退出］按钮。

【操作提示】在设置计量单位之前，需要先设置计量单位组。

（三）设置存货档案和其他档案

1.执行［基础设置］—［基础档案］—［存货］—［存货档案］命令，进入［存货档案］窗口。

微课

设置存货档案

2.选中存货分类“（01）原材料”，单击［增加］按钮，进入［增加存货档案］对话框。

3.选中［基本］选项卡，输入存货编码“0101”、存货名称“法兰盘”，存货分类选择“原材料”，计量单位组为“01-数量”，主计量单位为“01-件”，勾选存货属性“外购”“生产耗用”，如图2-9-5所示。

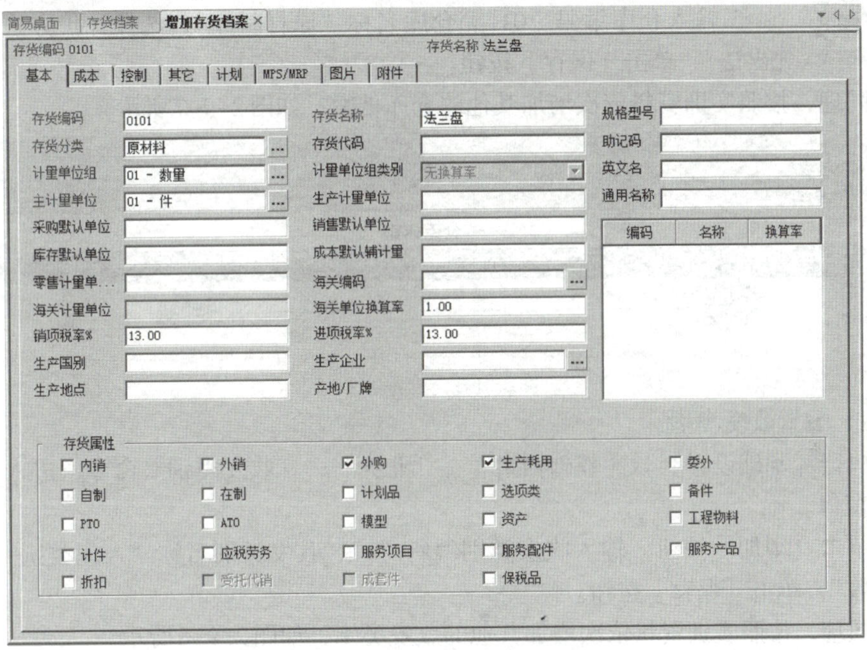

图2-9-5　增加存货档案

4.选中［成本］选项卡，输入参考成本“50”，单击［保存］按钮。

5.同理，按照实训资料依次增加其他的存货档案，如图2-9-6所示。

图2-9-6　存货档案

【操作提示】

（1）存货档案必须在末级存货分类下增加。

（2）增加存货档案时，应设置正确的存货属性，否则后面填制单据时可能无法参照该存货档案资料。

（3）存货分类、存货计量单位和存货档案等信息，一经使用无法删除，部分内容无法修改。

（四）设置仓库档案

微课

设置仓库档案

1.执行［基础设置］—［基础档案］—［业务］—［仓库档案］命令，进入［仓库档案］窗口。

2.单击［增加］按钮，进入［增加仓库档案］窗口。

3.输入仓库编码“01”、仓库名称“原材料库”，选择计价方式“先进先出法”，单击［保存］按钮。

4.同理，按照实训资料依次增加其他的仓库档案，如图2-9-7所示。

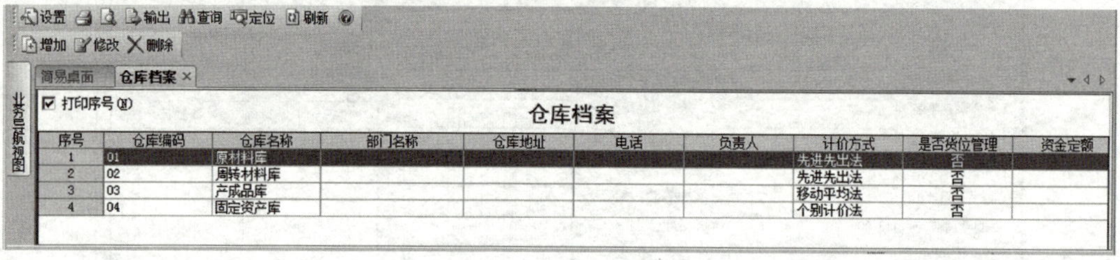

仓库档案

序号	仓库编码	仓库名称	部门名称	仓库地址	电话	负责人	计价方式	是否货位管理	资金定额
1	01	原材料库					先进先出法	否	
2	02	周转材料库					先进先出法	否	
3	03	产成品库					移动平均法	否	
4	04	固定资产库					个别计价法	否	

图2-9-7 仓库档案

（五）设置收发类别

1.执行［基础设置］—［基础档案］—［业务］—［收发类别］命令，进入［收发类别］窗口。

2.单击［增加］按钮，输入收发类别编码“1”、收发类别名称“入库类别”、收发标志“收”，单击［保存］按钮。

3.同理，按照实训资料依次增加其他的收发类别，如图2-9-8所示。

微课

设置收发类别

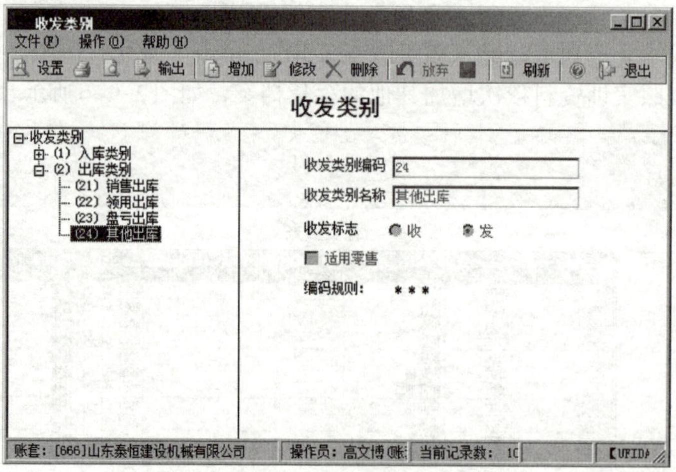

图2-9-8 设置收发类别

（六）设置采购类型

1.执行［基础设置］—［基础档案］—［业务］—［采购类型］命令，进入［采购类型］窗口。

2.单击［增加］按钮，输入采购类型编码“01”、采购类型名称“普通采购”，选择入库类别“采购入库”、是否默认值“是”，单击［保存］按钮。

3.同理，按照实训资料增加采购类型“02 其他采购”，如图2-9-9所示。

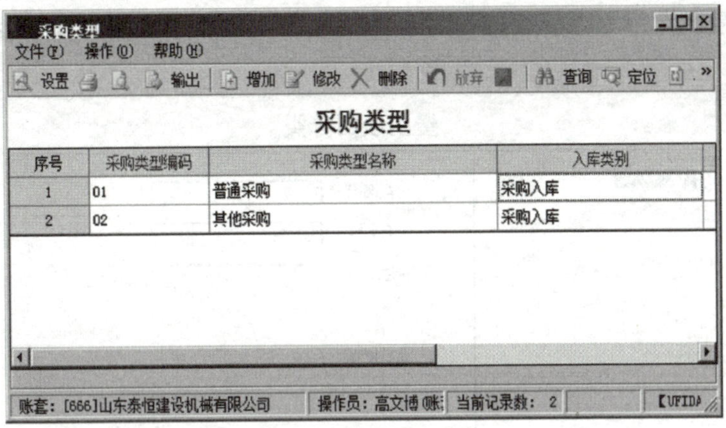

微课

设置采购类型

图2-9-9　设置采购类型

【操作提示】“是否默认值”列，用于设定某个采购类型是否为填制单据时默认的采购类型。对于最常发生的采购类型，可以将其设定为默认的采购类型。

（七）设置销售类型

微课

设置销售类型

1.执行［基础设置］—［基础档案］—［业务］—［销售类型］命令，进入［销售类型］窗口。

2.单击［增加］按钮，输入销售类型编码“01”、销售类型名称“普通销售”，选择出库类别为“销售出库”，是否默认值为“是”，单击［保存］按钮。

3.同理，按照实训资料增加销售类型“02 其他销售”，如图2-9-10所示。

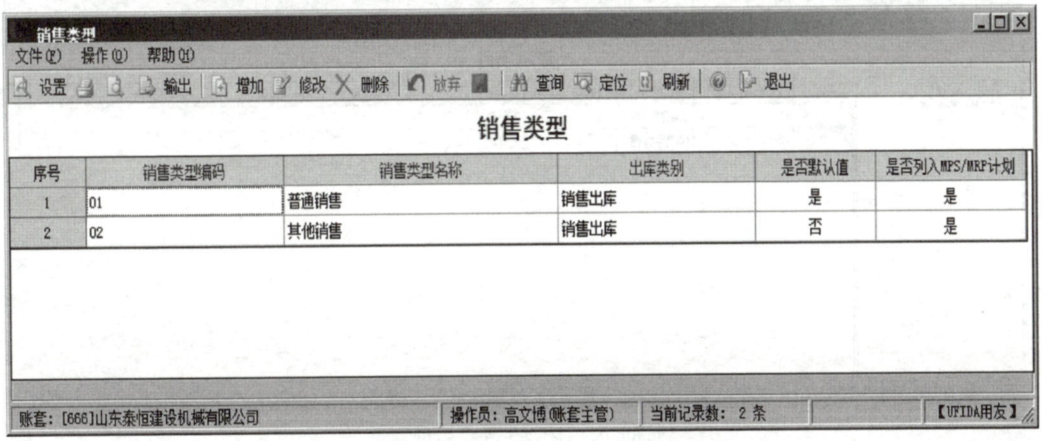

图2-9-10　设置销售类型

（八）设置费用项目分类和费用项目

微课

设置费用项目

1.设置费用项目分类

（1）执行［基础设置］—［基础档案］—［业务］—［费用项目分类］命令，进入［费用项目分类］窗口。

（2）单击［增加］按钮，输入分类编码“1”、分类名称“无分类”，单击［保存］按钮，如图2-9-11所示。

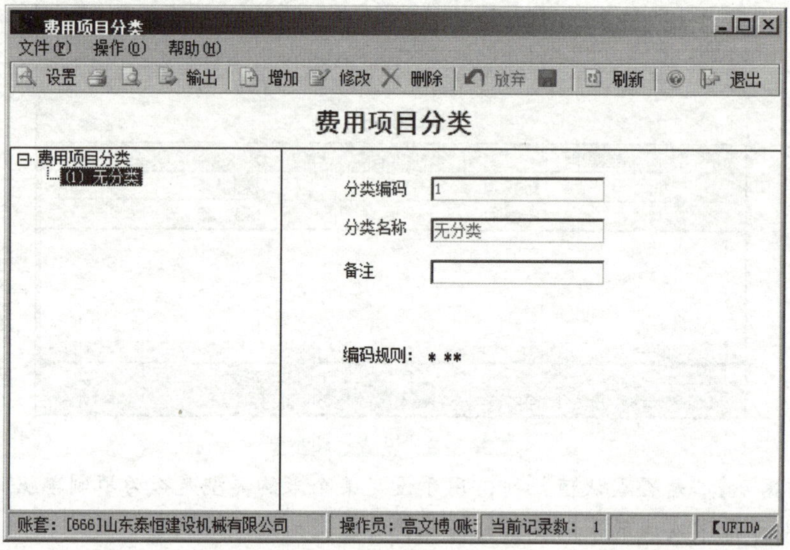

图2-9-11　费用项目分类

2.设置费用项目

（1）执行［基础设置］—［基础档案］—［业务］—［费用项目］命令，进入［费用项目］窗口。

（2）单击［增加］按钮，输入费用项目编码“11”、费用项目名称“运输费”，选择费用项目分类名称为“无分类”，单击［保存］按钮，如图2-9-12所示。

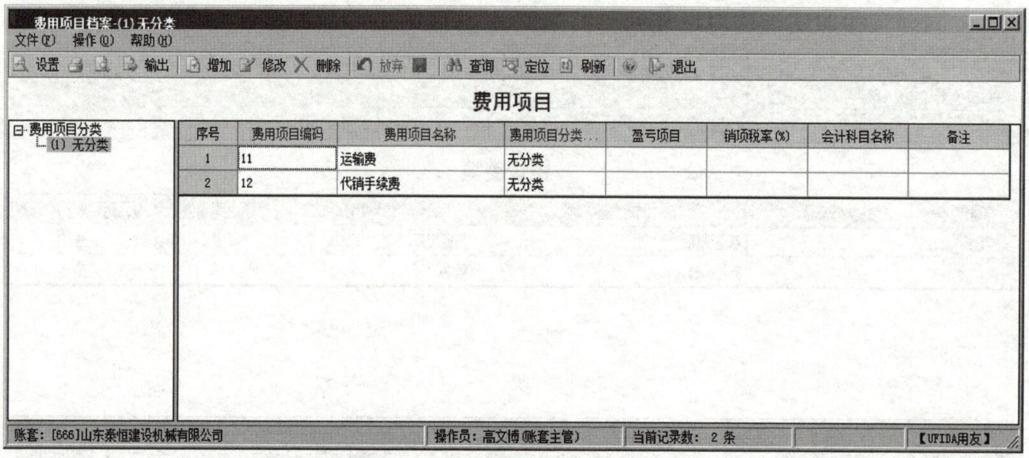

图2-9-12　设置费用项目

（3）同理，按照实训资料增加费用项目“代销手续费”。

（九）设置付款条件

微课

设置付款条件

1. 执行［基础设置］—［基础档案］—［收付结算］—［付款条件］命令，进入［付款条件］窗口。

2. 单击［增加］按钮，输入信用天数“30”、优惠天数1“10”、优惠率1“2”、优惠天数2“20”、优惠率2“1”。

3. 单击［保存］按钮，系统自动生成“付款条件名称”，如图2-9-13所示。

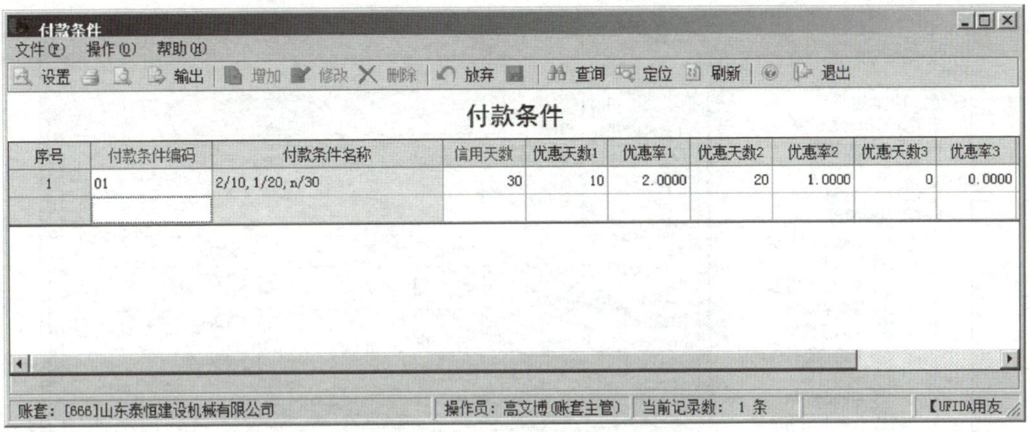

图2-9-13　设置付款条件

4. 单击［退出］按钮。

（十）设置本单位开户银行

微课

设置本单位开户银行

1. 执行［基础设置］—［基础档案］—［收付结算］—［本单位开户银行］命令，进入［本单位开户银行］窗口。

2. 单击［增加］按钮，按照实训资料输入相关内容，如图2-9-14所示。

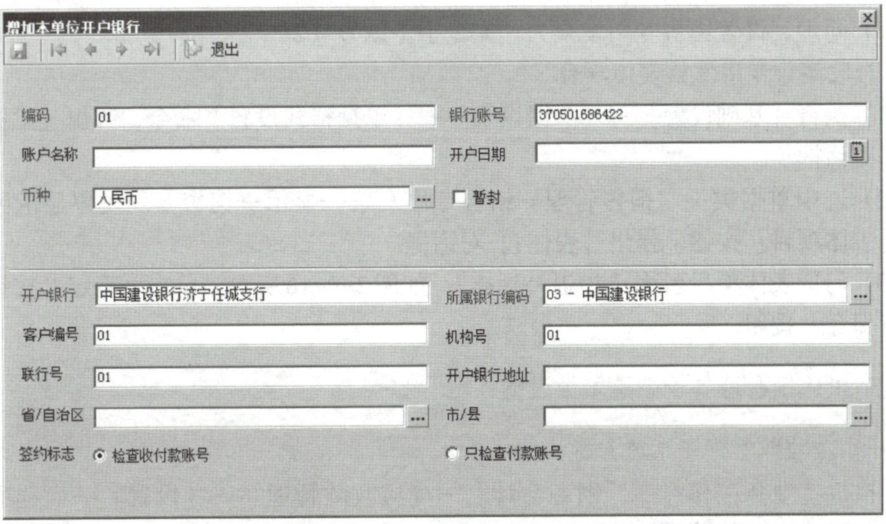

图2-9-14　增加本单位开户银行

微课

单据设置

3. 单击［保存］按钮。

（十一）设置单据编号和单据格式

1. 修改发票编号方式

（1）执行［基础设置］—［单据设置］—［单据编号设置］命令，弹出［单据编号设置］对话框。

（2）选中单据类型“采购管理—采购专用发票”，单击［修改］按钮，勾选“完全手工编号（A）”，如图2-9-15所示。

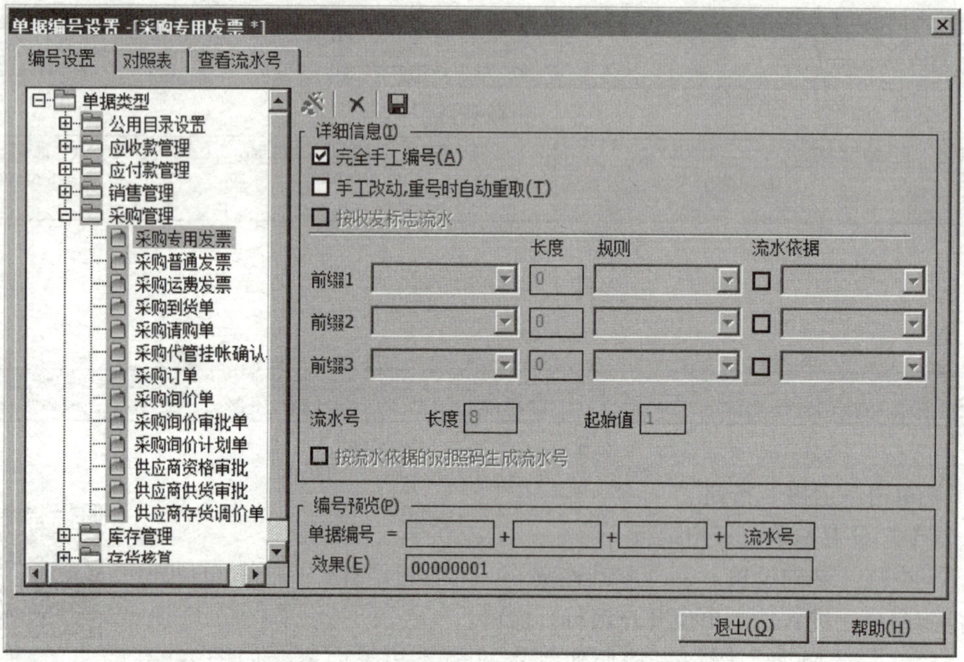

图2-9-15　单据编号设置—采购专用发票

（3）单击［保存］按钮。

（4）同理，设置销售专用发票为“完全手工编号（A）”。

2. 修改销售专用发票表体项目

（1）执行［基础设置］—［单据设置］—［单据格式设置］命令，弹出［单据格式设置］对话框。

（2）选中单据类型“销售管理—销售专用发票—显示—销售专用发票显示模板”，单击［表体项目］按钮，弹出［表体:］对话框。

（3）勾选表体项目名称“40退补标志”，如图2-9-16所示，单击［确定］按钮，再单击［保存］按钮。

三、供应链管理各子系统参数设置

（一）应收款管理子系统参数设置

1. 执行［业务工作］—［财务会计］—［应收款管理］—［设置］—［选项］命令，弹出［账套参数设置］对话框。

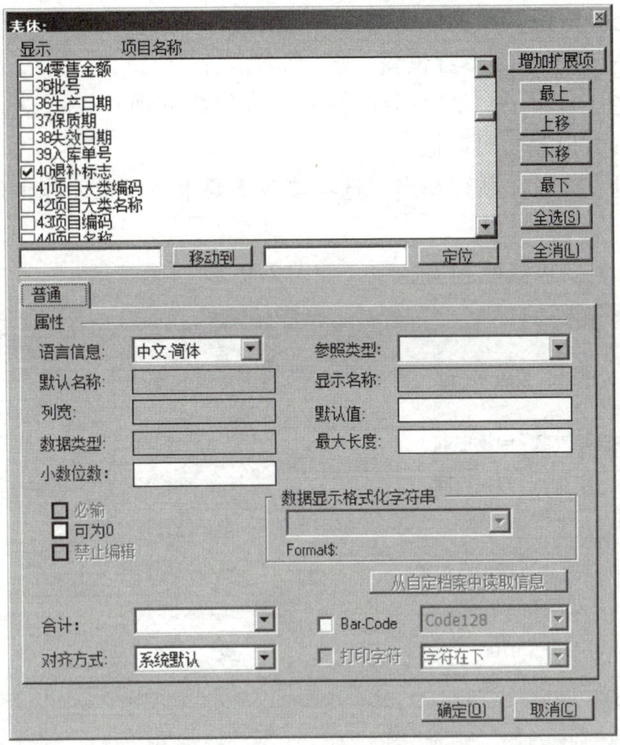

图2-9-16　修改表体项目

2.单击［编辑］按钮，系统弹出“选项修改需要重新登录才能生效”提示框，单击［确定］按钮。

3.按照实训资料要求修改相关选项，如图2-9-17所示。

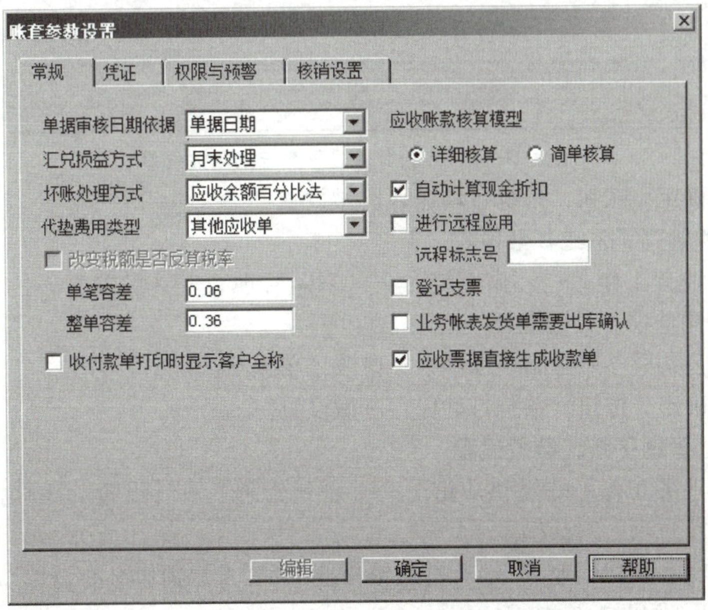

微课

供应链管理各子系统参数设置

图2-9-17　应收款管理子系统的参数设置

4.单击［确定］按钮，系统自动保存所做设置。

（二）应付款管理子系统参数设置

1.执行［业务工作］—［财务会计］—［应付款管理］—［设置］—［选项］命令，弹出［账套参数设置］对话框。

2.单击［编辑］按钮，系统弹出“选项修改需要重新登录才能生效”提示框，单击［确定］按钮。

3.按照实训资料要求修改相关选项，如图2-9-18所示。

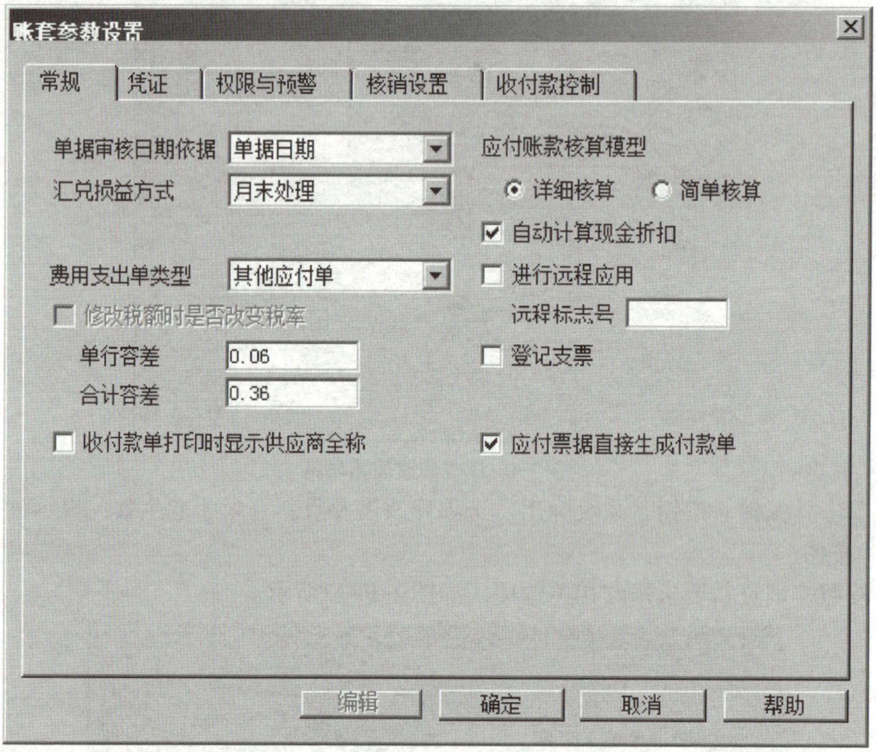

图2-9-18 应付款管理子系统的参数设置

4.单击［确定］按钮，系统自动保存所做设置。

（三）采购管理子系统参数设置

1.执行［业务工作］—［供应链］—［采购管理］—［设置］—［采购选项］命令，弹出［采购选项］对话框。

2.单击［公共及参照控制］选项卡，修改“单据默认税率”为13。

3.单击［确定］按钮，系统自动保存所做设置。

（四）销售管理子系统参数设置

1.执行［业务工作］—［供应链］—［销售管理］—［设置］—［销售选项］命令，弹出［销售选项］对话框。

2.勾选“有委托代销业务”“有直运销售业务”“直运销售必有订单”，不勾选“销售生成出库单”，如图2-9-19所示。

3.单击［确定］按钮，系统自动保存所做设置。

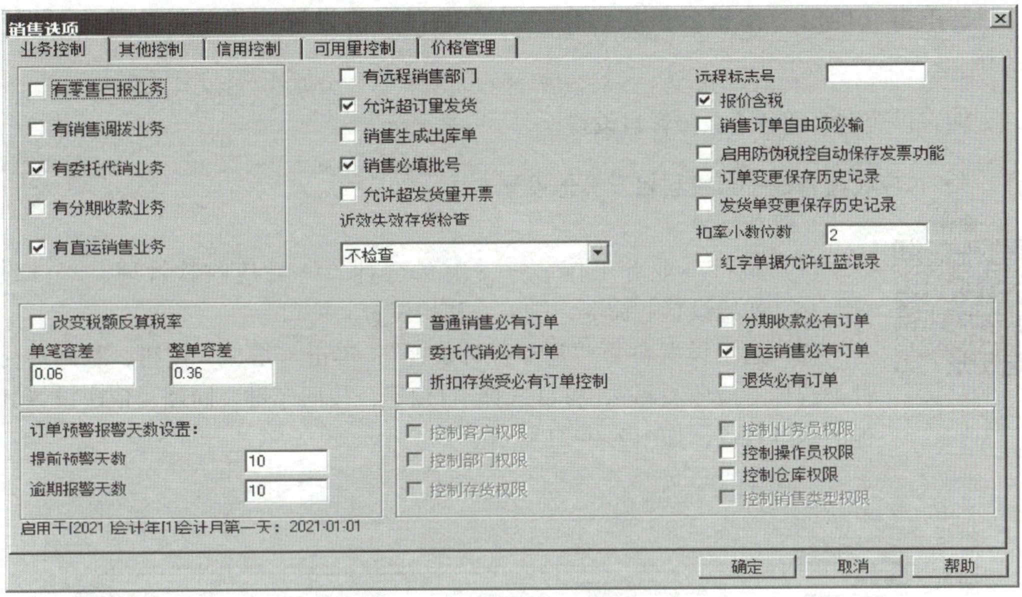

图2-9-19　销售管理子系统的参数设置

（五）存货核算子系统参数设置

1. 执行［业务工作］—［供应链］—［存货核算］—［初始设置］—［选项］—［选项录入］命令，弹出［选项录入］对话框。

2. 销售成本核算方式勾选“销售出库单”，委托代销成本核算方式勾选“按发出商品核算”，暂估方式勾选“单到回冲”，如图2-9-20所示。

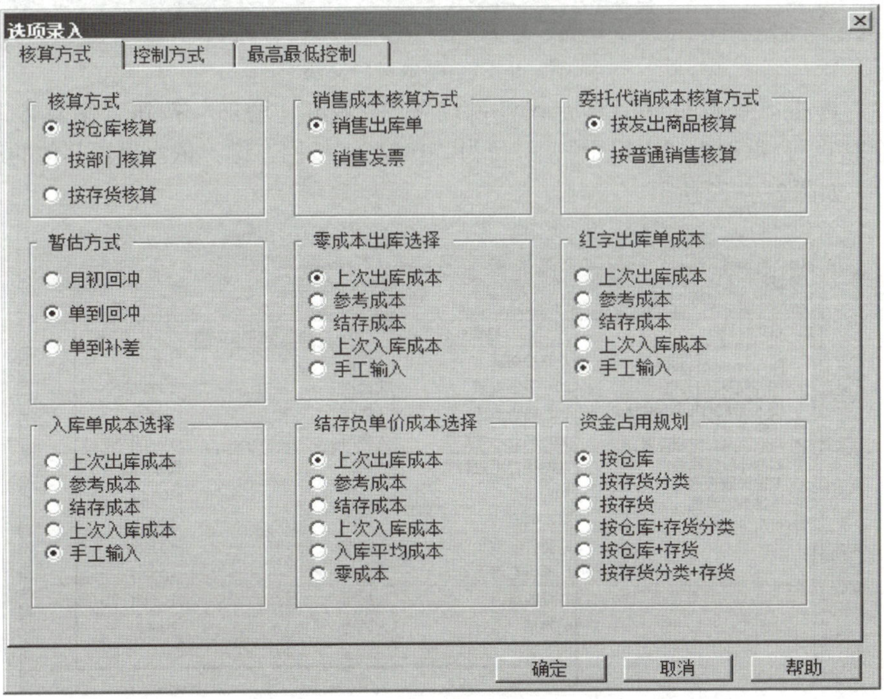

图2-9-20　存货核算子系统的参数设置

3.单击［确定］按钮，系统弹出“是否保存当前设置”提示框，单击［是］按钮。

四、供应链管理各子系统科目设置

（一）应收款管理子系统科目及其他设置

微课

应收款管理子系统科目设置

1.科目设置

（1）执行［业务工作］—［财务会计］—［应收款管理］—［设置］—［初始设置］命令，进入［初始设置］窗口。

（2）选中设置科目“基本科目设置”，单击［增加］按钮，基础科目种类选择“应收科目”，科目选择“1122”，按回车键。同理，依次设置其他的基本科目，如图2-9-21所示。

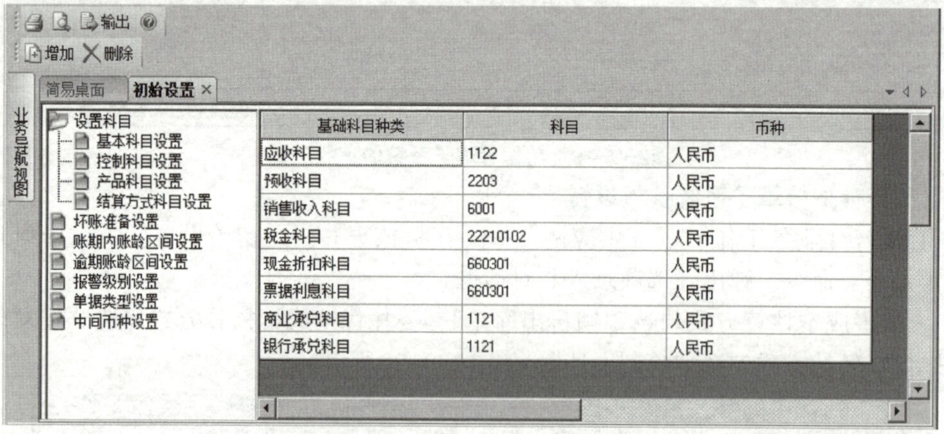

基础科目种类	科目	币种
应收科目	1122	人民币
预收科目	2203	人民币
销售收入科目	6001	人民币
税金科目	22210102	人民币
现金折扣科目	660301	人民币
票据利息科目	660301	人民币
商业承兑科目	1121	人民币
银行承兑科目	1121	人民币

图2-9-21 基本科目设置

（3）选中设置科目“结算方式科目设置”，单击［增加］按钮，结算方式输入“1 现金结算”，币种为“人民币”，科目为“1001”，按回车键，依次设置其他的结算方式科目，如图2-9-22所示。

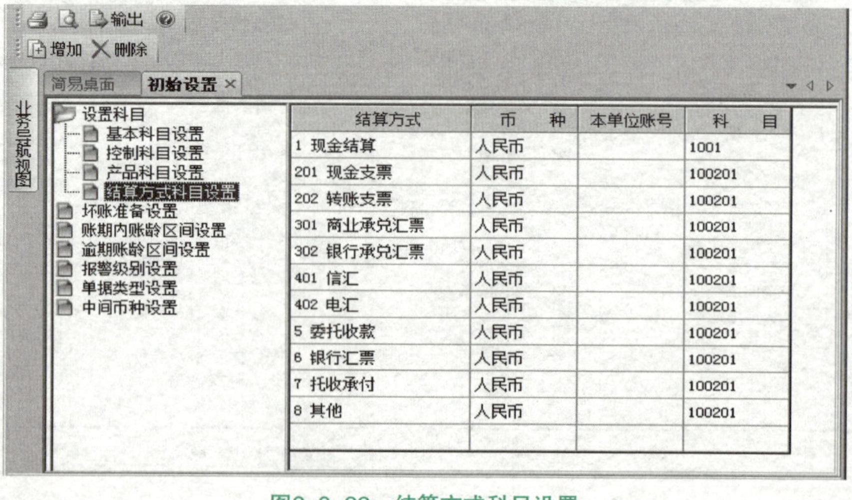

结算方式	币 种	本单位账号	科 目
1 现金结算	人民币		1001
201 现金支票	人民币		100201
202 转账支票	人民币		100201
301 商业承兑汇票	人民币		100201
302 银行承兑汇票	人民币		100201
401 信汇	人民币		100201
402 电汇	人民币		100201
5 委托收款	人民币		100201
6 银行汇票	人民币		100201
7 托收承付	人民币		100201
8 其他	人民币		100201

图2-9-22 结算方式科目设置

2. 坏账准备设置

（1）在［初始设置］窗口，选中“坏账准备设置”。

（2）单击［增加］按钮，按照资料要求输入相关内容，如图2-9-23所示。

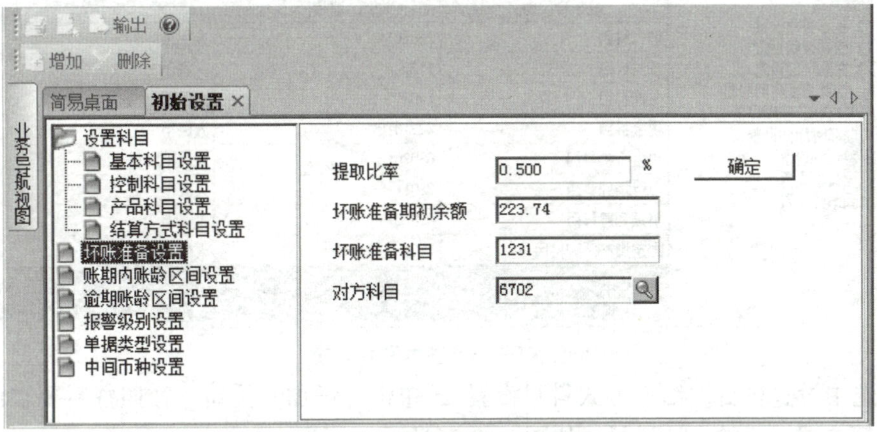

图2-9-23　坏账准备设置

（3）单击［确定］按钮，提示“储存完毕”，单击［确定］按钮。

3. 账龄区间设置

（1）在［初始设置］窗口，选中“账期内账龄区间设置”。

（2）单击［增加］按钮，输入总天数“10”，按回车键。

（3）同理，依次输入其他的账龄区间，如图2-9-24所示。

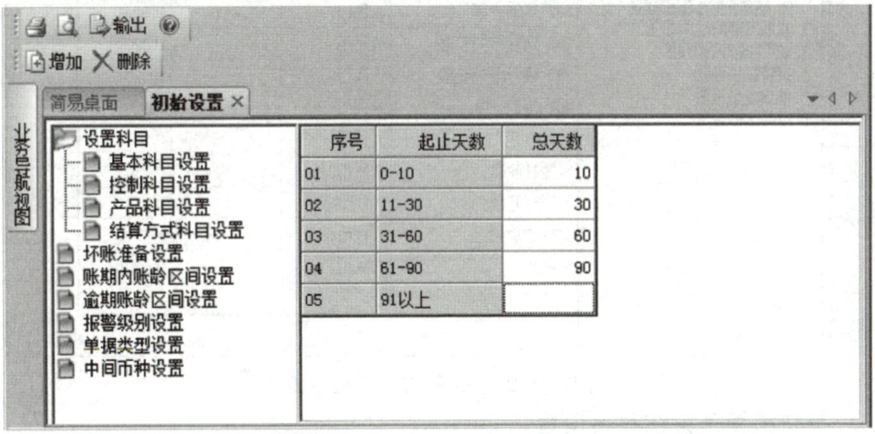

图2-9-24　账期内账龄区间设置

（二）应付款管理子系统科目设置

微课

应付款管理子系统科目设置

1. 执行［业务工作］—［财务会计］—［应付款管理］—［设置］—［初始设置］命令，进入［初始设置］窗口。

2. 选中设置科目“基本科目设置”，单击［增加］按钮，基础科目种类选择“应付科目”，科目选择“220201”，按回车键。同理，依次设置其他的基本科目，如图2-9-25所示。

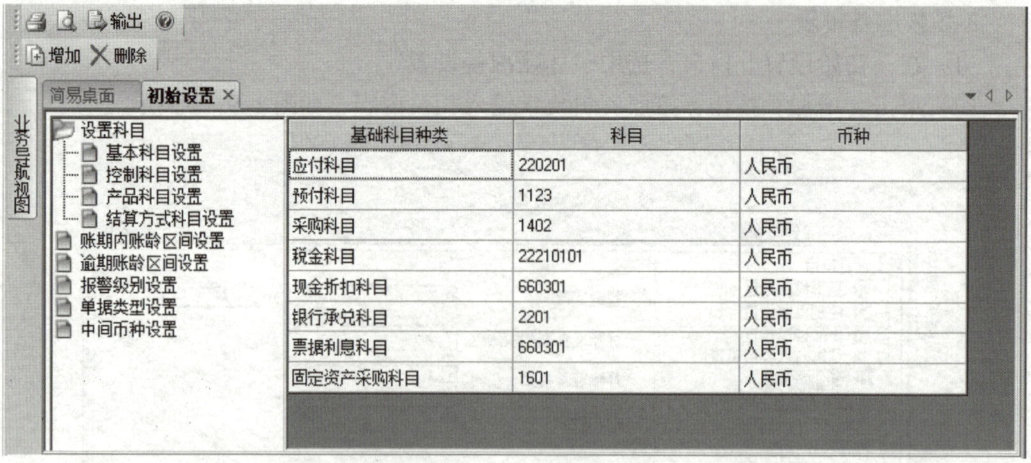

图2-9-25 基本科目设置

3.选中设置科目“结算方式科目设置”，单击［增加］按钮，按照资料要求设置不同的结算方式对应的会计科目，如图2-9-26所示。

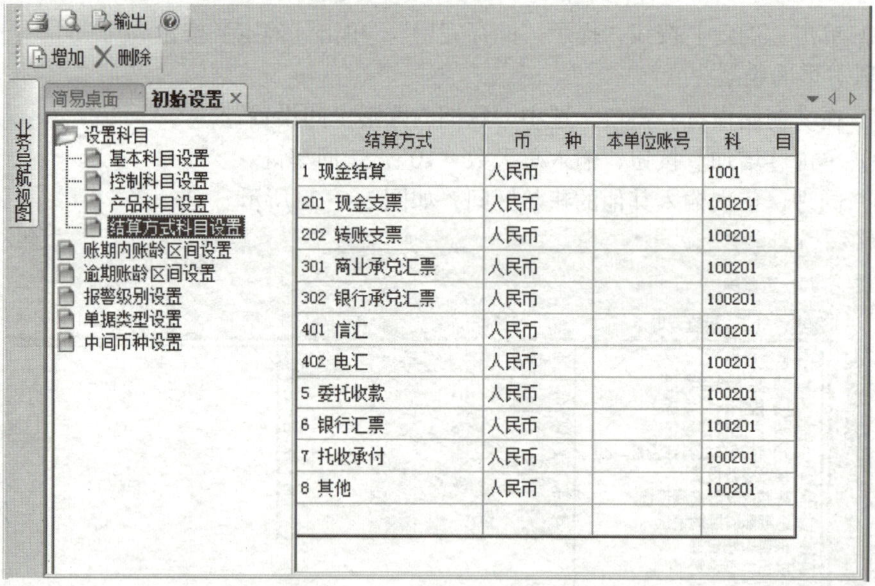

图2-9-26 结算方式科目设置

（三）存货核算子系统科目设置

微课

存货核算子系统科目设置

1.存货科目设置

（1）执行［业务工作］—［供应链］—［存货核算］—［初始设置］—［科目设置］—［存货科目］命令，进入［存货科目］窗口。

（2）单击［增加］按钮，仓库编码选择“01”，存货科目编码选择“1403”。

（3）同理，按照实训资料依次设置其他的存货科目，如图2-9-27所示。单击［保存］按钮。

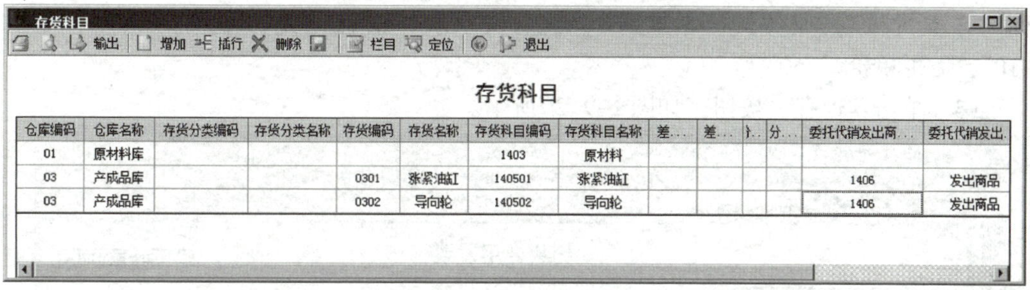

存货科目

仓库编码	仓库名称	存货分类编码	存货分类名称	存货编码	存货名称	存货科目编码	存货科目名称	差…	差…	}..	分…	委托代销发出商…	委托代销发出.
01	原材料库					1403	原材料						
03	产成品库			0301	张紧油缸	140501	张紧油缸					1406	发出商品
03	产成品库			0302	导向轮	140502	导向轮					1406	发出商品

图2-9-27　存货科目设置

2. 存货对方科目设置

（1）执行［业务工作］—［供应链］—［存货核算］—［初始设置］—［科目设置］—［对方科目］命令，进入［对方科目］窗口。

（2）单击［增加］按钮，选择收发类别编码“11”，对方科目编码为“1402”，暂估科目编码为“220202”。

（3）同理，按照实训资料依次设置其他的存货对方科目，如图2-9-28所示。单击［保存］按钮。

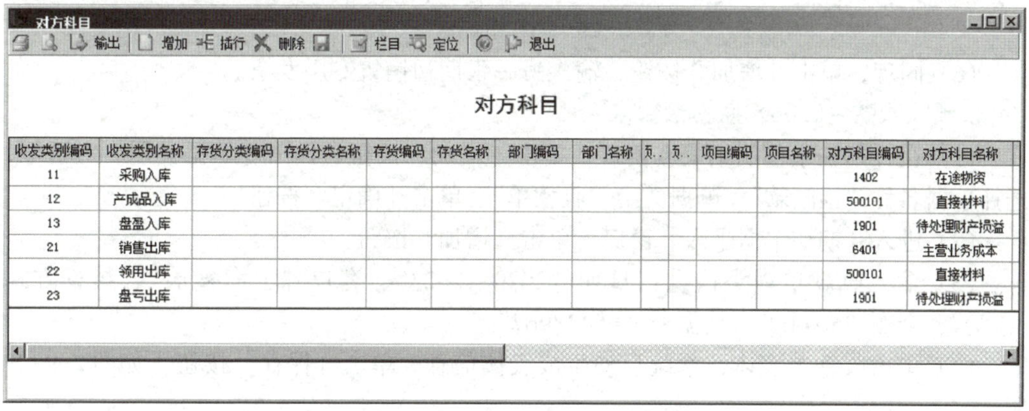

对方科目

收发类别编码	收发类别名称	存货分类编码	存货分类名称	存货编码	存货名称	部门编码	部门名称	項..	項..	项目编码	项目名称	对方科目编码	对方科目名称
11	采购入库											1402	在途物资
12	产成品入库											500101	直接材料
13	盘盈入库											1901	待处理财产损溢
21	销售出库											6401	主营业务成本
22	领用出库											500101	直接材料
23	盘亏出库											1901	待处理财产损溢

图2-9-28　存货对方科目设置

五、供应链管理各子系统期初数据

（一）应收款管理子系统期初数据

1. 应收账款（1122）期初余额录入

微课

应收款管理子系统期初数据

（1）执行［业务工作］—［财务会计］—［应收款管理］—［设置］—［期初余额］命令，弹出［期初余额—查询］对话框，单击［确定］按钮。

（2）进入［期初余额明细表］窗口，单击［增加］按钮，弹出［单据类别］对话框，选择单据名称“销售发票”、单据类型“销售专用发票”、方向“正向”，单击［确定］按钮。

（3）进入［期初销售专用发票］窗口，单击［增加］按钮。

（4）输入发票表头信息：开票日期“2020-12-26”、发票号“35434567”、客户名称“嘉丰机械”，业务员“赵景涛”；输入发票表体信息：货物编号“0301”、数量“10”、无税单价“760”。

（5）单击［保存］按钮，如图2-9-29所示。

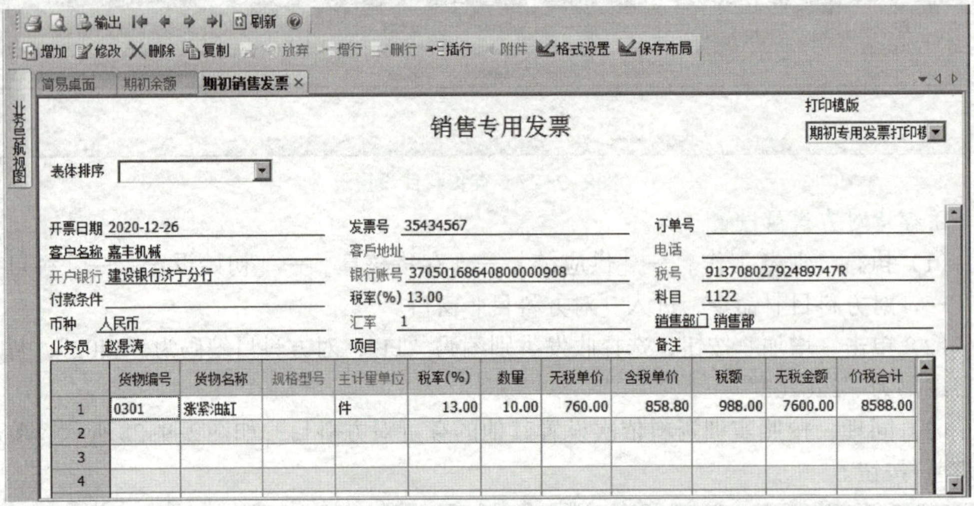

图2-9-29 期初销售专用发票

（6）同理，单击［增加］按钮，输入另一张期初销售专用发票。

2.预收账款（2203）期初余额录入

（1）在［期初余额明细表］窗口，单击［增加］按钮，弹出［单据类别］对话框，选择单据名称“预收款”、单据类型“收款单”，单击［确定］按钮。

（2）进入［期初单据录入］窗口，单击［增加］按钮。

（3）输入收款单表头信息：日期“2020-12-23”、客户“上海鑫瑞”、结算方式“电汇”、金额“50 000”、票据号“65438967”。

（4）单击收款单表体，系统自动生成表体信息。单击［保存］按钮，如图2-9-30所示。

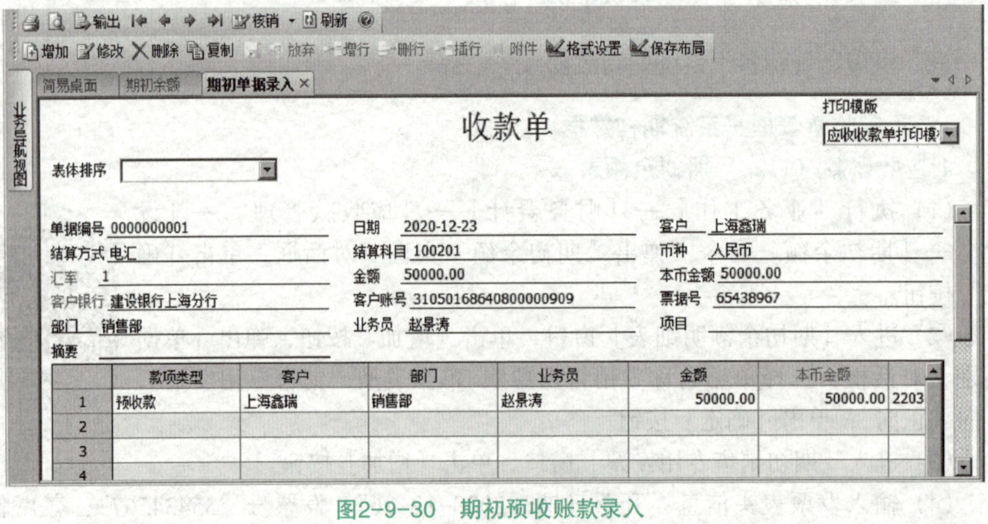

图2-9-30 期初预收账款录入

3.应收票据（1121）期初余额录入

（1）在［期初余额明细表］窗口，单击［增加］按钮，弹出［单据类别］对话框，选择单据名称“应收票据”、单据类型“银行承兑汇票”，单击［确定］按钮。

（2）进入［期初单据录入］窗口，单击［增加］按钮。

（3）输入银行承兑汇票相关内容，单击［保存］按钮，如图2-9-31所示。

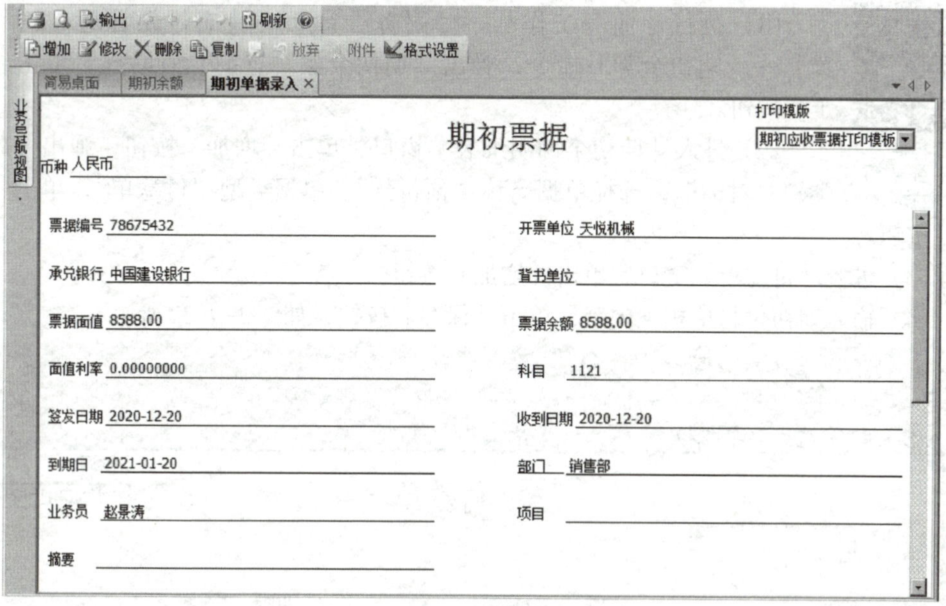

图2-9-31　期初应收票据

【操作提示】

①录入期初数据时，应选择正确的“单据名称”和“单据类型”，销售发票对应销售专用发票和销售普通发票两种单据类型，应收单对应其他应收单单据类型，预收款对应收款单单据类型，应收票据对应银行承兑汇票和商业承兑汇票两种单据类型。

②录入期初数据时，应输入正确的会计科目，否则会引起对账不平。

4.期初余额对账

（1）在［期初余额明细表］窗口，单击［刷新］按钮，该界面列示所有科目的期初余额。

（2）单击［对账］按钮，进入［期初对账］窗口，如图2-9-32所示。

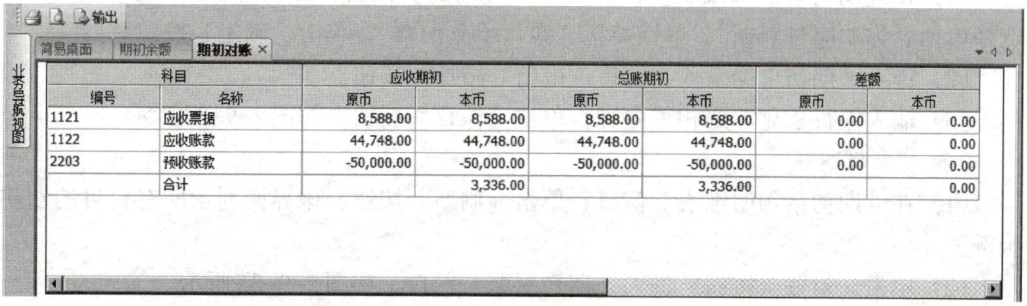

科目		应收期初		总账期初		差额	
编号	名称	原币	本币	原币	本币	原币	本币
1121	应收票据	8,588.00	8,588.00	8,588.00	8,588.00	0.00	0.00
1122	应收账款	44,748.00	44,748.00	44,748.00	44,748.00	0.00	0.00
2203	预收账款	-50,000.00	-50,000.00	-50,000.00	-50,000.00	0.00	0.00
	合计		3,336.00		3,336.00		0.00

图2-9-32　期初对账

【操作提示】

① 期初余额录入完毕需要与总账管理子系统对账。

② 在［期初对账］窗口，差额为零表示对账结果正确。

（二）应付款管理子系统期初数据

微课

应付款管理子系统期初数据

1.预付账款（1123）期初余额录入

（1）执行［业务工作］—［财务会计］—［应付款管理］—［设置］—［期初余额］命令，弹出［期初余额—查询］对话框，单击［确定］按钮。

（2）进入［期初余额明细表］窗口，单击［增加］按钮，弹出［单据类别］对话框，选择单据名称“预付款”、单据类型“付款单”，单击［确定］按钮。

（3）进入［付款单］窗口，单击［增加］按钮。

（4）输入期初付款单相关内容，单击［保存］按钮，如图2-9-33所示。

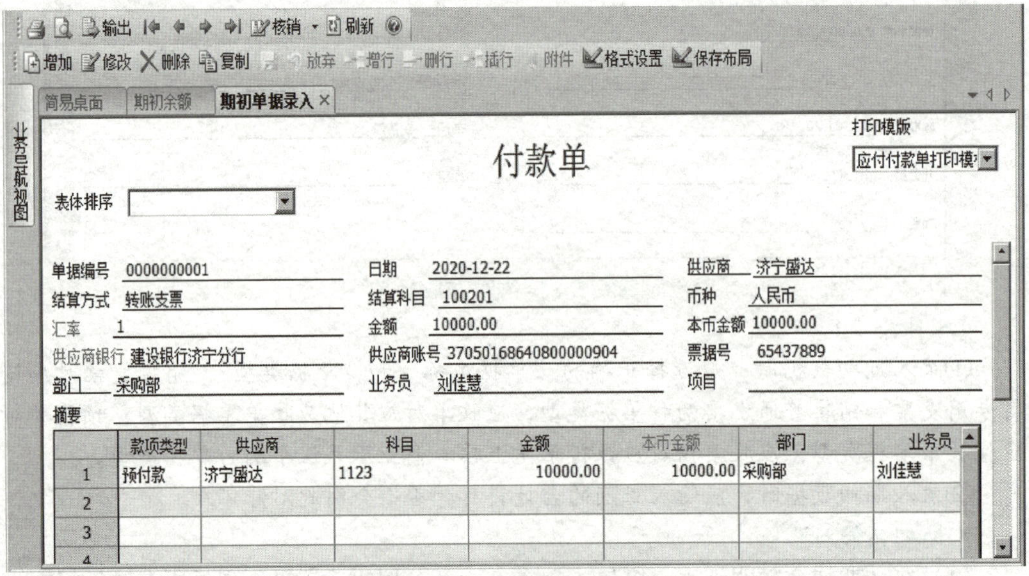

图2-9-33 期初预付账款

2.应付票据（2201）期初余额录入

（1）在［期初余额明细表］窗口，单击［增加］按钮，弹出［单据类别］对话框，选择单据名称“应付票据”、单据类型“银行承兑汇票”，单击［确定］按钮。

（2）进入［期初单据录入］窗口，单击［增加］按钮。

（3）输入银行承兑汇票相关内容，单击［保存］按钮，如图2-9-34所示。

3.期初余额对账

（1）在［期初余额明细表］窗口，单击［刷新］按钮，该界面列示所有科目的期初余额。

（2）单击［对账］按钮，进入［期初对账］窗口，如图2-9-35所示。

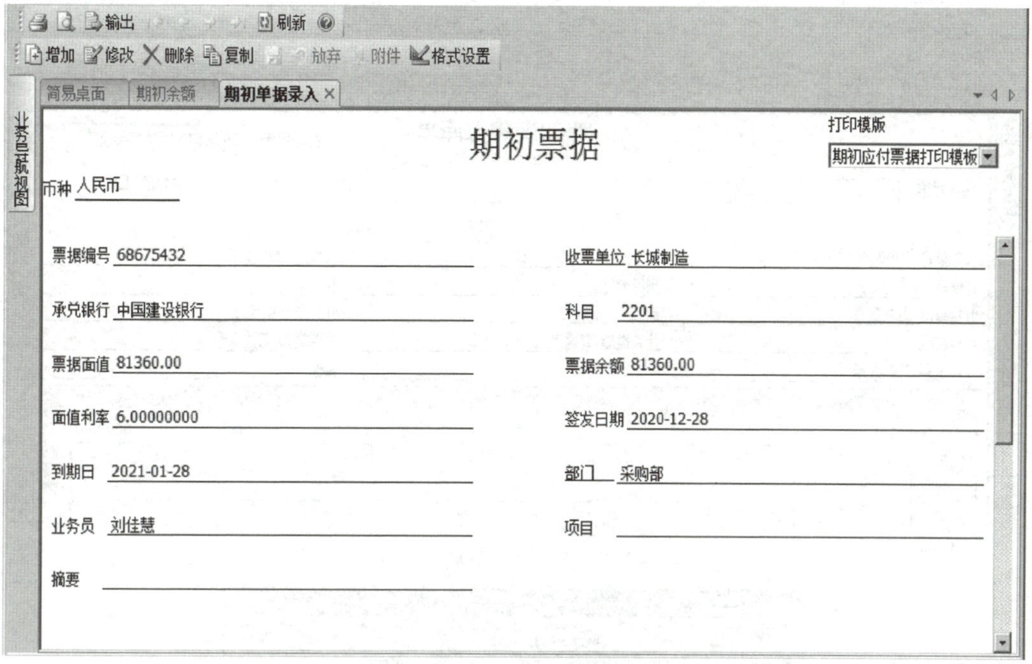

图2-9-34　期初应付票据

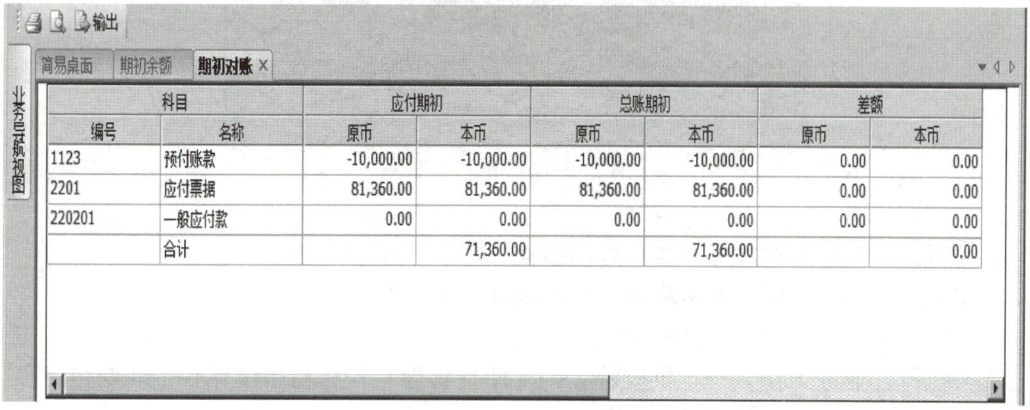

科目		应付期初		总账期初		差额	
编号	名称	原币	本币	原币	本币	原币	本币
1123	预付账款	-10,000.00	-10,000.00	-10,000.00	-10,000.00	0.00	0.00
2201	应付票据	81,360.00	81,360.00	81,360.00	81,360.00	0.00	0.00
220201	一般应付款	0.00	0.00	0.00	0.00	0.00	0.00
	合计		71,360.00		71,360.00		0.00

图2-9-35　期初对账

（三）采购管理子系统期初数据

1. 录入期初采购入库单

微课

录入期初采购入库单

（1）执行［业务工作］—［供应链］—［采购管理］—［采购入库］—［采购入库单］命令，进入［采购入库单］窗口。

（2）单击［增加］按钮，输入相关内容后保存即可，如图2-9-36所示。

2. 期初采购记账

（1）执行［业务工作］—［供应链］—［采购管理］—［设置］—［采购期初记账］命令，弹出［期初记账］对话框，如图2-9-37所示。

（2）单击［记账］按钮，系统提示“期初记账完毕！”。

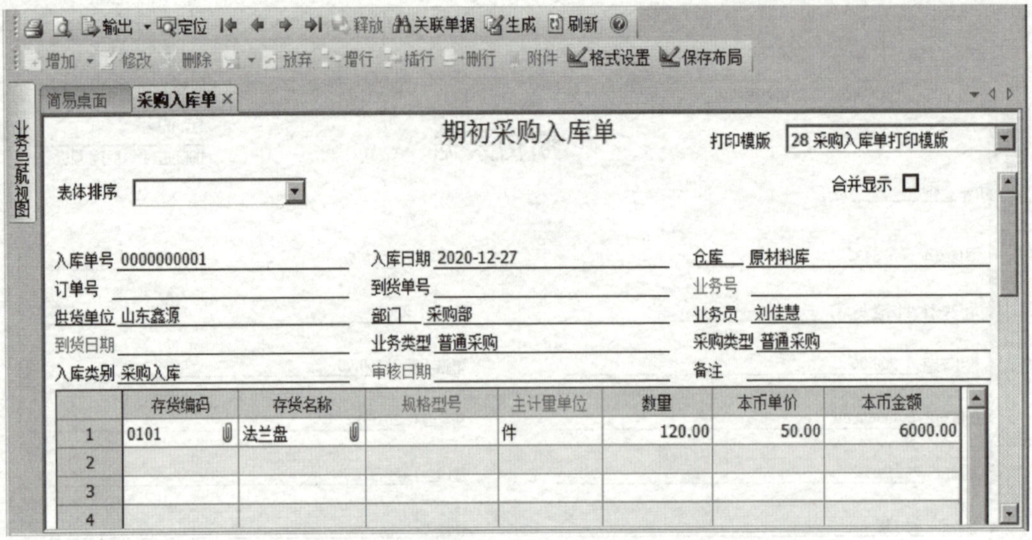

图2-9-36 期初采购入库单

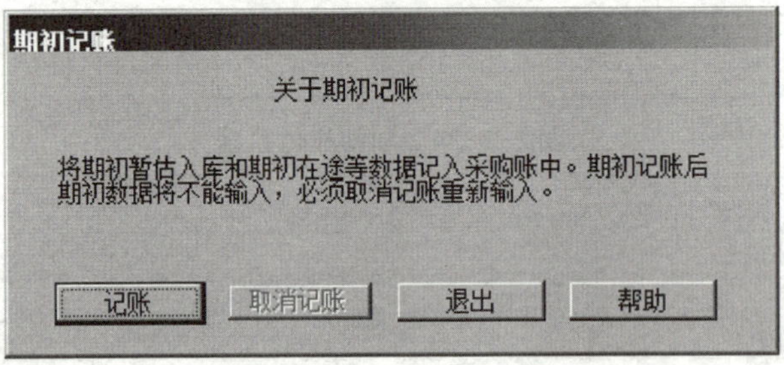

图2-9-37 期初记账

【操作提示】

①采购管理子系统没有期初数据，也必须进行期初记账。

②采购管理子系统月末结账后，不能取消期初记账。

（四）库存管理子系统期初数据

1.执行［业务工作］—［供应链］—［库存管理］—［初始设置］—［期初结存］命令，进入［库存期初数据录入］窗口。

2.单击［修改］按钮，选择仓库为“（01）原材料库”，按照资料依次输入原材料库的期初结存，单击［保存］和［批审］按钮，如图2-9-38所示。

3.同理，输入产成品库的期初结存后，单击［保存］和［批审］按钮。

【操作提示】

微课

库存管理子系统期初数据录入

（1）库存期初数据录入完毕，可以单击［审核］按钮将当前单据进行期初数据审核，也可以单击［批审］按钮对该仓库所有单据一次性批量审核。

（2）各个仓库的存货期初数据，既可以在库存管理子系统中录入，也可以在存货核算子系统中录入，只要其中一个子系统录完期初余额，另外一个子系统就可以通过［取数］按钮自动获取期初余额。

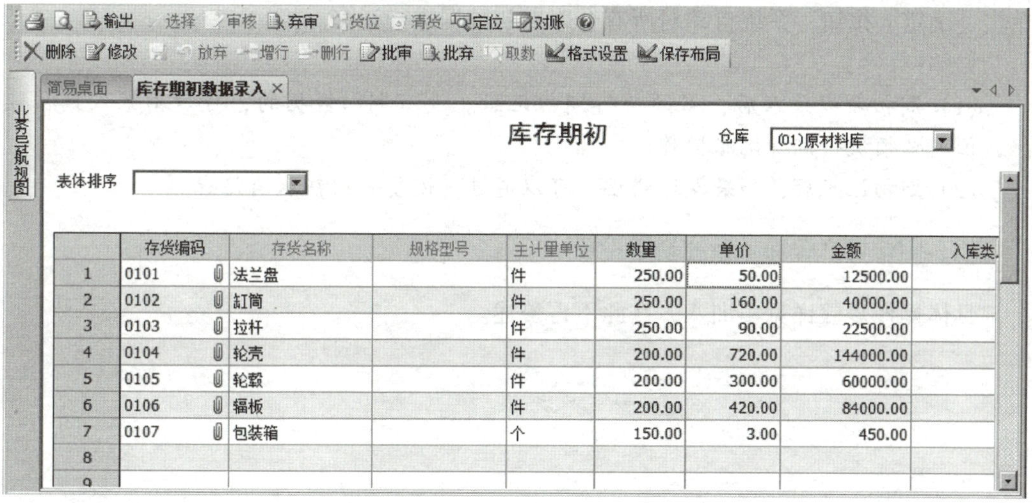

	存货编码	存货名称	规格型号	主计量单位	数量	单价	金额	入库类...
1	0101	法兰盘		件	250.00	50.00	12500.00	
2	0102	缸筒		件	250.00	160.00	40000.00	
3	0103	拉杆		件	250.00	90.00	22500.00	
4	0104	轮壳		件	200.00	720.00	144000.00	
5	0105	轮毂		件	200.00	300.00	60000.00	
6	0106	辐板		件	200.00	420.00	84000.00	
7	0107	包装箱		个	150.00	3.00	450.00	
8								

图2-9-38　库存期初数据录入

（五）存货核算子系统期初数据

1. 期初数据录入

微课

存货核算子系统期初数据

（1）执行［业务工作］—［供应链］—［存货核算］—［初始设置］—［期初数据］—［期初余额］命令，进入［期初余额］窗口。

（2）选择仓库为“01原材料库”，单击［取数］按钮，系统自动从库存管理子系统中取出原材料库的全部存货期初余额，如图2-9-39所示。

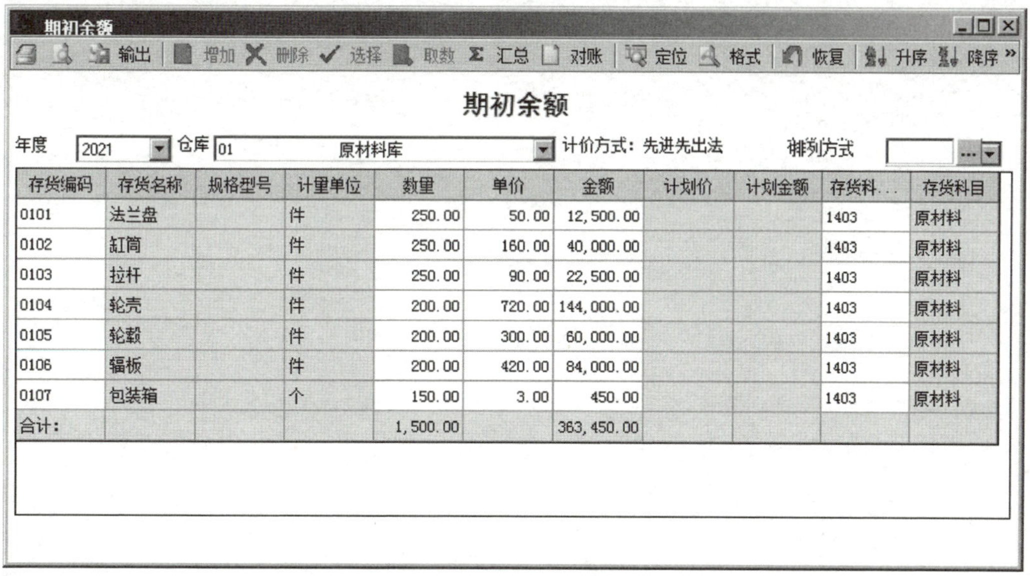

存货编码	存货名称	规格型号	计量单位	数量	单价	金额	计划价	计划金额	存货科...	存货科目
0101	法兰盘		件	250.00	50.00	12,500.00			1403	原材料
0102	缸筒		件	250.00	160.00	40,000.00			1403	原材料
0103	拉杆		件	250.00	90.00	22,500.00			1403	原材料
0104	轮壳		件	200.00	720.00	144,000.00			1403	原材料
0105	轮毂		件	200.00	300.00	60,000.00			1403	原材料
0106	辐板		件	200.00	420.00	84,000.00			1403	原材料
0107	包装箱		个	150.00	3.00	450.00			1403	原材料
合计：				1,500.00		363,450.00				

图2-9-39　存货期初录入

（3）同理，选择仓库为“02产成品库”，单击［取数］按钮录入产成品库的存货期初余额。

2. 期初数据记账

在［期初余额］窗口，单击［记账］按钮，系统弹出“期初记账成功！”提示框，单击［确定］按钮，系统自动对所有仓库期初数据进行记账。

【操作提示】

（1）期初数据录入后，必须执行期初记账。没有期初数据的，可以不录入期初数据，但也必须执行期初记账操作。

（2）期初记账后，如果发现错误，可以通过［恢复］按钮取消记账。

六、固定资产管理子系统初始设置

具体操作步骤详见实训八，在此不再赘述。

实训十　采购管理与应付款管理子系统

实训目的

1. 认知企业采购业务的类型，并完成采购业务在相关子系统中的操作。
2. 领会各种采购业务相关单据在不同子系统之间的传递关系。
3. 通过不同采购业务的处理，归纳出各种采购业务操作流程的异同点。
4. 能快速查询采购管理与应付款管理子系统的相应单据或账表。
5. 描述期末处理的内容，并完成期末处理操作。

实训内容

1. 普通赊购业务。
2. 涉及运费的采购业务。
3. 预付、现付相结合的采购业务。
4. 涉及采购损耗的现金折扣业务。
5. 结算成本处理业务。
6. 采购结算前的退货业务。
7. 采购结算后的退货业务。
8. 采购固定资产业务。
9. 票据计息及结算业务。
10. 采购暂估入库业务。
11. 账表查询。
12. 期末处理。

实训准备

引入“实训账套\实训九”的账套数据。

实训资料

山东泰恒建设机械有限公司发生的采购管理与应付款管理子系统的业务资料如下：

一、日常业务处理

（一）普通赊购业务

1.1月1日，采购部刘佳慧向正锋机械订购缸筒一批，数量50件，无税单价为160元/件，预计到货日期为2021年1月3日。

2.1月3日，采购部刘佳慧收到正锋机械提供的缸筒，已验收入原材料库。同时，取得增值税专用发票一张，票号：23434685。

3.1月4日，财务部以电汇方式向正锋机械支付购买的缸筒货款，票号：78624596，金额为9 040元。

（二）涉及运费的采购业务

1.1月4日，采购部刘佳慧向长城制造订购轮毂一批，数量100件，无税单价为300元/件，当日到货并验收入原材料库。

2.1月4日，收到长城制造开具的增值税专用发票一张，票号：34634685。同时收到采购运费的增值税专用发票一张，票号：33785635。系长城制造代垫，不含税金额为500元，增值税税额为45元，价税合计545元。要求：采购运费按金额分摊，两张发票合并制单。

（三）预付、现付相结合的采购业务

1.1月5日，采购部刘佳慧向济宁盛达订购辐板一批，数量100件，无税单价为420元/件，当日到货并验收入原材料库。

2.1月5日，收到济宁盛达开具的增值税专用发票一张，票号：36782345。财务部开出转账支票一张，票号：78624597，金额为37 460元，用于支付货物尾款（已预付10 000元）。

（四）涉及采购损耗的现金折扣业务

1.1月6日，采购部刘佳慧向同兴包装订购包装箱200个，无税单价为3元/个，收到货物时发现2个包装箱毁损，属于采购过程中的合理损耗，按198件验收入原材料库。

2.1月6日，收到增值税专用发票一张，票号：31497362。付款条件为：2/10，1/20，*n*/30（计算现金折扣时不考虑增值税）。

3.1月13日，财务部开出转账支票一张，票号：78624598，金额为666元，用于支付上述货款。

（五）结算成本处理业务

1月14日，收到山东鑫源开具的采购法兰盘的增值税专用发票一张，票号：32346789，数量120件，无税单价为50元/件，价税合计6 780元，该批货物已于上月暂估入库。

（六）采购结算前的退货业务

1.1月17日，采购部刘佳慧向长城制造订购拉杆一批，数量110件，无税单价为90元/件，已验收入原材料库。

2.1月18日，仓库发现10件拉杆存在质量问题，经与供应商协商，同意办理退货，货物当日退回长城制造。

（七）采购结算后的退货业务

1.1月20日，仓库管理员发现3日采购入库的缸筒有6件存在质量问题，经协商，同意退回正锋机械。

2.1月20日，收到正锋机械开具的红字增值税专用发票一张，票号：23434691，数量6件，无税单价为160元/件。同时通过网上银行收到退货款，金额为1 084.8元。

（八）采购固定资产业务

1.1月21日，采购部刘佳慧向亿维科技订购服务器1台，无税单价为28 000元/台，预计到货日期为1月22日。

2.1月22日，采购的服务器到货，并移交经理室，预计使用年限5年，净残值率为5%。收到增值税专用发票一张，票号：33469824，款项尚未支付。

（九）票据计息及结算业务

1月28日，银行承兑汇票到期，票号：68675432，计提票据利息为420.36元，票据本息为81 780.36元，已从中国建设银行支付。

（十）暂估入库业务

1月31日，1月17日向长城制造采购的拉杆增值税专用发票尚未收到，数量100件（已扣除退货的10件），按无税单价90元/件进行暂估记账。

二、账表查询

1.查询1月份采购订单执行统计表。

2.查询1月份采购结算余额表。

三、期末处理

检查本月业务是否处理完毕，完成采购管理与应付款管理子系统的月末结账。

实训要求

1.以仓管部“5001吴晓波”的身份进行库存管理子系统的日常业务处理。

2.以财务部“2002肖然”的身份进行存货核算子系统的日常业务处理。

3.以采购部“4001刘佳慧”的身份进行采购管理子系统的日常业务处理及期末处理。

4.以财务部“2002肖然”的身份进行应付款管理子系统的日常业务处理及期末处理。

实训步骤

2021年1月，山东泰恒建设机械有限公司的日常及期末业务内容如下：

一、普通赊购业务

（一）采购订单处理

微课

普通赊购业务

1.1月1日，以采购部“4001刘佳慧”的身份登录企业应用平台，执行［业务工作］—［供应链］—［采购管理］—［采购订货］—［采购订单］命令，进入［采购订单］窗口。

2.单击［增加］按钮，输入采购订单表头信息：供应商“正锋机械”、业务员“刘佳慧”；输入采购订单表体信息：存货编码“0102”、数量“50”、原币单价“160”、计划到货日期“2021-01-03”，其他信息由系统自动带出，单击［保存］按钮。

3.单击［审核］按钮，［审核］按钮变灰色，如图2-10-1所示。

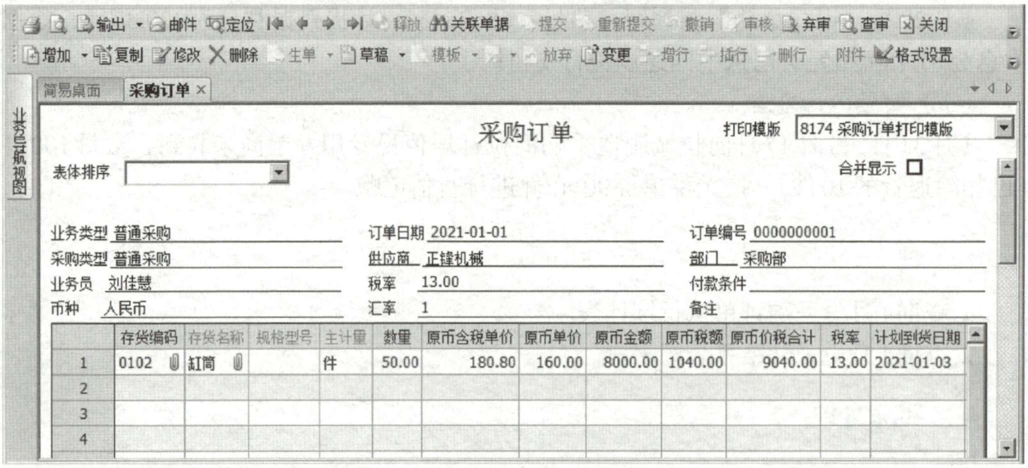

图2-10-1　录入并审核采购订单

【操作提示】

（1）采购请购单、采购订单和采购到货单是可选单据，企业可以根据工作需要选用。但是在订单必有模式下，必须有采购订单。

（2）本业务从采购订单开始，填制采购订单时注意选择正确的“到货日期”。

（3）单据审核后发现错误，在没有生成下游单据的情况下，可以通过［弃审］按钮弃审，然后再进行修改。

（二）采购到货单、采购入库单和采购发票处理

1.1月3日，刘佳慧在采购管理子系统中参照采购订单生成并审核采购到货单。

（1）1月3日，以采购部“4001刘佳慧”的身份登录企业应用平台，执行［业务工作］—［供应链］—［采购管理］—［采购到货］—［到货单］命令，进入［到货单］窗口。

（2）单击［增加］按钮，再单击［生单］按钮下拉列表框中的“采购订单”，系统弹出［查询条件选择-采购订单列表过滤］对话框，采用系统默认值，如图2-10-2所示。

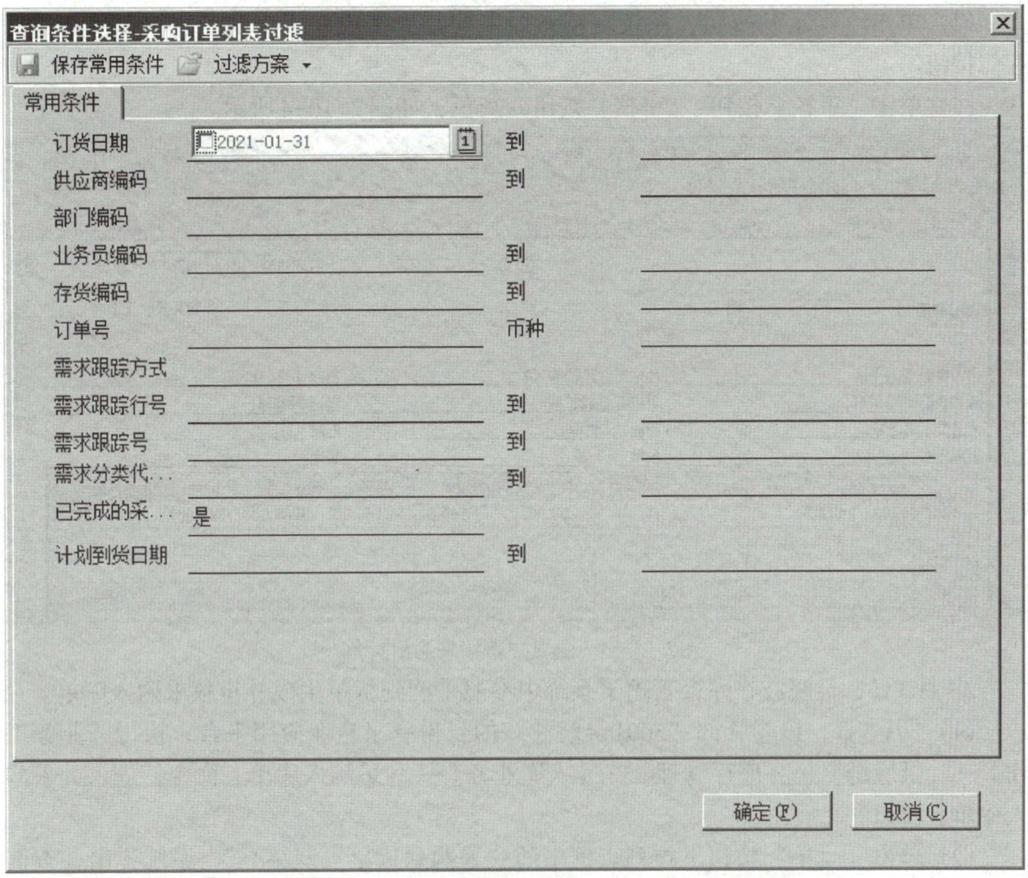

图2-10-2　查询条件选择-采购订单列表过滤

(3) 单击［确定］按钮，进入［拷贝并执行］窗口，单击［全选］按钮或双击“选择”栏，“选择”栏处自动签上“Y”标志，表明参照的采购订单被选中，如图2-10-3所示。

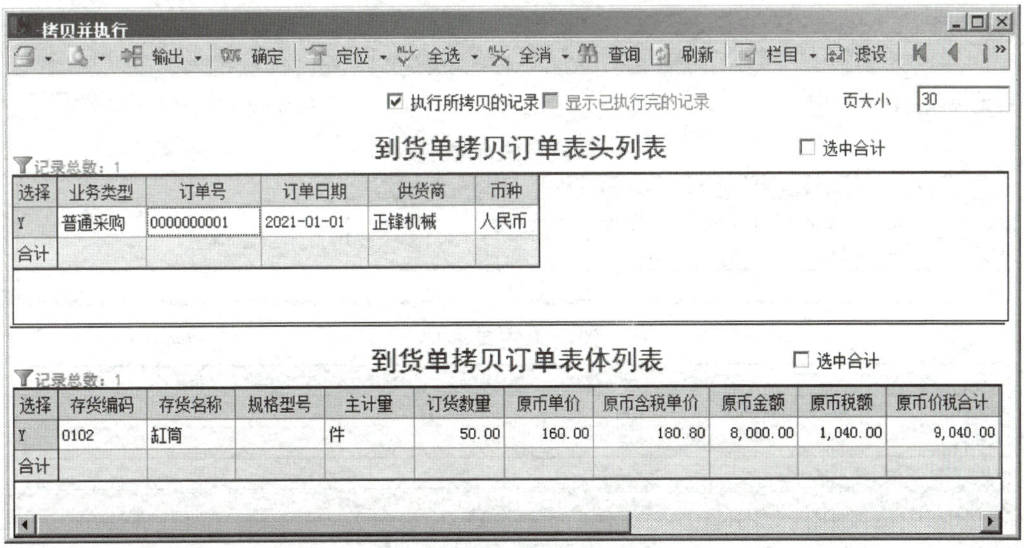

图2-10-3　拷贝并执行

（4）单击［确定］按钮，系统自动参照采购订单生成一张采购到货单，单击［保存］按钮。

（5）单击［审核］按钮，［审核］按钮变灰色，如图2-10-4所示。

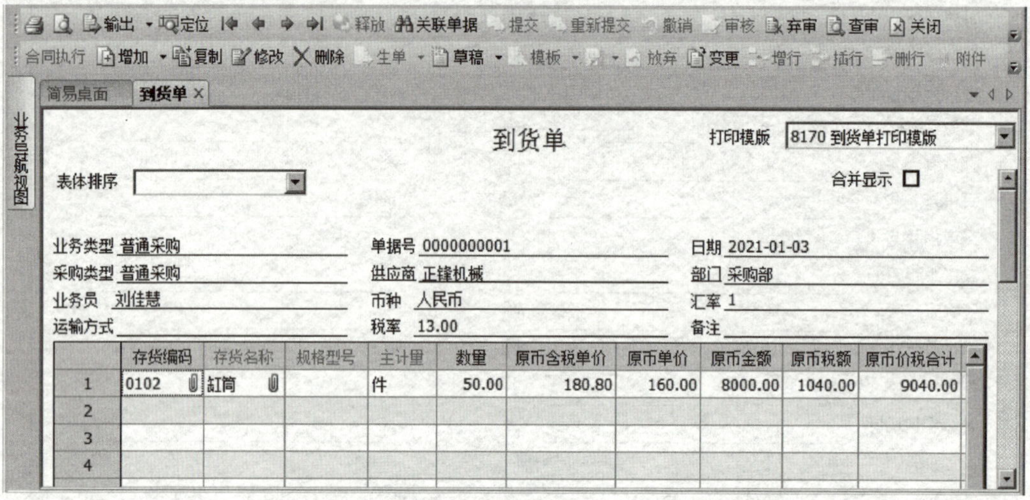

图2-10-4　生成并审核采购到货单

2.1月3日，吴晓波在库存管理子系统中参照采购到货单生成并审核采购入库单。

（1）1月3日，以仓管部“5001吴晓波”的身份登录企业应用平台，执行［业务工作］—［供应链］—［库存管理］—［入库业务］—［采购入库单］命令，进入［采购入库单］窗口。

（2）单击［生单］按钮下拉列表框中的“采购到货单（蓝字）”，系统弹出［查询条件选择—采购到货单列表］对话框，采用系统默认值，单击［确定］按钮。

（3）进入［到货单生单列表］窗口，单击［全选］按钮或双击“选择”栏，选中参照的采购到货单，如图2-10-5所示。

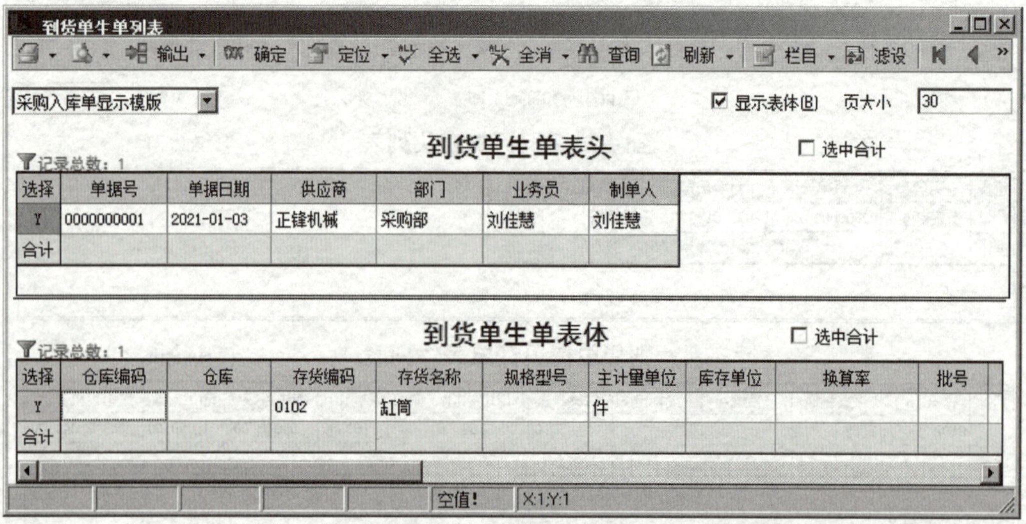

图2-10-5　到货单生单列表

（4）单击［确定］按钮，系统自动参照采购到货单生成一张采购入库单，表头处仓库选择“原材料库”，单击［保存］按钮。

（5）单击［审核］按钮，系统弹出“该单据审核成功”提示框，单击［确定］按钮，返回［采购入库单］窗口，如图2-10-6所示。

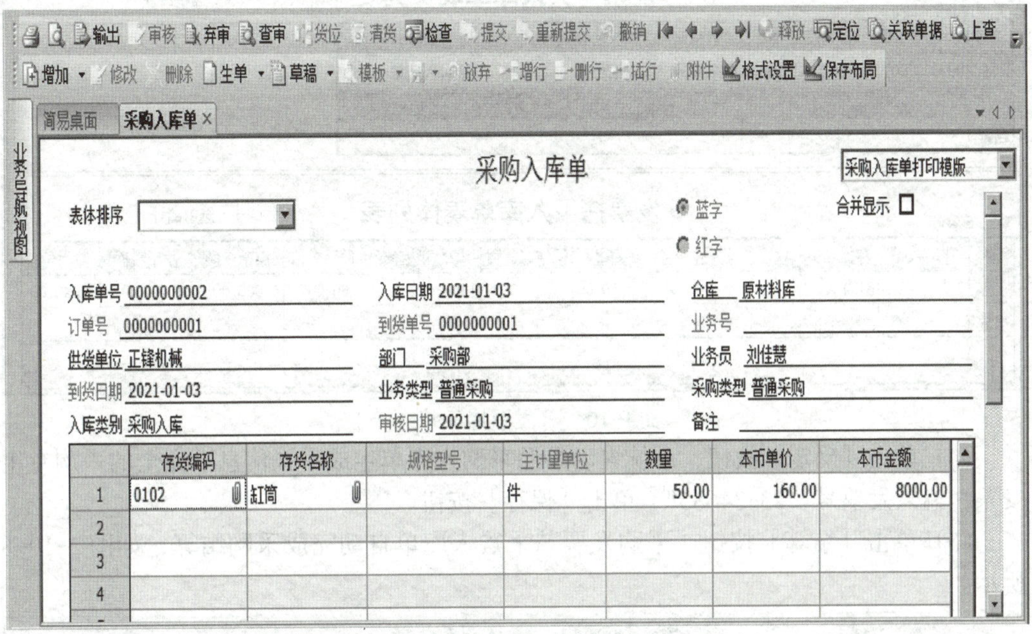

图2-10-6　生成并审核采购入库单

【操作提示】

①采购入库单可以手工增加，也可以参照单据生成。使用［生单］功能增加的采购入库单可以提高工作效率，建议使用。

②采购入库单必须在库存管理子系统中录入或生成，可在采购管理子系统中查看，但不能修改或删除。

③审核后的入库单如果发现错误，需要先删除下游单据，才能通过［弃审］操作弃审该单据后进行修改。

3. 1月3日，刘佳慧在采购管理子系统中参照采购入库单生成采购发票并进行采购结算。

（1）1月3日，以采购部“4001刘佳慧”的身份登录企业应用平台，执行［业务工作］—［供应链］—［采购管理］—［采购发票］—［专用采购发票］命令，进入［专用发票］窗口。

（2）单击［增加］按钮，再单击［生单］按钮下拉列表框中的“入库单”，系统弹出［查询条件选择—采购入库单列表过滤］对话框，采用系统默认值，单击［确定］按钮。

（3）进入［拷贝并执行］窗口，双击第二行“选择”栏，选中供应商为正锋机械的采购入库单，如图2-10-7所示。

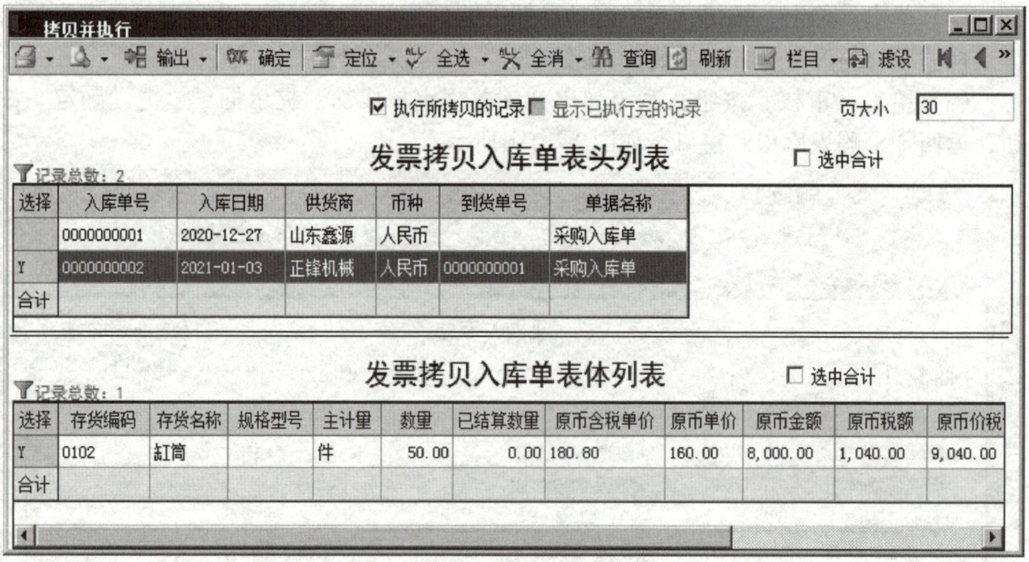

图2-10-7 发票拷贝并执行

（4）单击［确定］按钮，系统自动参照采购入库单生成一张信息不完全的采购专用发票，输入发票号“23434685”，单击［保存］按钮。

（5）单击［结算］按钮，采购发票与采购入库单自动完成采购结算，如图2-10-8所示。

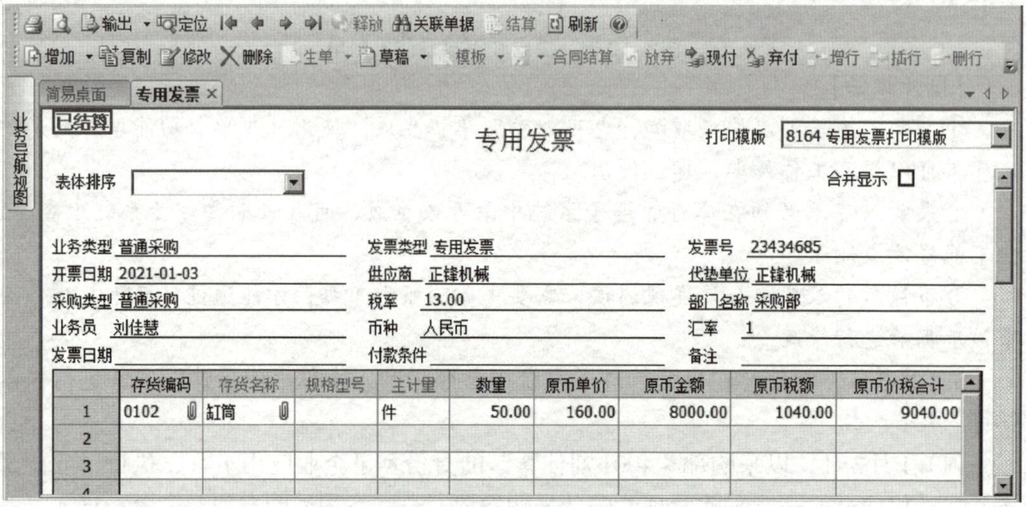

图2-10-8 生成并结算采购专用发票

【操作提示】

①采购入库单和采购发票是必需单据，可以手工增加，也可以参照单据生成。

②录入采购专用发票前，需要先在基础档案中设置有关开户银行信息。

③采购发票和采购入库单结算时，可以在采购发票上结算，也可以在采购结算功能处手工结算或自动结算。

4.1月3日，肖然在应付款管理子系统中进行应付单据审核与制单。

（1）1月3日，以财务部“2002肖然”的身份登录企业应用平台，执行［业务工作］—［财务会计］—［应付款管理］—［应付单据处理］—［应付单据审核］命令，打开［应付单查询条件］对话框，采用系统默认值，单击［确定］按钮。

（2）进入［应付单据列表］窗口，单击［全选］按钮或双击“选择”栏，“选择”栏自动签上“Y”标志，表明需要审核的单据被选中。

（3）单击［审核］按钮，系统提示审核成功，审核人处系统自动签上“肖然”，如图2-10-9所示。

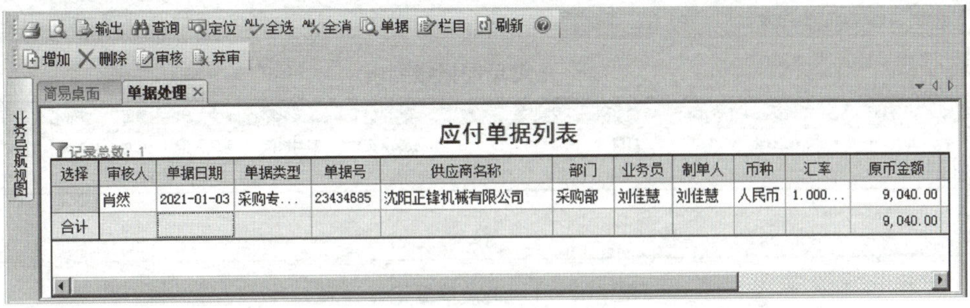

图2-10-9　审核应付单据列表

（4）执行［制单处理］命令，打开［制单查询］对话框，选择“发票制单”，单击［确定］按钮，进入［采购发票制单］窗口，单击［全选］按钮，“选择标志”处自动生成序号“1”标志。

（5）选择凭证类别为“转账凭证”，单击［制单］按钮，系统自动生成一张转账凭证，单击［保存］按钮，如图2-10-10所示。

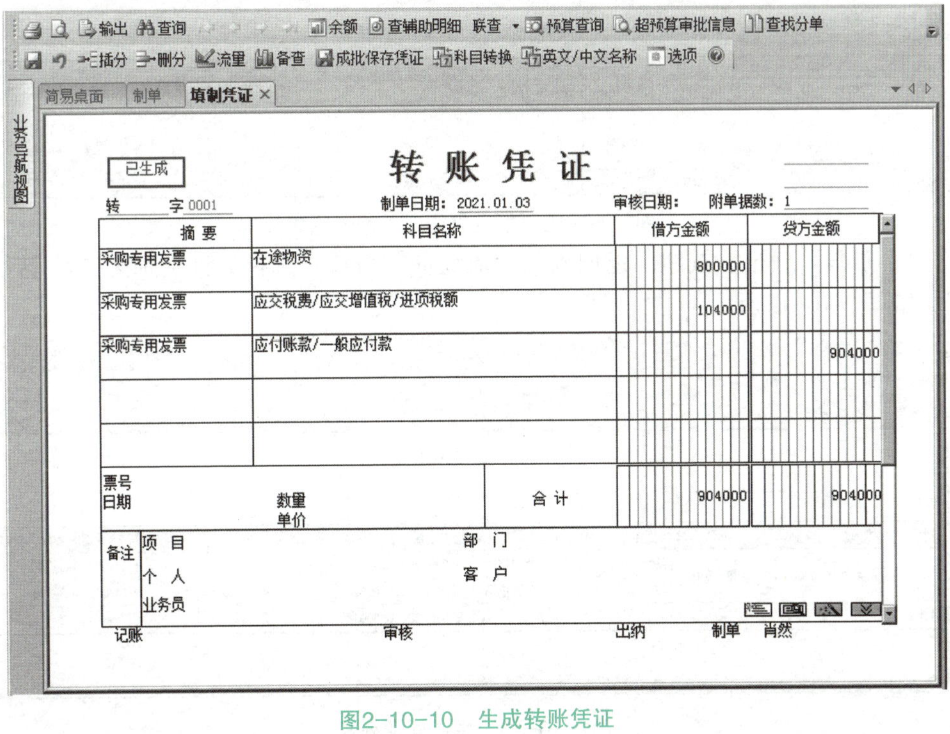

图2-10-10　生成转账凭证

5.1月3日，肖然在存货核算子系统中对采购入库单记账与制单。

（1）执行［业务工作］—［供应链］—［存货核算］—［业务核算］—［正常单据记账］命令，弹出［查询条件选择］对话框，采用系统默认值，单击［确定］按钮。

（2）进入［正常单据记账列表］窗口，单击［全选］按钮，如图2-10-11所示。单击［记账］按钮，系统弹出“记账成功”提示框，单击［确定］按钮，已经记账的采购入库单不再显示。

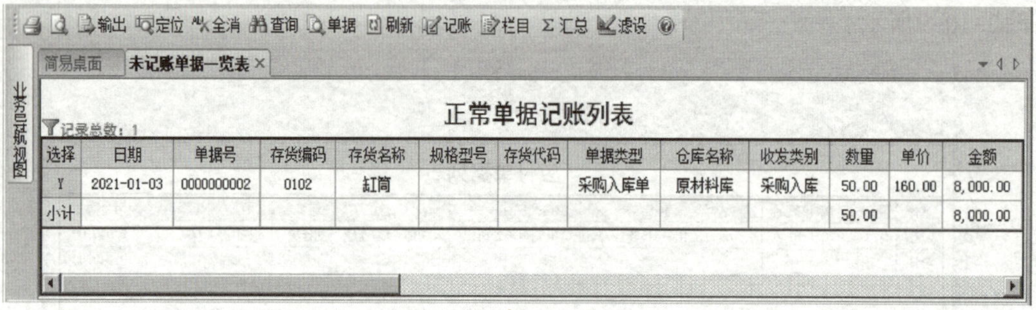

图2-10-11　正常单据记账列表

（3）执行［财务核算］—［生成凭证］命令，进入［生成凭证］窗口，单击［选择］按钮，弹出［查询条件］对话框，单击［确定］按钮，打开［未生成凭证单据一览表］窗口，单击［全选］按钮，“选择”栏处自动生成序号“1”标志，表明该单据已被选中，如图2-10-12所示。

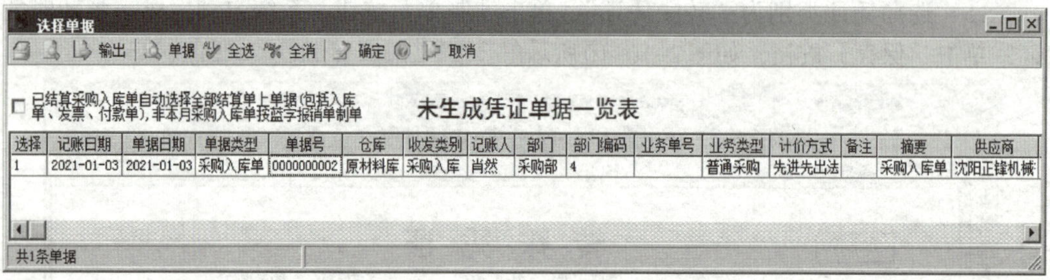

图2-10-12　未生成凭证单据一览表

（4）单击［确定］按钮，返回到［生成凭证］窗口，选择凭证类别为“转 转账凭证”，如图2-10-13所示。

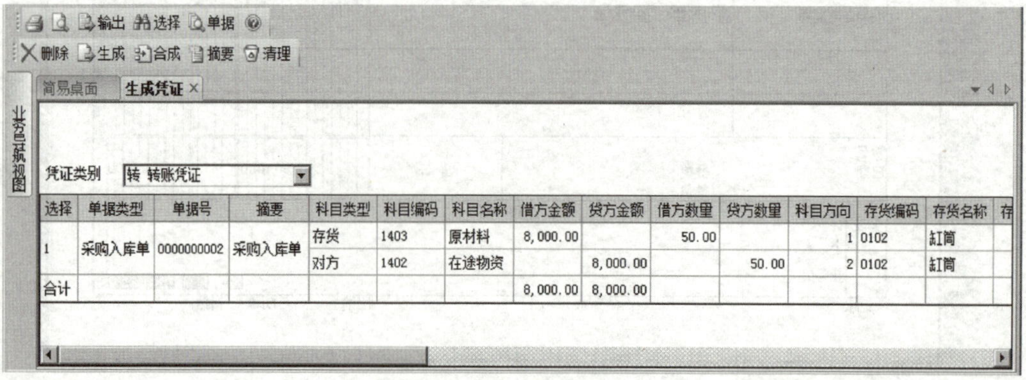

图2-10-13　生成凭证列表

（5）单击［生成］按钮，系统自动生成一张转账凭证，单击［保存］按钮，如图2-10-14所示。

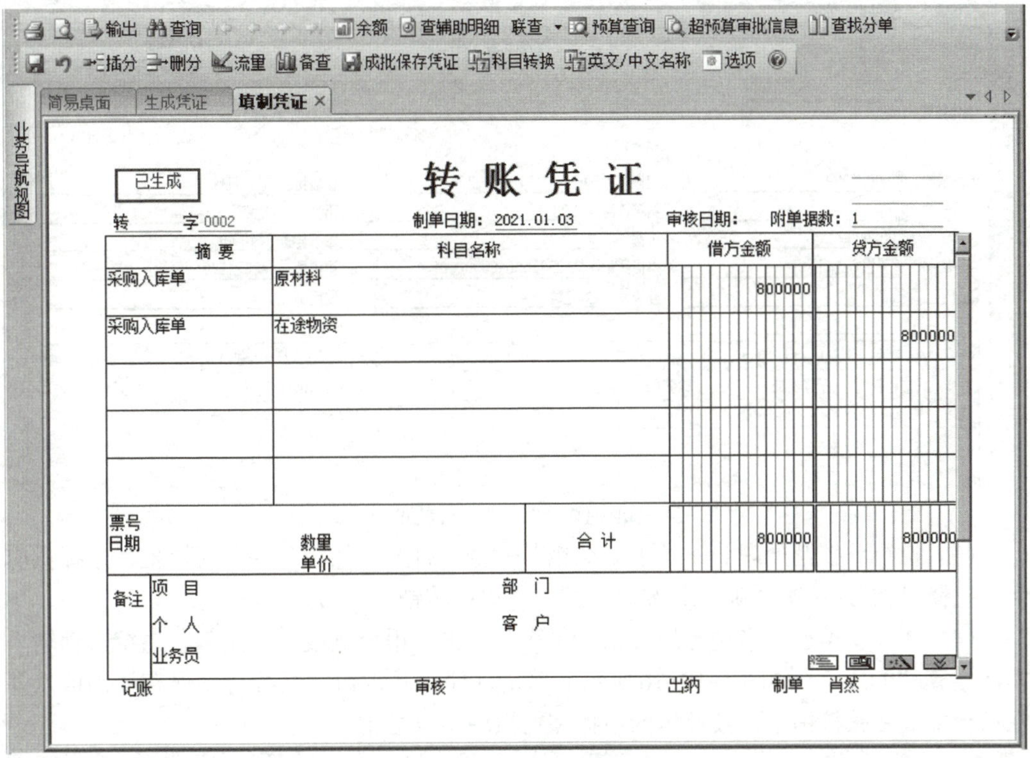

图2-10-14　生成转账凭证

（三）付款单处理

1.1月4日，唐艺在应付款管理子系统中录入并保存付款单。

（1）以财务部“2004唐艺”的身份登录企业应用平台，执行［业务工作］—［财务会计］—［应付款管理］—［付款单据处理］—［付款单据录入］命令，进入［付款单］窗口。

（2）单击［增加］按钮，录入表头信息：供应商“正锋机械”、结算方式“电汇”、金额“9 040”、票据号“78624596”、业务员“刘佳慧”。单击［保存］按钮，系统自动生成表体信息，如图2-10-15所示。

2.1月4日，肖然在应付款管理子系统中进行付款单据审核、核销和制单。

（1）以财务部“2002肖然”的身份登录企业应用平台，执行［业务工作］—［财务会计］—［应付款管理］—［付款单据处理］—［付款单据审核］命令，打开［付款单查询条件］对话框，采用系统默认值，单击［确定］按钮，进入［收付款单列表］窗口。

（2）单击［全选］按钮或双击“选择”栏，“选择”栏自动签上“Y”标志，表明需要审核的单据被选中。单击［审核］按钮，系统提示审核成功，审核人处系统自动签上“肖然”。

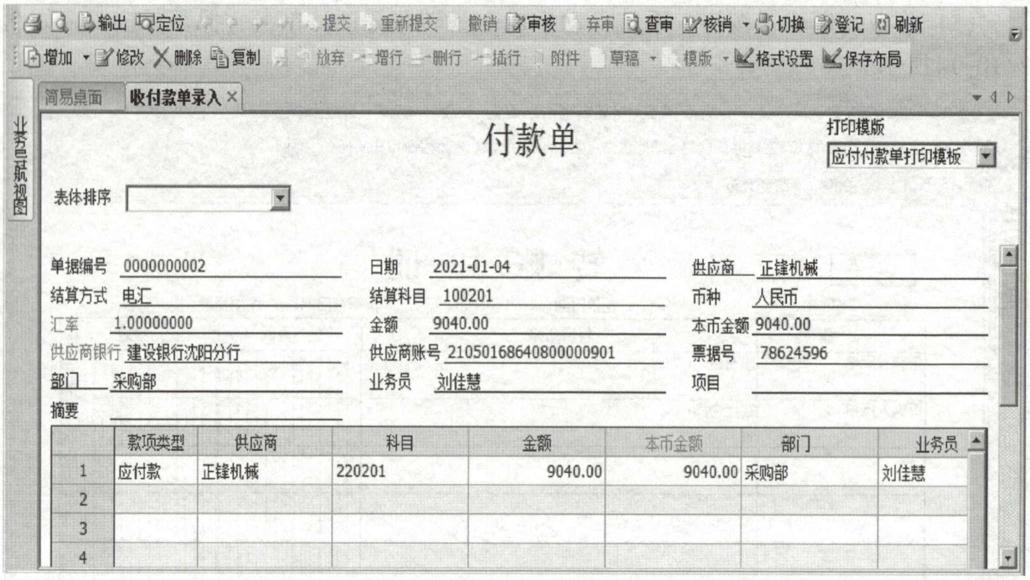

图2-10-15　录入付款单

（3）执行［核销处理］—［手工核销］命令，打开［核销条件］对话框，选择供应商“正锋机械”，单击［确定］按钮，进入［单据核销］窗口。

（4）在单据类型“采购专用发票”行次，双击原币金额或原币余额，系统自动输入本次结算“9 040”，如图2-10-16所示。单击［保存］按钮，系统自动保存核销信息并在后台生成一张核销单，被核销的单据在窗口中不再显示。

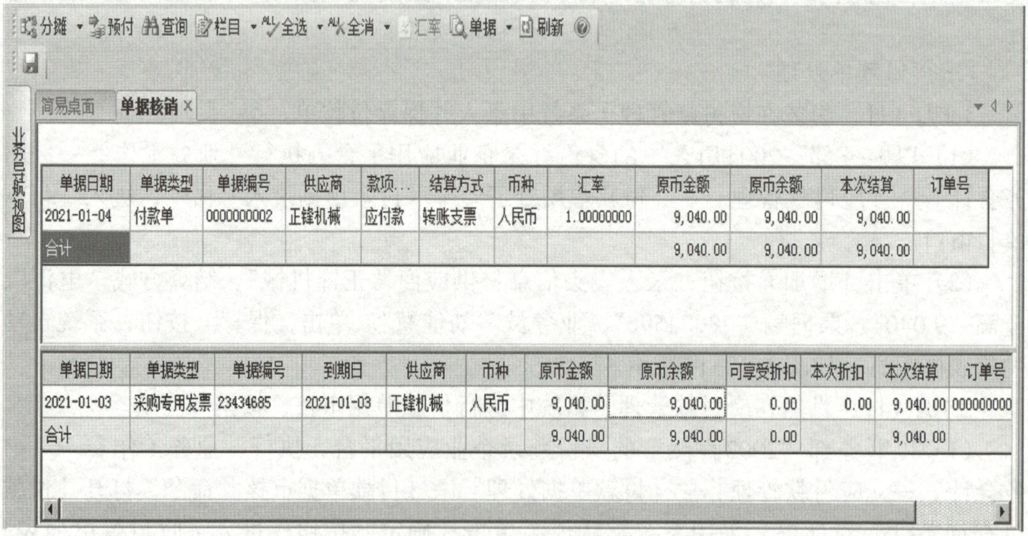

图2-10-16　单据核销

（5）执行［制单处理］命令，打开［制单查询］对话框，选择“收付款单制单”，单击［确定］按钮，进入［收付款单制单］窗口，单击［全选］按钮，“选择标志”处自动生成序号“1”标志，修改凭证类别为“付款凭证”。

（6）单击［制单］按钮，系统自动生成一张付款凭证。单击［流量］按钮，系统弹出［现金流量录入修改］对话框，选择“项目编码”为“04购买商品、接受劳务支付的现金”，单击［确定］按钮。单击［保存］按钮，凭证左上角显示“已生成”字样，如图2-10-17所示。

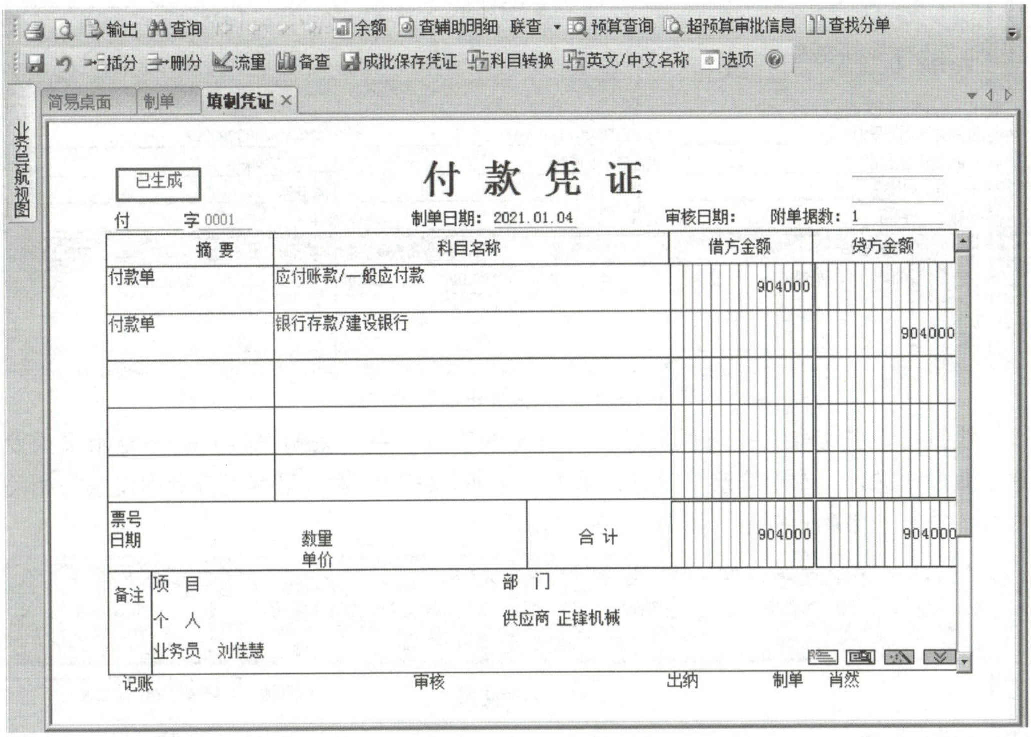

图2-10-17　生成付款凭证

【操作提示】制单分为立即制单和批量制单。批量制单是在业务完成后，使用［制单处理］功能进行批量制单；立即制单是指在单据处理、转账处理、票据管理及坏账处理等操作中，原始单据录入完成，进行审核时系统会询问“是否立即制单”，可以选择［是］按钮，便立即生成凭证。

二、涉及运费的采购业务

（一）采购订单、采购到货单和采购入库单的处理

1.1月4日，刘佳慧在采购管理子系统中填制并审核采购订单，如图2-10-18所示。

2.1月4日，刘佳慧在采购管理子系统中参照采购订单生成采购到货单。

3.1月4日，吴晓波在库存管理子系统中参照到货单生成采购入库单。

微课

涉及运费的采购业务

（二）采购专用发票处理

1.1月4日，刘佳慧在采购管理子系统中参照采购入库单生成采购专用发票。

2.1月4日，刘佳慧在采购管理子系统中填制采购运费专用发票。

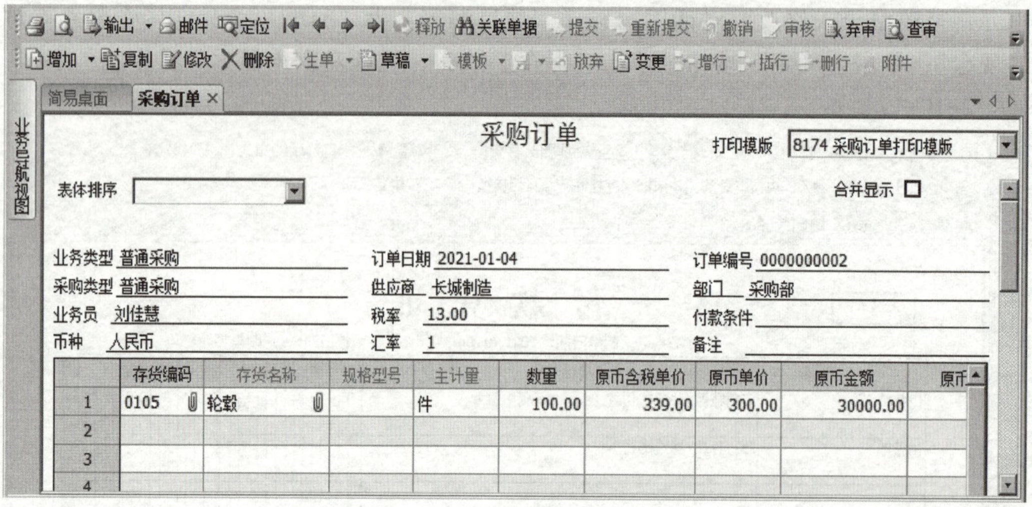

图2-10-18 录入并审核采购订单

执行［业务工作］—［供应链］—［采购管理］—［采购发票］—［专用采购发票］命令，进入［专用发票］窗口，单击［增加］按钮，输入采购运费专用发票的相关内容，单击［保存］按钮，如图2-10-19所示。

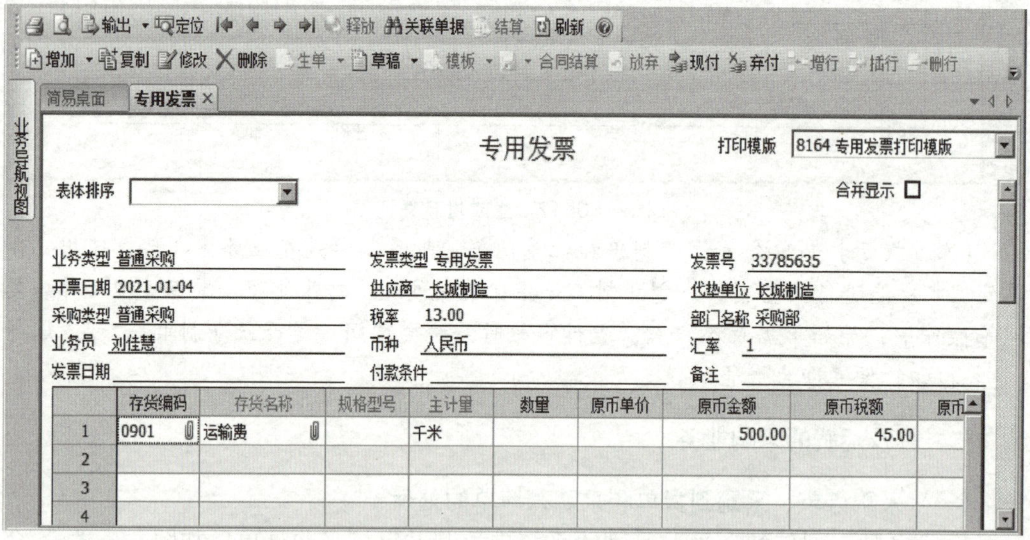

图2-10-19 录入采购运费专用发票

3.1月4日，刘佳慧在采购管理子系统中进行手工采购结算。

（1）执行［业务工作］—［供应链］—［采购管理］—［采购结算］—［手工结算］命令，进入［手工结算］窗口，单击［选单］按钮，进入［结算选单］窗口。

（2）单击［查询］按钮，系统弹出［查询条件选择—采购手工结算］对话框。

（3）单击［确定］按钮，系统自动列示所有待采购结算的采购发票和采购入库单。在上方“结算选发票列表”中，双击“选择”栏选中两张发票；同时在下方“结算选入库单列表”中，双击第二行“选择”栏，选中供应商为长城制造的采购入库单，如图2-10-20所示。

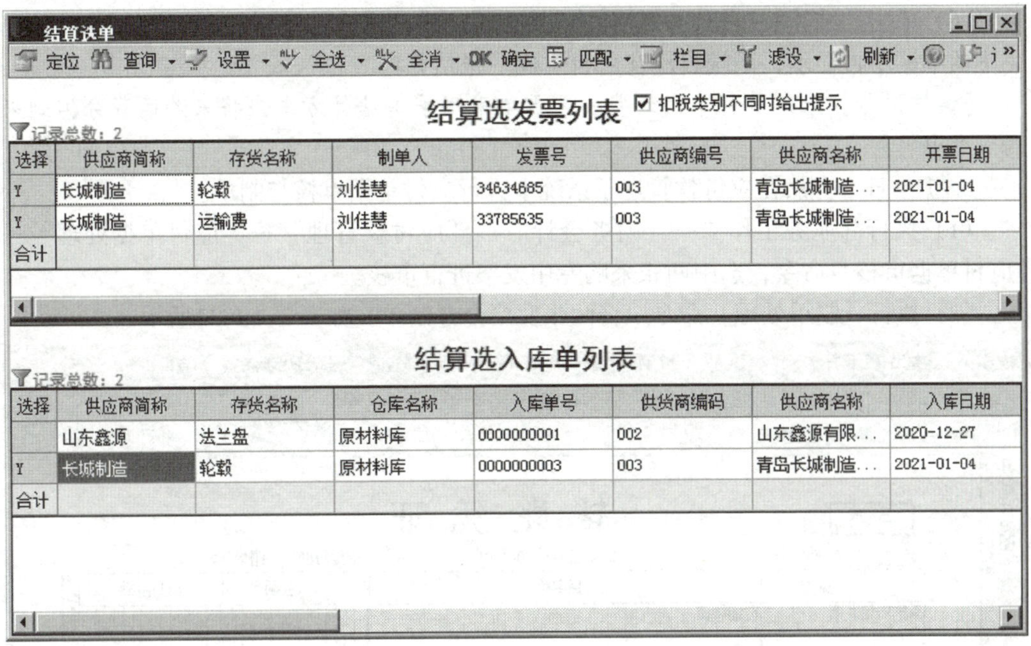

图2-10-20　结算选单

（4）单击［确定］按钮，返回到［手工结算］窗口，单击［分摊］按钮，系统弹出“选择按金额分摊，是否开始计算？”提示框，单击［是］按钮。

（5）系统弹出“费用分摊（按金额）完毕，请检查。”提示框，单击［确定］按钮，如图2-10-21所示。

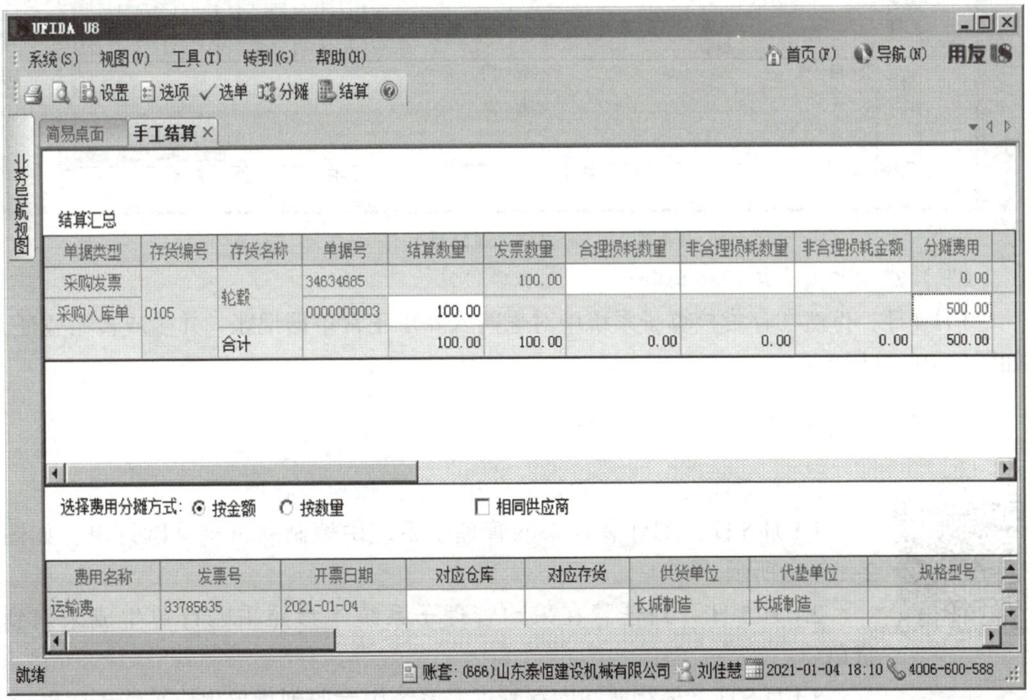

图2-10-21　手工结算

（6）单击［结算］按钮，系统弹出“结算完毕”提示框，单击［确定］按钮，结算完毕的单据不再显示，系统自动在后台生成一张结算单。

【操作提示】采购过程中的运费发票需要采用手工结算方式，将采购运费分摊到采购成本中。

4.1月4日，肖然在应付款管理子系统中进行应付单据审核与制单。

（1）执行［业务工作］—［财务会计］—［应付款管理］—［应付单据处理］—［应付单据审核］命令，选中两张采购专用发票进行审核。

（2）执行［制单处理］命令，将两张发票合并制单，如图2-10-22所示。

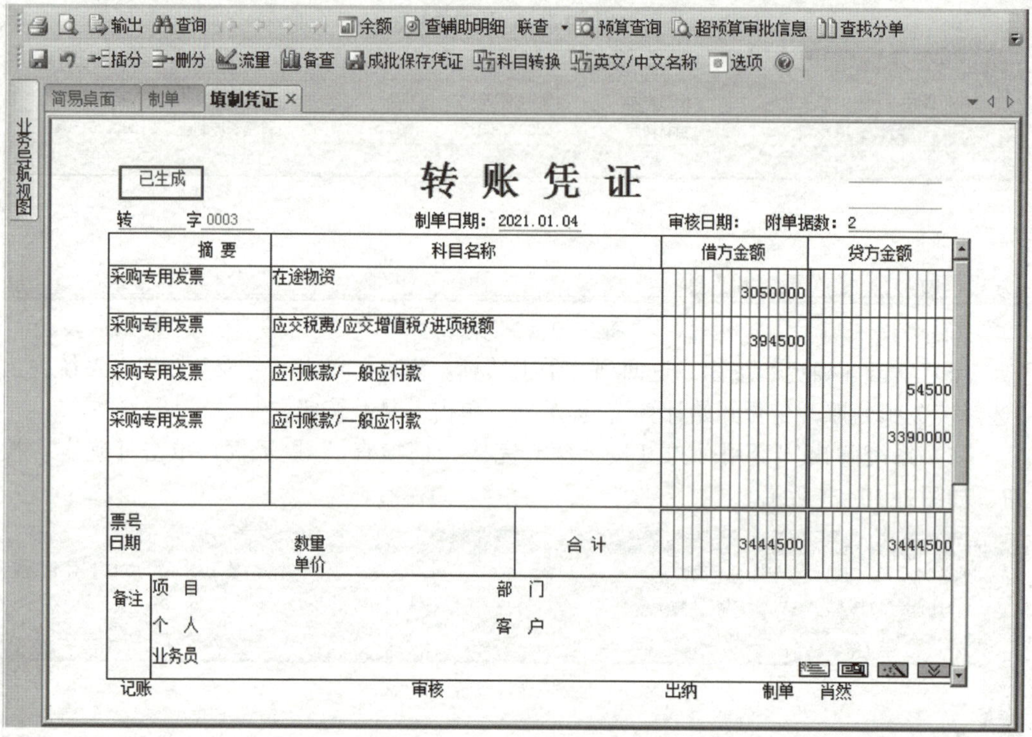

图2-10-22 生成转账凭证

（三）对采购入库单记账与制单

1月4日，肖然在存货核算子系统中对采购入库单正常单据记账，并生成转账凭证，如图2-10-23所示。

三、预付、现付相结合的采购业务

微课

预付、现付相结合的采购业务

（一）采购订单、采购到货单和采购入库单的处理

1.1月5日，刘佳慧在采购管理子系统中填制并审核采购订单，如图2-10-24所示。

2.1月5日，刘佳慧在采购管理子系统中参照采购订单生成采购到货单。

3.1月5日，吴晓波在库存管理子系统中参照到货单生成采购入库单。

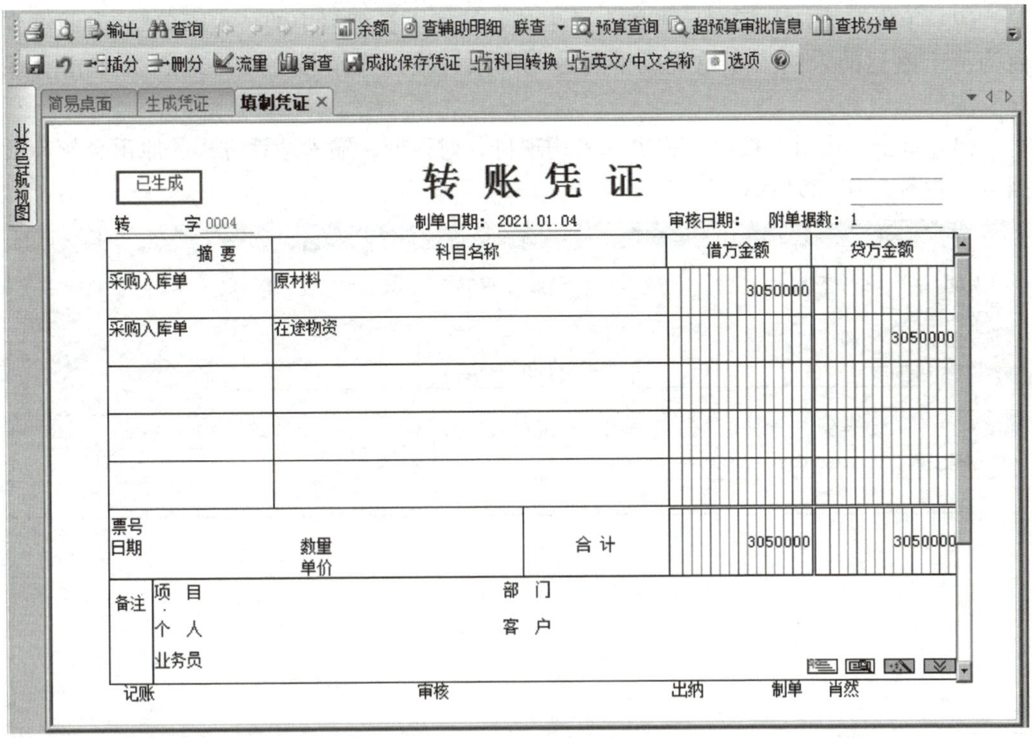

图2-10-23　生成转账凭证

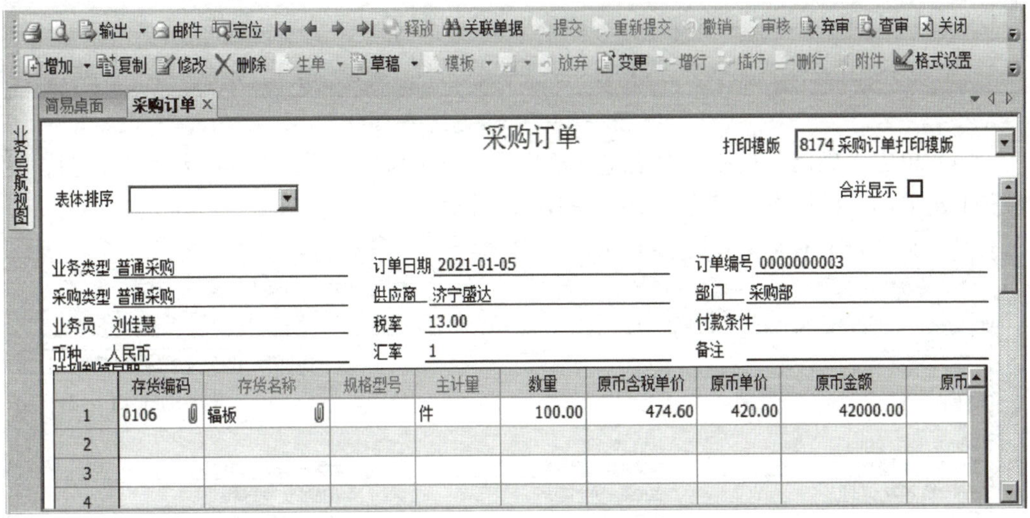

图2-10-24　录入并审核采购订单

（二）采购专用发票处理

1. 1月5日，刘佳慧在采购管理子系统中参照采购入库单生成采购发票并进行采购结算。

（1）1月5日，以采购部“4001刘佳慧”的身份登录企业应用平台，执行［业务工作］—［供应链］—［采购管理］—［采购发票］—［专用采购发票］命令，进入［专用发票］窗口。

（2）单击［增加］按钮，再单击［生单］按钮下拉列表中的“入库单”，参照供应商为济宁盛达的采购入库单生成采购专用发票，输入发票号“36782345”，单击［保存］按钮。

（3）单击［现付］按钮，弹出［采购现付］对话框，输入结算方式、原币金额和票据号，如图2-10-25所示。

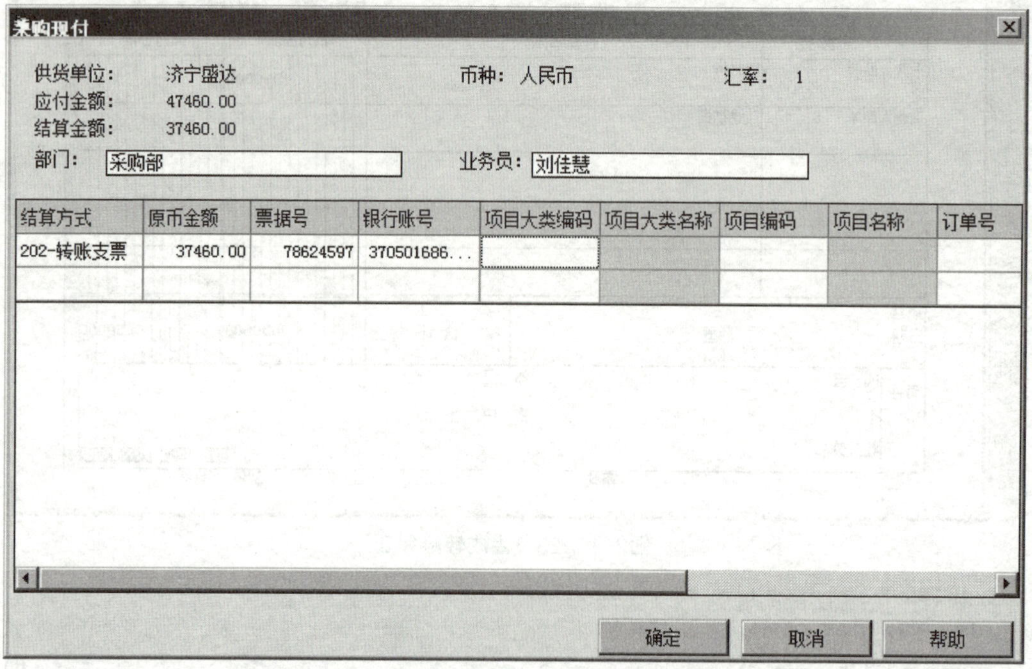

图2-10-25 采购现付

（4）单击［确定］按钮，发票左上角显示“已现付”字样。单击［结算］按钮，发票左上角显示“已结算”字样，如图2-10-26所示。

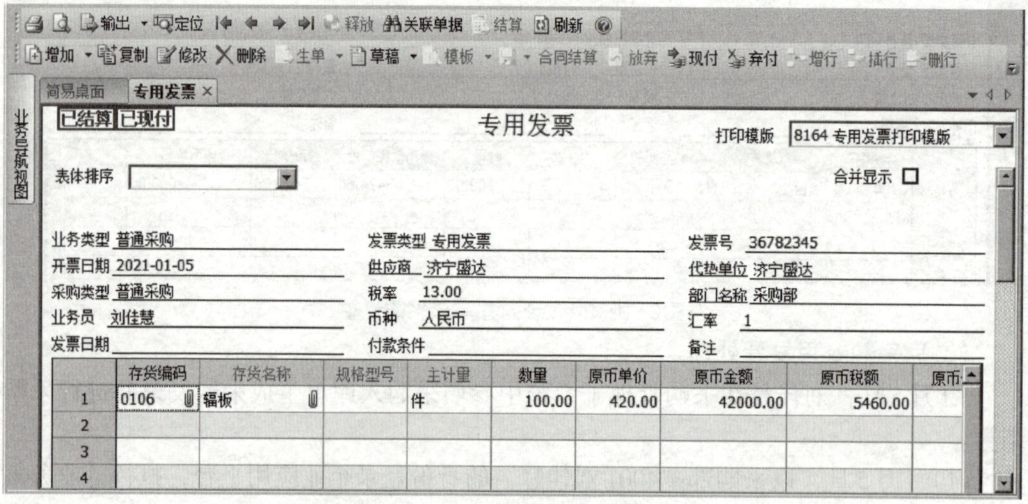

图2-10-26 采购专用发票现付与结算

2.1月5日，肖然在应付款管理子系统中进行应付单据审核与制单。

（1）1月5日，以财务部“2002肖然”的身份登录企业应用平台，执行［业务工作］—［财务会计］—［应付款管理］—［应付单据处理］—［应付单据审核］命令，打开［应付单查询条件］对话框，勾选“包含已现结发票”复选框，单击［确定］按钮。

（2）进入［应付单据列表］窗口，单击［全选］按钮，再单击［审核］按钮。

（3）执行［制单处理］命令，打开［制单查询］对话框，勾选“现结制单”复选框，单击［确定］按钮，进入［应付制单］窗口。

（4）凭证类别选择“付款凭证”，单击［全选］按钮，再单击［制单］按钮，系统自动生成一张付款凭证，补充现金流量信息，单击［保存］按钮，如图2-10-27所示。

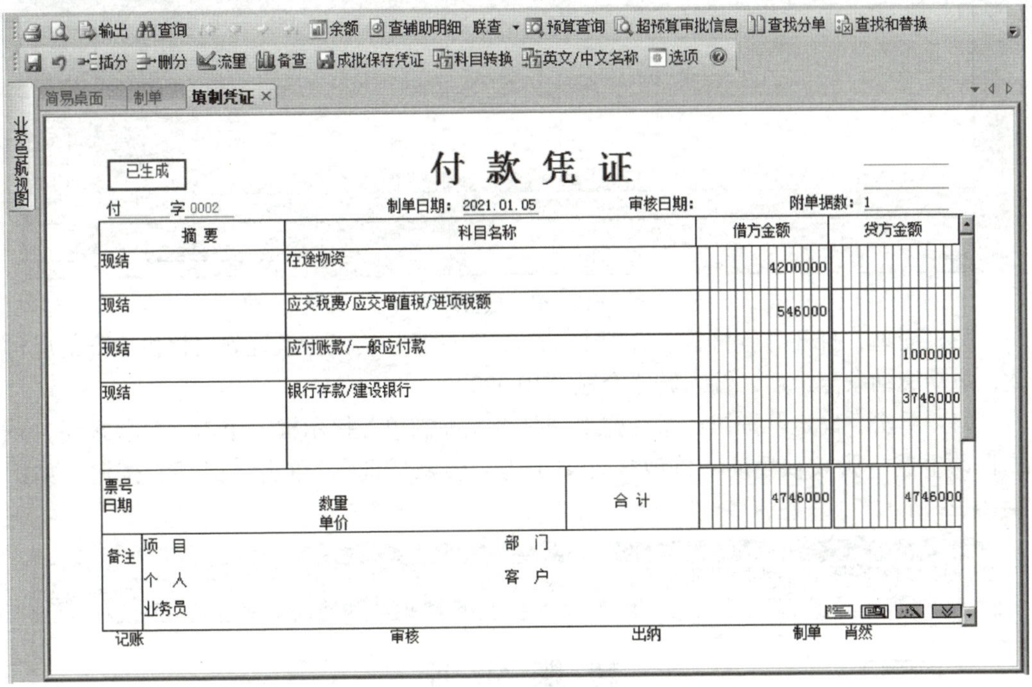

图2-10-27　生成付款凭证

【操作提示】

（1）现付业务在进行应付单据审核时，需要在［应付单查询条件］对话框，勾选“包含已现结发票”复选框；在采购发票制单处理时，需要在［制单查询］对话框，勾选“现结制单”复选框。

（2）现付业务后台自动进行核销处理，无须专门进行付款核销。

3.1月5日，肖然在应付款管理子系统中进行预付冲应付并制单。

（1）执行［业务工作］—［财务会计］—［应付款管理］—［转账］—［预付冲应付］命令，打开［预付冲应付］对话框。

（2）打开［预付款］选项卡，选择供应商为“济宁盛达”，单击［过滤］按钮，系统列出该供应商的预付款，拖动滚动条至最后，输入转账金额“10 000”，如图2-10-28所示。

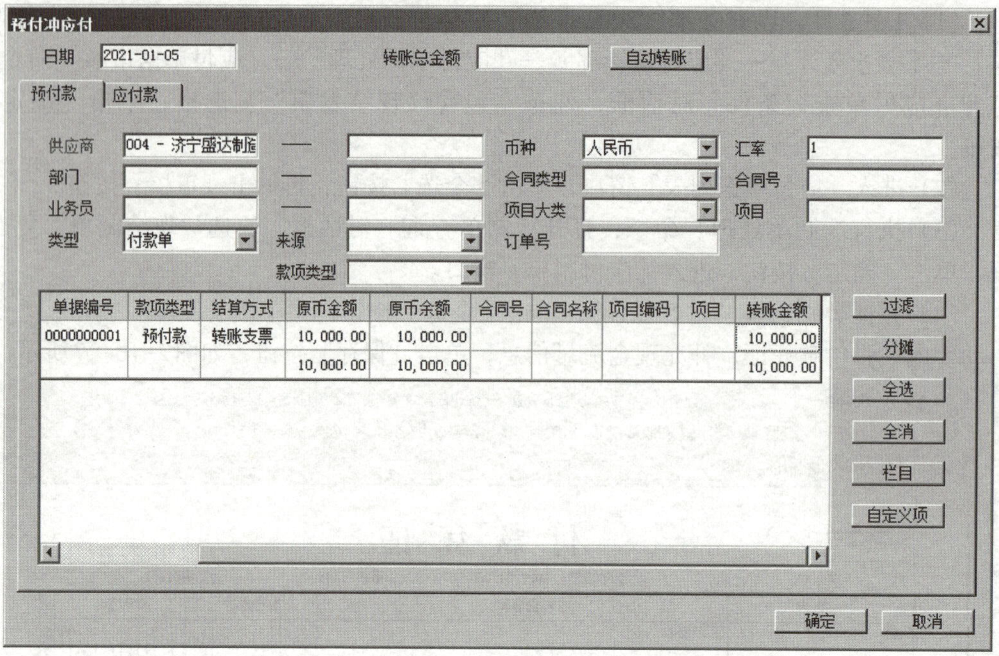

图2-10-28 预付冲应付

（3）同理，打开［应付款］选项卡，单击［过滤］按钮，系统列出该供应商的应付款，拖动滚动条至最后，输入转账金额“10 000”。

（4）单击［确定］按钮，系统弹出“是否立即制单”提示框，单击［是］按钮，系统自动生成一张收款凭证，修改凭证类别为“转账凭证”，单击［保存］按钮，如图2-10-29所示。

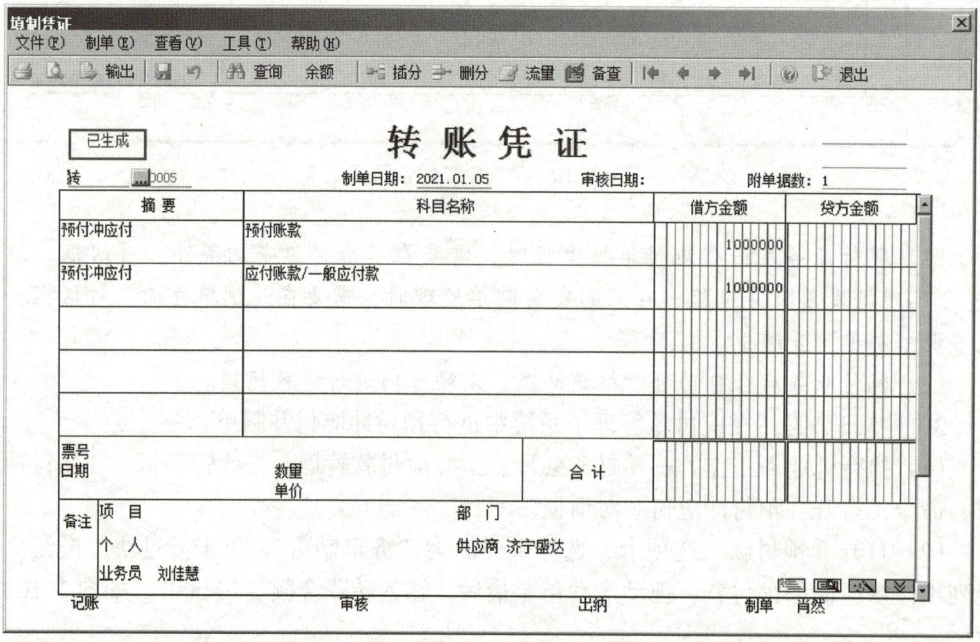

图2-10-29 生成转账凭证

【操作提示】预付冲应付的转账处理有两种方法：一种是在［转账］—［预付冲应付］功能中自动生成凭证，无须再进行核销；另一种是通过［付款核销］功能进行核销后，再在［制单］功能中进行核销制单。

（三）对采购入库单记账与制单

1月5日，肖然在存货核算子系统中对采购入库单正常单据记账，并生成转账凭证，如图2-10-30所示。

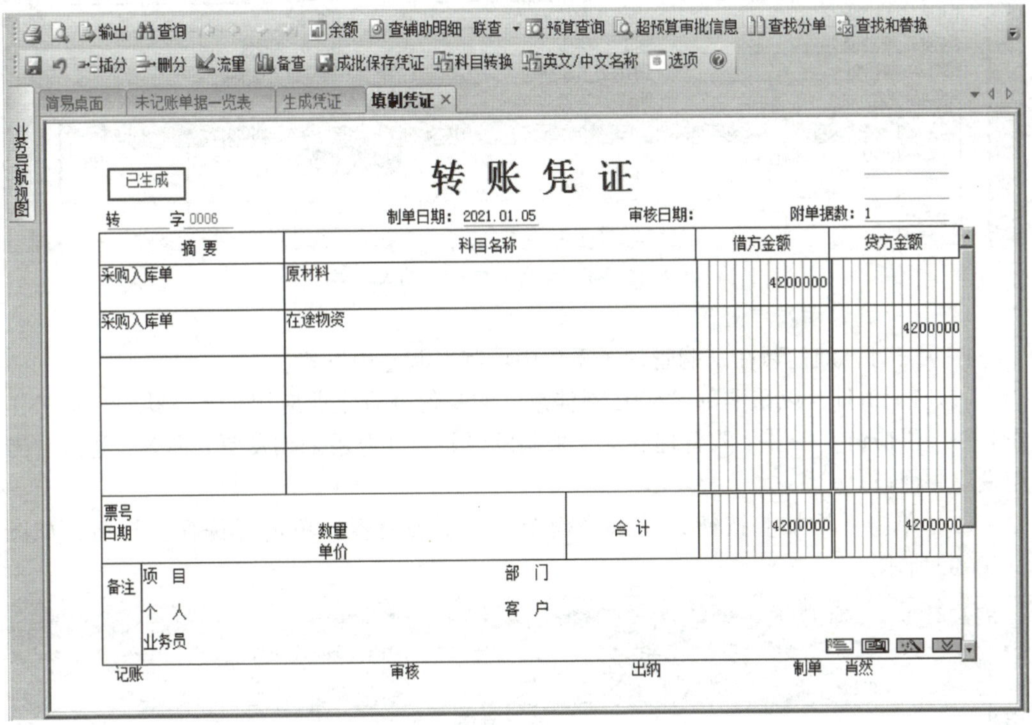

图2-10-30　生成转账凭证

四、涉及采购损耗的现金折扣业务

（一）采购订单、采购到货单和采购入库单的处理

1.1月6日，刘佳慧在采购管理子系统中填制并审核采购订单。

2.1月6日，刘佳慧在采购管理子系统中参照采购订单生成采购到货单。

3.1月6日，吴晓波在库存管理子系统中参照到货单生成采购入库单，修改入库数量为“198.00”，采购入库单如图2-10-31所示。

【操作提示】

（1）发生现金折扣时，采购订单的表头需要录入“付款条件”。

（2）不论是否发生采购损耗，采购订单均按照订购数量填写。

（3）发生采购损耗时，无论是合理损耗还是非合理损耗，采购入库单的数量必须按照实际入库数量填写。

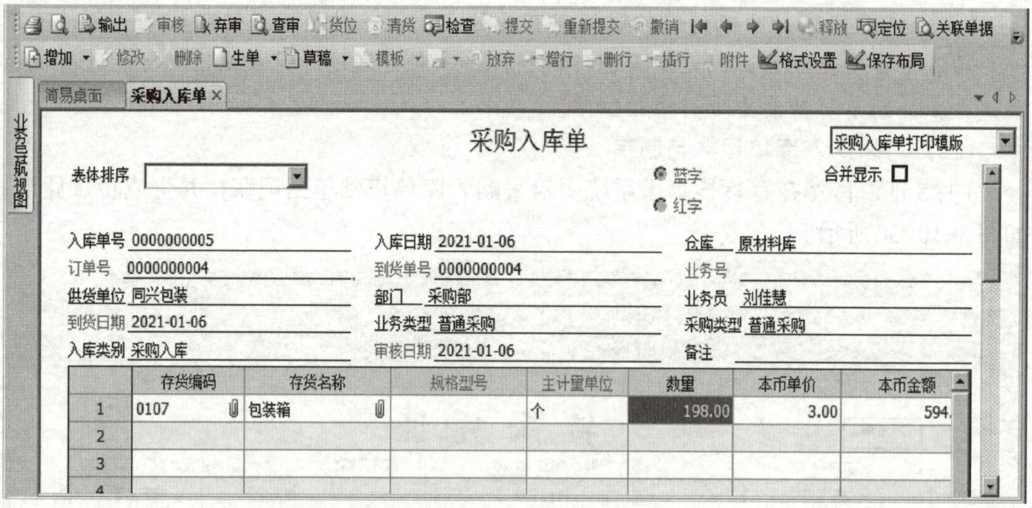

图2-10-31 生成并审核采购入库单

（二）采购专用发票处理

1.1月6日，刘佳慧在采购管理子系统中填制采购专用发票。

（1）1月6日，以采购部“4001刘佳慧”的身份登录企业应用平台，执行［业务工作］—［供应链］—［采购管理］—［采购发票］—［专用采购发票］命令，进入［专用发票］窗口。

（2）单击［增加］按钮，输入采购专用发票的内容，单击［保存］按钮，如图2-10-32所示。

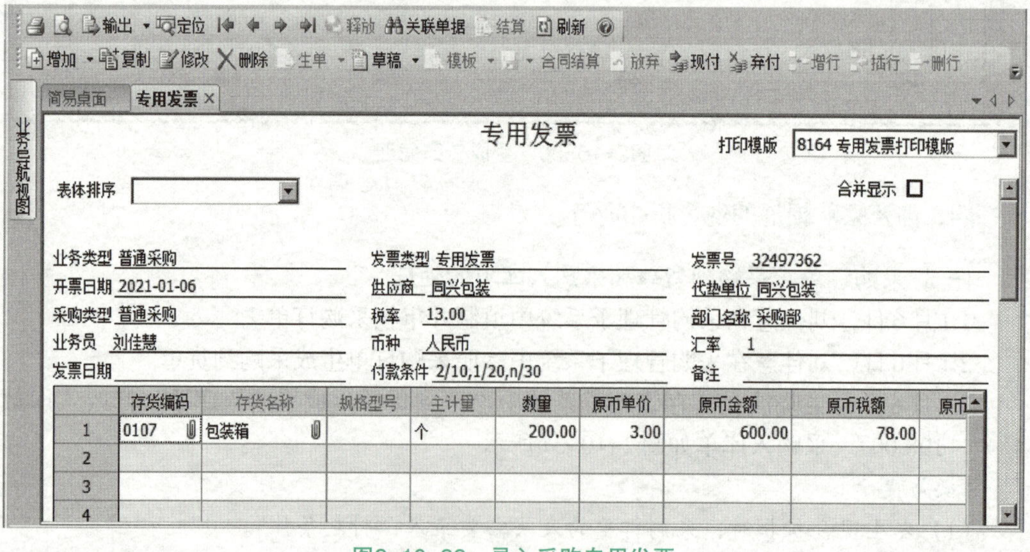

图2-10-32 录入采购专用发票

【操作提示】

①发生合理损耗时，发票数量应当按照采购数量填写，而不是实际入库数量。

②发生采购损耗，发票数量与采购入库单数量不一致，采购发票不能参照采购入库单生单，可以参照采购订单生成或者直接手工增加。

2.1月6日，刘佳慧在采购管理子系统中进行手工采购结算。

微课
涉及采购损耗的现金折扣业务

（1）执行［业务工作］—［供应链］—［采购管理］—［采购结算］—［手工结算］命令，进入［手工结算］窗口。

（2）单击［选单］按钮，选中供应商为同兴包装的采购专用发票和采购入库单，返回到［手工结算］窗口，输入合理损耗数量“2”，如图2-10-33所示。

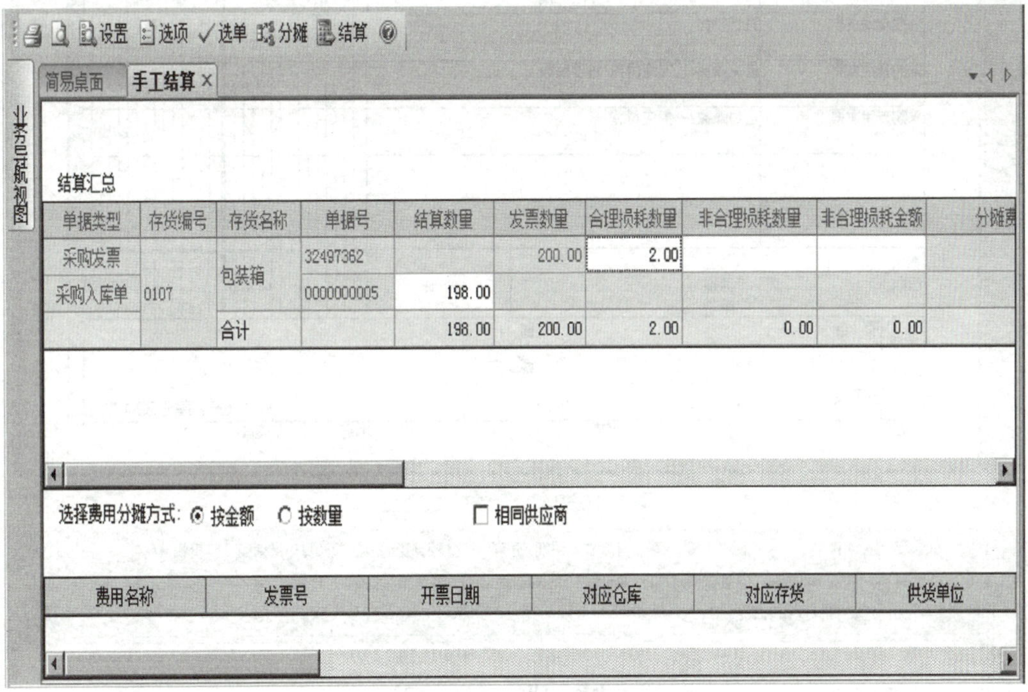

图2-10-33 手工结算

（3）单击［结算］按钮，系统自动在后台生成一张结算单。

【操作提示】

①发生采购损耗时，采购结算需要手工结算。

②发生采购损耗时，在［手工结算］窗口中，需要输入合理损耗的数量，非合理损耗的数量、金额和涉及的进项税额转出金额。

③合理损耗在生成凭证时，只增加存货单位成本，总金额不变；非合理损耗需要根据损耗原因，在结算制单时处理损耗或单独在总账管理子系统中填制处理损耗的凭证。

3.1月6日，肖然在应付款管理子系统中进行应付单据审核与制单，如图2-10-34所示。

（三）对采购入库单记账与制单

1月6日，肖然在存货核算子系统中对采购入库单记账与制单，凭证如图2-10-35所示。

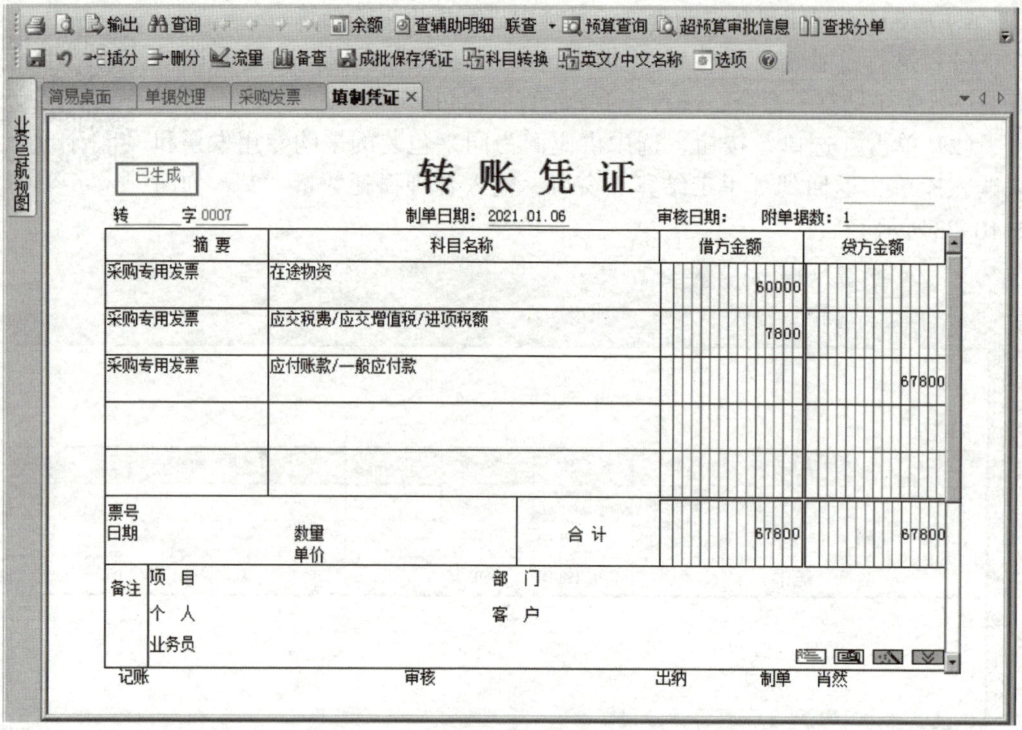

图2-10-34　生成转账凭证

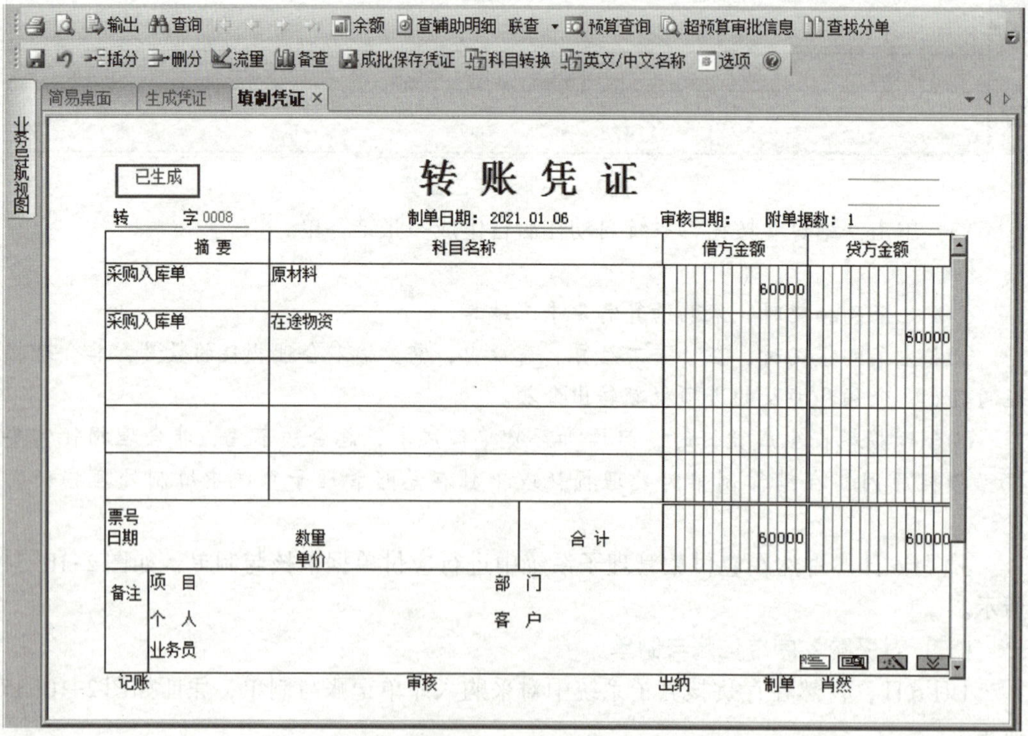

图2-10-35　生成转账凭证

（四）付款单处理

1.1月13日，唐艺在应付款管理子系统中录入付款单。

2.1月13日，肖然在应付款管理子系统中进行付款单据审核、核销和制单。

（1）以“2002肖然”的身份登录企业应用平台，执行［业务工作］—［财务会计］—［应付款管理］—［付款单据处理］—［付款单据审核］命令，进行付款单据审核。

（2）执行［核销处理］—［手工核销］命令，打开［核销条件］对话框，选择供应商“同兴包装”，单击［确定］按钮，进入［单据核销］窗口。在下面采购专用发票单据行次输入本次结算“666”，系统自动计算本次折扣金额为“12”，如图2-10-36所示，单击［保存］按钮。

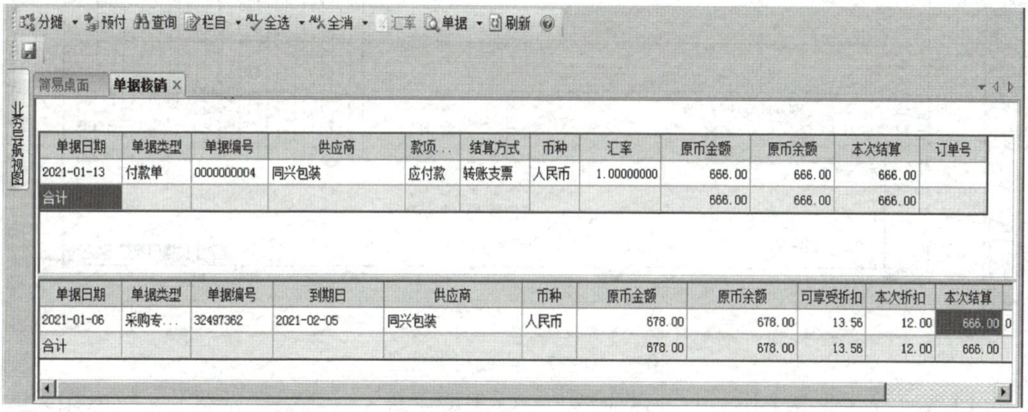

单据日期	单据类型	单据编号	供应商	款项…	结算方式	币种	汇率	原币金额	原币余额	本次结算	订单号
2021-01-13	付款单	0000000004	同兴包装	应付款	转账支票	人民币	1.00000000	666.00	666.00	666.00	
合计								666.00	666.00	666.00	

单据日期	单据类型	单据编号	到期日	供应商	币种	原币金额	原币余额	可享受折扣	本次折扣	本次结算
2021-01-06	采购专…	32497362	2021-02-05	同兴包装	人民币	678.00	678.00	13.56	12.00	666.00
合计						678.00	678.00	13.56	12.00	666.00

图2-10-36　单据核销

（3）执行［制单处理］命令，打开［制单查询］对话框，勾选“收付款单制单”和“核销制单”复选框，单击［确定］按钮，进入［应付制单］窗口。

（4）在供应商为同兴包装的两行单据的“选择标志”栏同时输入序号“1”，选择凭证类别为“付款凭证”，单击［制单］按钮，系统自动生成一张付款凭证。

（5）修改财务费用科目金额为“借方红字”，单击［流量］按钮，系统弹出［现金流量录入修改］对话框，选择“项目编码”为“04购买商品、接受劳务支付的现金”，单击［确定］按钮，再单击［保存］按钮，生成付款凭证如图2-10-37所示。

【操作提示】支付采购货款时如果发生现金折扣，需要注意以下三点：

①在核销处理时需要手工核销；

②在制单处理时需要在［制单查询］对话框，同时勾选“收付款单制单”和“核销制单”复选框。

③系统自动生成的付款凭证，需要将财务费用金额由贷方改为借方红字。

五、结算成本处理业务

微课

结算成本处理

1.1月14日，刘佳慧在采购管理子系统中参照采购入库单生成采购发票并进行采购结算。

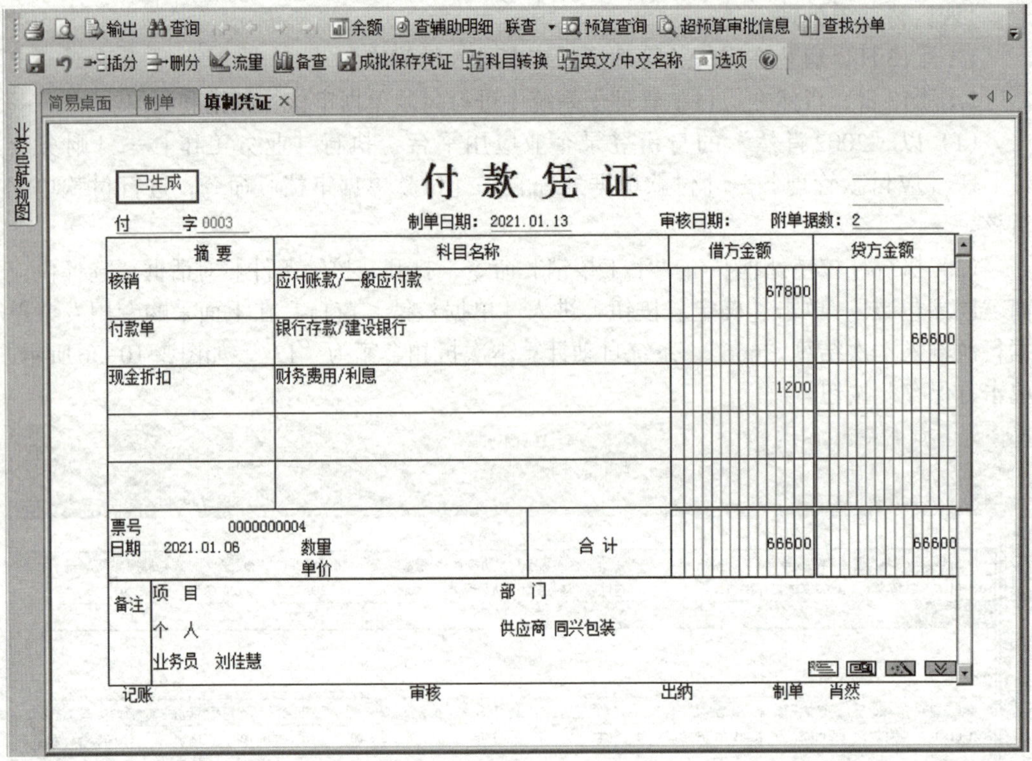

图2-10-37　生成付款凭证

（1）执行［业务工作］—［供应链］—［采购管理］—［采购发票］—［专用采购发票］命令，进入［专用发票］窗口。参照采购入库单生成采购专用发票，输入发票号“32346789”，单击［保存］按钮。

（2）单击［结算］按钮，发票左上角显示“已结算”字样，如图2-10-38所示。

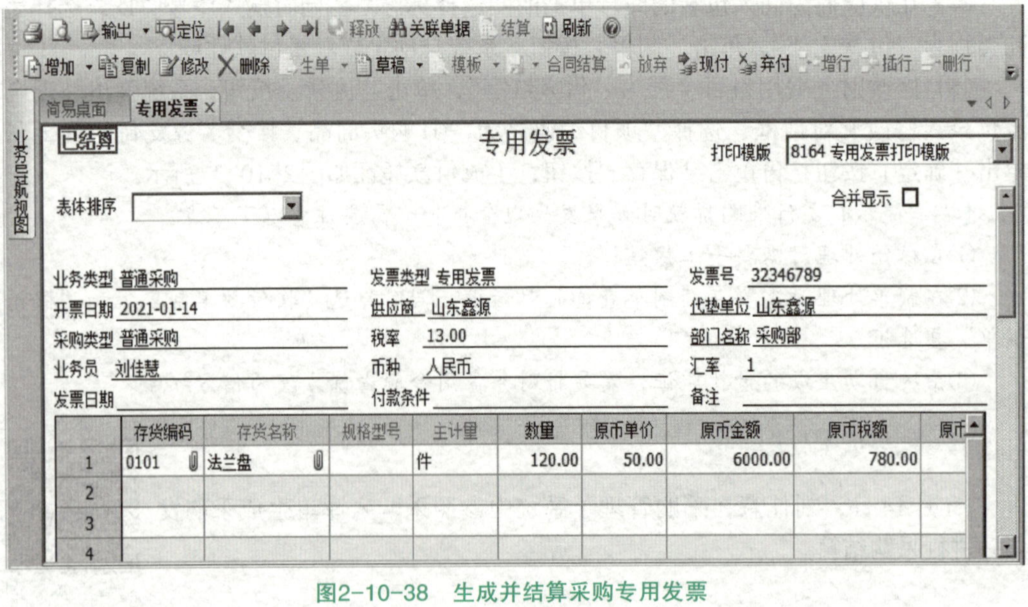

图2-10-38　生成并结算采购专用发票

2.1月14日，肖然在应付款管理子系统进行应付单据的审核与制单，如图2-10-39所示。

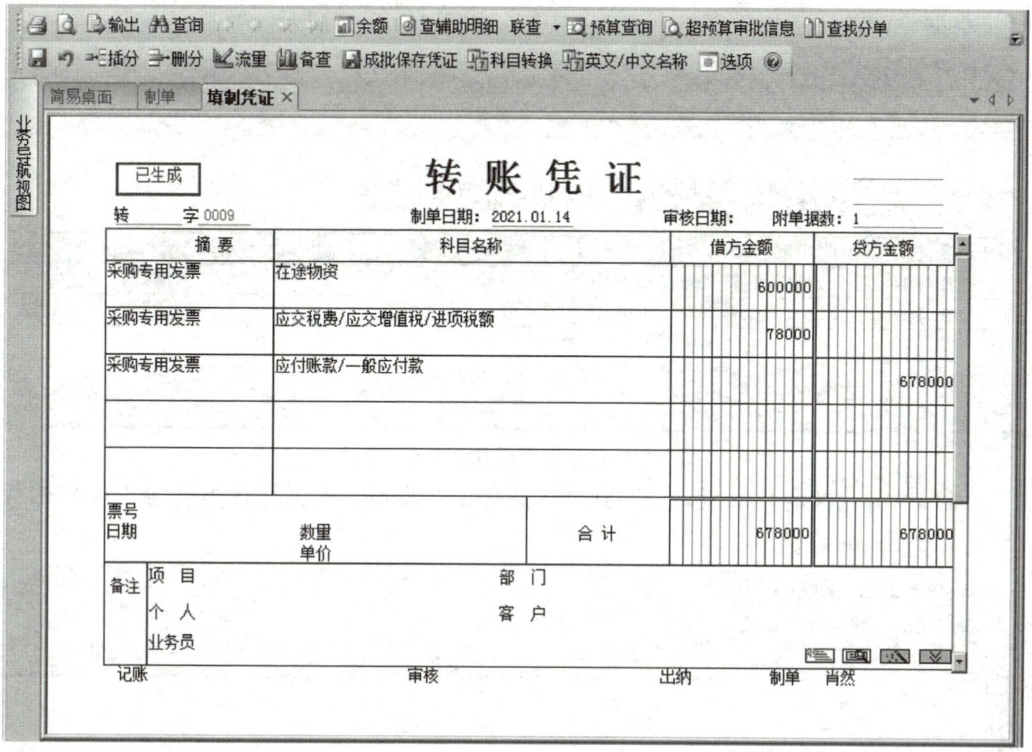

图2-10-39　生成转账凭证

3.1月14日，肖然在存货核算子系统暂估成本处理与制单。

（1）执行［业务工作］—［供应链］—［存货核算］—［业务核算］—［结算成本处理］命令，弹出［暂估处理查询］对话框，勾选“01原材料库”复选框，单击［确定］按钮。

（2）进入［结算成本处理］窗口，单击［全选］按钮，如图2-10-40所示。单击［暂估］按钮，系统弹出“暂估处理完成”提示框，单击［确定］按钮，暂估完毕后单据不再显示，后台自动生成一张红字回冲单和一张蓝字回冲单。

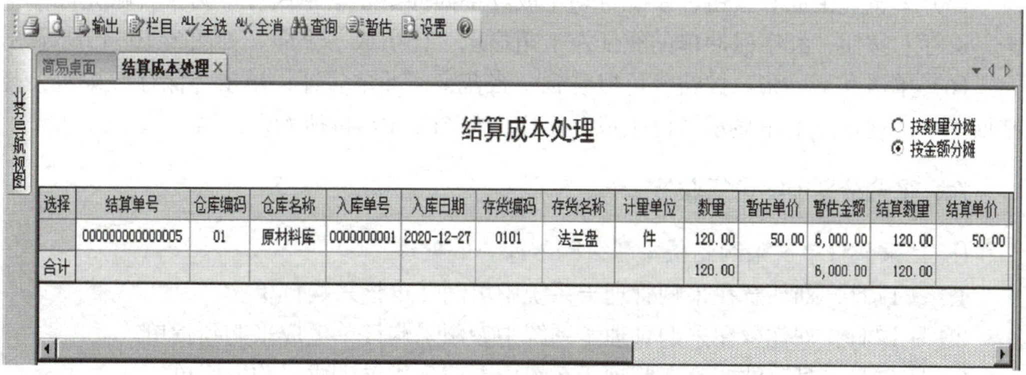

图2-10-40　结算成本处理

(3) 执行［存货核算］—［财务核算］—［生成凭证］命令，进入［生成凭证］窗口，单击［选择］按钮，弹出［查询条件］对话框，单击［确定］按钮，进入［未生成凭证单据一览表］窗口，单击［全选］按钮，如图2-10-41所示。

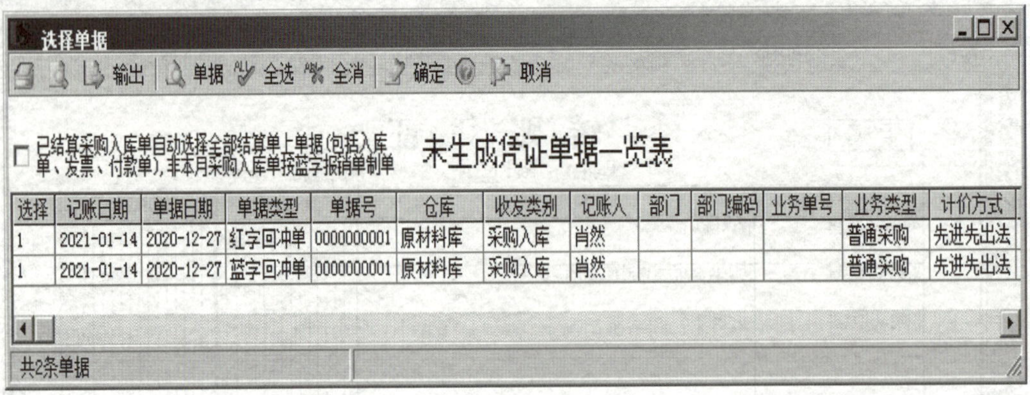

选择	记账日期	单据日期	单据类型	单据号	仓库	收发类别	记账人	部门	部门编码	业务单号	业务类型	计价方式
1	2021-01-14	2020-12-27	红字回冲单	0000000001	原材料库	采购入库	肖然				普通采购	先进先出法
1	2021-01-14	2020-12-27	蓝字回冲单	0000000001	原材料库	采购入库	肖然				普通采购	先进先出法

图2-10-41 未生成凭证单据一览表

(4) 单击［确定］按钮，返回到［生成凭证］窗口，选择凭证类别为“转 转账凭证”，如图2-10-42所示。

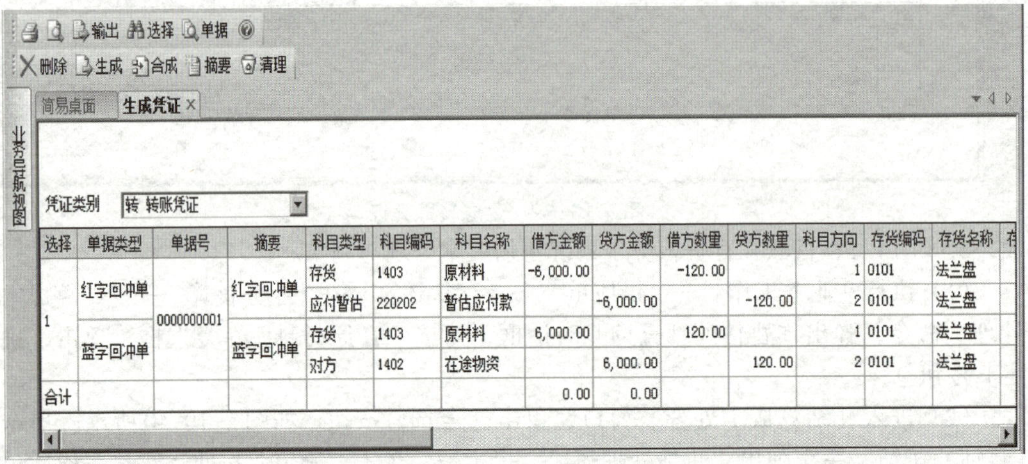

选择	单据类型	单据号	摘要	科目类型	科目编码	科目名称	借方金额	贷方金额	借方数量	贷方数量	科目方向	存货编码	存货名称
1	红字回冲单	0000000001	红字回冲单	存货	1403	原材料	-6,000.00		-120.00		1	0101	法兰盘
				应付暂估	220202	暂估应付款		-6,000.00		-120.00	2	0101	法兰盘
	蓝字回冲单		蓝字回冲单	存货	1403	原材料	6,000.00		120.00		1	0101	法兰盘
				对方	1402	在途物资		6,000.00		120.00	2	0101	法兰盘
合计							0.00	0.00					

图2-10-42 生成凭证列表

(5) 单击［生成］按钮，系统自动生成红字回冲单、蓝字回冲单两张转账凭证，单击［保存］按钮，红字回冲单的凭证左上角显示“已生成”字样，如图2-10-43所示。

(6) 单击［下一张］按钮，可以看到一张蓝字回冲单凭证，单击［保存］按钮，蓝字回冲单的凭证左上角显示“已生成”字样，如图2-10-44所示。

六、采购结算前的退货业务

(一) 采购订单、采购到货单和采购入库单的处理

1.1月17日，刘佳慧在采购管理子系统中填制并审核采购订单。

2.1月17日，刘佳慧在采购管理子系统中参照采购订单生成采购到货单。

3.1月17日，吴晓波在库存管理子系统中参照到货单生成采购入库单。

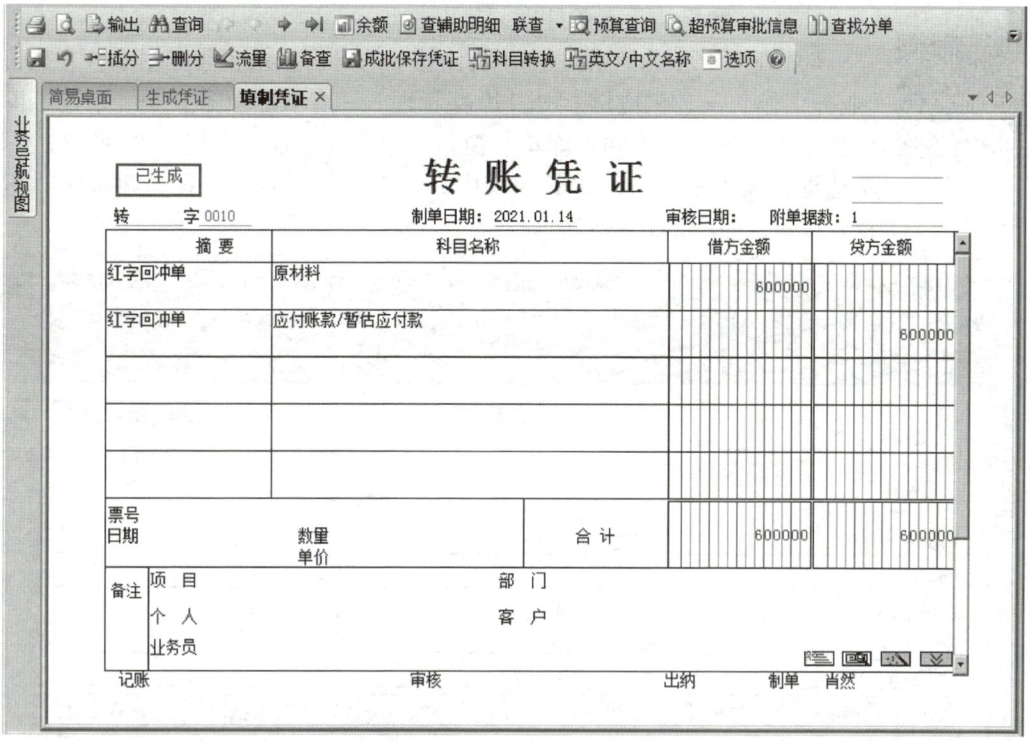

图2-10-43　生成红字回冲单凭证

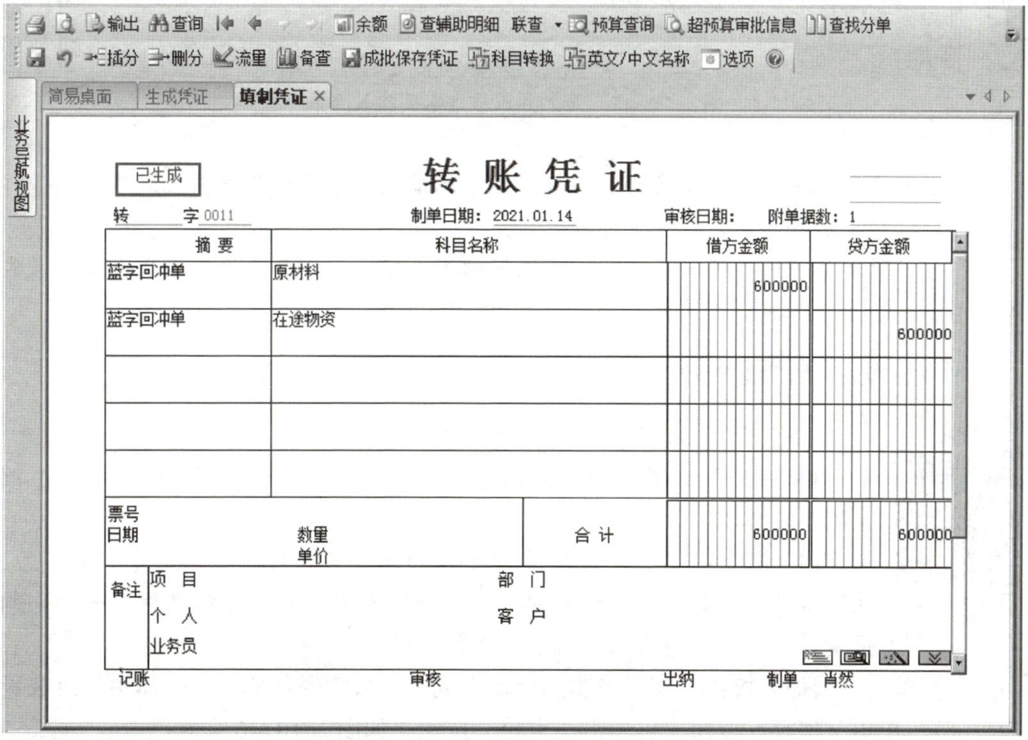

图2-10-44　生成蓝字回冲单凭证

微课

采购结算前的退货业务

（二）红字采购入库单处理

1月18日，以采购部“4001刘佳慧”的身份登录企业应用平台，执行［业务工作］—［供应链］—［库存管理］—［入库业务］—［采购入库单］命令，进入［采购入库单］窗口，单击［增加］按钮，选择“红字”单选框，输入采购入库单的相关内容，单击［保存］按钮，再单击［审核］按钮，如图2-10-45所示。

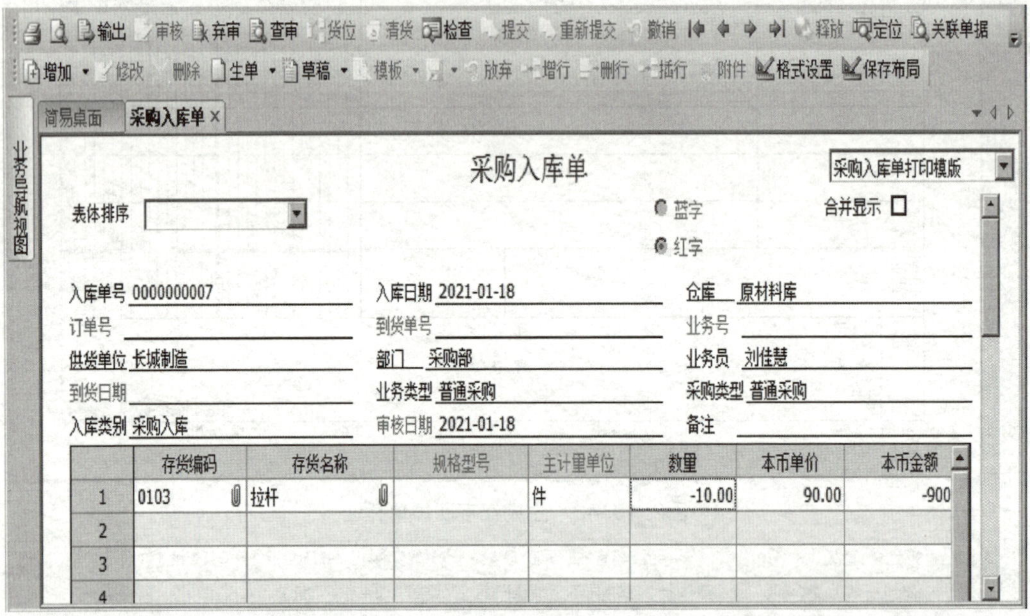

图2-10-45 录入并审核红字采购入库单

【操作提示】

（1）无上游单据时，红字采购入库单只能手工填制，无法参照单据生成。

（2）红字采购入库单的数量是负数。

（3）退货单是可选单据，本业务也可以填制退货单后，再参照退货单生成红字采购入库单。

七、采购结算后的退货业务

微课

采购结算后的退货业务

（一）退货单、红字采购入库单处理

1.1月20日，刘佳慧在采购管理子系统中参照采购到货单生成并审核采购退货单。

（1）1月20日，以采购部“4001刘佳慧”的身份登录企业应用平台，执行［业务工作］—［供应链］—［采购管理］—［采购到货］—［采购退货单］命令，进入［采购退货单］窗口。

（2）单击［增加］按钮，参照采购到货单生成一张采购退货单，在表体中修改数量为“-6”，单击［保存］按钮，再单击［审核］按钮，如图2-10-46所示。

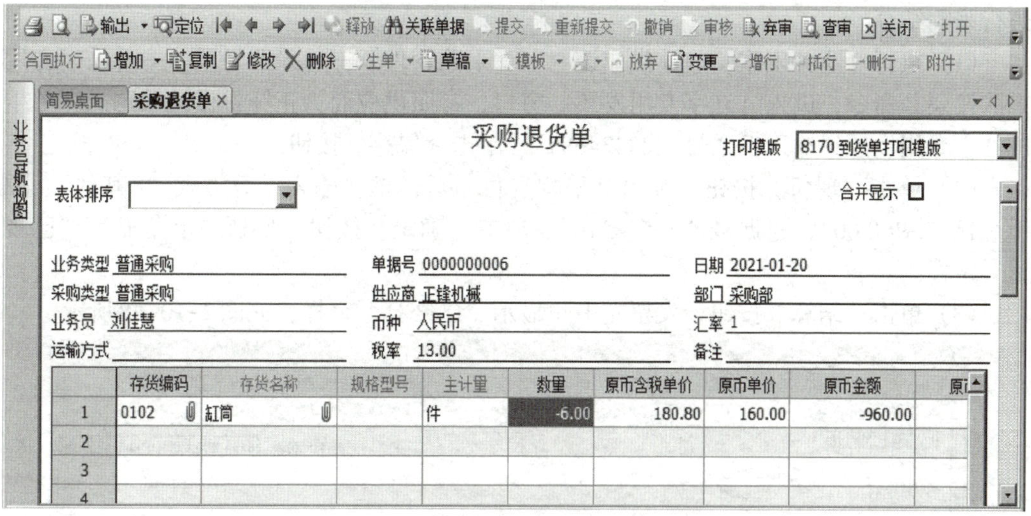

图2-10-46　生成并审核采购退货单

【操作提示】

①采购退货单可以手工填制，也可以参照采购订单或采购到货单生成。

②采购退货单的数量为负数。

2.1月20日，吴晓波在库存管理子系统中参照采购退货单生成并审核红字采购入库单。

执行［业务工作］—［供应链］—［库存管理］—［入库业务］—［采购入库单］命令，进入［采购入库单］窗口，参照采购退货单（红字）生成一张红字采购入库单，在表头选择仓库为“原材料库”，单击［保存］按钮，再单击［审核］按钮，如图2-10-47所示。

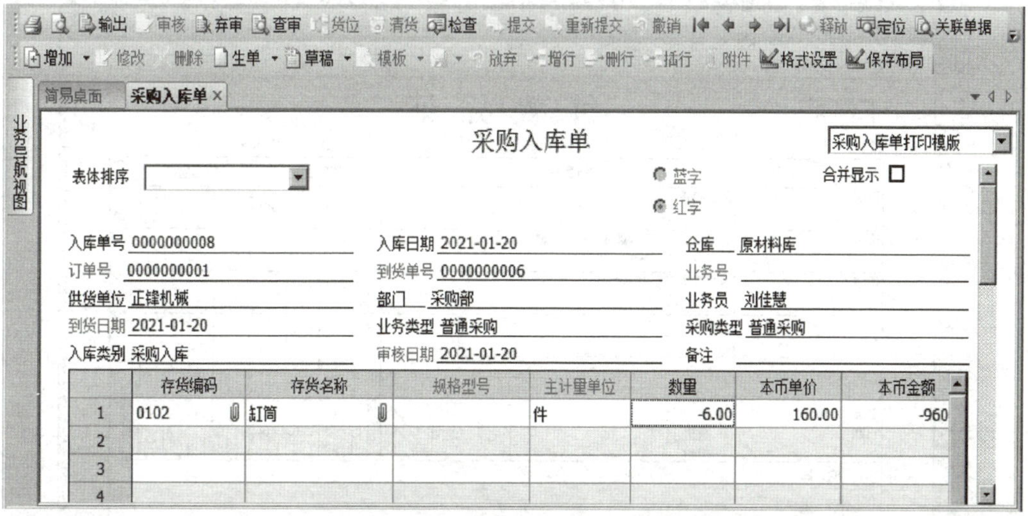

图2-10-47　生成并审核红字采购入库单

（二）红字采购专用发票处理

1.1月20日，刘佳慧在采购管理子系统中参照红字采购入库单生成红字采购发票并进行采购结算。

（1）执行［业务工作］—［供应链］—［采购管理］—［采购发票］—［红字专用采购发票］命令，进入［红字专用发票］窗口，参照供应商为正锋机械的采购入库单生成红字专用发票，输入发票号“23434691”，单击［保存］按钮。

（2）单击［现付］按钮，弹出［采购现付］对话框，输入结算方式“8其他”、原币金额“-960.00”、票据号“26543210”，单击［确定］按钮，发票左上角显示“已现付”字样。

（3）单击［结算］按钮，发票左上角显示“已结算”字样，如图2-10-48所示。

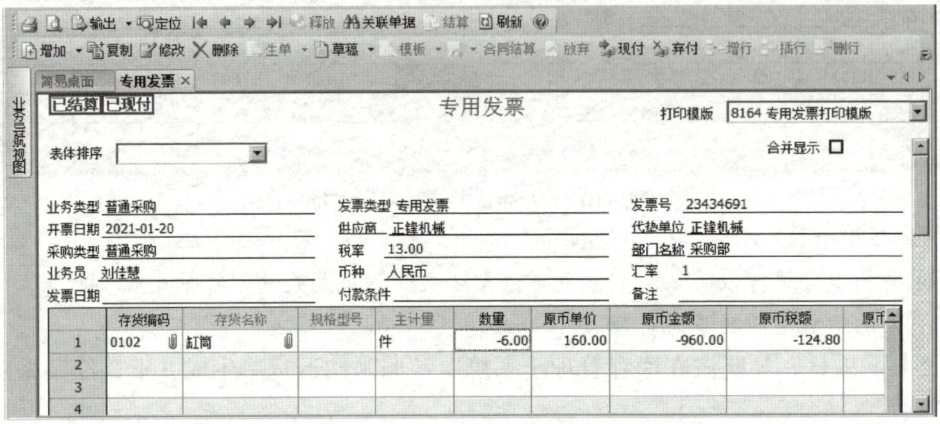

图2-10-48　生成并结算红字采购专用发票

2.1月20日，肖然在应付款管理子系统中进行应付单据审核与制单，如图2-10-49所示。注意应付单据为已现结发票，需要现结制单。

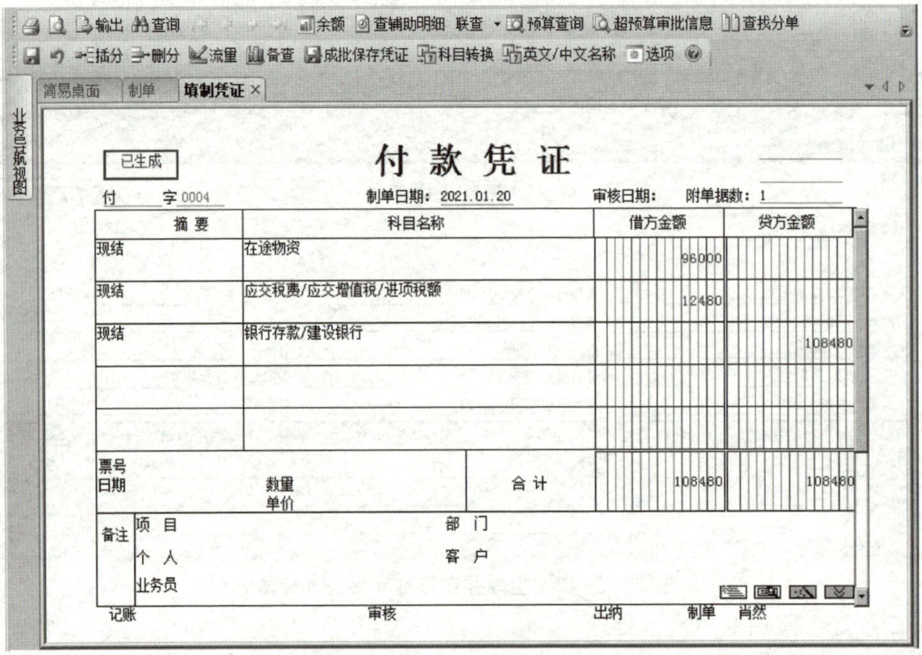

图2-10-49　生成付款凭证

（三）对红字采购入库单记账与制单

1月20日，肖然在存货核算子系统中对采购入库单记账与制单，如图2-10-50所示。

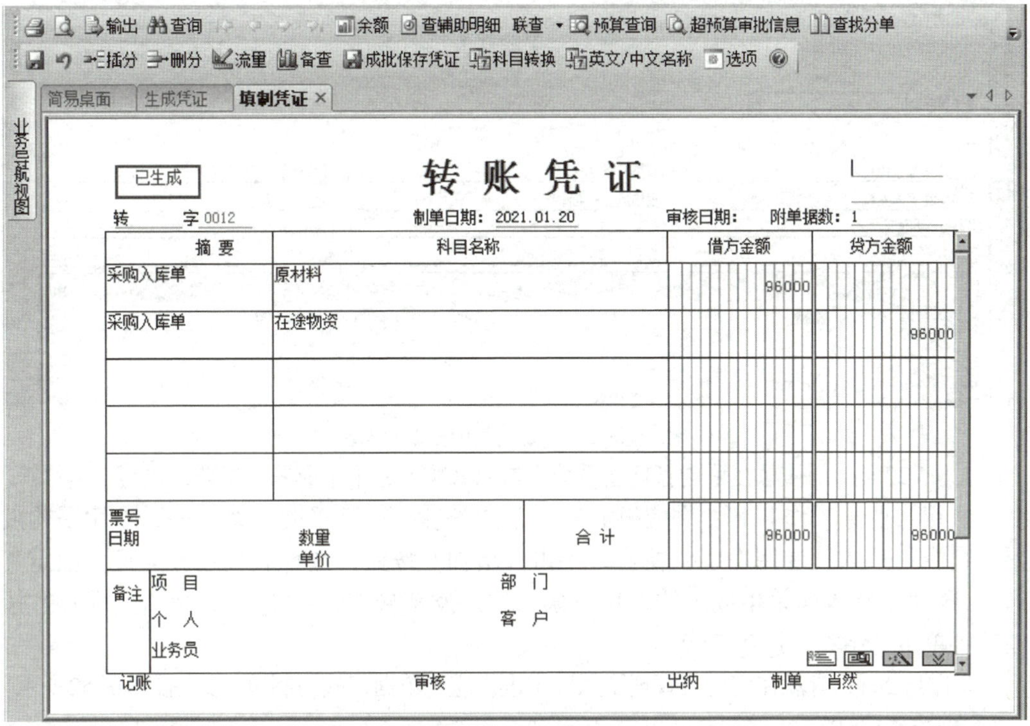

图2-10-50　生成转账凭证

八、采购固定资产业务

（一）采购订单处理

1月21日，以采购部“4001刘佳慧”的身份登录企业应用平台，执行［业务工作］—［供应链］—［采购管理］—［采购订货］—［采购订单］命令，进入［采购订单］窗口。单击［增加］按钮，选择表头信息：业务类型“固定资产”、供应商“亿维科技”、业务员“刘佳慧”；输入表体内容：存货编码“0902”、数量“1”、原币单价“28 000”，预计到货日期“2021-01-22”其他信息由系统自动带出，单击［保存］、［审核］按钮，如图2-10-51所示。

（二）采购入库单、采购发票处理

1.1月22日，吴晓波在库存管理子系统中参照采购订单录入并审核采购入库单。

【操作提示】

（1）采购到货单为可选单据，不再填制。

（2）发生采购固定资产时，采购订单、采购入库单、采购发票（包含未做的采购到货单）需要选择业务类型为“固定资产”。

（3）采购入库单的仓库为“固定资产库”。

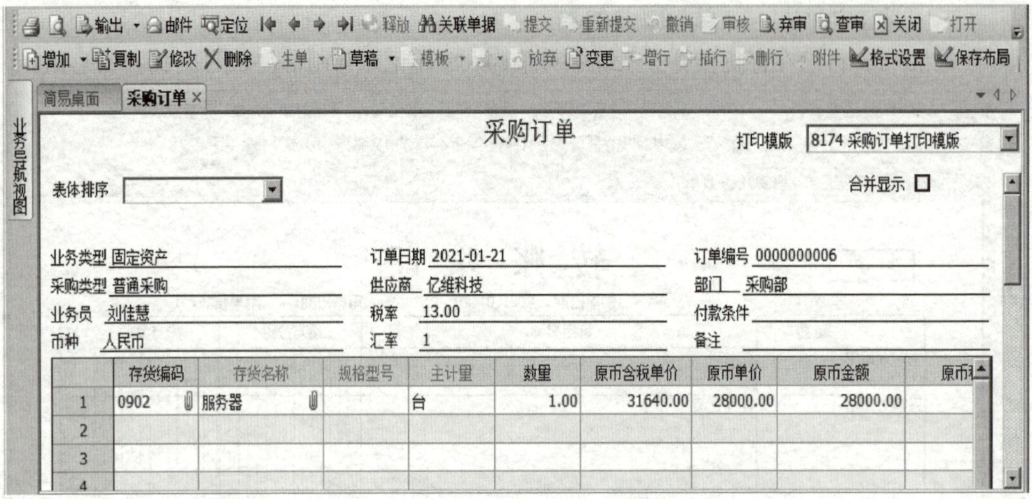

图2-10-51　录入并审核采购订单

2.1月22日，刘佳慧在采购管理子系统中参照采购入库单生成采购发票并进行采购结算。

执行［业务工作］—［供应链］—［采购管理］—［采购发票］—［专用采购发票］命令，进入［专用发票］窗口，单击［增加］按钮，选择表头业务类型"固定资产"，参照采购入库单生成采购专用发票，输入发票号"33469824"，单击［保存］按钮，再单击［结算］按钮。

3.1月22日，肖然在应付款管理子系统中进行应付单据审核与制单，如图2-10-52所示。

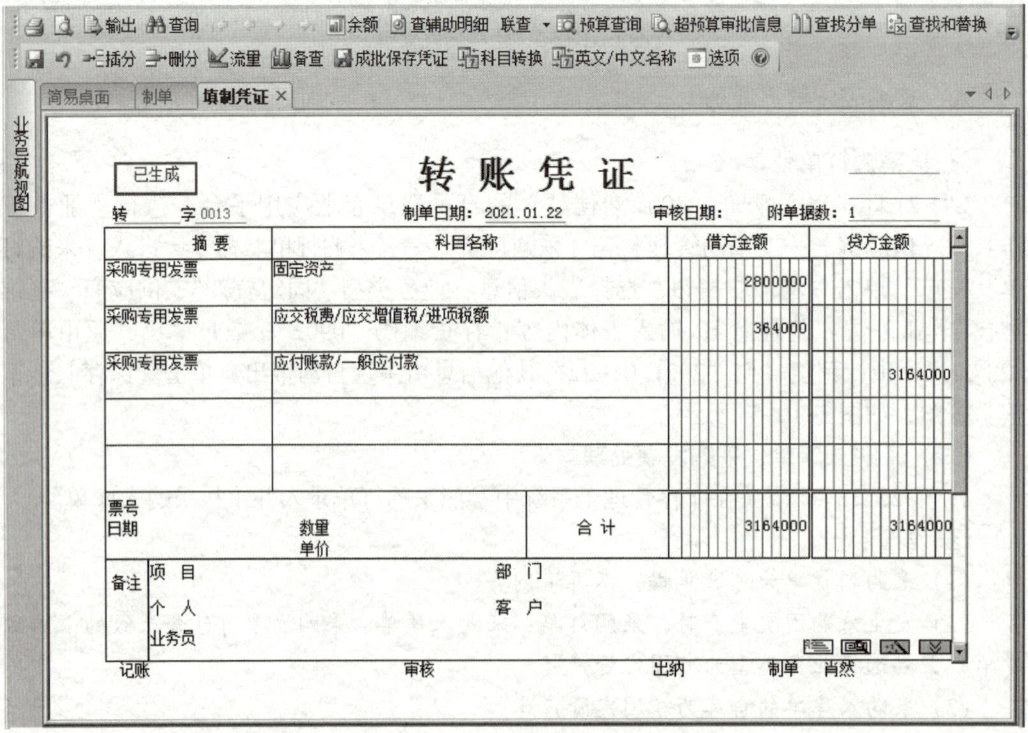

图2-10-52　生成转账凭证

（三）固定资产卡片处理

微课

采购固定资产业务

（1）1月22日，以财务部“2003张岩华”的身份登录企业应用平台，执行［业务工作］—［财务会计］—［固定资产］—［卡片］—［采购资产］命令，进入［采购资产］窗口，双击“选择”栏，“选择”栏自动生成“Y”标志，表示固定资产采购订单已被选中，如图2-10-53所示。

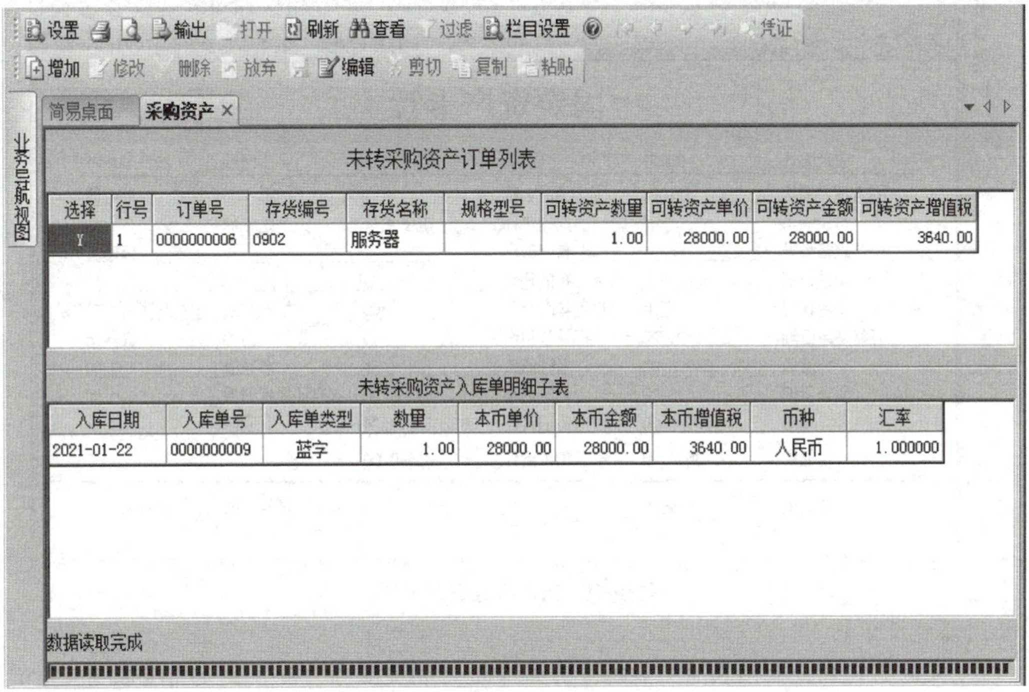

图2-10-53　采购资产

（2）单击［增加］按钮，进入［采购资产分配设置］窗口，输入类别编号“03电子设备”、使用部门“经理室”、使用状况“在用”、使用年限（月）“60”，其他信息系统自动带出，如图2-10-54所示。

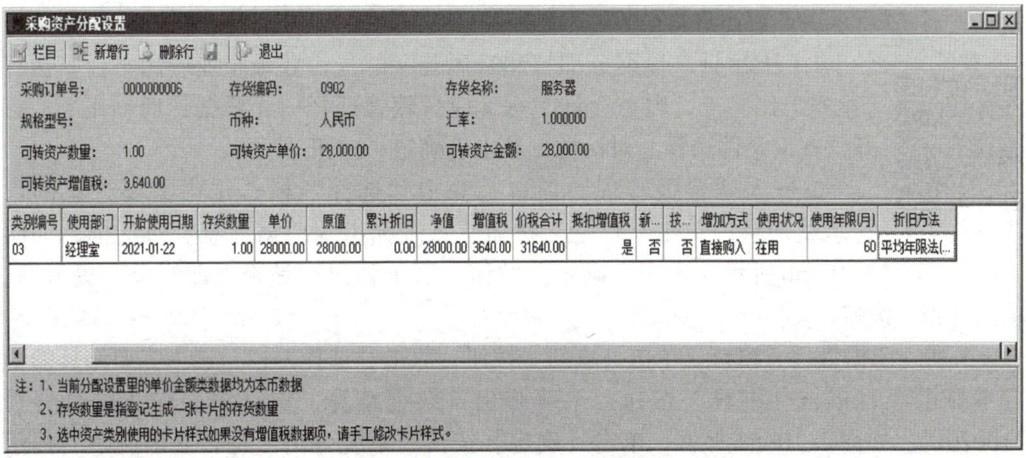

图2-10-54　采购资产分配设置

（3）单击［保存］按钮，系统自动生成一张固定资产卡片，如图2-10-55所示。单击［保存］按钮，系统弹出“成功生成1张卡片”提示框，单击［确定］按钮。

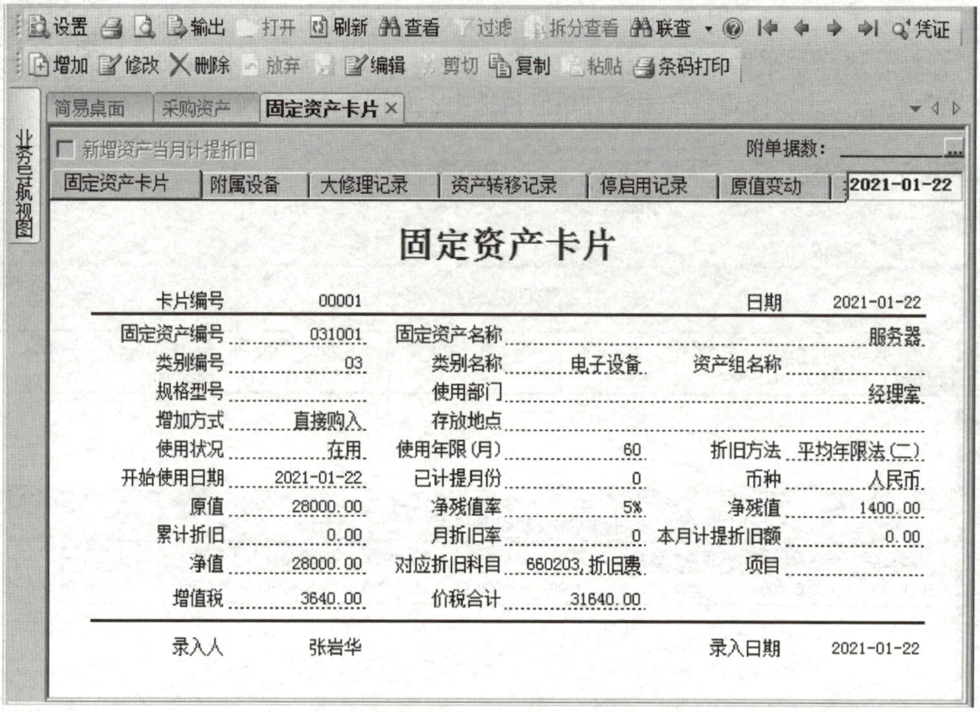

图2-10-55　固定资产卡片

【操作提示】

①采购固定资产无须在存货核算子系统中进行相关业务处理，但是需要在固定资产管理子系统中进行［采购资产］处理。

②采购固定资产的凭证在应付款管理子系统中生成，在固定资产管理子系统中无须制单。

九、票据计息及结算业务

（一）银行承兑汇票计息与结算

微课

票据计息与结算业务

1.1月28日，以财务部“2004唐艺”的身份登录企业应用平台，执行［业务工作］—［财务会计］—［应付款管理］—［票据管理］命令，打开［查询条件选择］对话框，单击［确定］按钮。

2.进入［票据管理］窗口，双击“选择”栏，选中需要计息的银行承兑汇票，单击［计息］按钮，系统弹出［票据计息］对话框，如图2-10-56所示。单击［确定］按钮，系统弹出“是否立即制单”提示框，单击［否］按钮。

3.在［票据管理］窗口，单击［刷新］按钮，双击“选择”栏，选中需要结算的银行承兑汇票，单击［结算］按钮，系统弹出［票据结算］对话框，输入结算科目“100201”，如图2-10-57所示。单击［确定］按钮，系统弹出“是否立即制单”提示框，单击［否］按钮。

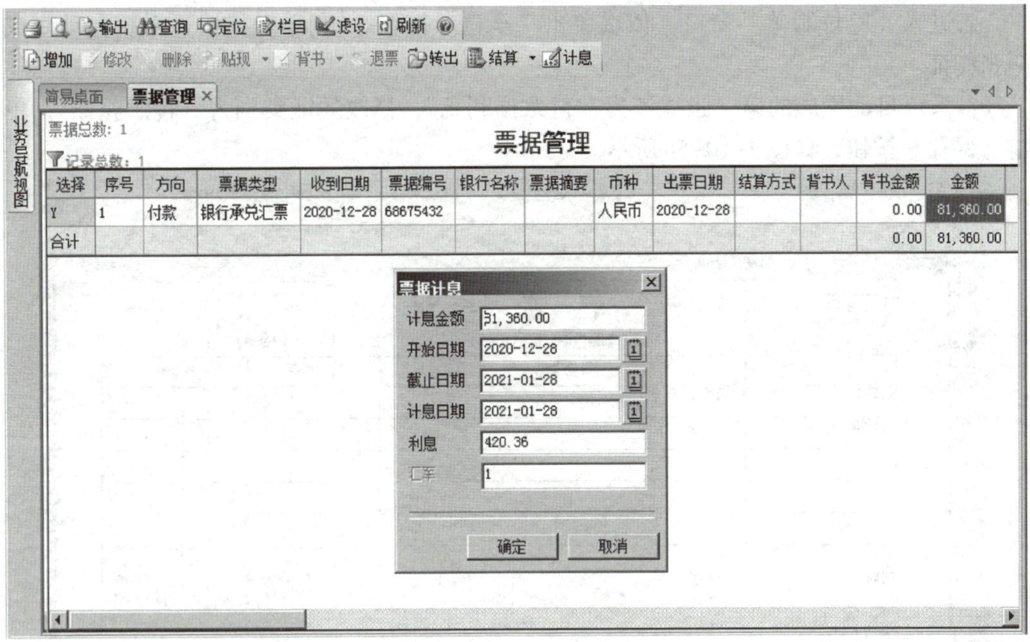

图2-10-56 票据计息

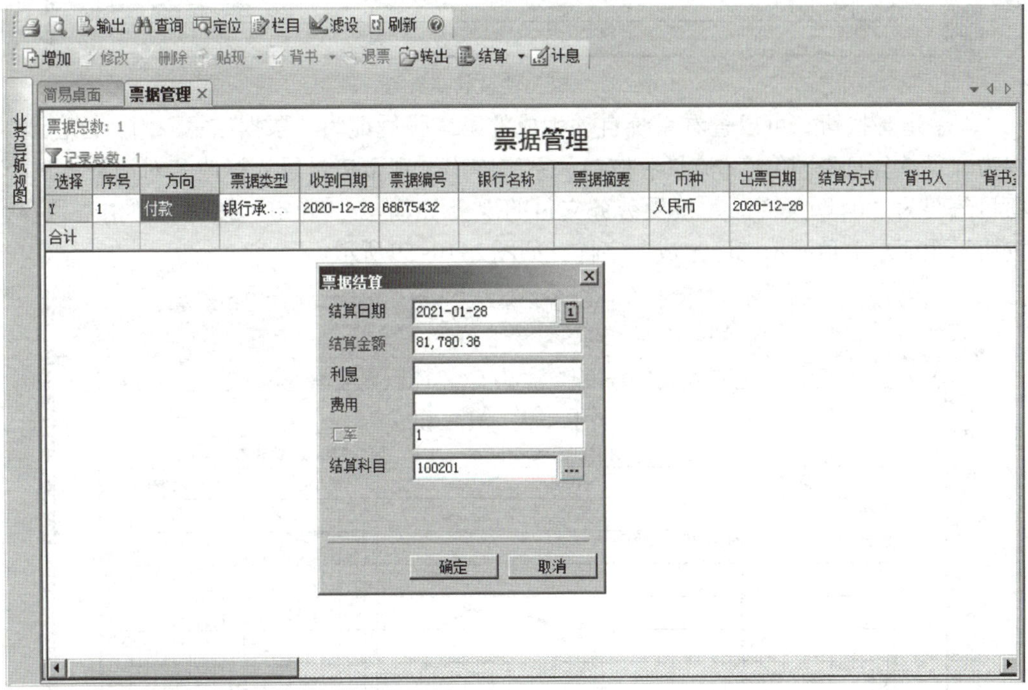

图2-10-57 票据结算

（二）银行承兑汇票的制单

1.1 月 28 日，以财务部“2002 肖然”的身份登录企业应用平台，执行［业务工作］—［财务会计］—［应付款管理］—［制单处理］命令，打开［制单查询］对话框，勾选“票据处理制单”复选框，单击［确定］按钮。

2.进入［应付制单］窗口，依次单击［全选］按钮、［制单］按钮，系统自动生成两张凭证。

3.系统自动生成的第一张凭证为“付票据利息”，修改凭证类别为“转账凭证”，单击［保存］按钮，如图2-10-58所示。

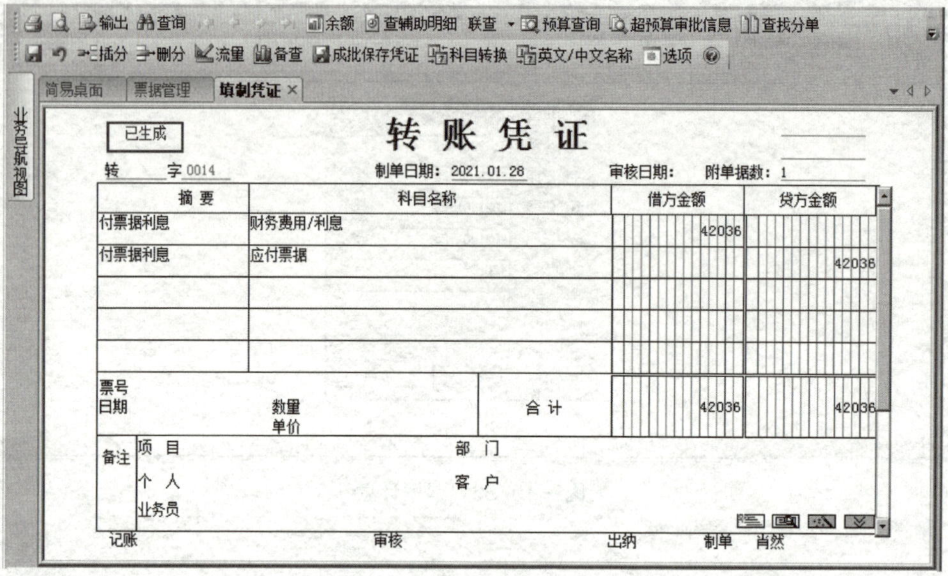

图2-10-58 生成转账凭证

4.单击➡按钮，可以查看系统自动生成的第二张凭证为“票据结算”，修改凭证类别为“付款凭证”，单击［流量］按钮，系统弹出［现金流量录入修改］对话框，选择项目编码为“04购买商品、接受劳务支付的现金”，单击［确定］按钮。单击［保存］按钮，凭证左上角显示“已生成”字样，如图2-10-59所示。

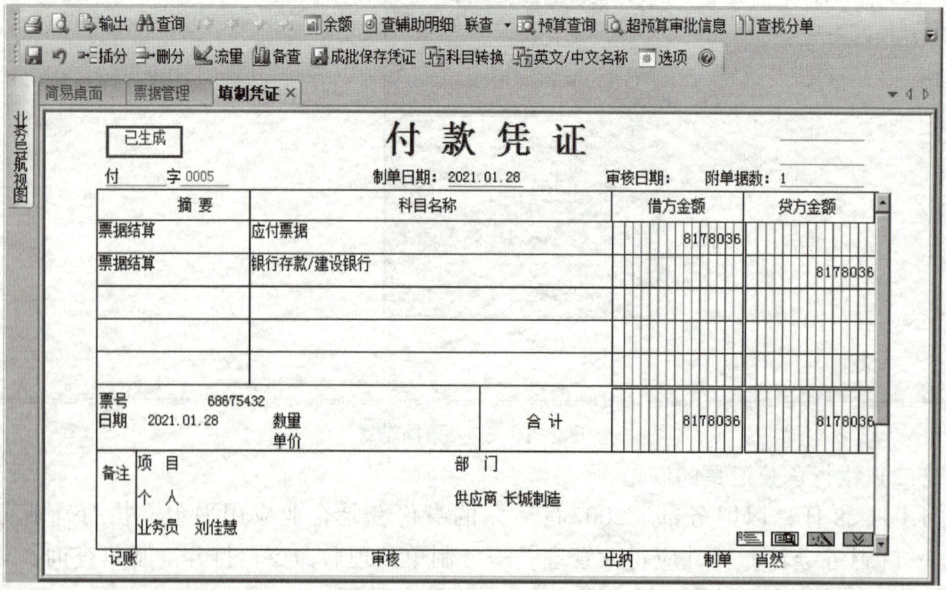

图2-10-59 生成付款凭证

十、暂估入库业务

微课

暂估入库业务

1.1月31日，肖然在存货核算子系统中对采购入库单暂估记账。

1月31日，以财务部“2002肖然”的身份登录企业应用平台，执行［业务工作］—［供应链］—［存货核算］—［业务核算］—［正常单据记账］命令，选中两张单据，如图2-10-60所示，单击［记账］按钮。

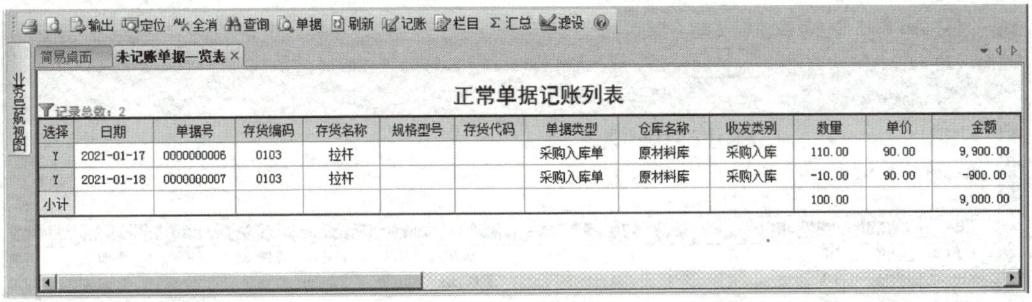

选择	日期	单据号	存货编码	存货名称	规格型号	存货代码	单据类型	仓库名称	收发类别	数量	单价	金额
Y	2021-01-17	0000000006	0103	拉杆			采购入库单	原材料库	采购入库	110.00	90.00	9,900.00
Y	2021-01-18	0000000007	0103	拉杆			采购入库单	原材料库	采购入库	-10.00	90.00	-900.00
小计										100.00		9,000.00

图2-10-60　正常单据记账列表

微课

账表查询

2.1月31日，肖然在存货核算子系统中对暂估记账的采购入库单制单。

执行［财务核算］—［生成凭证］命令，进入［生成凭证］窗口，单击［选择］按钮，选择需要暂估记账的采购入库单，选择凭证类别为“转转账凭证”，单击［合成］按钮，系统自动生成一张转账凭证，单击［保存］按钮，如图2-10-61所示。

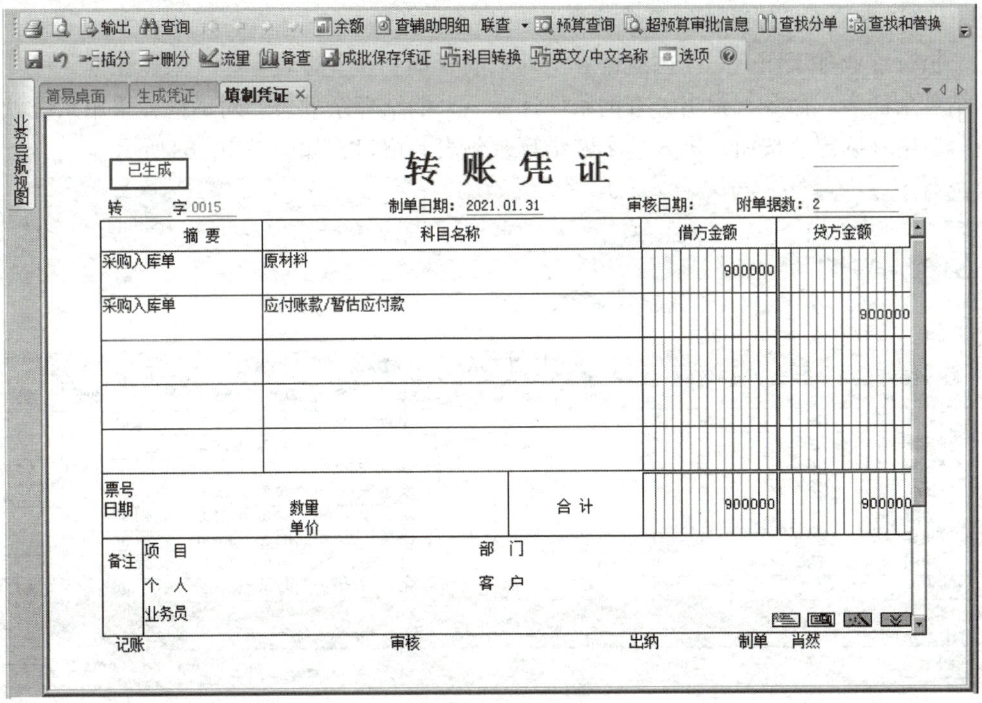

图2-10-61　生成转账凭证

十一、账表查询

1月31日，以采购部“4001刘佳慧”的身份登录企业应用平台。

（一）查询1月份采购订单执行统计表

执行［业务工作］—［供应链］—［采购管理］—［采购订货］—［采购订单执行统计表］命令，弹出［查询条件选择—采购订单执行统计表］对话框，单击［确定］按钮，进入［采购订单执行统计表］窗口，如图2-10-62所示。

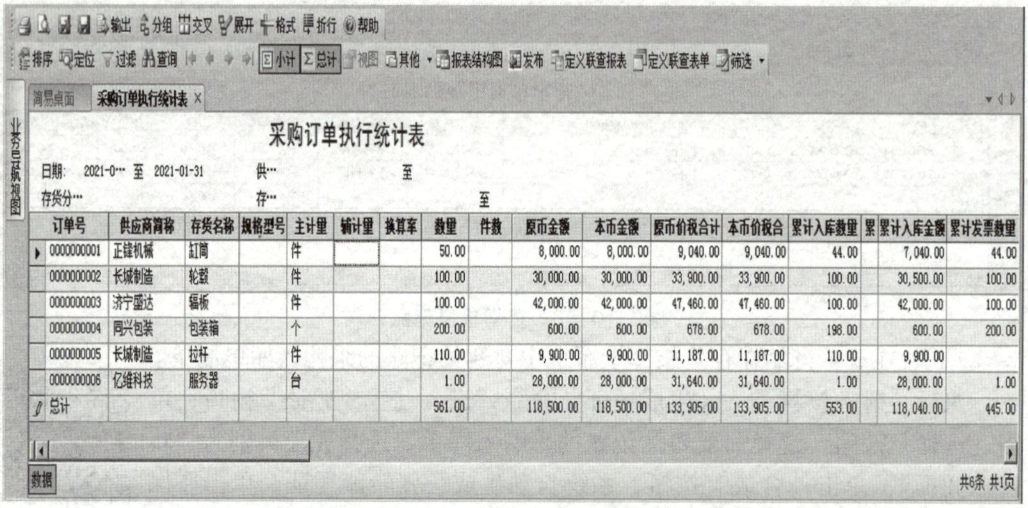

采购订单执行统计表

日期：2021-0… 至 2021-01-31　供… 至

存货分…　存… 至

订单号	供应商简称	存货名称	规格型号	主计量	辅计量	换算率	数量	件数	原币金额	本币金额	原币价税合计	本币价税合	累计入库数量	累	累计入库金额	累计发票数量
0000000001	正锋机械	缸筒		件			50.00		8,000.00	8,000.00	9,040.00	9,040.00	44.00		7,040.00	44.00
0000000002	长城制造	轮毂		件			100.00		30,000.00	30,000.00	33,900.00	33,900.00	100.00		30,500.00	100.00
0000000003	济宁盛达	辐板		件			100.00		42,000.00	42,000.00	47,460.00	47,460.00	100.00		42,000.00	100.00
0000000004	同兴包装	包装箱		个			200.00		600.00	600.00	678.00	678.00	198.00		600.00	200.00
0000000005	长城制造	拉杆		件			110.00		9,900.00	9,900.00	11,187.00	11,187.00	110.00		9,900.00	
0000000006	亿维科技	服务器		台			1.00		28,000.00	28,000.00	31,640.00	31,640.00	1.00		28,000.00	1.00
总计							561.00		118,500.00	118,500.00	133,905.00	133,905.00	553.00		118,040.00	445.00

共6条 共1页

图2-10-62　采购订单执行统计表

（二）查询1月份采购结算余额表

执行［业务工作］—［供应链］—［采购管理］—［报表］—［采购账簿］—［采购结算余额表］命令，弹出［查询条件选择—采购结算余额表］对话框，采用系统默认值，单击［确定］按钮，进入［采购结算余额表］窗口，如图2-10-63所示。

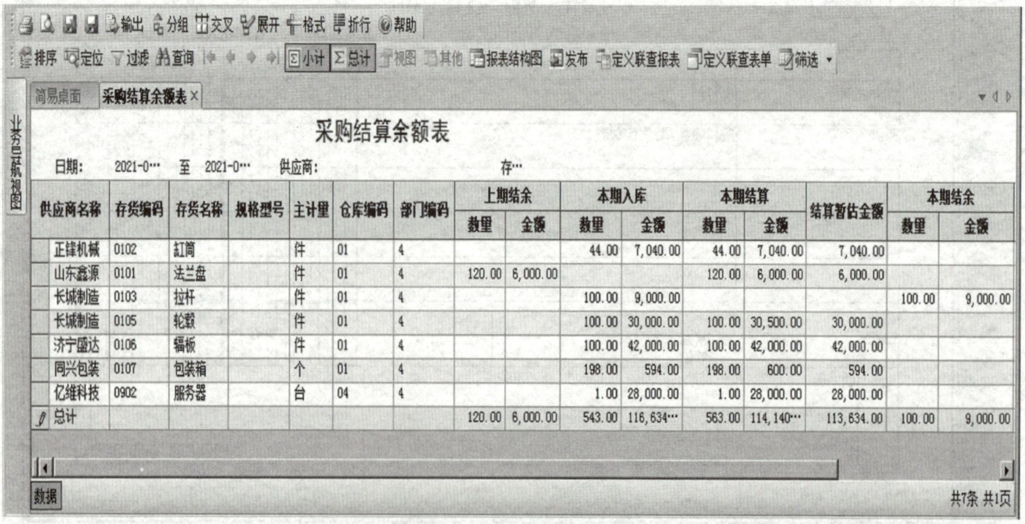

采购结算余额表

日期：2021-0… 至 2021-0…　供应商：　存…

供应商名称	存货编码	存货名称	规格型号	主计量	仓库编码	部门编码	上期结余		本期入库		本期结算		结算暂估金额	本期结余	
							数量	金额	数量	金额	数量	金额		数量	金额
正锋机械	0102	缸筒		件	01	4			44.00	7,040.00	44.00	7,040.00	7,040.00		
山东鑫源	0101	法兰盘		件	01	4	120.00	6,000.00			120.00	6,000.00	6,000.00		
长城制造	0103	拉杆		件	01	4			100.00	9,000.00				100.00	9,000.00
长城制造	0105	轮毂		件	01	4			100.00	30,000.00	100.00	30,500.00	30,000.00		
济宁盛达	0106	辐板		件	01	4			100.00	42,000.00	100.00	42,000.00	42,000.00		
同兴包装	0107	包装箱		个	01	4			198.00	594.00	198.00	600.00	594.00		
亿维科技	0902	服务器		台	04	4			1.00	28,000.00	1.00	28,000.00	28,000.00		
总计							120.00	6,000.00	543.00	116,634…	563.00	114,140…	113,634.00	100.00	9,000.00

共7条 共1页

图2-10-63　采购结算余额表

十二、期末处理

（一）采购管理子系统月末结账

1.1月31日，以采购部“4001刘佳慧”的身份登录企业应用平台，执行［业务工作］—［供应链］—［采购管理］—［月末结账］命令，打开［结账］对话框。

2.选中1月份，单击［结账］按钮，系统提示［是否关闭订单］，单击［否］按钮，“是否结账”栏显示“是”字样，表示月末结账完毕，如图2-10-64所示。

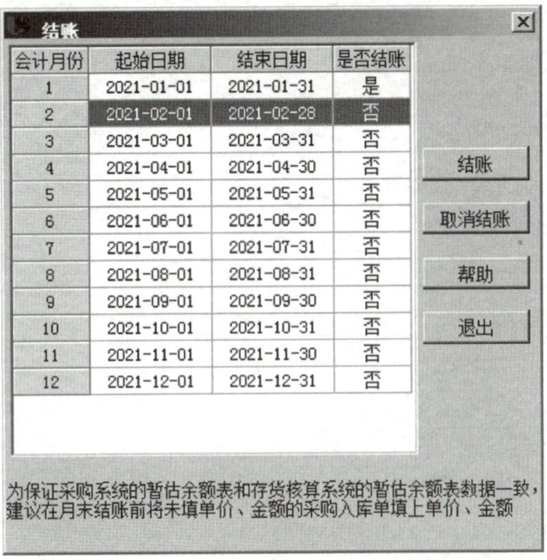

图2-10-64　月末结账

微课

期末处理

（二）应付款管理子系统月末结账

1.1月31日，以财务部“2002肖然”的身份登录企业应用平台，执行［业务工作］—［财务会计］—［应付款管理］—［期末处理］—［期末结账］命令，打开［月末处理］对话框。

2.双击1月份的“结账标志”，“结账标志”处显示“Y”字样，如图2-10-65所示。

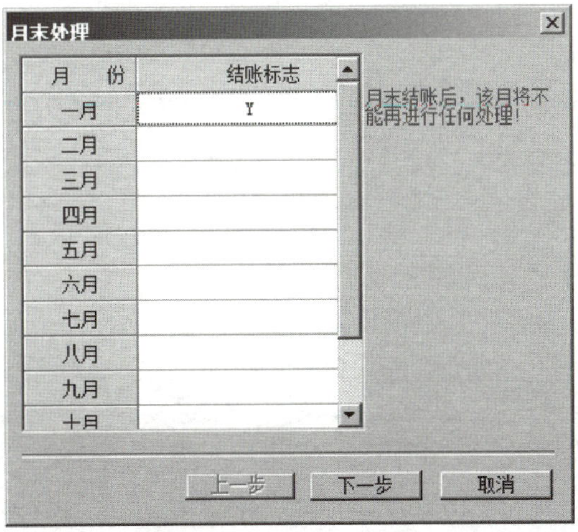

图2-10-65　月末处理

3.单击［下一步］、［完成］按钮，系统弹出“1月份结账成功”提示框，单击［确定］按钮。

【操作提示】

（1）采购管理子系统月末结账后，应付款管理子系统才能月末结账。

（2）月末结账后，发现数据错误，可以通过［取消月结］功能取消结账。

实训十一　销售管理与应收款管理子系统

实训目的

1. 认知企业销售业务的类型，并完成销售业务在相关子系统中的操作。
2. 领会各种销售业务相关单据在不同子系统之间的传递关系。
3. 通过不同销售业务的处理，归纳出各种销售业务操作流程的异同点。
4. 能快速查询销售管理与应收款管理子系统的相应单据或账表。
5. 描述期末处理的内容，并完成期末处理操作。

实训内容

1. 先发货后开票业务。
2. 开票直接发货的现结业务。
3. 商业折扣业务。
4. 销售折让业务。
5. 销售代垫运费业务。
6. 未开票前的销售退货业务。
7. 直运业务。
8. 票据管理业务。
9. 委托代销业务。
10. 坏账处理业务。
11. 账表查询。
12. 期末处理。

实训准备

引入“实训账套\实训十”的账套数据。

实训资料

山东泰恒建设机械有限公司发生的销售管理与应收款管理子系统的业务资料如下：

一、日常业务处理

（一）先发货后开票业务

1.1月2日，销售部赵景涛收到嘉丰机械订单一张，订购涨紧油缸一批，数量20件，无税单价为760元/件，要求发货日期为2021年1月3日。

2.1月3日，销售部赵景涛将上述货物从产成品库发出。

3.1月4日，向嘉丰机械开具增值税专用发票一张，票号：35434678。

4.1月6日，收到嘉丰机械转账支票一张，票号：65436017，金额为25 764元，用于支付本月及去年的涨紧油缸货款。

（二）开票直接发货的现结业务

1月10日，销售部赵景涛收到上海鑫瑞订单一张，订购导向轮一批，数量40件，无税单价为3 200元/件，开具增值税专用发票一张，票号：35434679，货物已从产成品库发出。同时通过网上银行收到货物尾款94 640元（已预收50 000元）。

（三）商业折扣业务

1月12日，销售部赵景涛收到圣迪制造订单一张，订购导向轮一批，数量20件，报价为4 520元/件，双方协商后决定给予这批导向轮20%的商业折扣，开具增值税专用发票一张，票号：35434680，货物已从产成品库发出。

（四）销售折让业务

1.1月15日，1月12日销售给圣迪制造的导向轮有部分质量不达标，经协商，给予10%的现金折让，已开具红字增值税专用发票一张，票号：35434681，无税金额为6 400元，税额为832元，价税合计7 232元。

2.1月15日，收到圣迪制造的电汇款，票号：65436020，金额为67 392元（为销售部赵景涛销售的导向轮货款）。

（五）销售代垫运费业务

1月17日，销售部赵景涛与天悦机械签订销售合同一张，销售涨紧油缸一批，数量30件，无税单价为760元/件，同时为天悦机械代垫运费400元，以现金支付。货物已从产成品库发出，增值税专用发票尚未开具。

（六）未开票前的销售退货业务

1.1月18日，1月17日销售给天悦机械的涨紧油缸有5件存在质量问题，经协商，已退货入产成品库。

2.1月18日，向天悦机械开具增值税专用发票一张，票号：35434682，数量25件，无税单价为760元/件。

（七）直运业务

1.1月18日，销售部赵景涛收到嘉丰机械订单一张，订购涨紧油缸一批，数量50件，无税单价为760元/件。采购部刘佳慧向正锋机械订购涨紧油缸50件，无税单价为640元/件，要求将货物直接发往嘉丰机械。

2.1月19日，正锋机械将涨紧油缸送至嘉丰机械。收到正锋机械开具的增值税采购专用发票一张，票号：26434612；同时公司向嘉丰机械开具增值税销售专用发票一张，票号：35434683。

（八）票据管理业务

1.1月19日，收到天悦机械不带息商业承兑汇票一张，票号：78675445，金额为36 160元，到期日为2021年3月19日，用于偿还去年的导向轮货款。

2.1月19日，将收到的上述商业承兑汇票背书转让给正锋机械，用于支付本月货款。

3.1月20日，期限2个月的银行承兑汇票到期，已收到中国建设银行的收账通知。

（九）委托代销业务

1.1月20日，销售部赵景涛委托上海鑫瑞销售导向轮一批，数量30件，无税单价为3 200元/件，按照销售总额的10%支付委托代销手续费，货物已从产成品库发出。

2.1月31日，收到上海鑫瑞开具的委托代销清单，结算销售导向轮20件，无税单价为3 200元/件，据此开具增值税专用发票一张。

3.1月31日，收到上海鑫瑞开具的代销手续费增值税专用发票，票号：45433788，无税金额为6 400元，税额为384元，价税合计6 784元；同时收到上海鑫瑞扣除手续费后的电汇款65 536元，票号：65436021。

（十）坏账处理业务

1.1月31日，为天悦机械1月17日代垫的运费400元，确认为坏账。

2.1月31日，计提本月坏账准备。

二、凭证及账表查询

1.查询1月份应收款管理子系统的凭证。

2.查询1月份销售收入明细账。

三、期末处理

检查本月业务是否处理完毕，完成销售管理与应收款管理子系统的月末结账。

实训要求

1.以仓管部“5001吴晓波”的身份进行库存管理子系统的日常业务处理。

2.以财务部“2002肖然”的身份进行存货核算子系统的日常业务处理。

3.以销售部“3001赵景涛”的身份进行销售管理子系统的日常业务处理及期末处理。

4.以财务部“2002肖然”的身份进行应收款管理子系统的日常业务处理及期末处理。

实训步骤

2021年1月，山东泰恒建设机械有限公司的销售管理子系统与应收款管理子系统日常及期末业务处理步骤如下：

一、先发货后开票业务

（一）销售订单处理

微课

先发货后开票业务

1.1月2日，以销售部“3001赵景涛”的身份登录企业应用平台，执行［业务工作］—［供应链］—［销售管理］—［销售订货］—［销售订单］命令，进入［销售订单］窗口。

2.单击［增加］按钮，输入销售订单相关内容。输入表头信息：客户简称“嘉丰机械”、业务员“赵景涛”；输入表体信息：存货编码“0301”、数量“20”、无税单价“760”、预发货日期“2021-01-03”，单击［保存］按钮。

3.单击［审核］按钮，［审核］按钮自动变灰，［弃审］按钮由灰变黑，如图2-11-1所示。

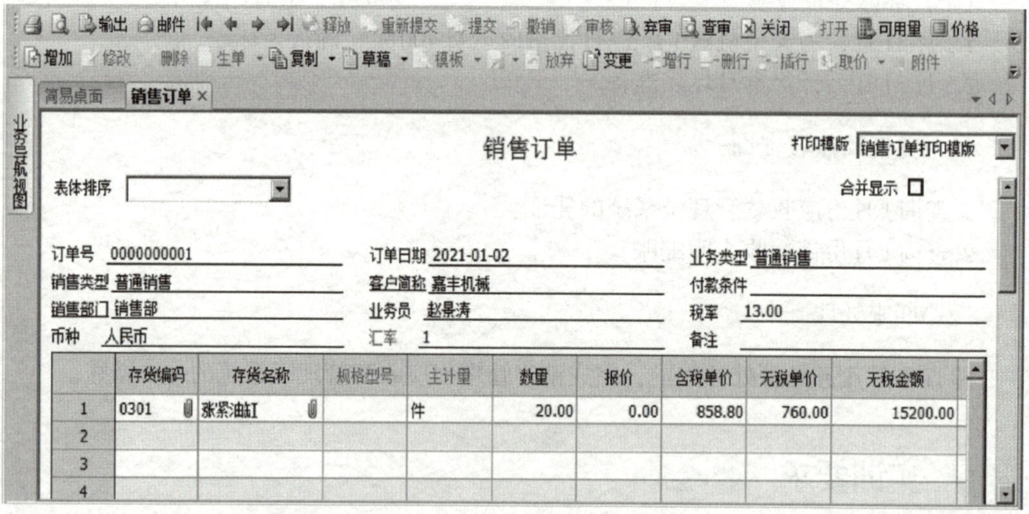

图2-11-1 录入并审核销售订单

【操作提示】

（1）报价单、销售订单是可选单据，本业务从销售订单开始。

（2）必有订单时，订单必有，是否必有订单取决于系统参数的选择。

（3）如果销售订单审核后发现错误，在没有生成下游单据的情况下，可以通过［弃审］按钮弃审后，再进行修改。

（二）销售发货单、销售出库单处理

1.1月3日，赵景涛在销售管理子系统中参照销售订单生成并审核销售发货单。

（1）1月3日，以销售部“3001赵景涛”的身份登录企业应用平台，执行［业务工作］—［供应链］—［销售管理］—［销售发货］—［发货单］命令，进入［发货单］窗口。

（2）单击［增加］按钮，系统弹出［查询条件选择-参照订单］对话框，如图2-11-2所示。采用系统默认值，单击［确定］按钮。

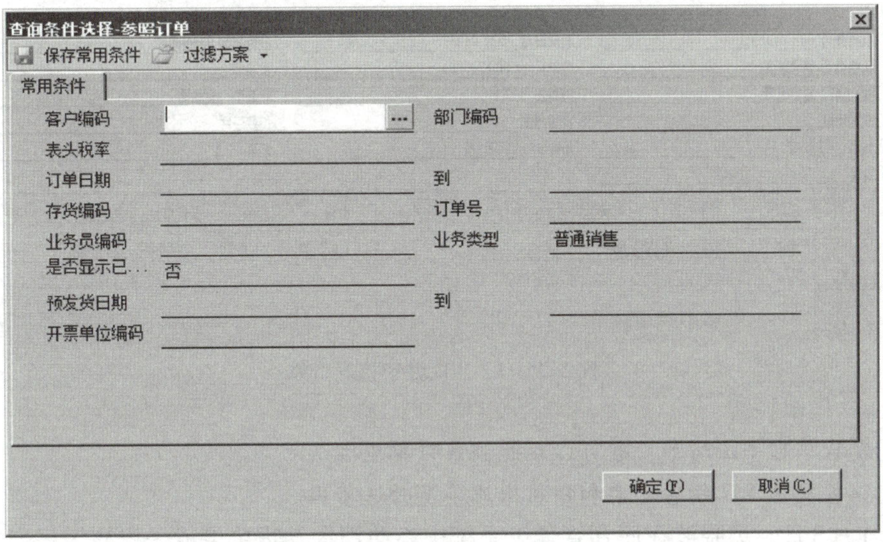

图2-11-2　查询条件选择-参照订单

（3）系统弹出［参照生单］对话框，单击［全选］按钮或双击“选择”栏，“选择”栏处自动生成“Y”标志，表明该单据被选中，如图2-11-3所示。

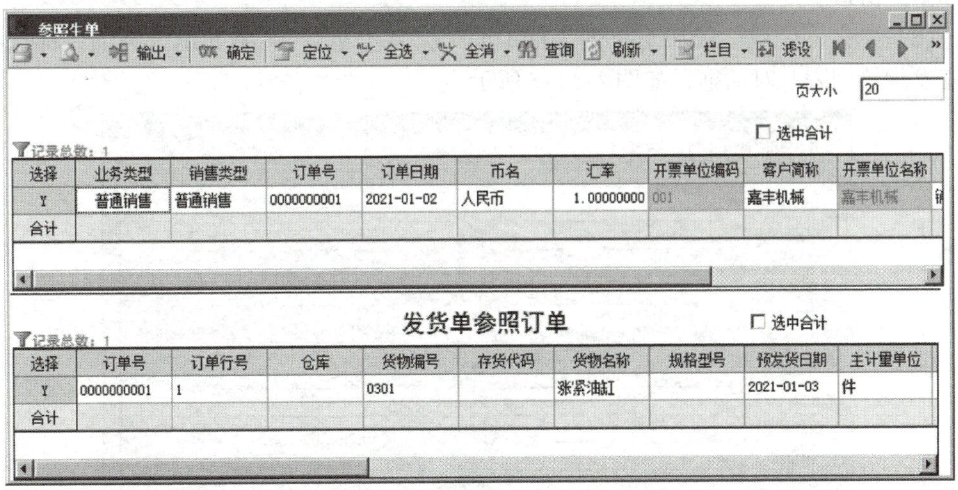

图2-11-3　参照生单

（4）单击［确定］按钮，返回到［发货单］窗口，系统自动参照采购订单生成一张发货单，选择表体的仓库名称为“产成品库”，单击［保存］按钮。

（5）单击［审核］按钮，［审核］按钮自动变灰，表明发货单审核成功，如图2-11-4所示。

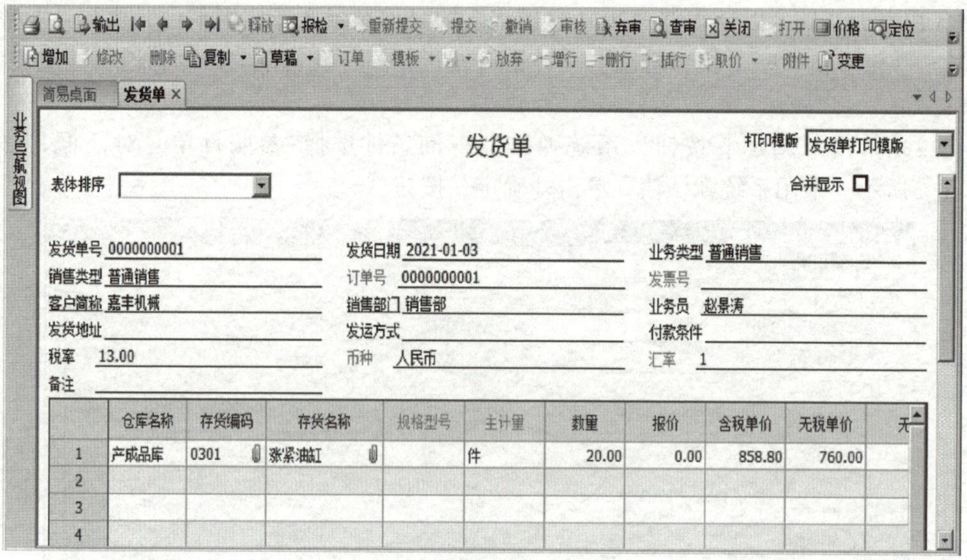

图2-11-4 生成并审核发货单

【操作提示】

①发货单可手工增加，也可以参照销售订单生成。

②销售发货单、销售发票和销售出库单是必选单据。

2. 1月3日，吴晓波在库存管理子系统中参照销售发货单生成并审核销售出库单。

（1）1月3日，以仓管部“5001吴晓波”的身份登录企业应用平台，执行［业务工作］—［供应链］—［库存管理］—［出库业务］—［销售出库单］命令，进入［销售出库单］窗口。

（2）单击［生单］按钮下拉列表框中的“销售生单”，系统弹出［查询条件选择-销售发货单列表］对话框，如图2-11-5所示。

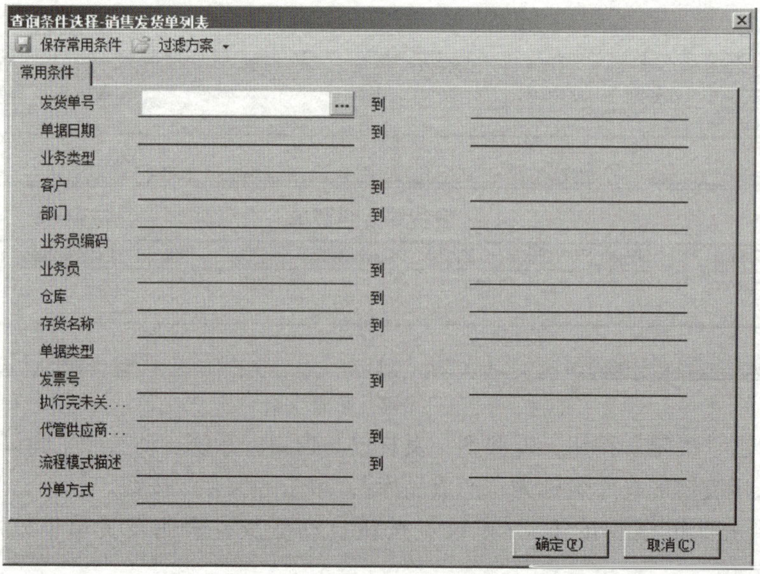

图2-11-5 查询条件选择-销售发货单列表

(3) 采用系统默认值，单击［确定］按钮，进入［销售生单］窗口，单击［全选］按钮或双击“选择”栏，“选择”栏处自动生成“Y”标志，如图2-11-6所示。

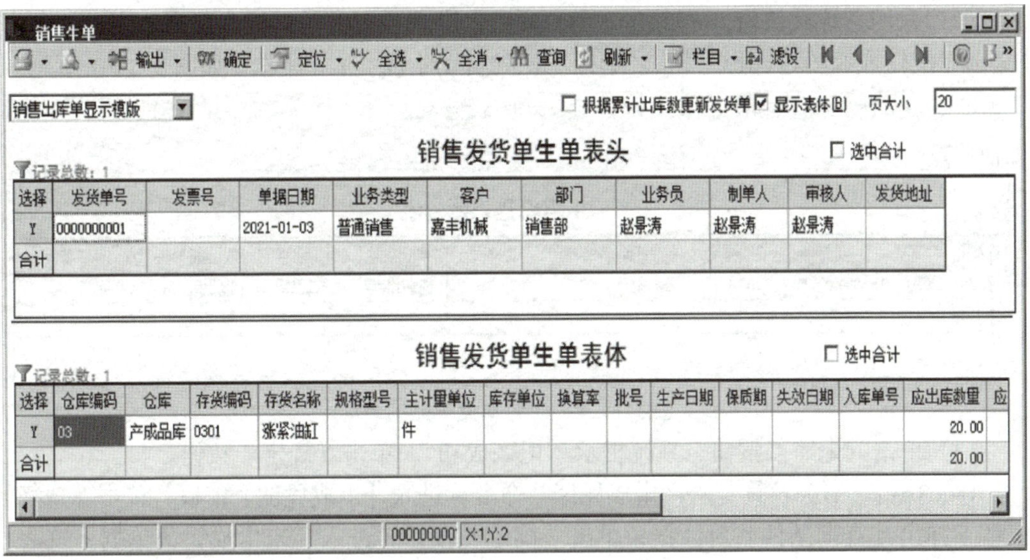

图2-11-6　销售生单

(4) 单击［确定］按钮，返回到［销售出库单］窗口，单击［保存］按钮，再单击［审核］按钮，系统弹出“该单据审核成功”提示框，单击［确定］按钮，返回到［销售出库单］窗口，如图2-11-7所示。

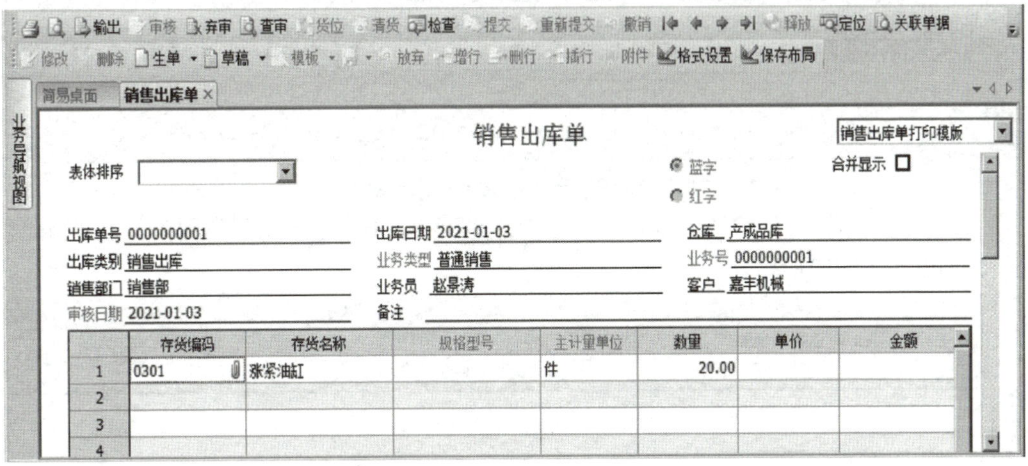

图2-11-7　生成并审核销售出库单

【操作提示】

①销售出库单只能参照单据生成，不可手工填写。

②如果在销售管理子系统控制参数中设置“销售生成出库单”，则在审核发货单或销售发票等单据时，系统自动生成销售出库单，并传递到库存管理子系统。

3.1月3日，肖然在存货核算子系统中对销售出库单记账与制单。

(1) 1月3日，以财务部“2002肖然”的身份登录企业应用平台，执行［业务工作]—[供应链]—[存货核算]—[业务核算]—[正常单据记账]命令，系统弹出[查询条件选择]对话框。

(2)采用系统默认值，单击[确定]按钮，进入[正常单据记账列表]窗口，单击[全选]按钮或双击“选择”栏，“选择”栏处自动生成“Y”标志，如图2-11-8所示。

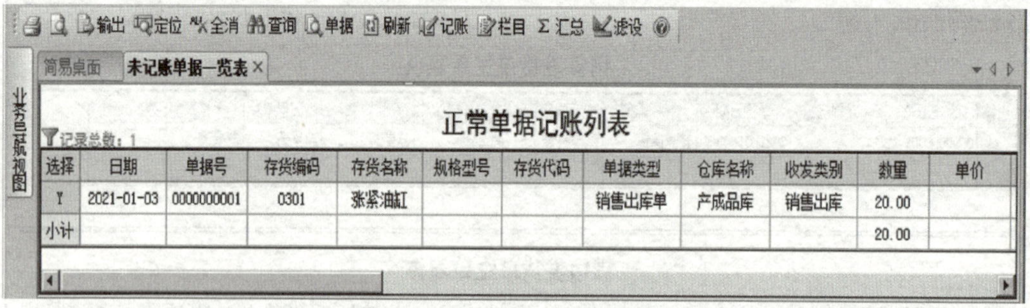

正常单据记账列表

记录总数：1

选择	日期	单据号	存货编码	存货名称	规格型号	存货代码	单据类型	仓库名称	收发类别	数量	单价
Y	2021-01-03	0000000001	0301	张紧油缸			销售出库单	产成品库	销售出库	20.00	
小计										20.00	

图2-11-8 正常单据记账列表

(3)单击[记账]按钮，系统提示“记账成功”，单击[确定]按钮。

(4)执行[财务核算]—[生成凭证]命令，进入[生成凭证]窗口，单击[选择]按钮，弹出[查询条件]对话框，单击[确定]按钮，进入[未生成凭证单据一览表]窗口，单击[全选]按钮，“选择”栏处自动生成序号“1”标志，如图2-11-9所示。

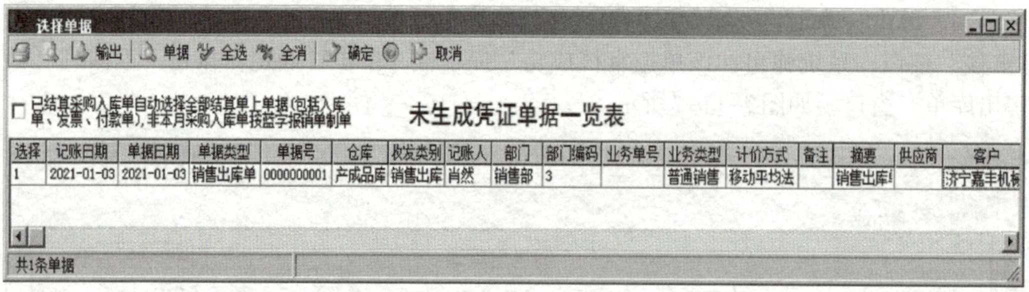

未生成凭证单据一览表

选择	记账日期	单据日期	单据类型	单据号	仓库	收发类别	记账人	部门	部门编码	业务单号	业务类型	计价方式	备注	摘要	供应商	客户
1	2021-01-03	2021-01-03	销售出库单	0000000001	产成品库	销售出库	肖然	销售部	3		普通销售	移动平均法		销售出库		济宁嘉丰机械

共1条单据

图2-11-9 未生成凭证单据一览表

(5)单击[确定]按钮，返回到[生成凭证]窗口，选择凭证类别为“转 转账凭证”，如图2-11-10所示。

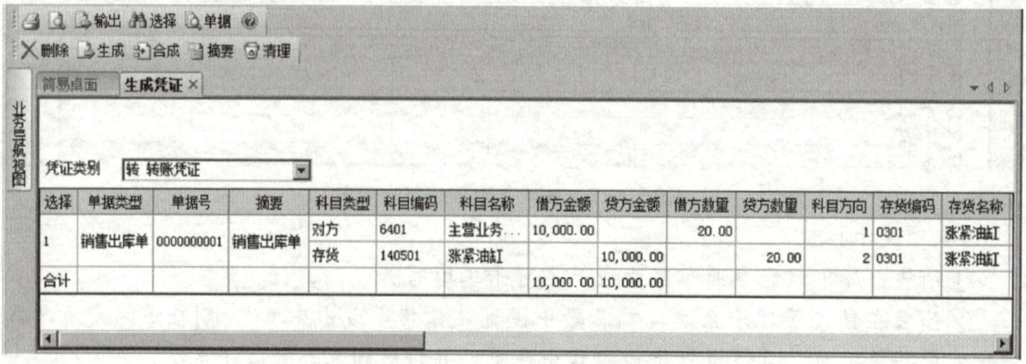

凭证类别 转 转账凭证

选择	单据类型	单据号	摘要	科目类型	科目编码	科目名称	借方金额	贷方金额	借方数量	贷方数量	科目方向	存货编码	存货名称
1	销售出库单	0000000001	销售出库单	对方	6401	主营业务…	10,000.00		20.00		1	0301	张紧油缸
				存货	140501	张紧油缸		10,000.00		20.00	2	0301	张紧油缸
合计							10,000.00	10,000.00					

图2-11-10 生成凭证列表

(6)单击[生成]按钮，系统自动生成一张转账凭证，单击[保存]按钮，凭证左上角出现“已生成”字样，如图2-11-11所示。

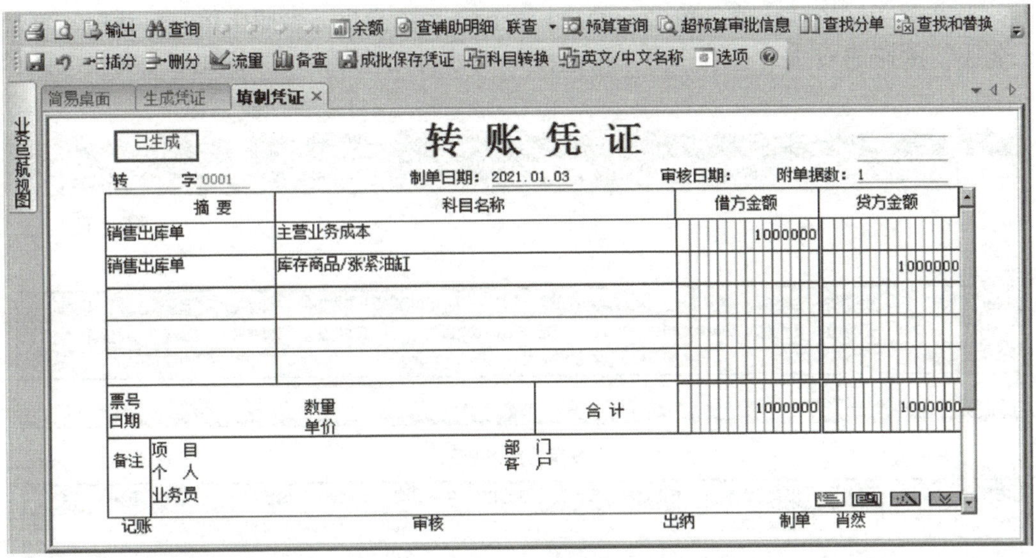

图2-11-11　生成转账凭证

(三) 销售发票、应收单据处理

1.1月4日，赵景涛在销售管理子系统中参照销售发货单生成销售发票并复核。

(1) 1月4日，以销售部“3001赵景涛”的身份登录企业应用平台，执行［业务工作］—［供应链］—［销售管理］—［销售开票］—［销售专用发票］命令，进入［销售专用发票］窗口。

(2) 单击［增加］按钮，系统弹出［查询条件选择-参照订单］对话框，单击［取消］按钮。

(3) 单击［生单］按钮的下拉列表框中的“参照发货单”，系统弹出［查询条件选择-发票参照发货单］对话框，如图2-11-12所示。

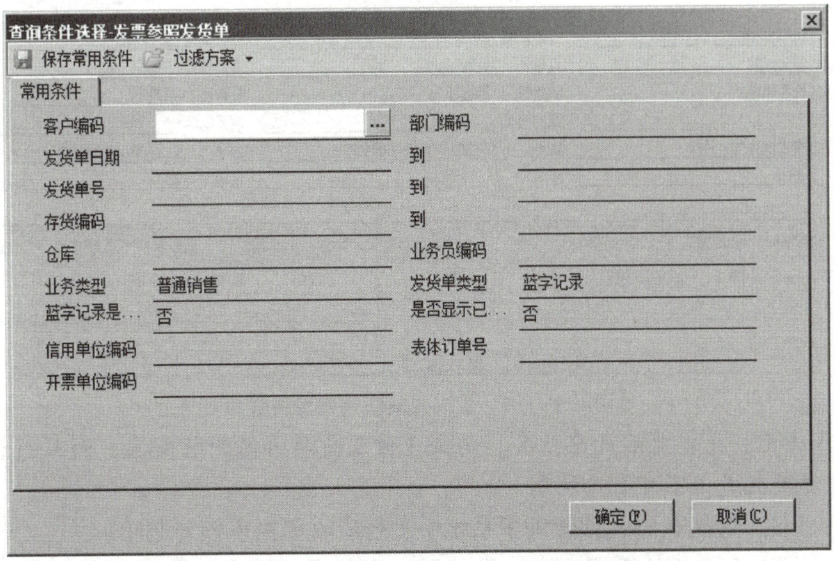

图2-11-12　查询条件选择-发票参照发货单

（4）采用系统默认值，单击［确定］按钮，系统弹出［参照生单］对话框，单击［全选］按钮或双击“选择”栏，“选择”栏处自动生成“Y”标志，如图2-11-13所示。

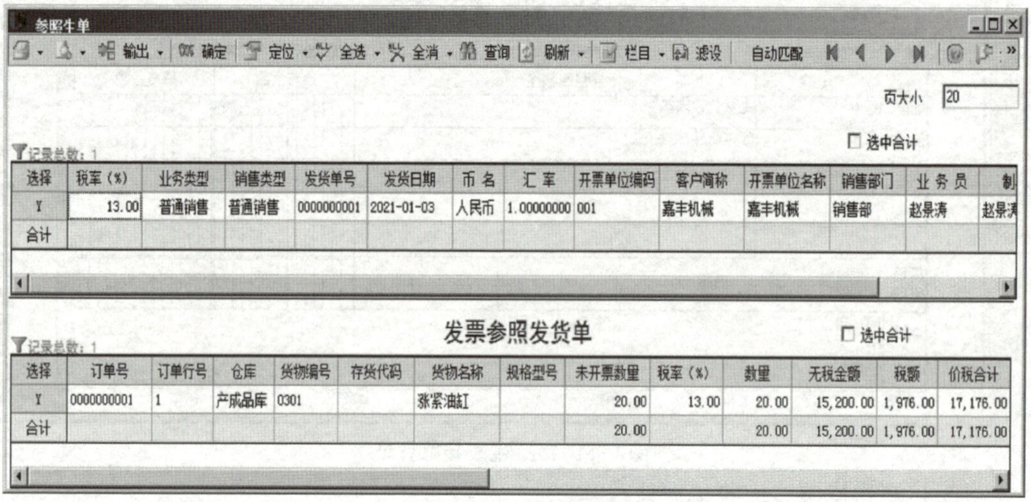

图2-11-13　参照生单

（5）单击［确定］按钮，系统自动生成一张销售专用发票，修改表头发票号为“35434678”，单击［保存］按钮，再单击［复核］按钮，如图2-11-14所示。

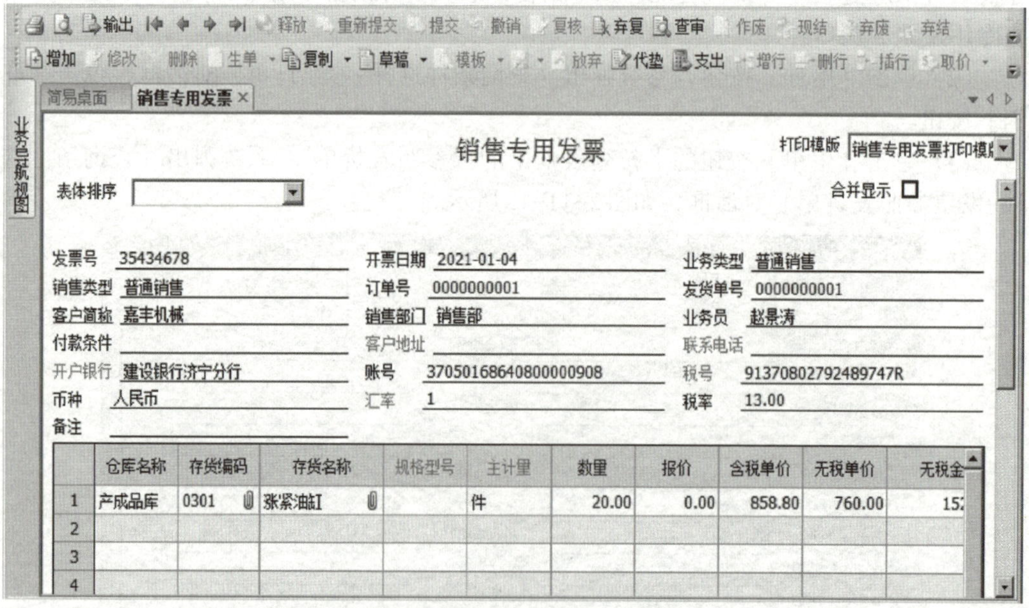

图2-11-14　生成并复核销售专用发票

【操作提示】先发货后开票业务，需要先做发货单再做销售发票，而且销售发票需要参照发货单生成，不可手工填制。

2.1月4日，肖然在应收款管理子系统中进行应收单据审核与制单。

（1）1月4日，以财务部“2002肖然”的身份登录企业应用平台，执行［业务工作]—[财务会计]—[应收款管理]—[应收单据处理]—[应收单据审核]命令，打开[应收单查询条件]对话框，如图2-11-15所示。

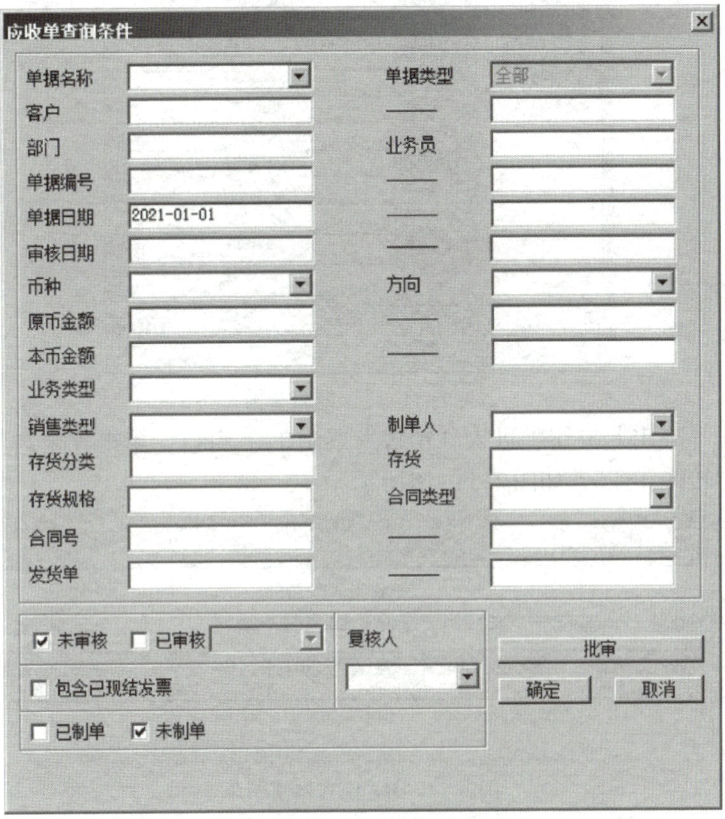

图2-11-15　应收单查询条件

(2)采用系统默认值，单击[确定]按钮，进入[应收单据列表]窗口，单击[全选]按钮或双击“选择”栏，“选择”栏处自动生成“Y”标志，单击[审核]按钮，如图2-11-16所示。

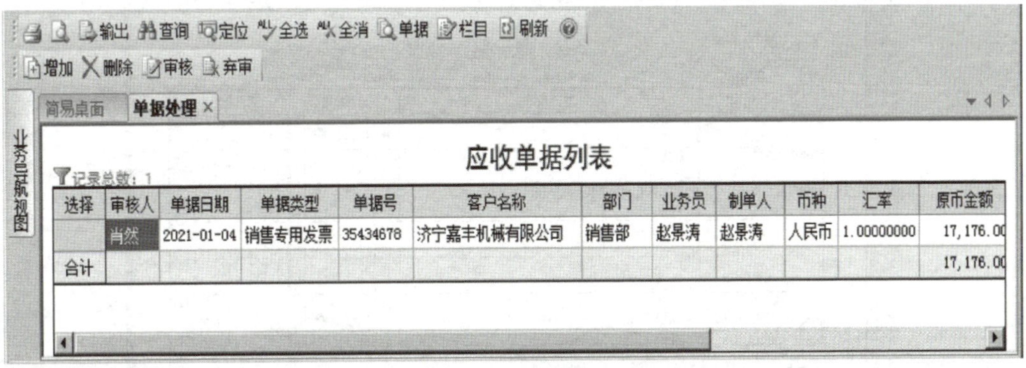

图2-11-16　审核应收单据

(3)执行[制单处理]命令，打开[制单查询]对话框，选择“发票制单”，如图2-11-17所示。

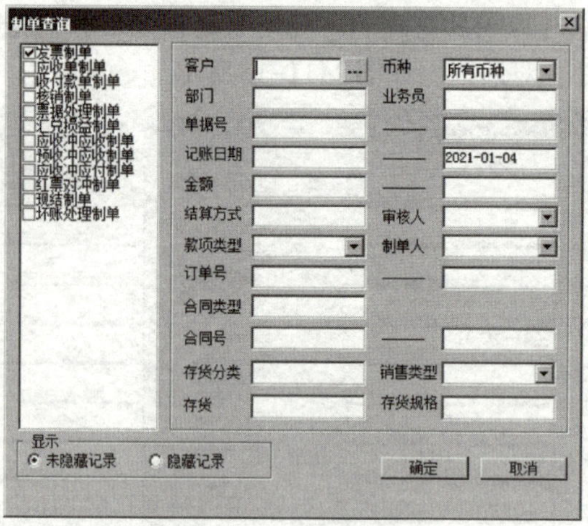

图2-11-17 制单查询

（4）单击［确定］按钮，进入［销售发票制单］窗口，单击［全选］按钮，选择凭证类别为“转账凭证”，如图2-11-18所示。

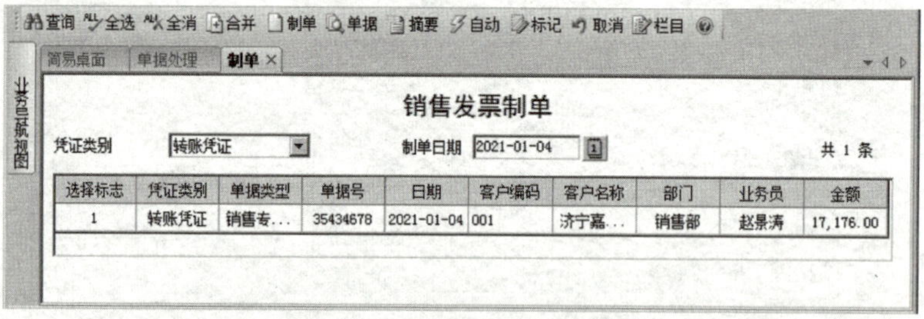

图2-11-18 销售发票制单

（5）单击［制单］按钮，系统自动生成一张转账凭证，单击［保存］按钮，如图2-11-19所示。

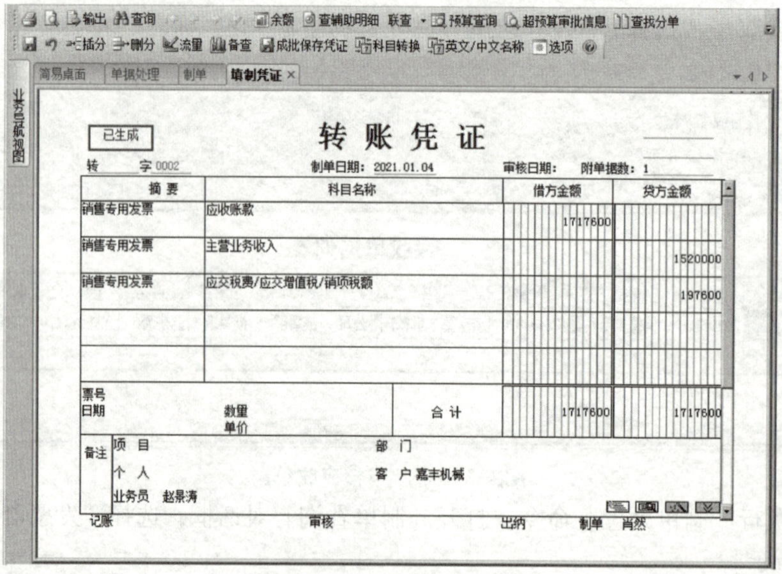

图2-11-19 生成转账凭证

（四）收款单处理

1.1月6日，唐艺在应收款管理子系统中录入并保存收款单。

（1）以财务部“2004唐艺”的身份登录企业应用平台，执行［业务工作］—［财务会计］—［应收款管理］—［收款单据处理］—［收款单据录入］命令，进入［收款单］窗口。

（2）单击［增加］按钮，录入表头信息：客户“嘉丰机械”、结算方式“转账支票”、金额“25 764”、票号“65436017”、业务员“赵景涛”，单击表体“款项类型”，系统自动生成表体信息，单击［保存］按钮，如图2-11-20所示。

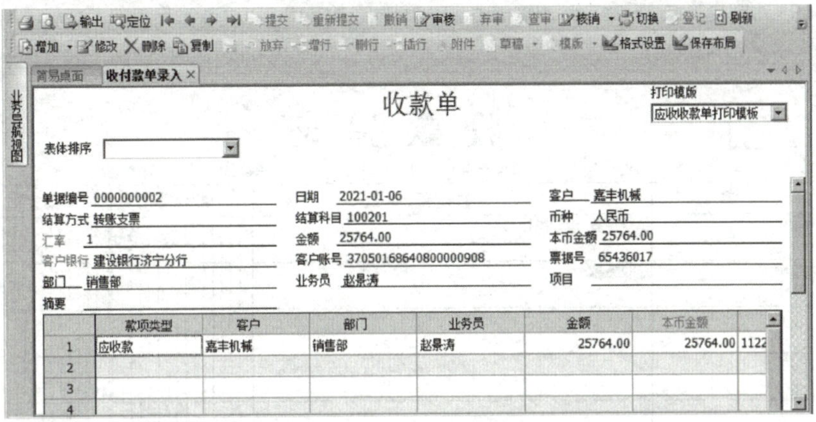

图2-11-20　录入收款单

2.1月6日，肖然在应收款管理子系统中进行应收单据审核、核销和制单。

（1）以财务部“2002肖然”的身份登录企业应用平台，执行［业务工作］—［财务会计］—［应收款管理］—［收款单据处理］—［收款单据审核］命令，打开［收款单查询条件］对话框，采用系统默认值，单击［确定］按钮，进入［收付款单列表］窗口。

（2）单击［全选］按钮或双击“选择”栏，“选择”栏自动签上“Y”标志，表明需要审核的单据被选中。单击［审核］按钮，系统提示审核成功，审核人处系统自动签上“肖然”。

（3）执行［核销处理］—［手工核销］命令，打开［核销条件］对话框，选择客户“嘉丰机械”，单击［确定］按钮，进入［单据核销］窗口。

（4）在单据类型为“销售专用发票”的行次，双击原币金额或原币余额，系统自动输入本次结算“8 892”和“17 784”，如图2-11-21所示，单击［保存］按钮。

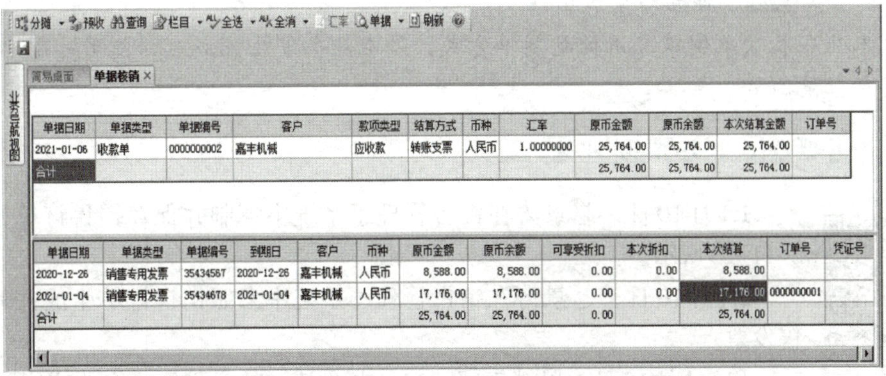

图2-11-21　单据核销

（5）执行［制单处理］命令，打开［制单查询］对话框，选择“收付款单制单”，单击［确定］按钮，进入［销售发票制单］窗口，单击［全选］按钮，选择凭证类别为“收款凭证”，单击［制单］按钮，系统自动生成一张收款凭证。

（6）单击［流量］按钮，弹出［现金流量录入修改］对话框，选择项目编码为“01 销售商品、提供劳务收到的现金”，单击［确定］按钮。

（7）单击［保存］按钮，凭证左上方生成“已生成”字样，如图2-11-22所示。

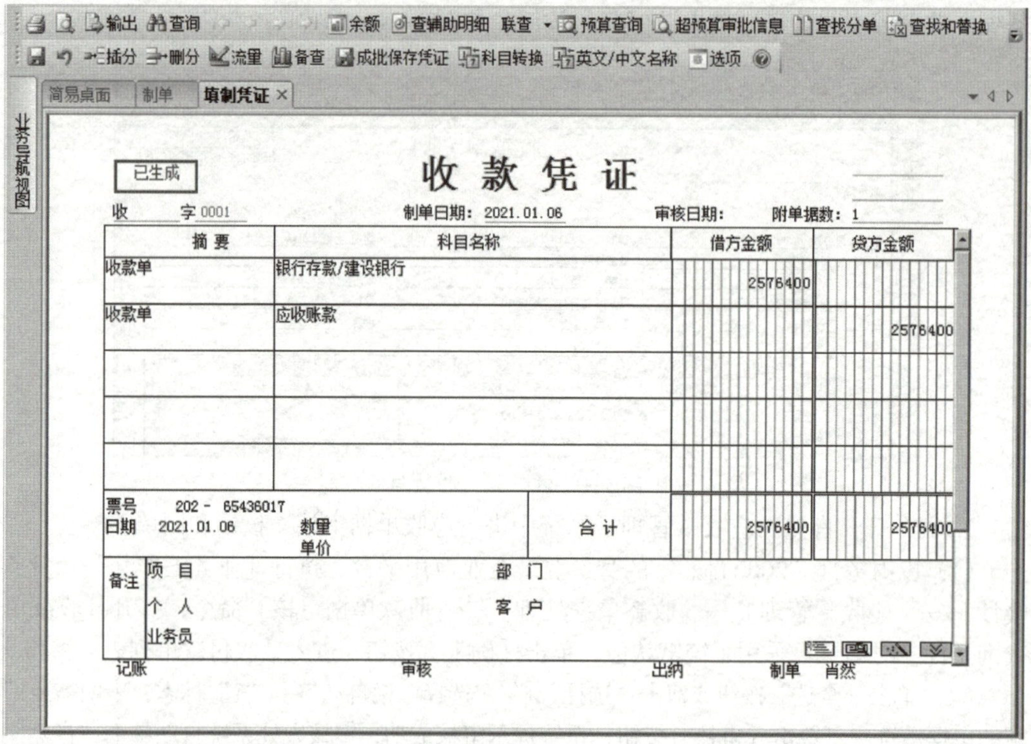

图2-11-22 生成收款凭证

【操作提示】

①制单分为立即制单和批量制单。

②立即制单是在原始单据录入窗口进行审核时，系统会询问“是否立即制单”，可以选择［是］按钮，便立即生成凭证。

③本业务收款单制单采用批量制单方式，是在业务发生完成后，使用［制单处理］功能进行批量制单。

二、开票直接发货的现结业务

微课

开票直接发货的现结业务

1.1月10日，赵景涛在销售管理子系统中填制并保存销售订单，如图2-11-23所示。

2.1月10日，赵景涛在销售管理子系统中参照销售订单生成并复核销售发票。

（1）1月10日，以销售部“3001赵景涛”的身份登录企业应用平台，

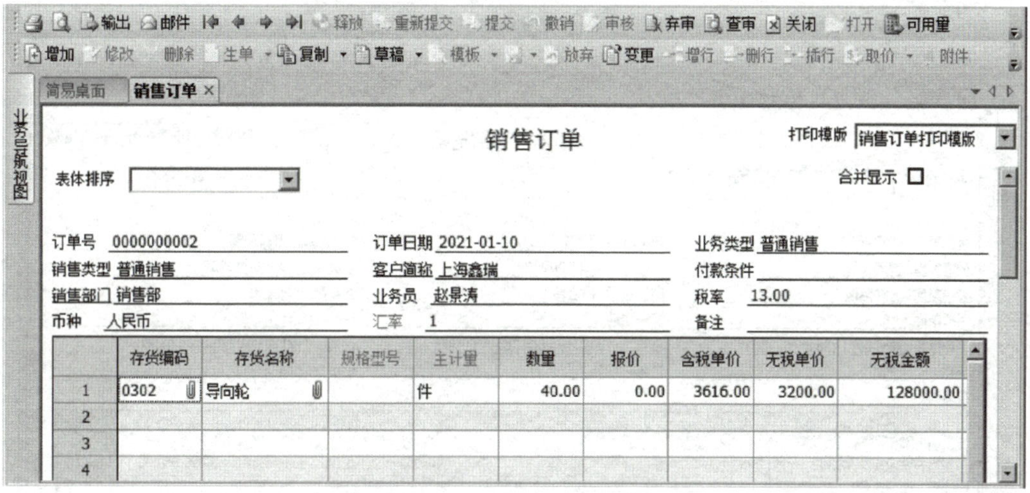

图2-11-23　录入并审核销售订单

执行［业务工作］—［供应链］—［销售管理］—［销售开票］—［销售专用发票］命令，打开［销售专用发票］窗口。

（2）单击［增加］按钮，系统弹出［查询条件选择-参照订单］对话框，单击［确定］按钮。

（3）系统弹出［参照生单］对话框，依次单击［全选］按钮、［确定］按钮。系统自动生成一张销售专用发票，输入表头发票号“35434679”、表体仓库名称“产成品库”，单击［保存］按钮。

（4）单击［现结］按钮，系统弹出［现结］对话框，输入结算方式、原币金额，如图2-11-24所示。

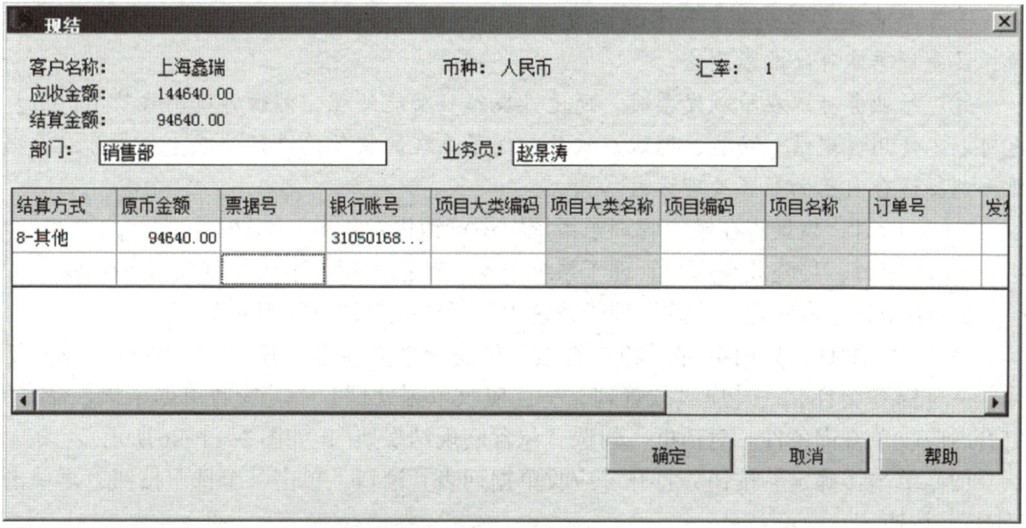

图2-11-24　现结信息录入

（5）单击［确定］按钮，销售专用发票左上角生成“现结”字样，单击［复核］按钮，如图2-11-25所示。

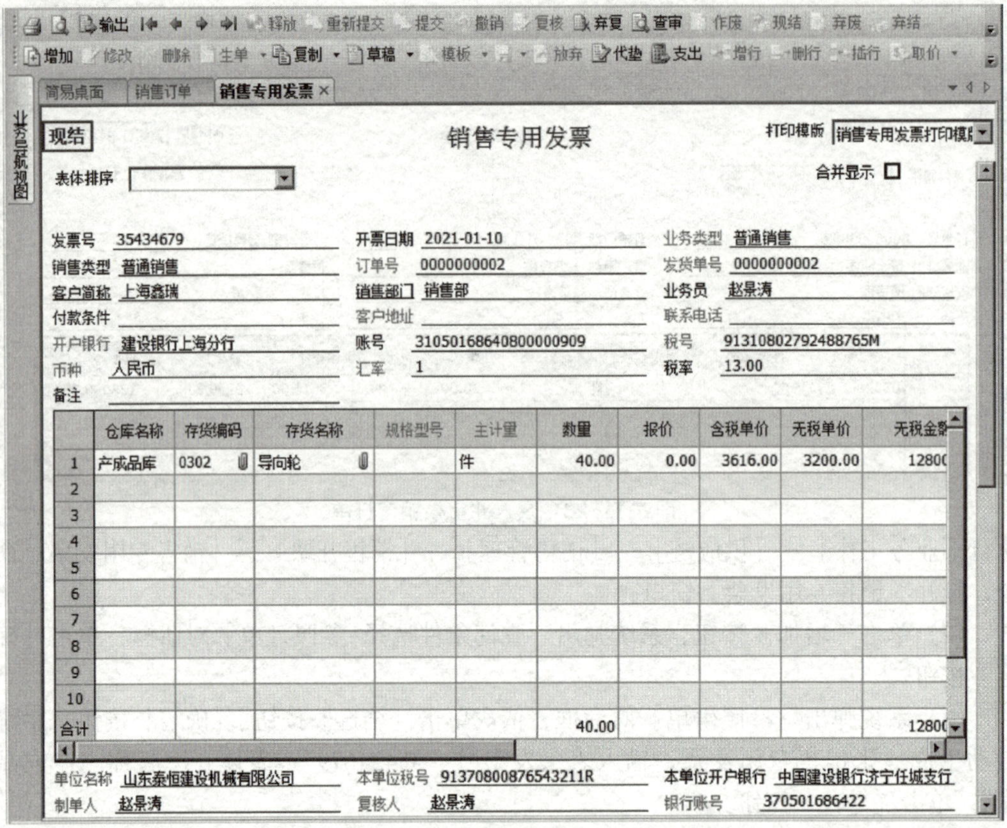

图2-11-25　销售专用发票现结与复核

【操作提示】

①开票直接发货业务，销售发票复核后，系统自动生成一张可供查看的销售发货单，该发货单不可修改或删除。

②现结业务可以在填制发票时，通过［现结］功能处理，无须再填制收款单；用户也可以不使用［现结］功能，通过应收款管理子系统的收款单进行处理。企业可以根据需要选择适合自己的业务处理方式。

3.1月10日，赵景涛在销售管理子系统中浏览销售发货单（选做）。

4.1月10日，吴晓波在库存管理子系统中参照销售发货单生成并审核销售出库单。

5.1月10日，肖然在应收款管理子系统中进行应收单据审核与制单。

（1）1月10日，以财务部“2002肖然”的身份登录企业应用平台，执行［业务工作］—［财务会计］—［应收款管理］—［应收单据处理］—［应收单据审核］命令，打开［应收单查询条件］对话框，勾选“包含已现结发票”，如图2-11-26所示。

（2）单击［确定］按钮，打开［应收单据列表］窗口，单击［全选］按钮，再单击［审核］按钮。

（3）执行［制单处理］命令，打开［制单查询］对话框，选择“现结制单”，单击［确定］按钮，进入［应收制单］窗口，单击［全选］按钮，再单击［制单］按钮，系统自动生成一张收款凭证，补充现金流量信息，单击［保存］按钮，如图2-11-27所示。

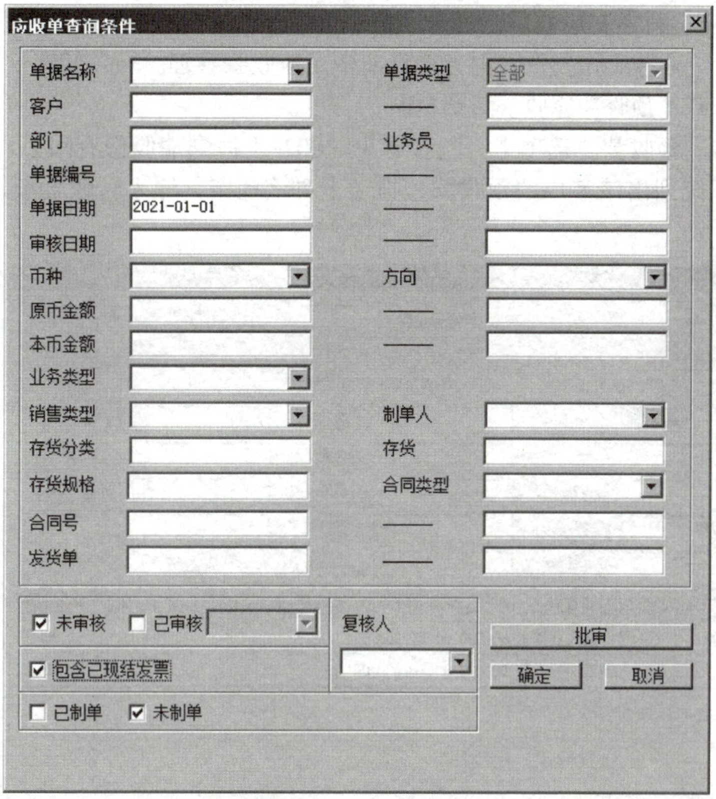

图2-11-26　应收单查询条件

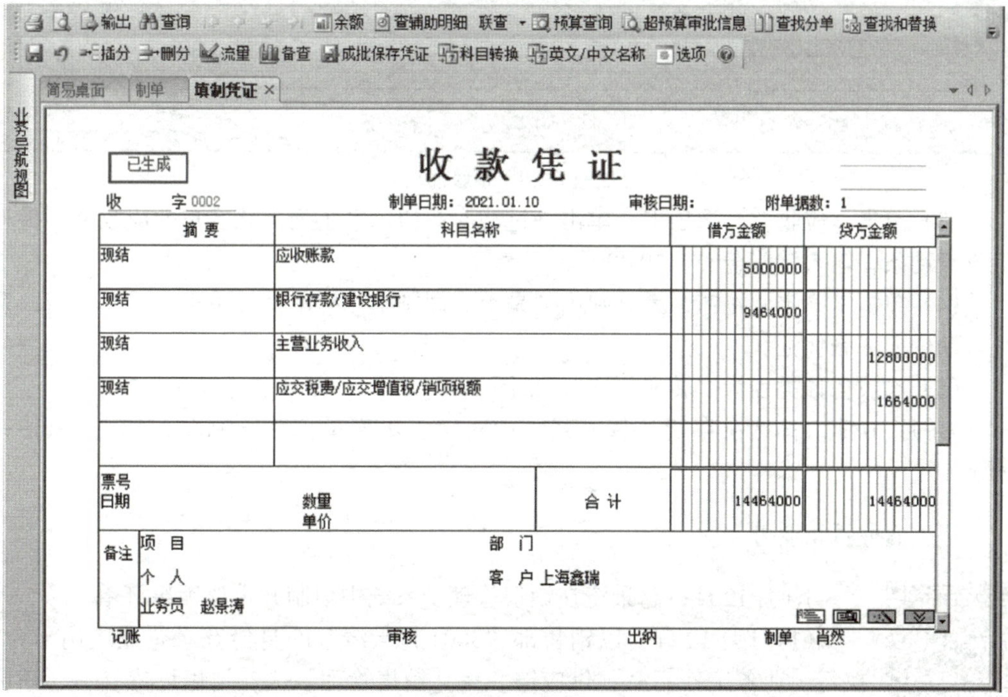

图2-11-27　生成收款凭证

6.1月10日，肖然在应收款管理子系统中进行预收冲应收并制单。

（1）执行［业务工作］—［财务会计］—［应收款管理］—［转账］—［预收冲应收］命令，打开［预收冲应收］对话框。

（2）单击［预收款］选项卡，选择客户“002-上海鑫瑞股份有限公司”，单击［过滤］按钮，系统列出该客户的预收款，拖动下方滚动条，输入转账金额“50 000”，如图2-11-28所示。

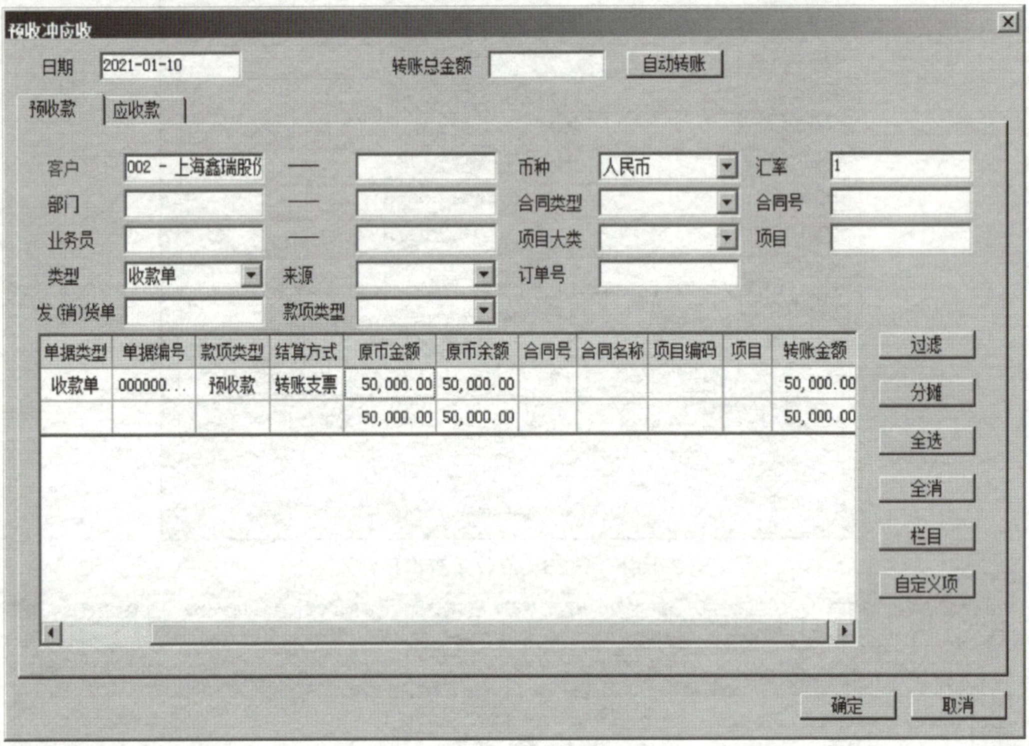

图2-11-28　预收冲应收

（3）单击［应收款］选项卡，单击［过滤］按钮，系统列出该客户的应收款，拖动下方滚动条，输入转账金额“50 000”。

（4）单击［确定］按钮，系统弹出“是否立即制单”提示框，单击［是］按钮，系统自动生成一张凭证。

（5）修改凭证类别为“转账凭证”，如图2-11-29所示，单击［保存］按钮。

7.1月10日，肖然在存货核算子系统中对销售出库单记账与制单，如图2-11-30所示。

三、商业折扣业务

微课

商业折扣业务

1.1月12日，赵景涛在销售管理子系统中填制并审核销售订单。

（1）1月12日，以销售部“3001赵景涛”的身份登录企业应用平台，执行［业务工作］—［供应链］—［销售管理］—［销售订货］—［销售订单］命令，进入［销售订单］窗口。

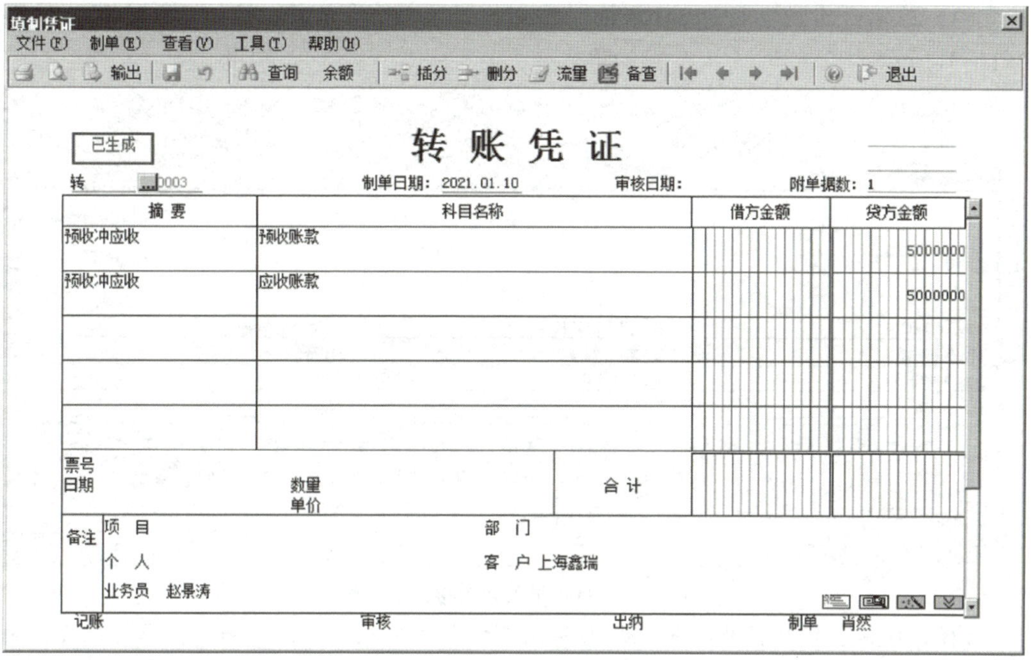

图2-11-29　生成转账凭证

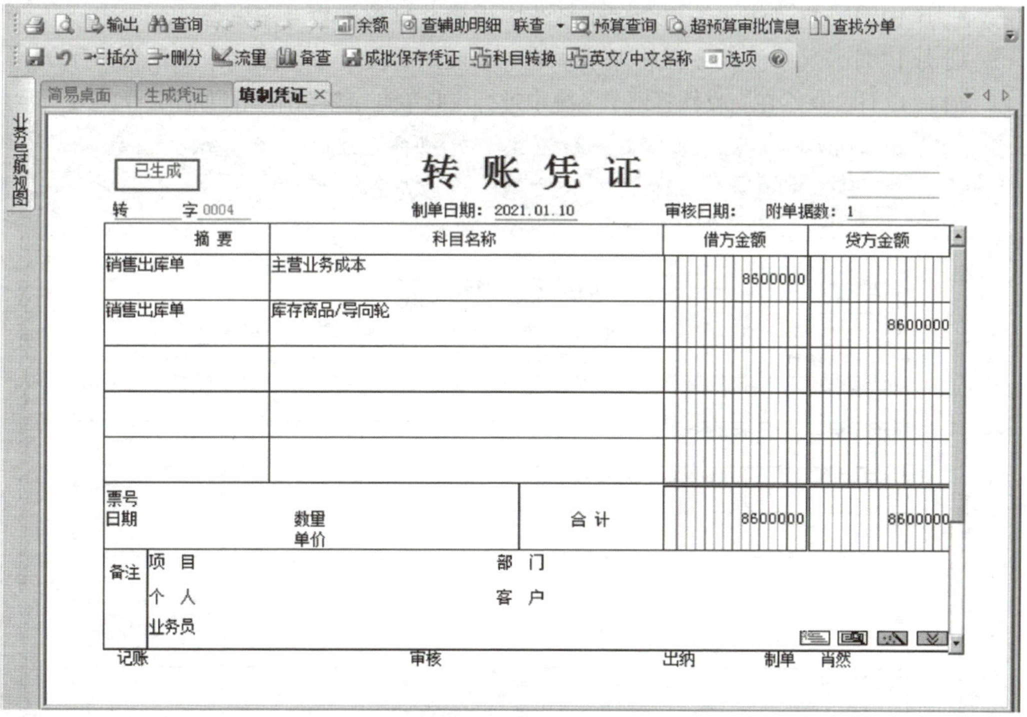

图2-11-30　生成转账凭证

（2）单击［增加］按钮，输入销售订单相关内容。输入表头信息：客户简称“圣迪制造”、业务员“赵景涛”；输入表体信息：存货编码“0302”、数量“20”、报价“4 520”，扣率（%）“80”，单击［保存］按钮，其他数据系统自动计算。

（3）单击［审核］按钮，［审核］按钮自动变灰，［弃审］按钮由灰变黑，如图2-11-31所示。

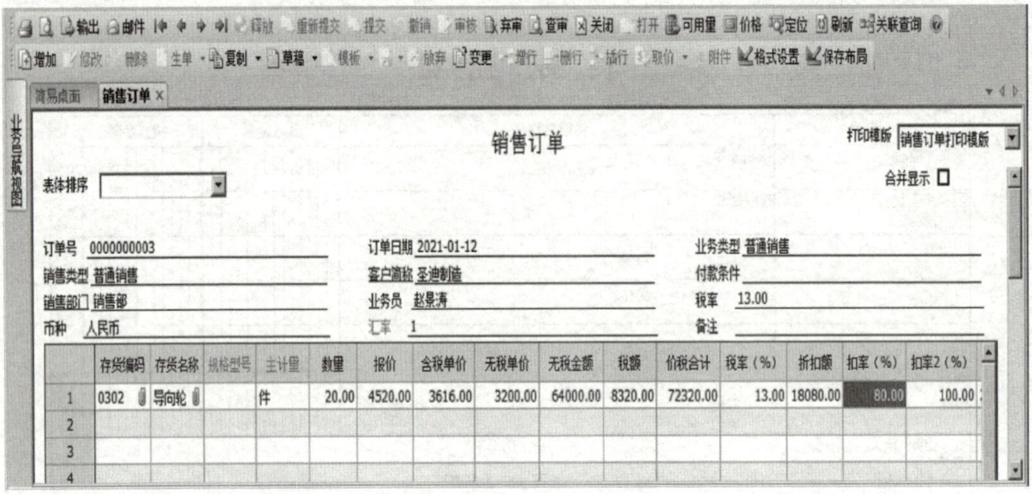

图2-11-31 录入并审核销售订单

【操作提示】发生商业折扣时，需要在单据表体输入“报价”和“扣率”栏目，无税单价、价税合计、折扣额等表体信息系统自动生成。

2.1月12日，赵景涛在销售管理子系统中生成并复核销售专用发票。

3.1月12日，吴晓波在库存管理子系统中参照销售发货单生成并审核销售出库单。

4.1月12日，肖然在应收款管理子系统中进行应收单据审核与制单，如图2-11-32所示。

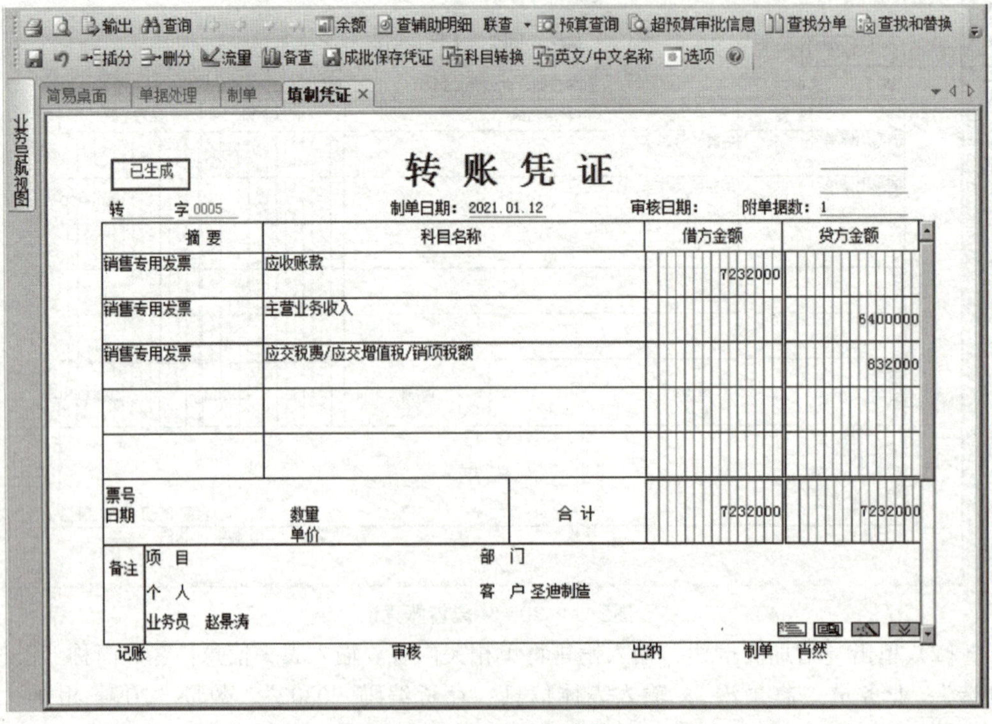

图2-11-32 生成转账凭证

5.1月12日，肖然在存货核算子系统中对销售出库单记账与制单，如图2-11-33所示。

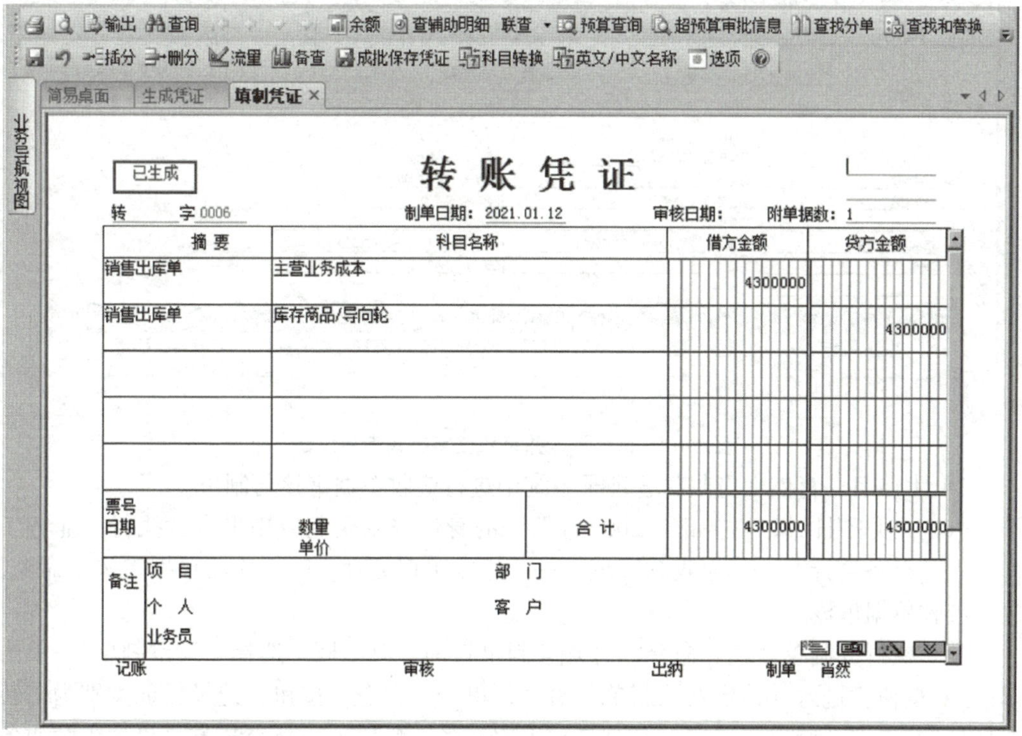

图2-11-33　生成转账凭证

四、销售折让业务

（一）红字销售专用发票处理

1.1月15日，赵景涛在销售管理子系统中生成并复核销售专用发票。

微课

销售折让业务

（1）1月15日，以销售部“3001赵景涛”的身份登录企业应用平台，执行［业务工作］—［供应链］—［销售管理］—［销售开票］—［红字专用销售发票］命令，进入［销售专用发票（红字）］窗口。

（2）单击［增加］按钮，系统弹出［查询条件选择-参照订单］对话框，单击［取消］按钮。

（3）在［销售专用发票（红字）］窗口，输入表头信息：发票号“35434681”、客户简称“圣迪制造”、业务员“赵景涛”；输入表体信息：存货编码“0302”、数量“0”、无税金额“-6 400”、退补标志“退补”，单击［保存］按钮，再单击［复核］按钮，如图2-11-34所示。

【操作提示】

①红字销售发票的金额为负数。

②发生销售折让开具红字销售发票时，仓库名称为空，数量为零，金额为负数，

退补标志选择“退补”。

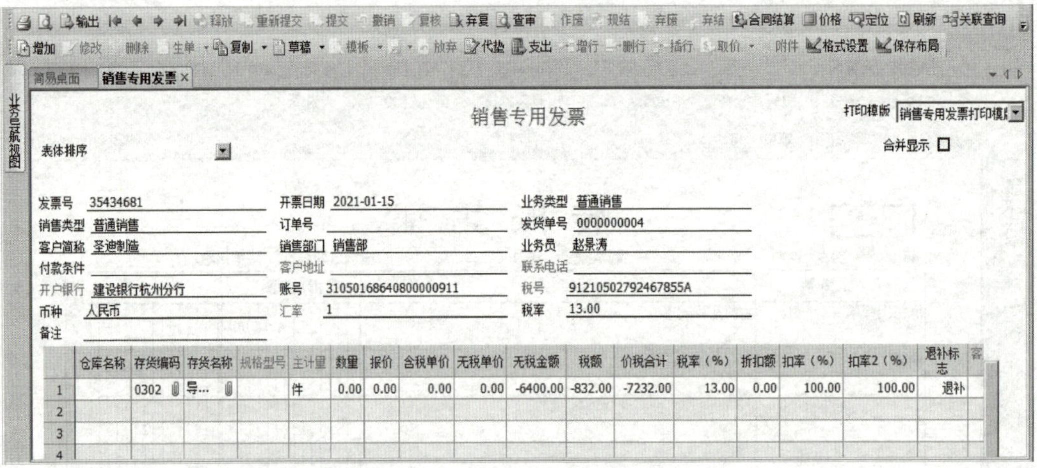

图2-11-34 录入并复核红字销售专用发票

2.1月15日，肖然在应收款管理子系统中进行应收单据审核与制单。

（1）1月15日，以财务部“2002肖然”的身份登录企业应用平台，执行［业务工作］—［财务会计］—［应收款管理］—［应收单据处理］—［应收单据审核］命令，进行应收单据审核。

（2）执行［制单处理］命令，打开［制单查询］对话框，选择“发票制单”，单击［确定］按钮，进入［销售发票制单］窗口，单击［全选］按钮，选择凭证类别为“转账凭证”，单击［制单］按钮，系统自动生成一张转账凭证，补充贷方科目“主营业务收入”，单击［保存］按钮，如图2-11-35所示。

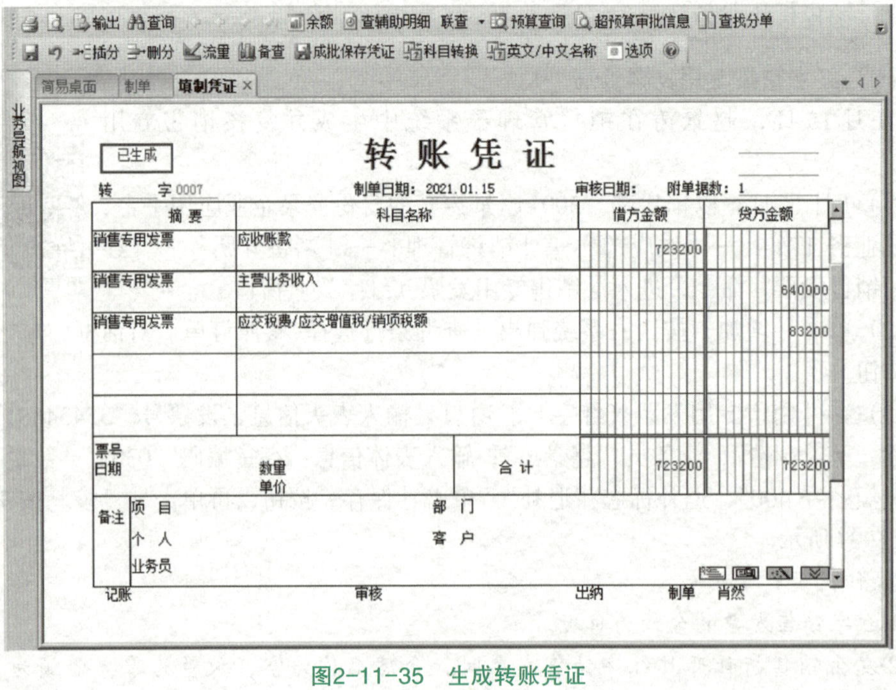

图2-11-35 生成转账凭证

（二）收款单处理

1.1月15日，唐艺在应收款管理子系统中进行收款单录入。

2.1月15日，肖然在应收款管理子系统中进行收款单审核、制单，如图2-11-36所示。

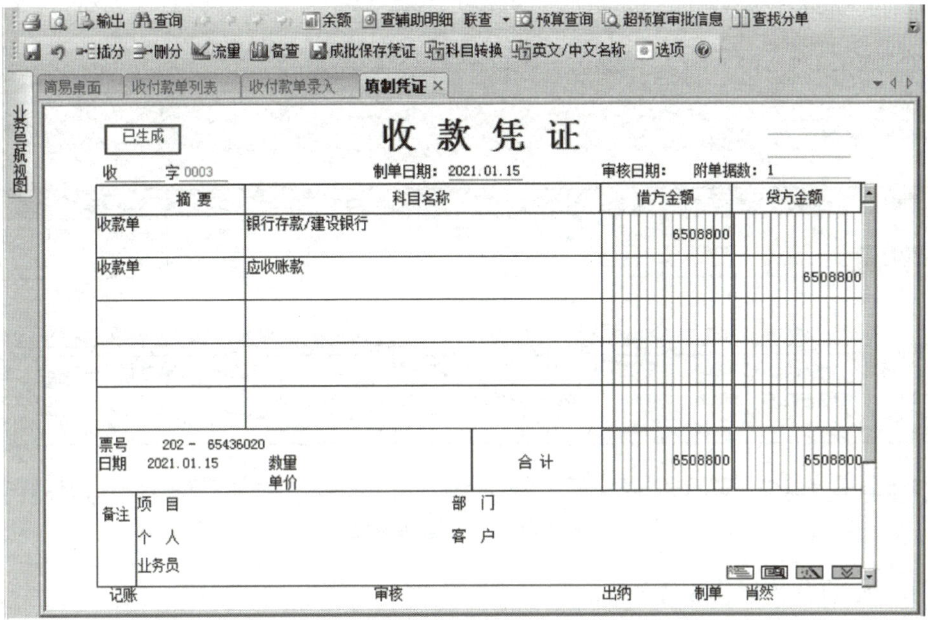

图2-11-36　生成收款凭证

3.1月15日，肖然在应收款管理子系统中进行红票对冲、核销处理。

（1）执行［业务工作］—［财务会计］—［应收款管理］—［转账］—［红票对冲］—［手工对冲］命令，打开［红票对冲条件］对话框。

（2）选择客户“004-浙江圣迪制造有限公司”，单击［确定］按钮，进入［红票对冲］窗口，在下面蓝字发票行次输入对冲金额“7 232”，如图2-11-37所示。

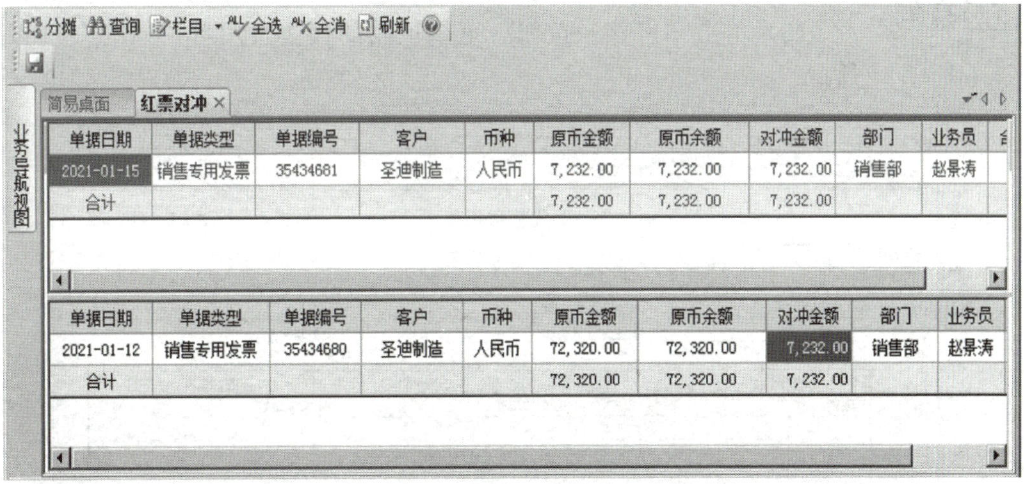

图2-11-37　红票对冲

（3）单击［保存］按钮，系统弹出“是否立即制单”提示框，单击［否］按钮。

（4）执行［核销处理］—［手工核销］命令，打开［核销条件］对话框，选择客户“004–浙江圣迪制造有限公司”，单击［确定］按钮，进入［单据核销］窗口。

（5）在单据类型“销售专用发票”行次输入本次结算“65 088”，如图2–11–38所示。单击［保存］按钮。

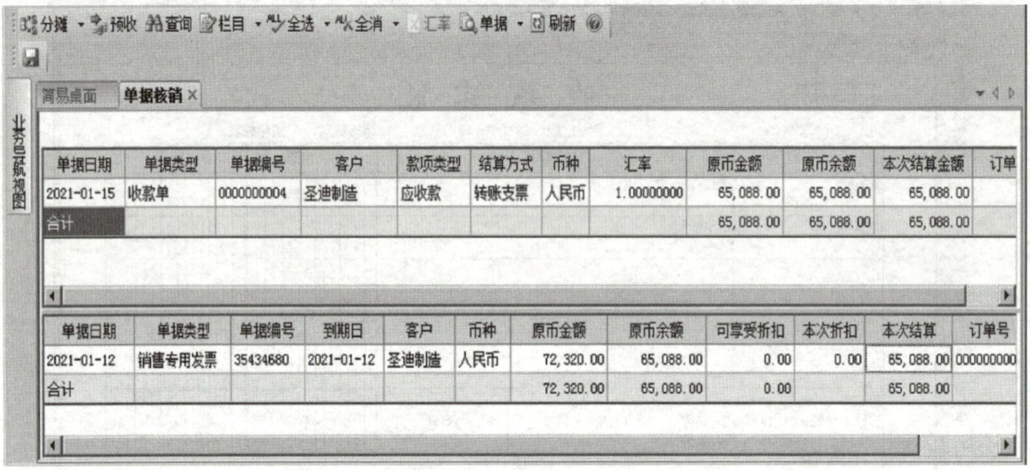

图2–11–38　单据核销

五、销售代垫运费业务

1.1月17日，赵景涛在销售管理子系统中填制并审核销售订单。

2.1月17日，赵景涛在销售管理子系统中参照订单生成并审核销售发货单。

微课

销售代垫运费业务

3.1月17日，赵景涛在销售管理子系统中填制并审核代垫费用单。

（1）执行［业务工作］—［供应链］—［销售管理］—［代垫费用］—［代垫费用单］命令，进入［代垫费用单］窗口。

（2）单击［增加］按钮，输入代垫费用单内容，单击［保存］按钮。

（3）单击［审核］按钮，审核填制的代垫费用单，如图2–11–39所示。

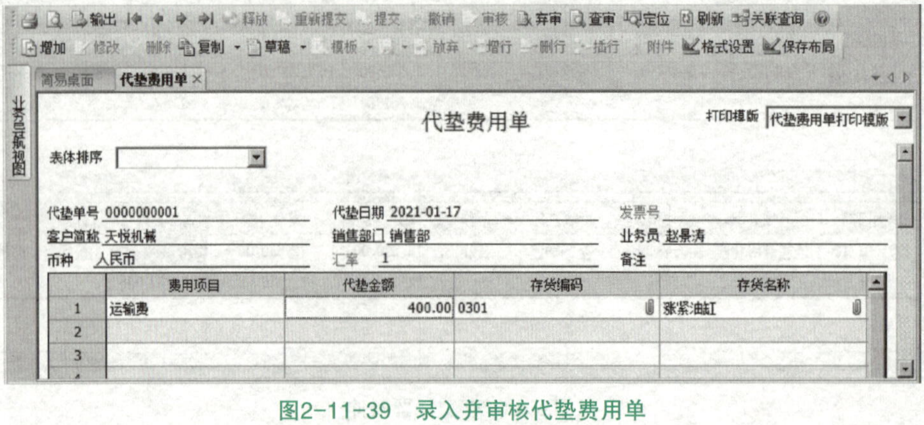

图2–11–39　录入并审核代垫费用单

【操作提示】

① 可以通过执行［代垫费用］—［代垫费用单］命令，打开［代垫费用单］窗口，填制并审核代垫费用。也可以在填制销售发票、销售调拨单、销售零售日报时，通过单击［代垫］按钮后输入代垫费用内容。

② 审核后的代垫费用单生成其他应收单传递到应收款管理子系统进行审核并制单。

③ 代垫费用单在应收款管理子系统中制单处理时，弹出的［制单查询］对话框中，需要勾选“应收单制单”选项。

4.1月17日，吴晓波在库存管理子系统中参照销售发货单生成并审核销售出库单。

5.1月17日，肖然在应收款管理子系统中进行应收单据审核与制单，如图2-11-40所示。

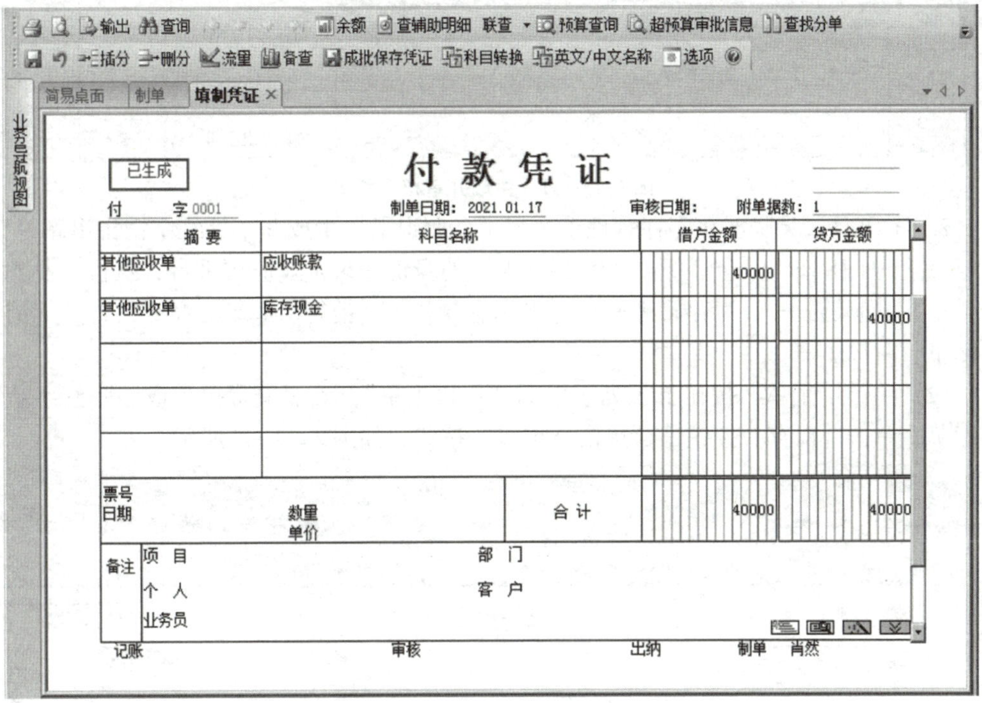

图2-11-40　生成付款凭证

六、未开票前的销售退货业务

（一）退货单、红字销售出库单处理

1.1月18日，赵景涛在销售管理子系统中参照发货单生成并审核退货单。

（1）1月18日，以销售部“3001赵景涛”的身份登录企业应用平台，执行［业务工作］—［供应链］—［销售管理］—［销售发货］—［退货单］命令，打开［退货单］窗口。

微课

未开票前的销售退货业务

（2）单击［增加］按钮，系统弹出［查询条件选择-参照订单］对话框，单击［取消］按钮。

（3）单击［生单］按钮，参照发货单生成退货单，改表体的数量为“-5”，单击［保存］按钮，再单击［审核］按钮，如图2-11-41所示。

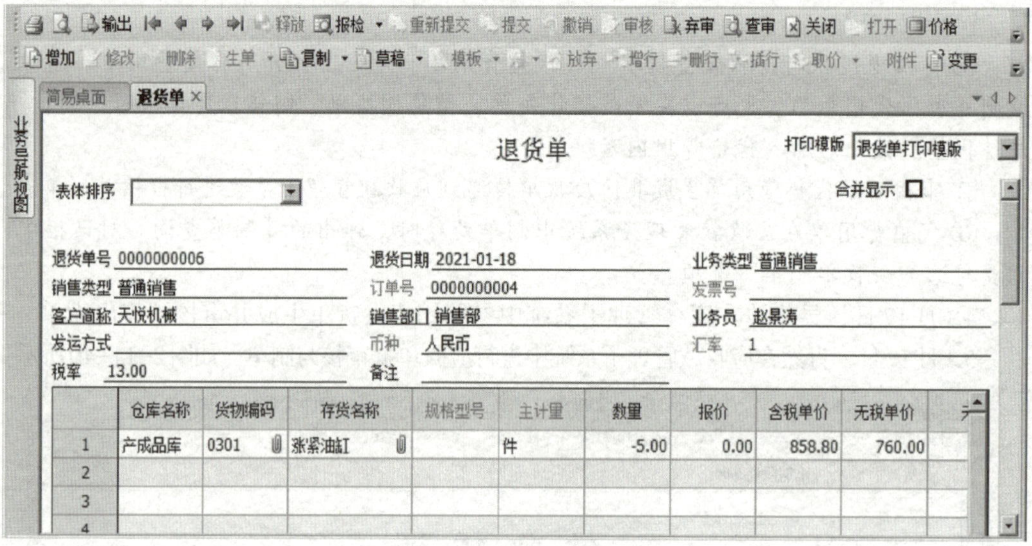

图2-11-41 生成并审核退货单

2.1月18日，吴晓波在库存管理子系统中参照退货单生成并审核红字销售出库单。

（1）1月18日，以仓管部“5001吴晓波”的身份登录企业应用平台，执行［业务工作］—［供应链］—［库存管理］—［出库业务］—［销售出库单］命令，打开［销售出库单］窗口。

（2）单击［生单］按钮下拉列表中的“销售生单”，参照退货单生成一张红字销售出库单，单击［保存］按钮，再单击［审核］按钮，如图2-11-42所示。

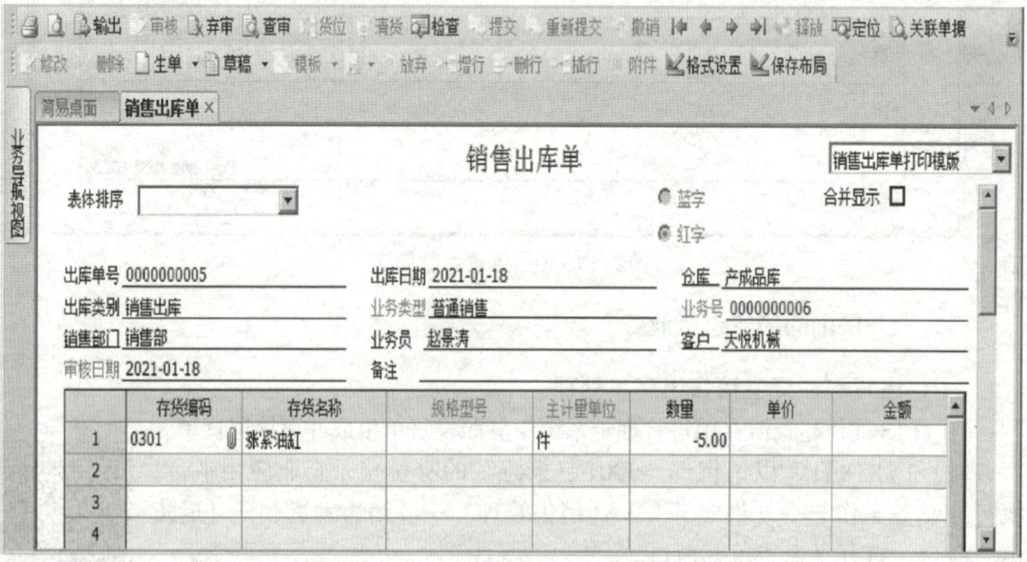

图2-11-42 生成并审核红字销售出库单

（二）销售专用发票处理

1.1月18日，赵景涛在销售管理子系统中参照销售发货单生成销售发票并复核，如图2-11-43所示。

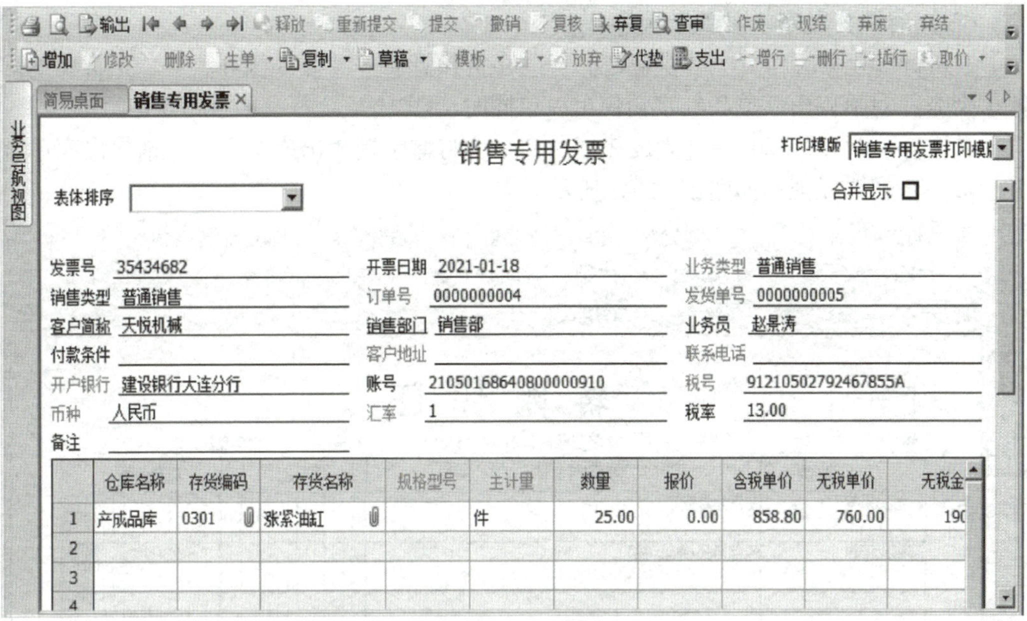

图2-11-43　生成并复核销售专用发票

【操作提示】

(1) 销售发票参照发货单生成时，数量默认为扣除退货数量的实际发货数量。

(2) 未开票前的退货业务无须开具红字销售发票。

2.1月18日，肖然在应收款管理子系统中进行应收单据审核与制单，如图2-11-44所示。

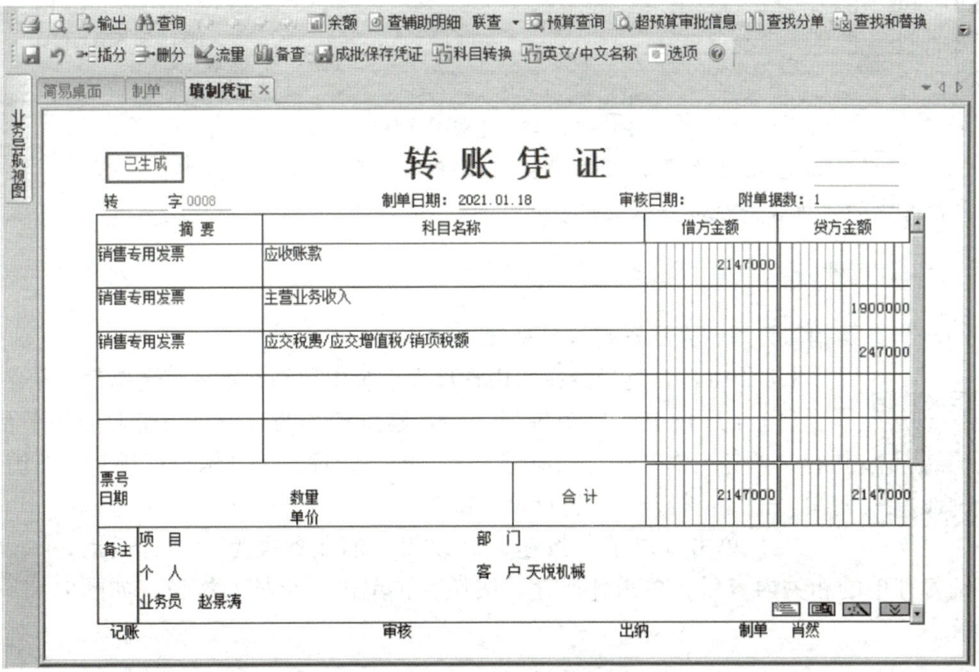

图2-11-44　生成转账凭证

（三）对销售出库单记账与制单

1. 执行［业务工作］—［供应链］—［存货核算］—［业务核算］—［正常单据记账］命令，对销售出库单和红字销售出库单同时记账。

2. 执行［财务核算］—［生成凭证］命令，将蓝字销售出库单和红字销售出库单合并生成一张转账凭证，如图2-11-45所示。

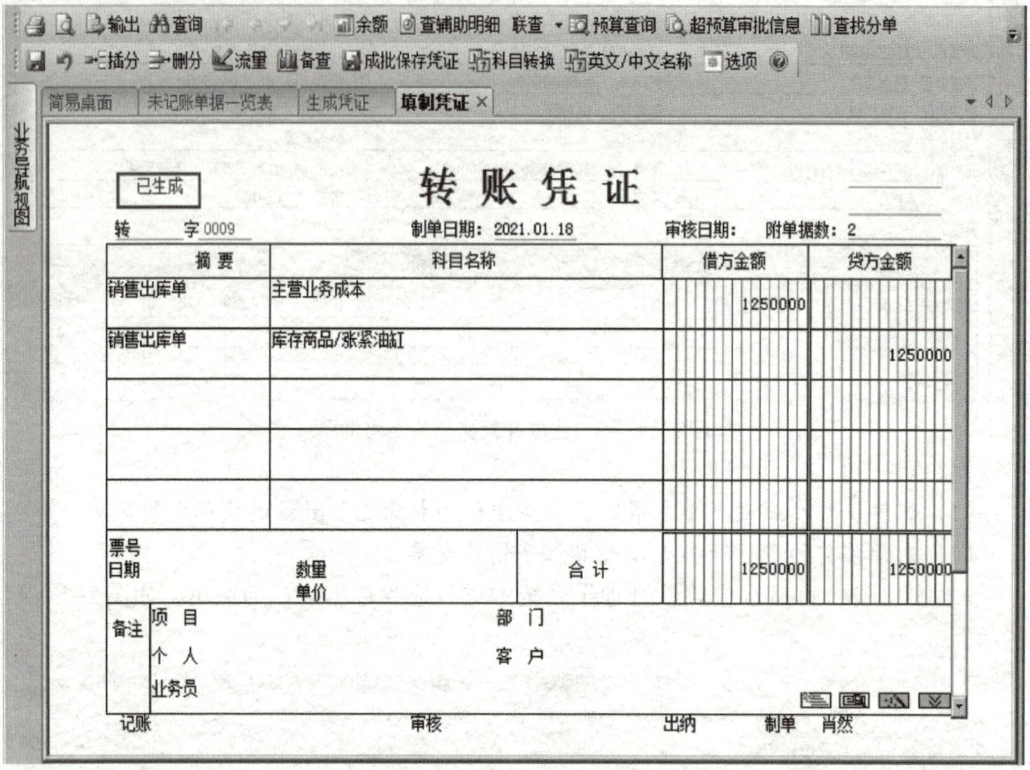

图2-11-45　生成转账凭证

【操作提示】单击［生成］按钮时，一张单据生成一张凭证；单击［合成］按钮时，被选中的单据合并生成一张凭证。

七、直运业务

（一）直运销售订单、直运采购订单处理

微课

直运业务

1. 1月18日，赵景涛在销售管理子系统中填制并审核直运销售订单。

（1）1月18日，以销售部“3001赵景涛”的身份登录企业应用平台，执行［业务工作］—［供应链］—［销售管理］—［销售订货］—［销售订单］命令，打开［销售订单］窗口。

（2）单击［增加］按钮，修改表头的业务类型为“直运销售”，输入销售订单的相关内容后，单击［保存］按钮，再单击［审核］按钮，如图2-11-46所示。

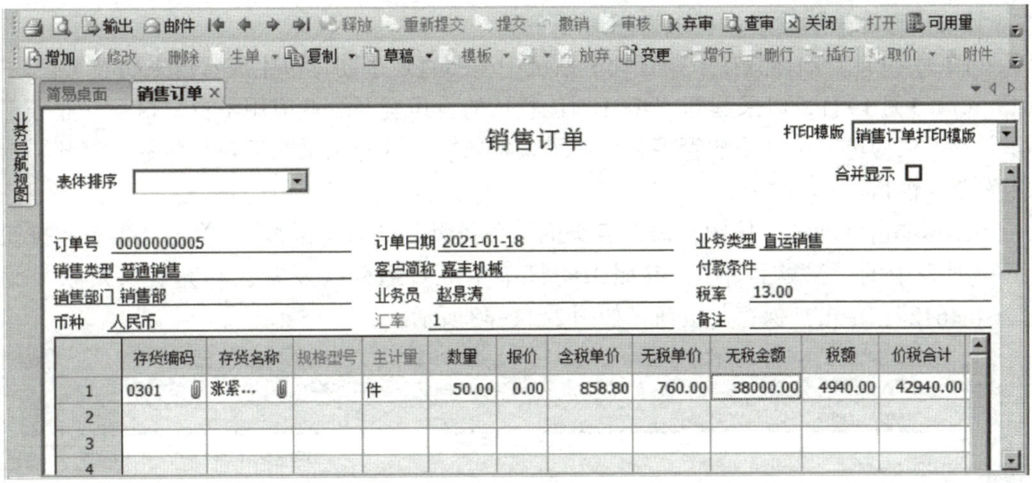

图2-11-46　录入并审核销售订单

【操作提示】

①表头业务类型选择为“直运销售”。

②本业务直运销售订单是必选单据，取决于销售管理子系统选项参数中勾选了“直运销售必有订单”。

③对于直运必有订单业务，直运销售发票、直运采购订单、直运采购发票不可手工增加，只能参照单据生成。

2. 1月18日，刘佳慧在采购管理子系统中参照直运销售订单生成并审核直运采购订单。

(1) 1月18日，以采购部“4001刘佳慧”的身份登录企业应用平台，执行［业务工作］—［供应链］—［采购管理］—［采购订货］—［采购订单］命令，打开［采购订单］窗口。

(2) 单击［增加］按钮，修改表头的业务类型为“直运采购”，单击［生单］按钮下拉列表中的“销售订单”，参照销售订单生成一张直运采购订单，输入表头信息：供应商“正锋机械”、部门“采购部”、业务员“刘佳慧”；输入表体信息：原币单价“640”，单击［保存］按钮，再单击［审核］按钮，如图2-11-47所示。

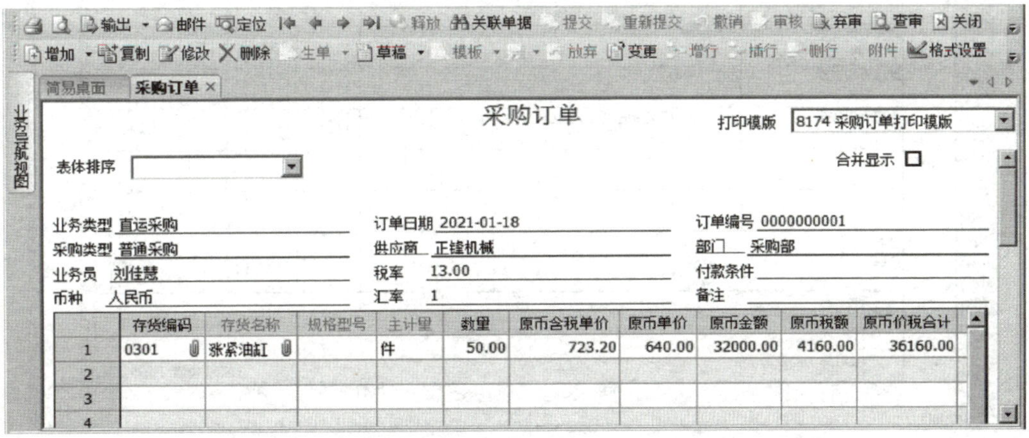

图2-11-47　录入并审核采购订单

（二）直运采购发票、直运销售发票处理

1.1月19日，刘佳慧在采购管理子系统中参照直运采购订单生成直运采购发票。

（1）1月19日，以采购部“4001刘佳慧”的身份登录企业应用平台，执行［业务工作］—［供应链］—［采购管理］—［采购发票］—［专用采购发票］命令，打开［专用发票］窗口。

（2）单击［增加］按钮，修改表头的业务类型为“直运采购”，单击［生单］按钮下拉列表中的“采购订单”，参照采购订单生成直运采购发票，补充表头发票号为“26434612”，单击［保存］按钮，如图2-11-48所示。

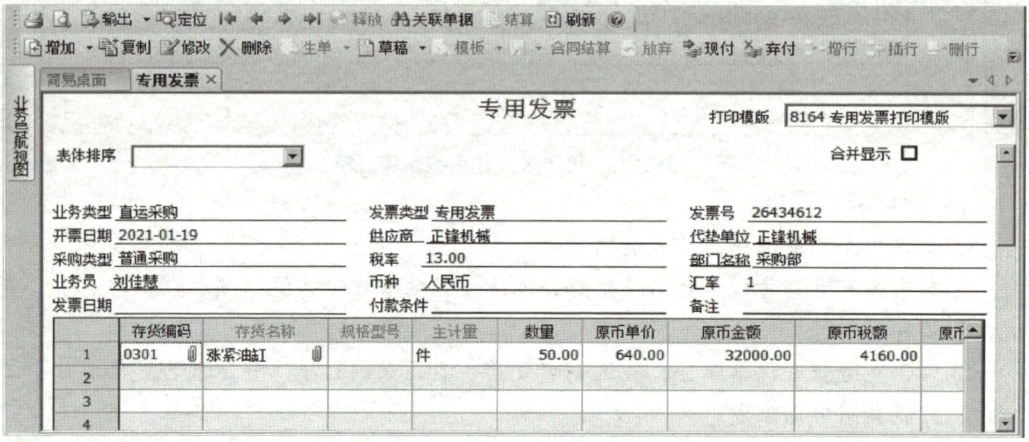

图2-11-48 生成采购专用发票

2.1月19日，赵景涛在销售管理子系统中参照直运销售订单生成并复核直运销售发票。

3.1月19日，肖然在应收款管理子系统中进行应收单据审核与制单，如图2-11-49所示。

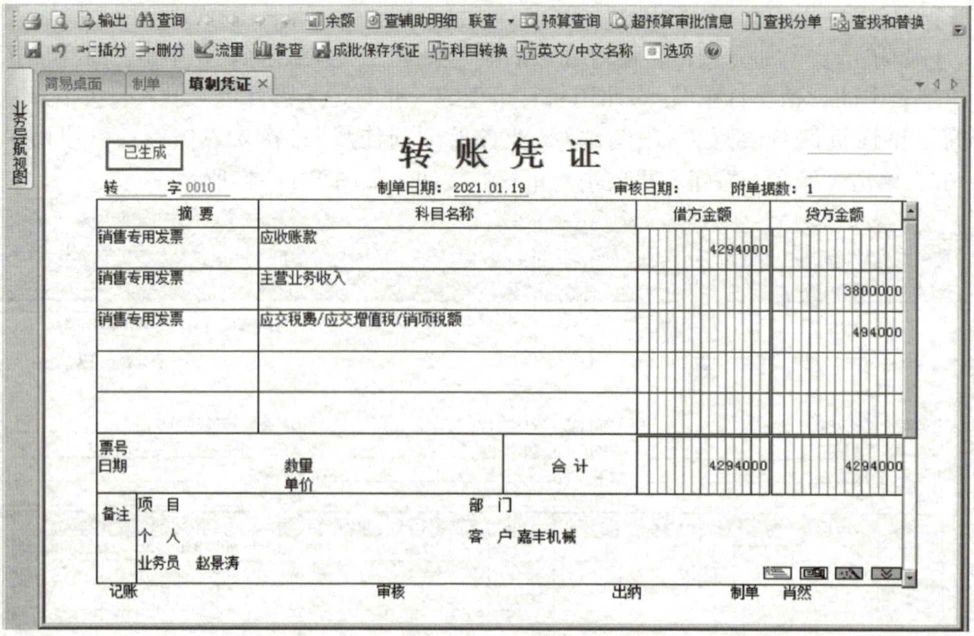

图2-11-49 生成转账凭证

4.1月19日，肖然在应付款管理子系统中进行应付单据审核，无须制单。

5.1月19日，肖然在存货核算子系统中对直运采购发票和直运销售发票记账并制单。

（1）执行［业务工作］—［供应链］—［存货核算］—［业务核算］—［直运销售记账］命令，系统弹出［直运采购发票核算查询条件］对话框，单击［确定］按钮。

（2）进入［直运销售记账］窗口，单击［全选］按钮，如图2-11-50所示。

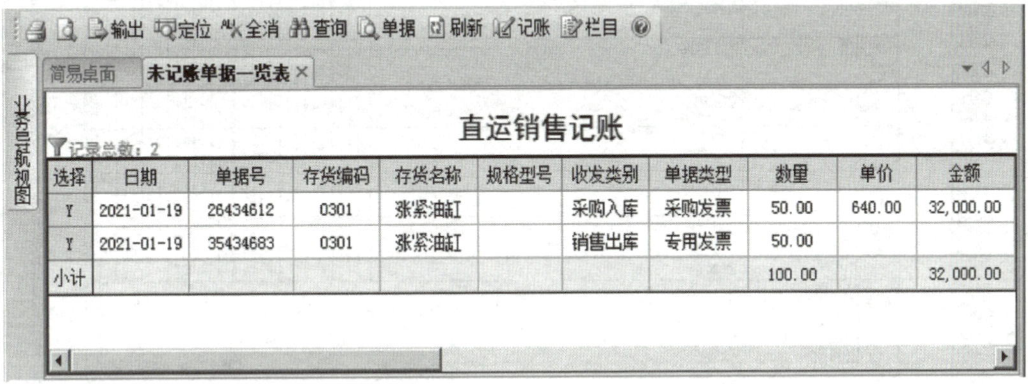

选择	日期	单据号	存货编码	存货名称	规格型号	收发类别	单据类型	数量	单价	金额
Y	2021-01-19	26434612	0301	涨紧油缸		采购入库	采购发票	50.00	640.00	32,000.00
Y	2021-01-19	35434683	0301	涨紧油缸		销售出库	专用发票	50.00		
小计								100.00		32,000.00

图2-11-50　直运销售记账

（3）单击［记账］按钮，将采购发票和销售发票同时记账，系统提示“记账成功”，单击［确定］按钮。

（4）执行［财务核算］—［生成凭证］命令，打开［生成凭证］窗口，单击［选择］按钮，弹出［查询条件］对话框，单击［确定］按钮，进入［未生成凭证单据一览表］窗口。

（5）单击［全选］按钮，再单击［确定］按钮，进入［生成凭证］窗口，选择凭证类别为“转 转账凭证”，输入存货科目“1402在途物资”，如图2-11-51所示。

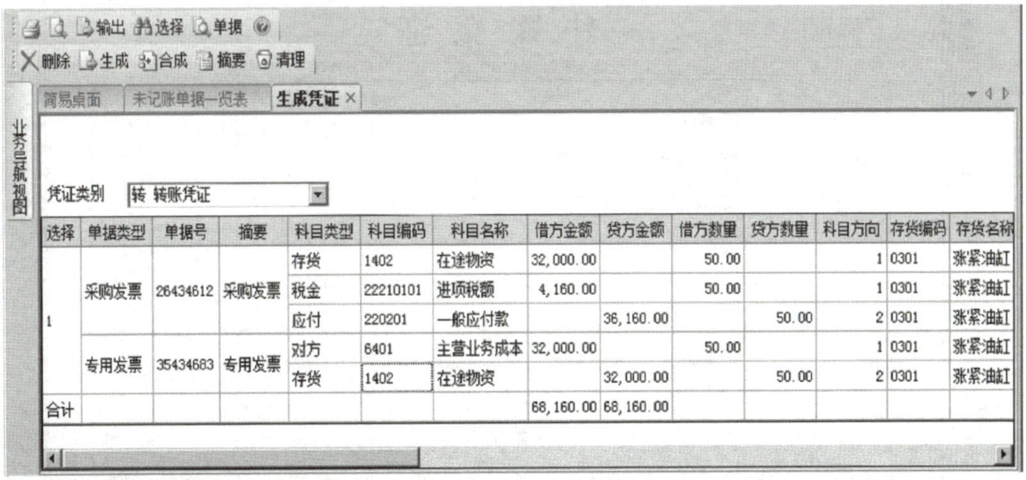

选择	单据类型	单据号	摘要	科目类型	科目编码	科目名称	借方金额	贷方金额	借方数量	贷方数量	科目方向	存货编码	存货名称
1	采购发票	26434612	采购发票	存货	1402	在途物资	32,000.00		50.00		1	0301	涨紧油缸
				税金	22210101	进项税额	4,160.00		50.00		1	0301	涨紧油缸
				应付	220201	一般应付款		36,160.00		50.00	2	0301	涨紧油缸
	专用发票	35434683	专用发票	对方	6401	主营业务成本	32,000.00		50.00		1	0301	涨紧油缸
				存货	1402	在途物资		32,000.00		50.00	2	0301	涨紧油缸
合计							68,160.00	68,160.00					

图2-11-51　未生成凭证单据一览表

（6）单击［生成］按钮，依据销售发票生成结转销售成本的凭证，单击［保存］按钮，如图2-11-52所示。

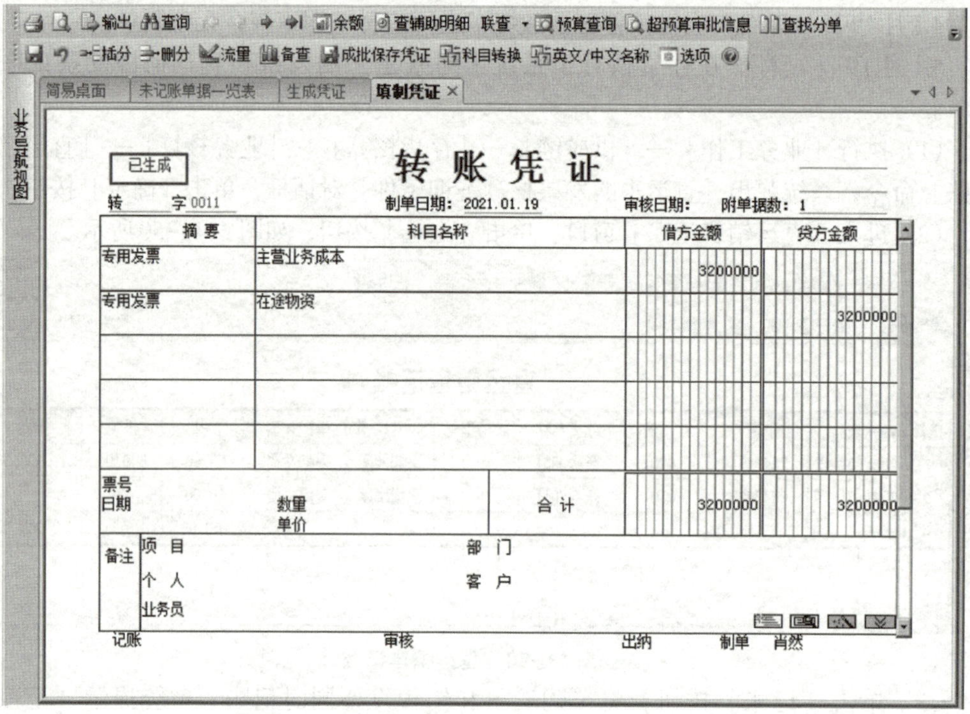

图2-11-52 生成转账凭证

（7）单击“➡”按钮，依据采购发票生成核算采购成本的凭证，单击［保存］按钮，如图2-11-53所示。

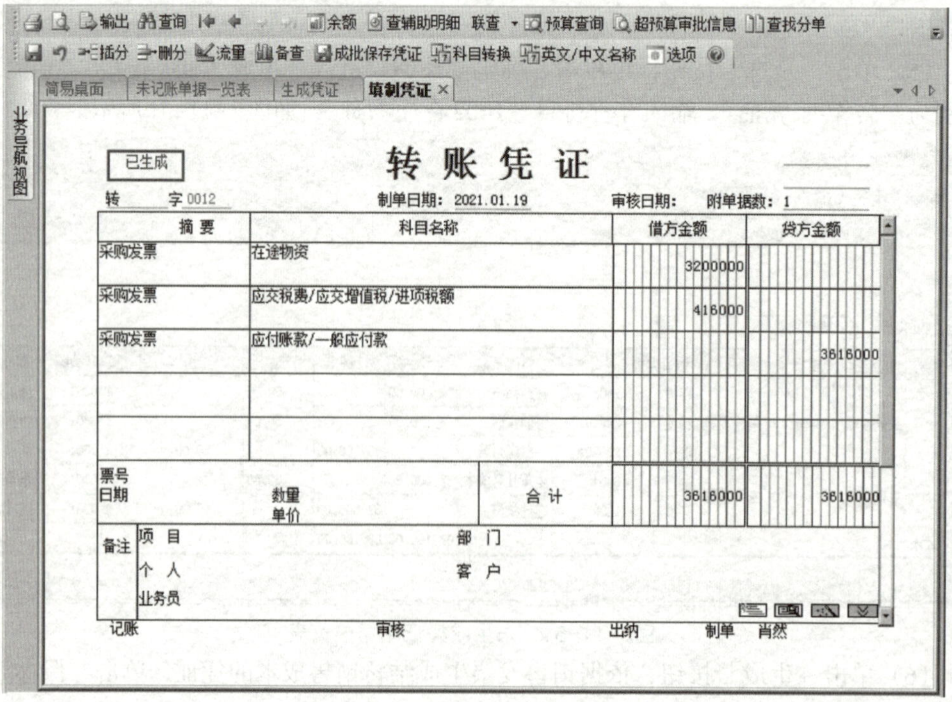

图2-11-53 生成转账凭证

八、票据管理业务

（一）承兑汇票增加处理

1.1月19日，唐艺在应收款管理子系统中增加商业承兑汇票。

（1）以财务部“2004唐艺”的身份登录企业应用平台，执行［业务工作］—［财务会计］—［应收款管理］—［票据管理］命令，打开［查询条件选择］对话框，单击［确定］按钮。

微课

票据管理业务

（2）进入［票据管理］窗口，单击［增加］按钮，进入［商业汇票］窗口。

（3）输入票据类型“商业承兑汇票”、票据编号“78675445”、结算方式“商业承兑汇票”、收到日期“2021-01-19”、出票日期“2021-01-19”、到期日“2021-03-19”、出票人“辽宁天悦机械制造有限公司”、金额“36 160”，单击［保存］按钮，如图2-11-54所示。

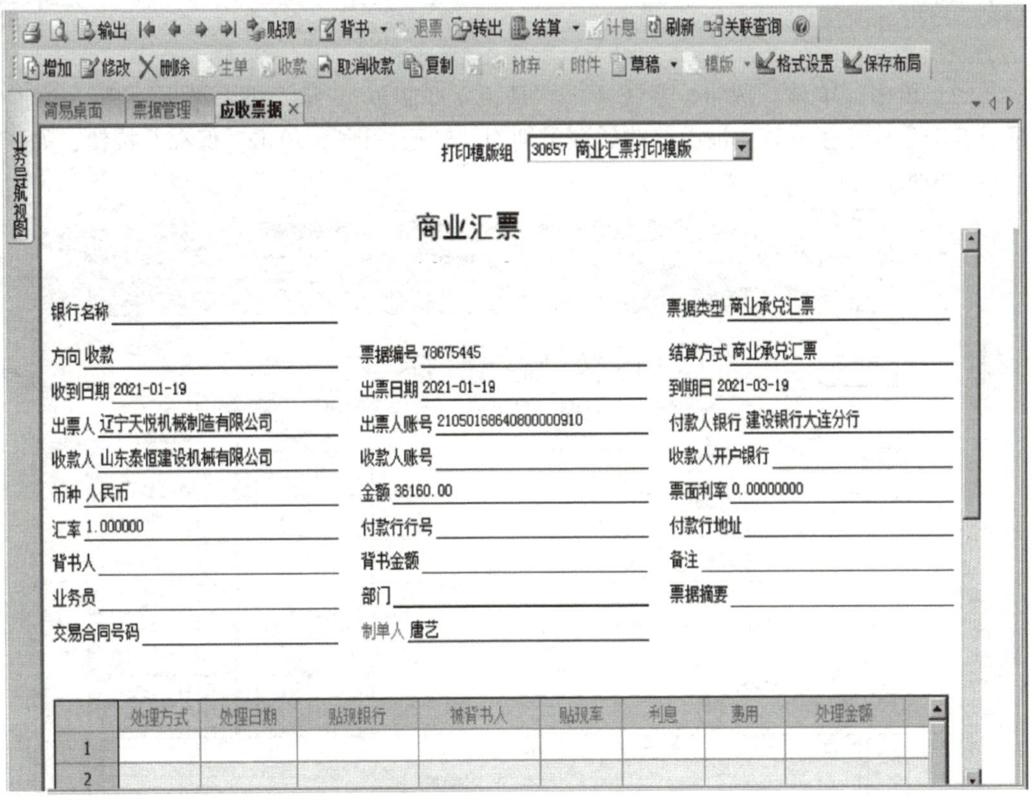

图2-11-54　录入商业汇票

2.1月19日，肖然在应收款管理子系统中对收款单审核、制单与核销处理。

（1）以财务部“2002肖然”的身份登录企业应用平台，执行［业务工作］—［财务会计］—［应收款管理］—［收款单据处理］—［收付款单据录入］命令，打开［收款单］窗口，单击“”按钮，找到商业承兑票据自动生成的一张收款单，如图2-11-55所示。

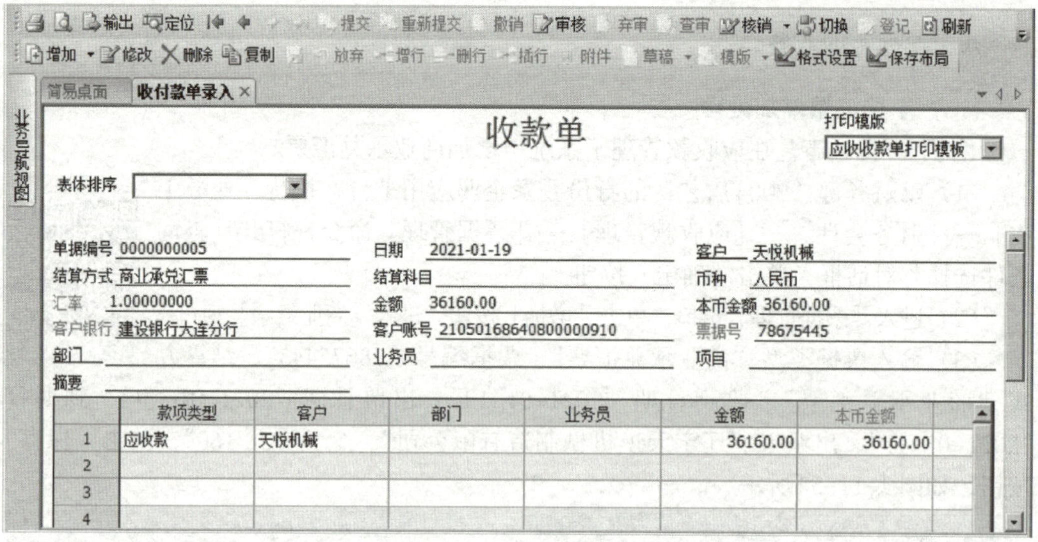

图2-11-55 查看收款单

（2）单击［审核］按钮，系统弹出“是否立即制单？”提示框，单击［是］按钮，系统自动生成一张收款凭证，修改凭证类别为“转账凭证”，单击［保存］按钮，如图2-11-56所示。

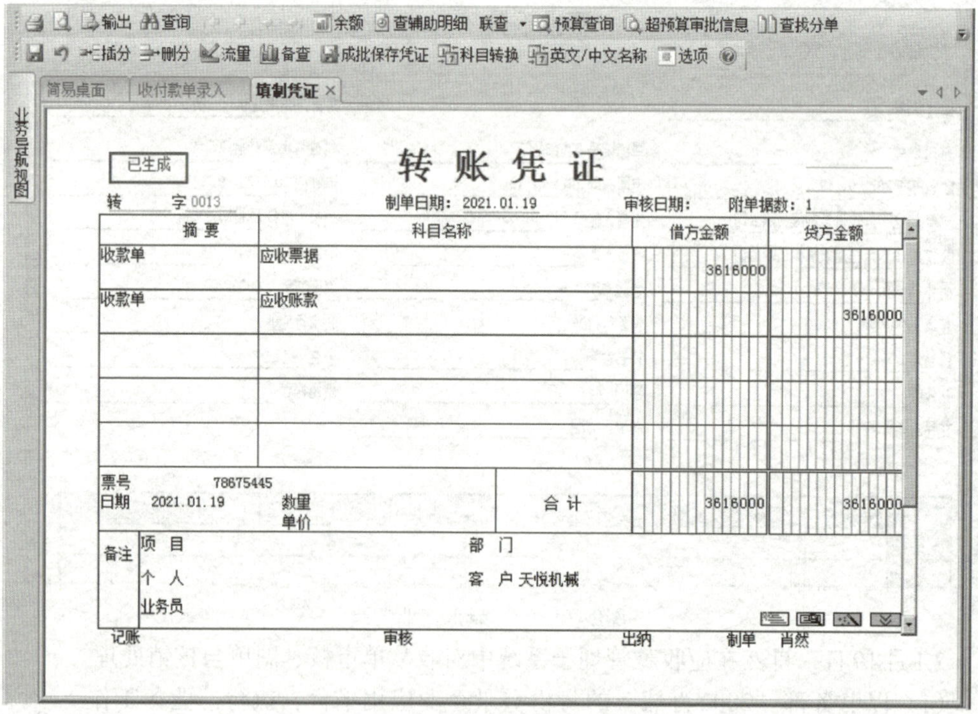

图2-11-56 生成转账凭证

（3）执行［核销处理］—［手工核销］命令，系统弹出［核销条件］对话框，选择客户为“天悦机械”，单击［确定］按钮。

（4）进入［单据核销］窗口，在下面的第二行输入本次结算金额“36 160”，如图

2-11-57所示，单击［保存］按钮。

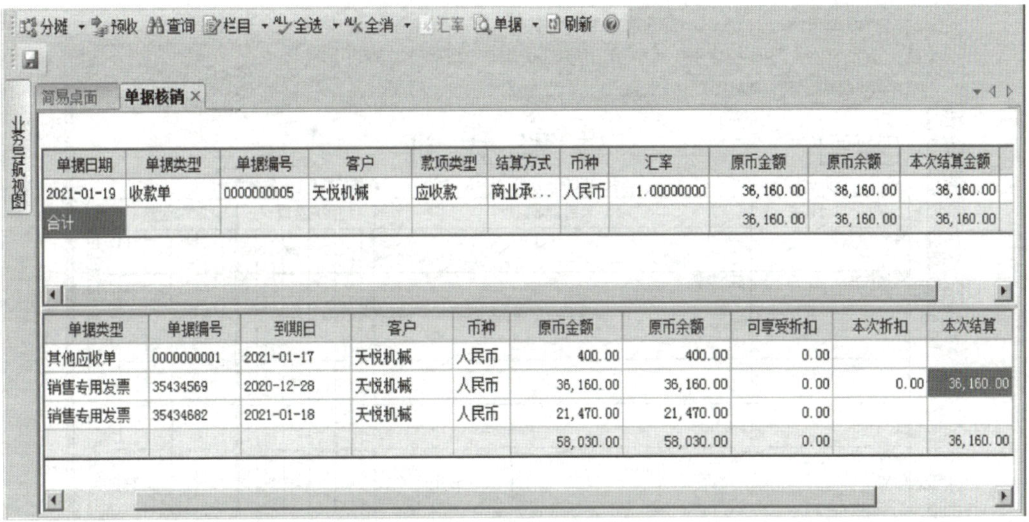

图2-11-57　单据核销

（二）承兑汇票背书处理

1.1月19日，以财务部“2002肖然”的身份登录企业应用平台，执行［业务工作］—［财务会计］—［应收款管理］—［票据管理］命令，打开［查询条件选择］对话框，单击［确定］按钮。

2.进入［票据管理］窗口，双击第二行“选择”栏，选中“商业承兑汇票”，单击［背书］按钮，系统弹出［票据背书］对话框，选择被背书人为“沈阳正锋机械有限公司”，如图2-11-58所示。

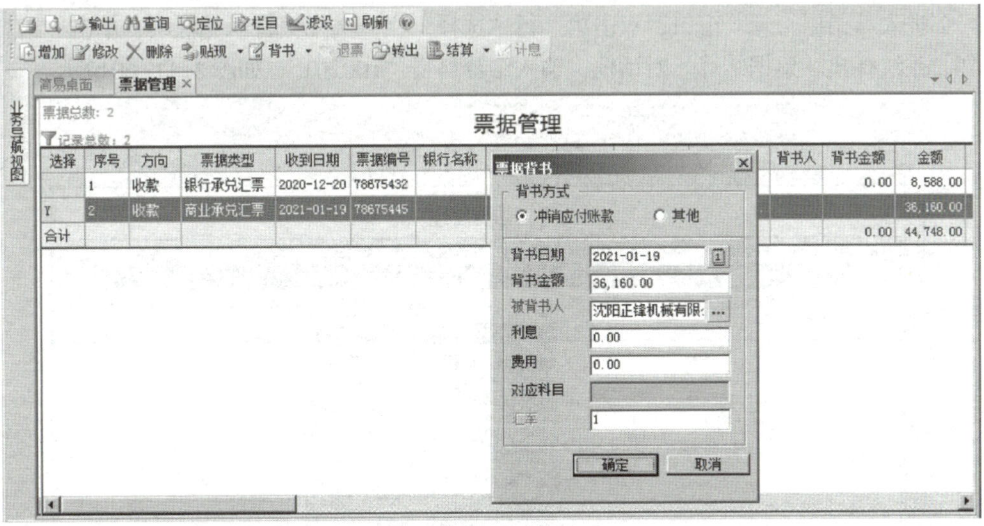

图2-11-58　票据背书

3.单击［确定］按钮，系统弹出［冲销应付账款］对话框，输入转账金额“36 160”。

4.单击［确定］按钮，系统弹出“是否立即制单？”提示框，单击［是］按钮，系统自动生成一张收款凭证，修改凭证类别为“转账凭证”，单击［保存］按钮，如图

2-11-59所示。

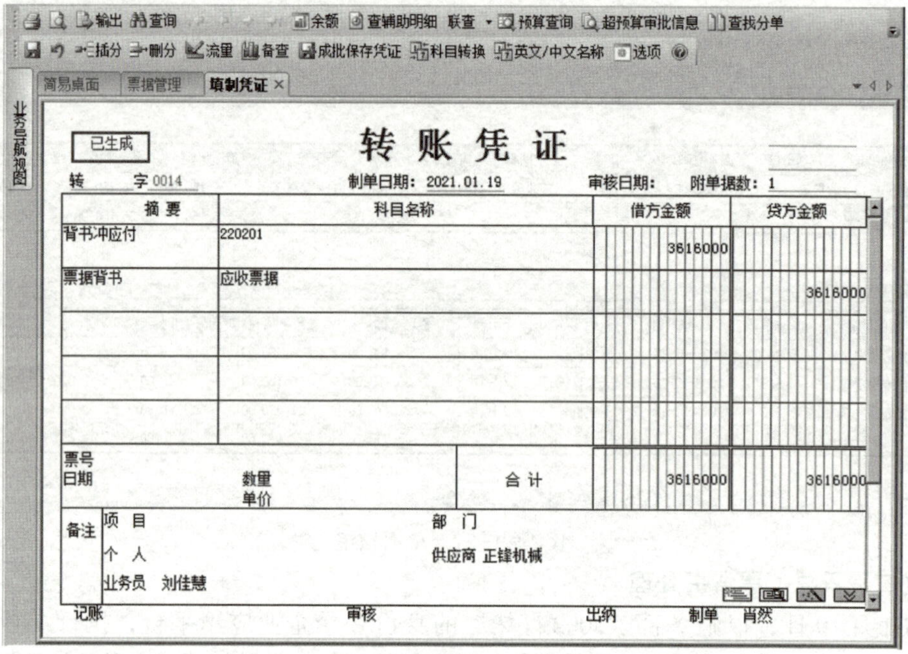

图2-11-59 生成转账凭证

（三）承兑汇票结算处理

1.1月20日，以财务部“2002肖然”的身份登录企业应用平台，执行［业务工作］—［财务会计］—［应收款管理］—［票据管理］命令，打开［查询条件选择］对话框，单击［确定］按钮。

2.进入［票据管理］窗口，双击第一行“选择”栏，选中银行承兑汇票，单击［结算］按钮，系统弹出［票据结算］对话框，输入结算科目“100201”，如图2-11-60所示。

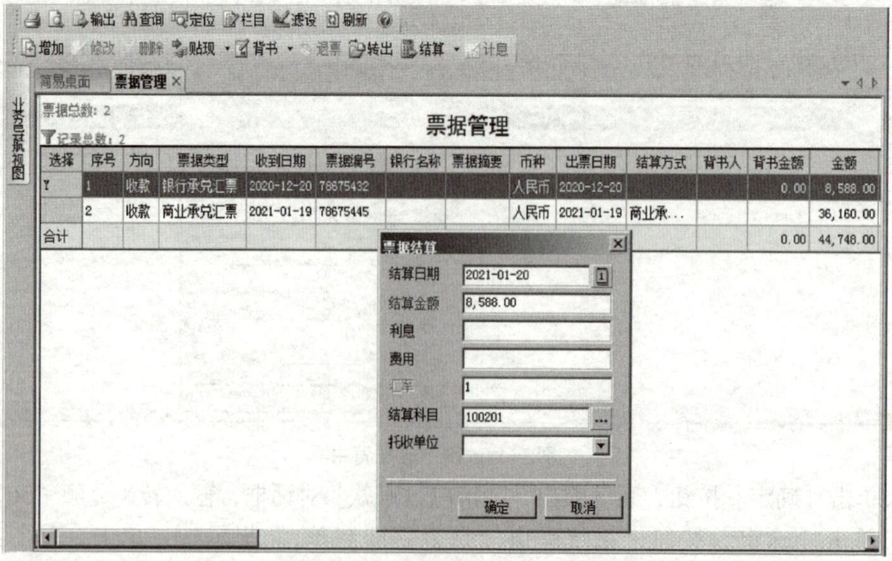

图2-11-60 票据结算

3. 单击［确定］按钮，系统弹出“是否立即制单?”提示框，单击［是］按钮，系统自动生成一张收款凭证。

4. 单击［流量］按钮，系统弹出［现金流量录入修改］对话框，选择项目编码为“01 销售商品、提供劳务收到的现金”，单击［确定］按钮，再单击［保存］按钮，如图2-11-61所示。

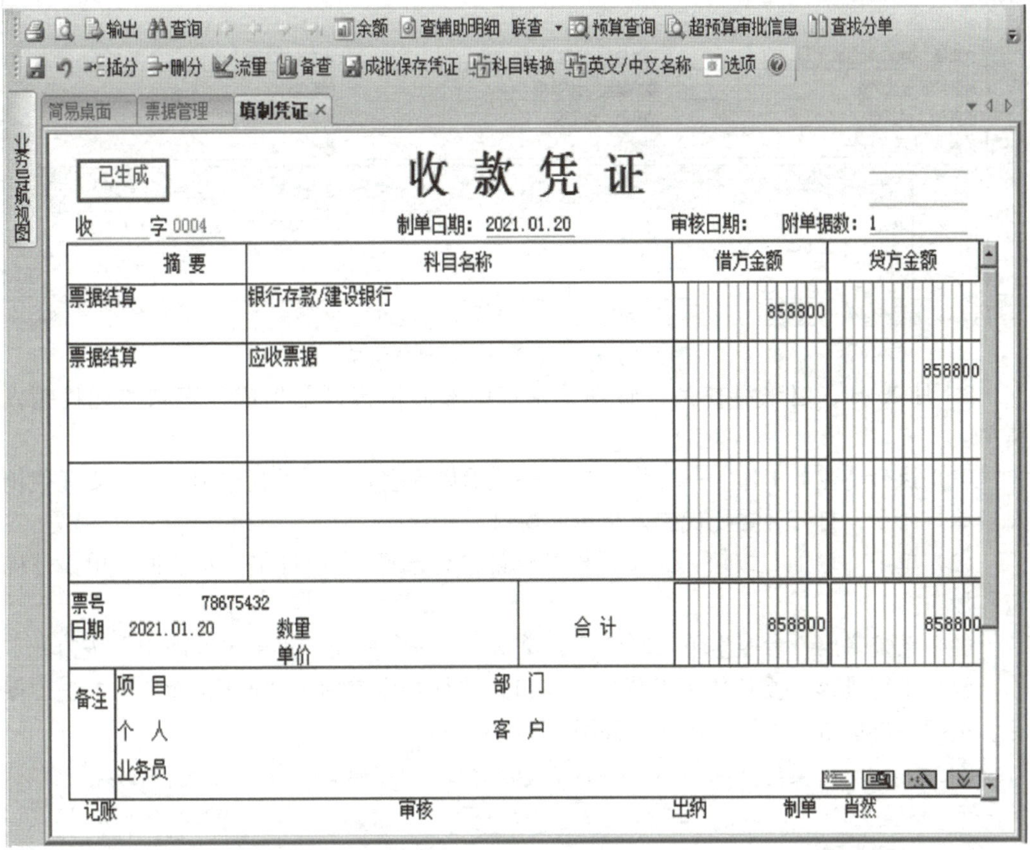

图2-11-61　生成收款凭证

九、委托代销业务

（一）销售订单、委托代销发货单、销售出库单处理

1. 1月20日，赵景涛在销售管理子系统中填制并审核销售订单。

微课

委托代销业务

（1）1月20日，以销售部“3001 赵景涛”的身份登录企业应用平台，执行［业务工作］—［供应链］—［销售管理］—［销售订货］—［销售订单］命令，打开［销售订单］窗口。

（2）单击［增加］按钮，修改业务类型为“委托代销”，输入客户简称“上海鑫瑞”、业务员“赵景涛”、存货编码“0302”、数量“30”、无税单价“3 200”，单击［保存］按钮，再单击［审核］按钮，如图2-11-62所示。

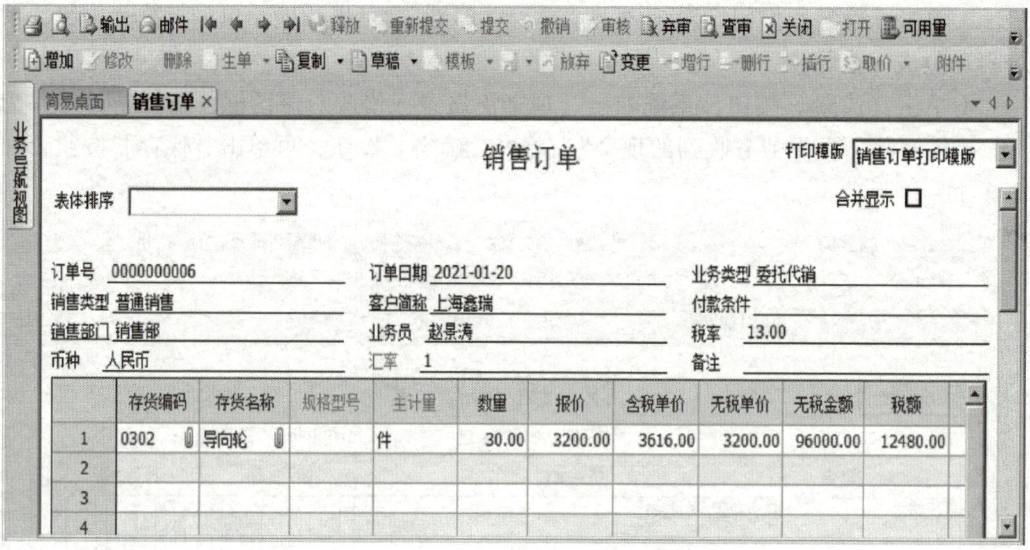

图2-11-62 录入并审核销售订单

2.1月20日，赵景涛在销售管理子系统中参照销售订单生成并审核委托代销发货单。

（1）执行［业务工作］—［供应链］—［销售管理］—［委托代销］—［委托代销发货单］命令，打开［委托代销发货单］窗口。

（2）单击［增加］按钮，系统弹出［查询条件选择-参照订单］对话框，单击［确定］按钮。

（3）系统弹出［参照生单］对话框，单击［全选］按钮，再单击［确定］按钮。

（4）系统进入［委托代销发货单］窗口，选择仓库名称为“产成品库”，单击［保存］按钮，再单击［审核］按钮，如图2-11-63所示。

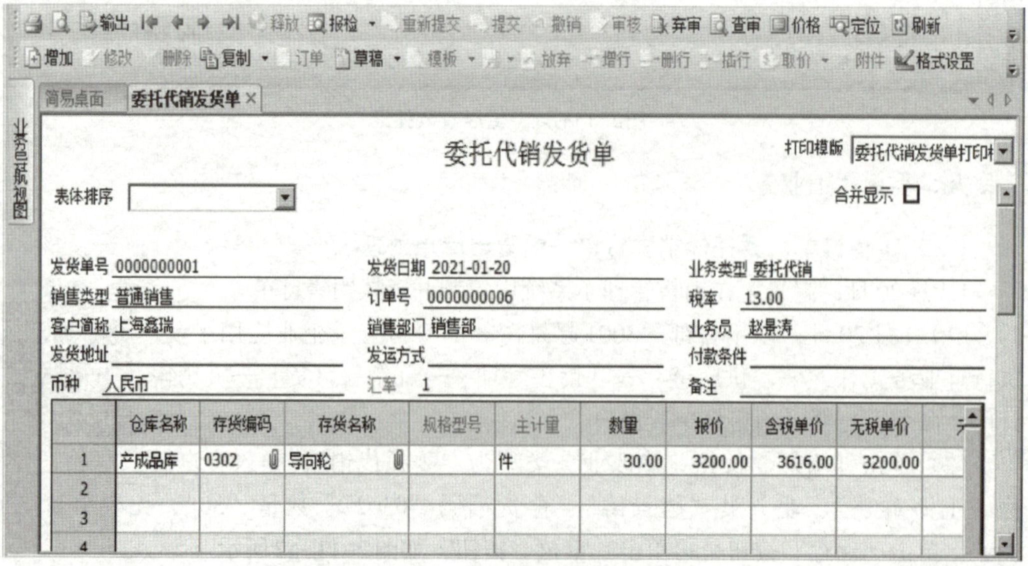

图2-11-63 生成并审核委托代销发货单

3.1月20日，吴晓波在库存管理子系统中参照委托代销发货单生成并审核销售出库单。

（1）1月20日，以仓管部“5001吴晓波”的身份登录企业应用平台，执行［业务工作］—［供应链］—［库存管理］—［出库业务］—［销售出库单］命令，打开［销售出库单］窗口。

（2）单击［生单］按钮下拉列表中的“销售生单”，参照委托代销发货单生成销售出库单，单击［保存］按钮，再单击［审核］按钮，如图2-11-64所示。

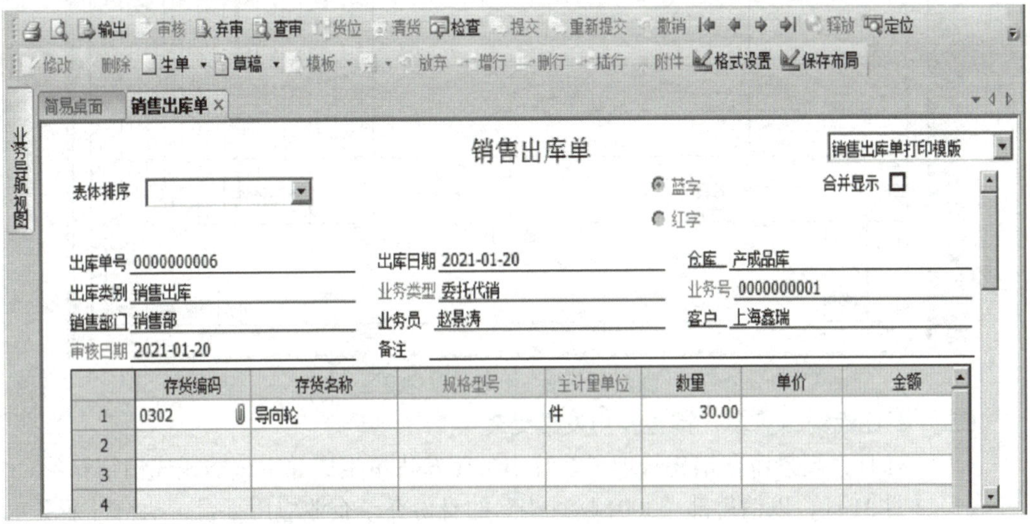

图2-11-64　生成并审核销售出库单

4.1月20日，肖然在存货核算子系统中对销售出库单记账与制单。

（1）1月20日，以财务部“2002肖然”的身份登录企业应用平台，执行［业务工作］—［供应链］—［存货核算］—［业务核算］—［发出商品记账］命令，系统弹出［查询条件选择］对话框。

（2）单击［确定］按钮，进入［发出商品记账］窗口，单击［全选］按钮，如图2-11-65所示，单击［记账］按钮。

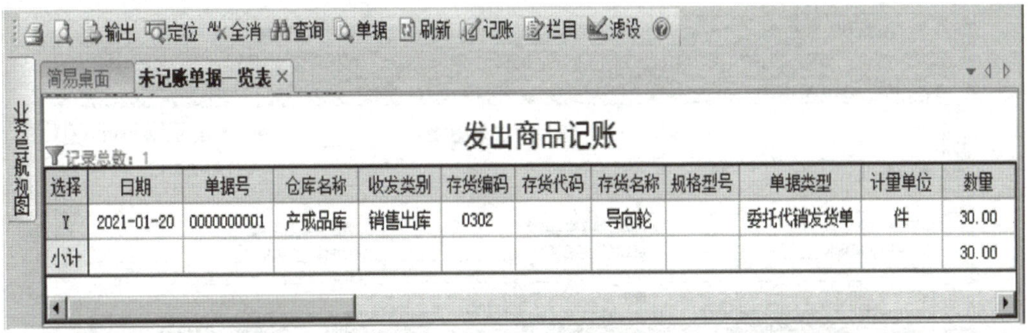

图2-11-65　发出商品记账

（3）执行［财务核算］—［生成凭证］命令，对委托代销发货单制单生成一张转账凭证，如图2-11-66所示。

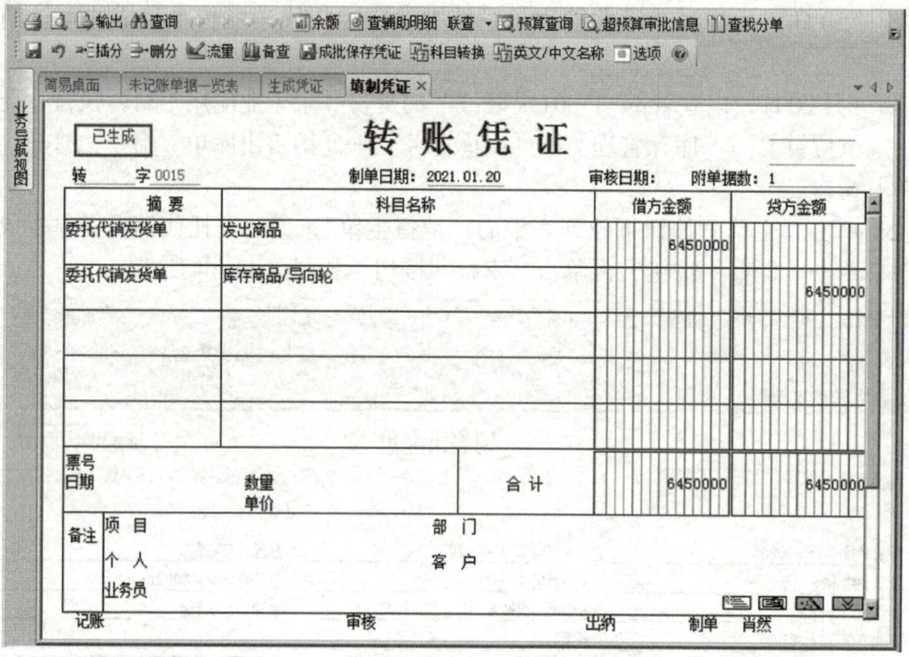

图2-11-66 生成转账凭证

（二）委托代销结算单、销售专用发票处理

1.1月31日，赵景涛在销售管理子系统中参照发货单生成并审核委托代销结算单。

（1）1月31日，以销售部“3001赵景涛”的身份登录企业应用平台，执行［业务工作］—［供应链］—［销售管理］—［委托代销］—［委托代销结算单］命令，打开［委托代销结算单］窗口。

（2）单击［增加］按钮，系统弹出［查询条件选择-委托结算参照发货单］对话框，单击［确定］按钮。

（3）系统弹出［参照生单］对话框，单击［全选］按钮，再单击［确定］按钮，系统自动生成一张委托代销结算单。修改表体的数量为“20”，单击［保存］按钮，如图2-11-67所示。

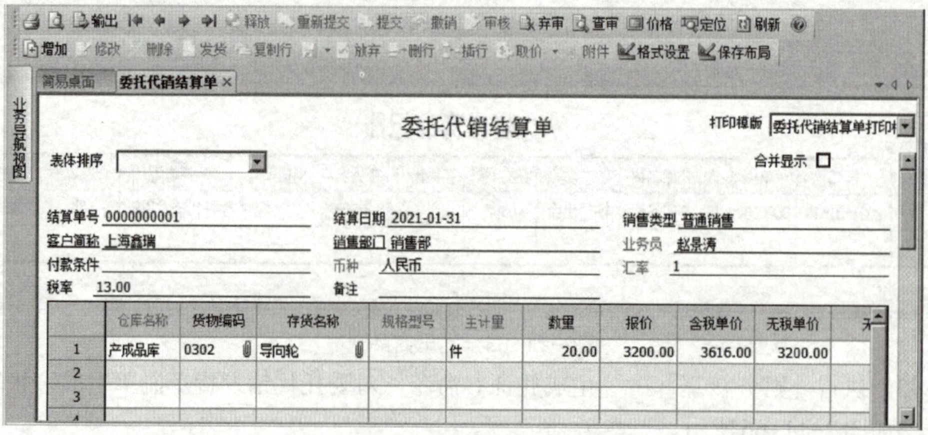

图2-11-67 生成委托代销结算单

（4）单击［审核］按钮，系统弹出“请选择审核生成的发票类型”提示框，选择“专用发票”，单击［确定］按钮。

【操作提示】

①委托代销结算单的数量需要修改为实际结算数量。

②审核委托代销结算单时系统自动生成的销售发票，只能查看，不能修改或单独删除。

2.1月31日，赵景涛在销售管理子系统中复核销售专用发票。

（1）执行［业务工作］—［供应链］—［销售管理］—［销售开票］—［销售专用发票］命令，打开［销售专用发票］窗口。

（2）单击“⇥”按钮，找到委托代销结算单生成的一张销售专用发票，单击［现结］按钮，系统弹出［现结］对话框，输入结算方式“电汇”、原币金额“65 536”、票据号“65436021”，单击［确定］按钮，发票左上角生成“现结”字样，单击［复核］按钮，如图2-11-68所示。

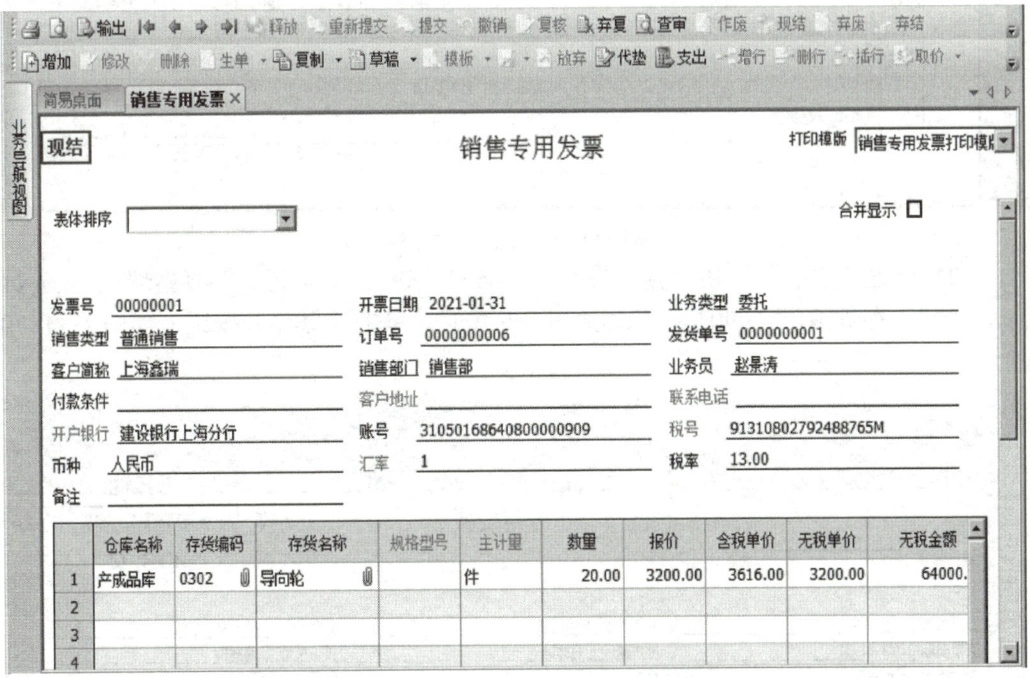

图2-11-68　录入并复核销售专用发票

3.1月31日，肖然在应收款管理子系统中进行应收单据审核与制单，如图2-11-69所示。注意应收单据为已现结发票，需要现结制单。

（三）委托代销手续费专用发票处理

1.1月31日，刘佳慧在采购管理子系统中填制采购专用发票。

（1）1月31日，以采购部“4001刘佳慧”的身份登录企业应用平台，执行［业务工作］—［供应链］—［采购管理］—［采购发票］—［专用采购发票］命令，打开［专用发票］窗口。

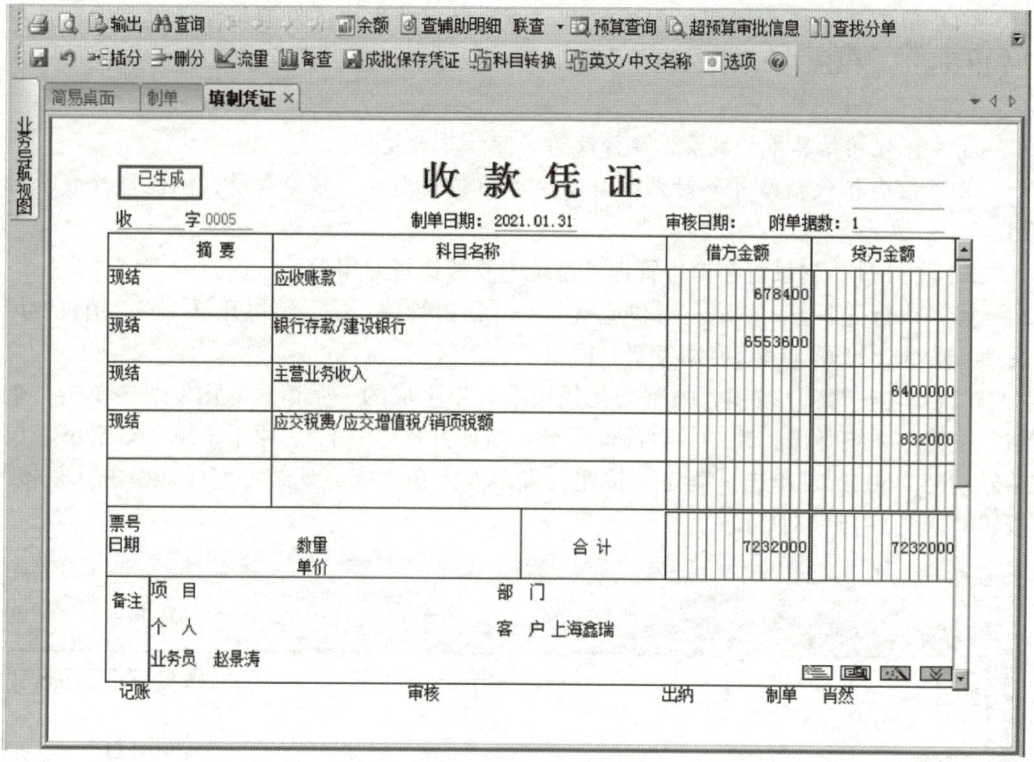

图2-11-69　生成收款凭证

（2）单击［增加］按钮，输入发票号“45433788”、供应商“上海鑫瑞”、业务员“赵景涛”、存货编码“0903”、原币金额“6 400”，单击［保存］按钮，如图2-11-70所示。

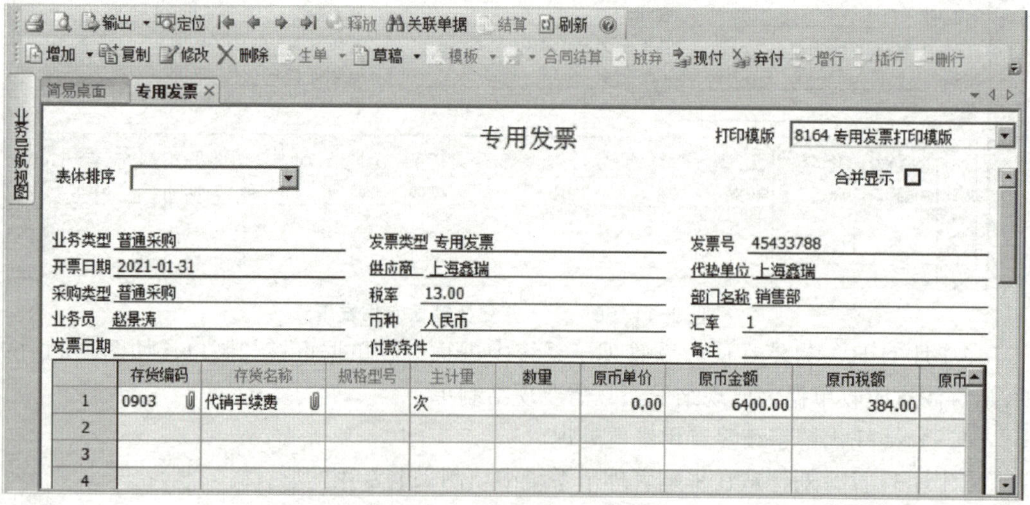

图2-11-70　录入采购专用发票

2.1月31日，肖然在应付款管理子系统中进行应付单据审核与制单。

（1）执行［业务工作］—［财务会计］—［应付款管理］—［应付单据处理］—

［应付单据审核］命令，打开［应付单查询条件］对话框，勾选“未完全报销”。

（2）单击［确定］按钮，打开［应付单据列表］窗口，单击［全选］按钮，再单击［审核］按钮，如图2-11-71所示。

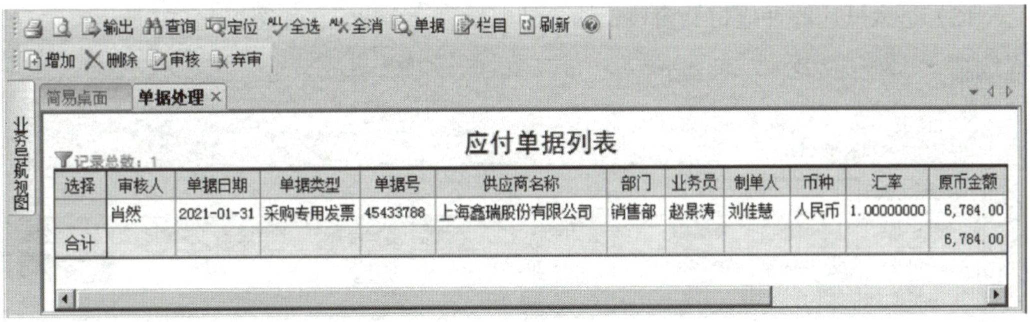

选择	审核人	单据日期	单据类型	单据号	供应商名称	部门	业务员	制单人	币种	汇率	原币金额
	肖然	2021-01-31	采购专用发票	45433788	上海鑫瑞股份有限公司	销售部	赵景涛	刘佳慧	人民币	1.00000000	6,784.00
合计											6,784.00

图2-11-71　审核应付单据

（3）执行［制单处理］命令，打开［制单查询］对话框，选择“发票制单”，单击［确定］按钮，进入［采购发票制单］窗口。

（4）单击［全选］按钮，选择凭证类别为“转账凭证”，单击［制单］按钮，系统自动生成一张转账凭证，将凭证借方的“1402在途物资”改为“6601销售费用”，单击［保存］按钮，如图2-11-72所示。

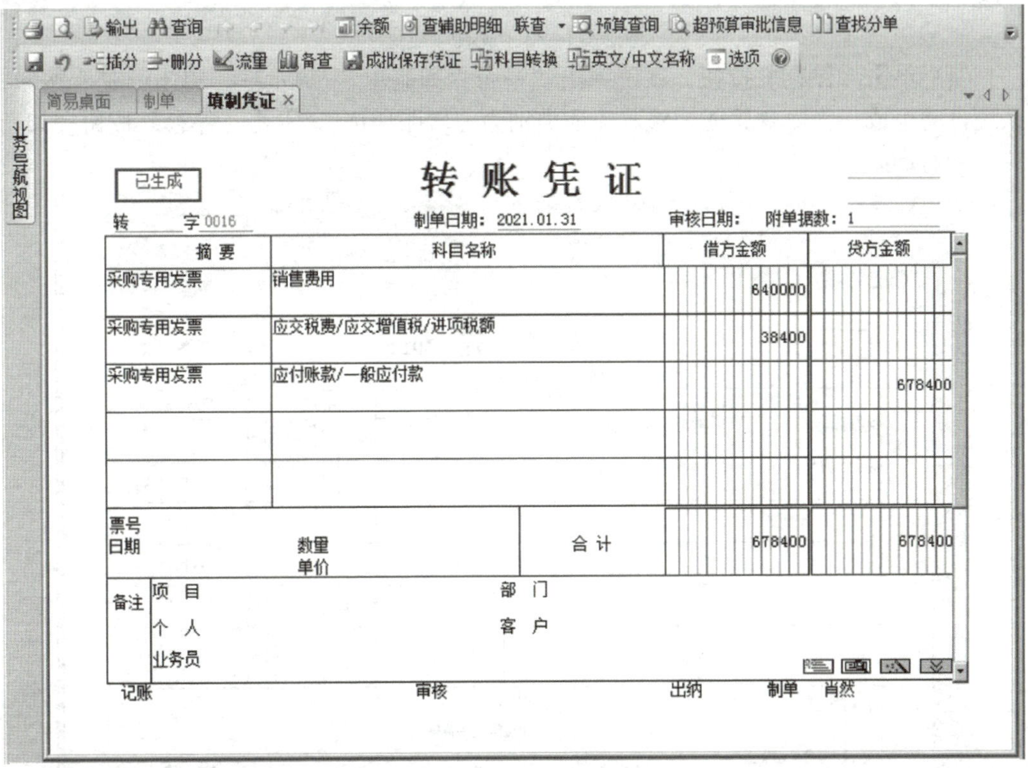

图2-11-72　生成转账凭证

3.1月31日，肖然在应收款管理子系统中进行应收冲应付并制单。

（1）执行［业务工作］—［财务会计］—［应收款管理］—［转账］—［应收冲应

付］命令，打开［应收冲应付］对话框。

（2）点击［应收］选项卡，选择客户为“上海鑫瑞”；点击［应付］选项卡，选择供应商为“上海鑫瑞”，点击［确定］按钮。

（3）进入［应收冲应付］窗口，输入转账金额“6 784”，如图2–11–73所示。

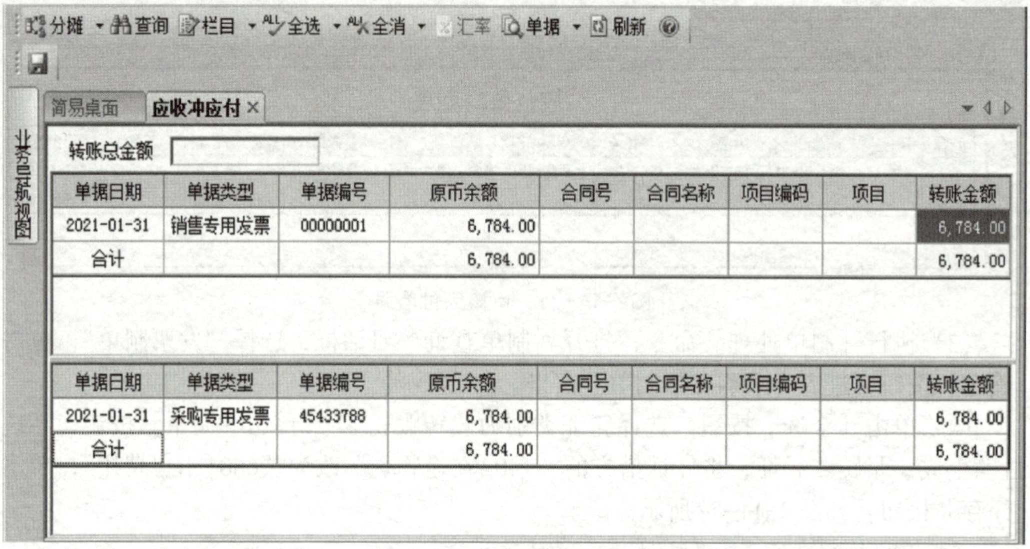

图2–11–73 应收冲应付

（4）单击［保存］按钮，系统弹出“是否立即制单？”提示框，单击［是］按钮，系统自动生成一张收款凭证。修改凭证类别为“转账凭证”，单击［保存］按钮，如图2–11–74所示。

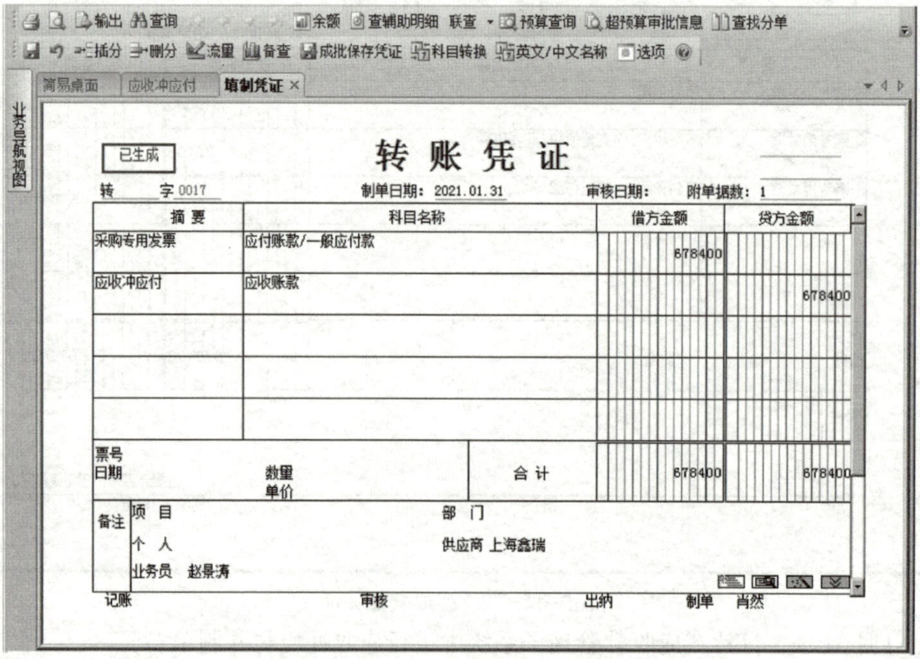

图2–11–74 生成应收冲应付凭证

（四）委托代销商品成本结转

1.执行［业务工作］—［供应链］—［存货核算］—［业务核算］—［发出商品记账］命令，对销售专用发票进行发出商品记账。

2.执行［财务核算］—［生成凭证］命令，制单生成一张结转委托代销商品销售成本的转账凭证，如图2-11-75所示。

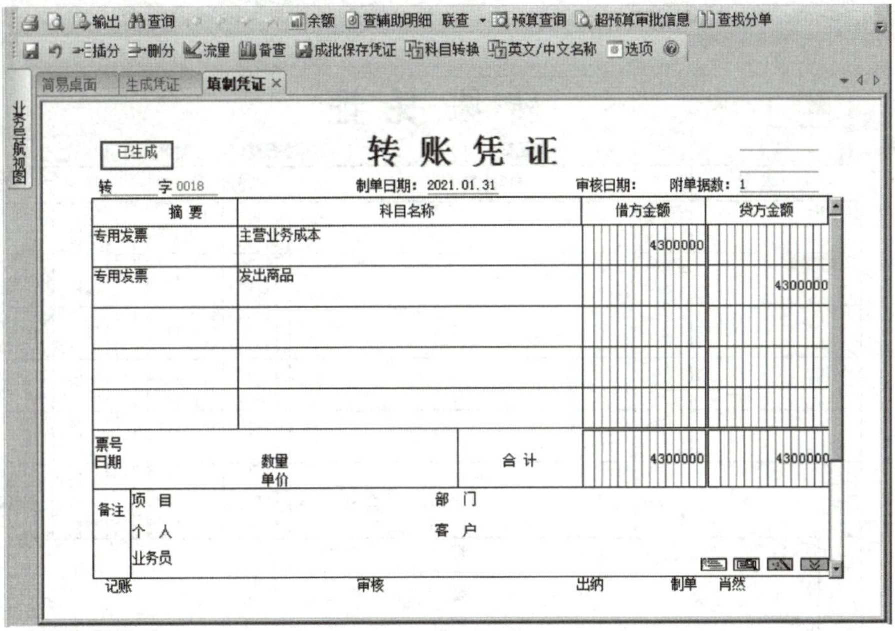

图2-11-75　生成结转销售成本凭证

十、坏账处理业务

（一）坏账发生处理

1.执行［业务工作］—［财务会计］—［应收款管理］—［坏账处理］—［坏账发生］命令，打开［坏账发生］对话框，选择客户“天悦机械”，单击［确定］按钮。

微课

坏账处理业务

2.进入［坏账发生单据明细］窗口，在第二行输入本次发生坏账金额“400”，如图2-11-76所示。

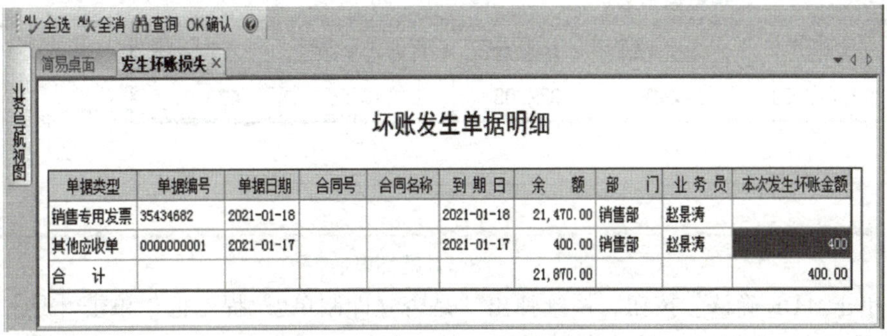

图2-11-76　坏账发生单据明细

3.单击［OK确认］按钮，系统弹出“是否立即制单?”提示框，单击［是］按钮，系统自动生成一张坏账发生凭证，修改凭证类别为“转账凭证”，单击［保存］按钮，如图2-11-77所示。

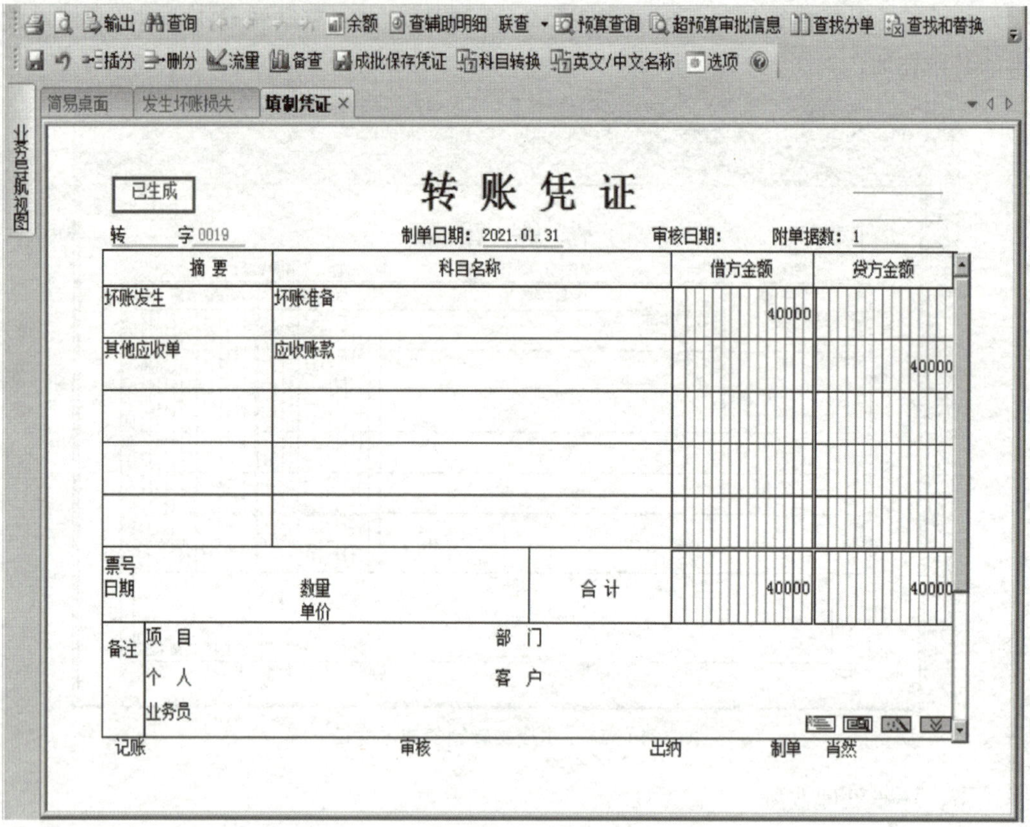

图2-11-77　生成转账凭证

（二）计提坏账准备处理

1.执行［业务工作］—［财务会计］—［应收款管理］—［坏账处理］—［计提坏账准备］命令，打开［应收账款百分比法］窗口，如图2-11-78所示。

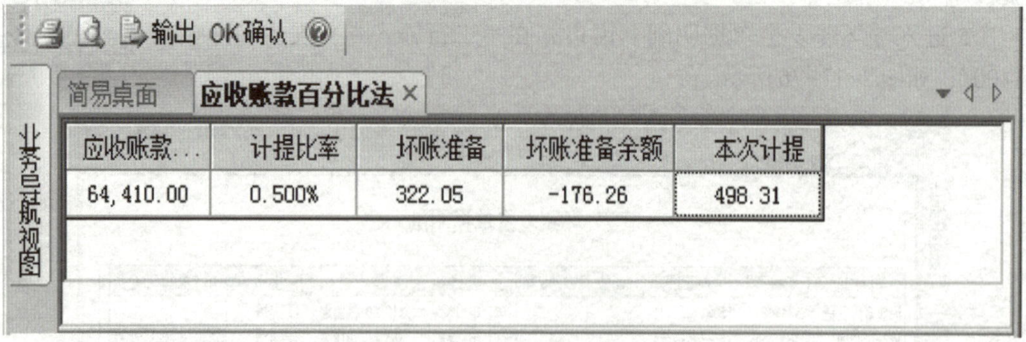

图2-11-78　计提坏账准备

2.单击［OK确认］按钮，系统弹出“是否立即制单?”提示框，单击［是］按钮，系统自动生成一张计提坏账准备的凭证，修改凭证类别为“转账凭证”，单击［保存］

按钮，如图2-11-79所示。

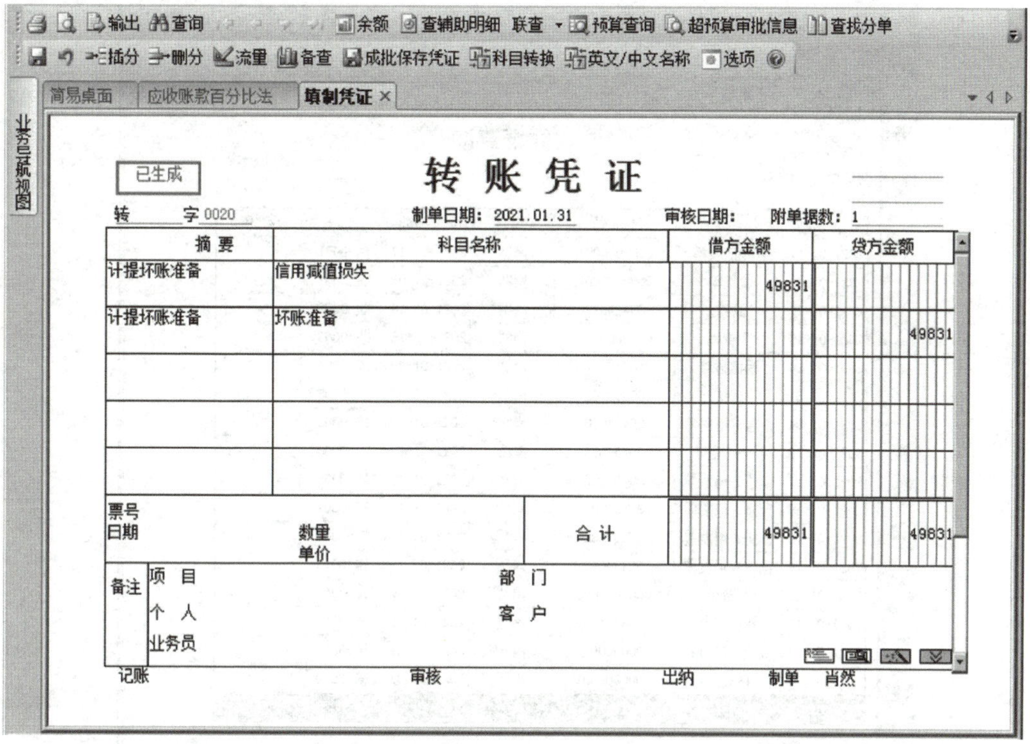

图2-11-79　生成转账凭证

【明德善思】坏账处理是企业应收款管理的重要内容，会计人员为了及时准确地核算坏账，应严格执行会计准则，以思维严谨、细致认真的态度，精准地计算、计提坏账准备，自觉主动地催收应收账款。为了降低坏账风险，企业应不断完善坏账准备制度，加强信用管理，以此降低信用成本、收账风险，促进企业更好发展。只有营造良好的社会信用环境，弘扬“童叟无欺”的传统诚信文化，防范诚信缺失现象的发生，才能从根本上解决整个经济体系中的债务拖欠问题，实现经济社会稳定和谐。

十一、凭证及账表查询

（一）查询1月份应收款管理子系统的凭证

1月31日，以财务部“2002肖然”的身份登录企业应用平台，执行［业务工作］—［财务会计］—［应收款管理］—［单据查询］—［凭证查询］命令，弹出［凭证查询条件］对话框，单击［确定］按钮，进入［凭证查询］窗口，如图2-11-80所示。

（二）查询1月份销售收入明细账

1月31日，以销售部“3001赵景涛”的身份登录企业应用平台，执行［业务工作］—［供应链］—［销售管理］—［报表］—［明细表］—［销售收入明细账］命令，弹出［查询条件选择-销售收入明细账］对话框，单击［确定］按钮，进入［销售收入明细账］窗口，如图2-11-81所示。

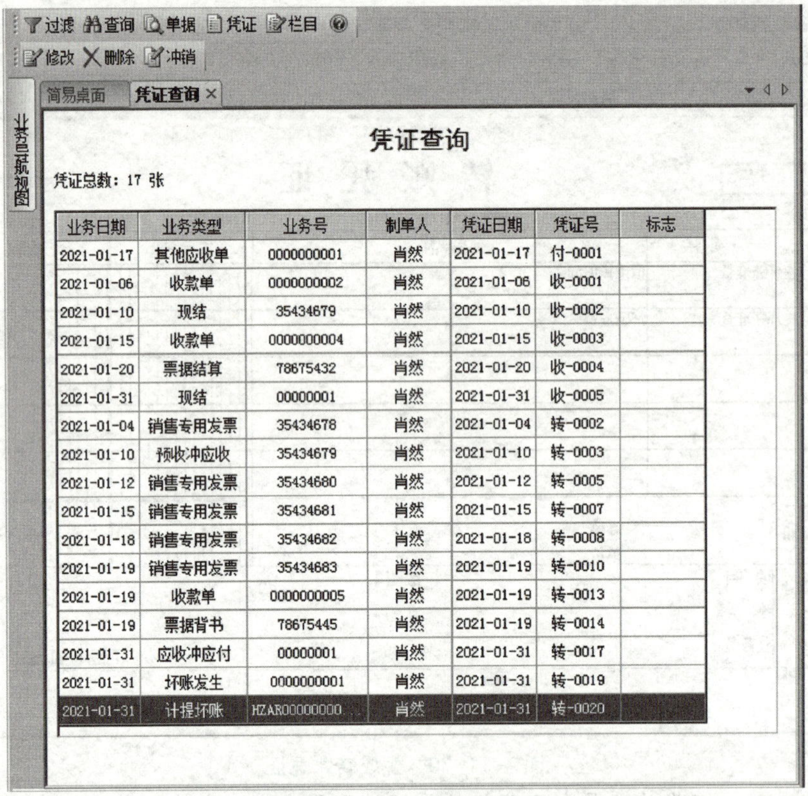

凭证查询

凭证总数：17 张

业务日期	业务类型	业务号	制单人	凭证日期	凭证号	标志
2021-01-17	其他应收单	0000000001	肖然	2021-01-17	付-0001	
2021-01-06	收款单	0000000002	肖然	2021-01-06	收-0001	
2021-01-10	现结	35434679	肖然	2021-01-10	收-0002	
2021-01-15	收款单	0000000004	肖然	2021-01-15	收-0003	
2021-01-20	票据结算	78675432	肖然	2021-01-20	收-0004	
2021-01-31	现结	00000001	肖然	2021-01-31	收-0005	
2021-01-04	销售专用发票	35434678	肖然	2021-01-04	转-0002	
2021-01-10	预收冲应收	35434679	肖然	2021-01-10	转-0003	
2021-01-12	销售专用发票	35434680	肖然	2021-01-12	转-0005	
2021-01-15	销售专用发票	35434681	肖然	2021-01-15	转-0007	
2021-01-18	销售专用发票	35434682	肖然	2021-01-18	转-0008	
2021-01-19	销售专用发票	35434683	肖然	2021-01-19	转-0010	
2021-01-19	收款单	0000000005	肖然	2021-01-19	转-0013	
2021-01-19	票据背书	78675445	肖然	2021-01-19	转-0014	
2021-01-31	应收冲应付	00000001	肖然	2021-01-31	转-0017	
2021-01-31	坏账发生	0000000001	肖然	2021-01-31	转-0019	
2021-01-31	计提坏账	HZAR00000000	肖然	2021-01-31	转-0020	

图 2-11-80　凭证查询列表

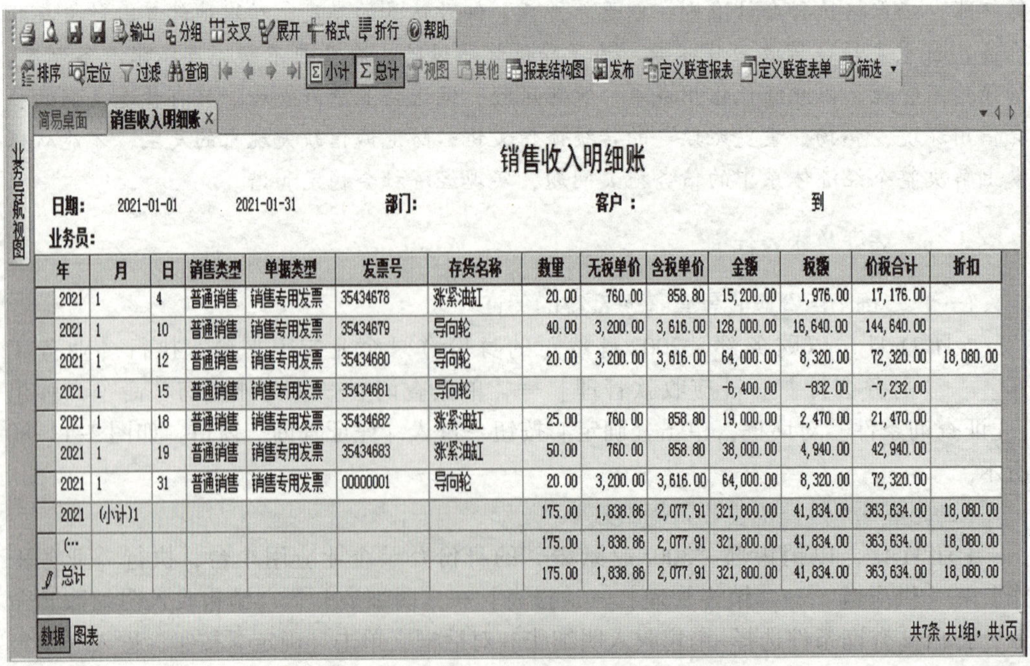

销售收入明细账

日期：2021-01-01　2021-01-31　部门：　客户：　到

业务员：

年	月	日	销售类型	单据类型	发票号	存货名称	数量	无税单价	含税单价	金额	税额	价税合计	折扣
2021	1	4	普通销售	销售专用发票	35434678	涨紧油缸	20.00	760.00	858.80	15,200.00	1,976.00	17,176.00	
2021	1	10	普通销售	销售专用发票	35434679	导向轮	40.00	3,200.00	3,616.00	128,000.00	16,640.00	144,640.00	
2021	1	12	普通销售	销售专用发票	35434680	导向轮	20.00	3,200.00	3,616.00	64,000.00	8,320.00	72,320.00	18,080.00
2021	1	15	普通销售	销售专用发票	35434681	导向轮				-6,400.00	-832.00	-7,232.00	
2021	1	18	普通销售	销售专用发票	35434682	涨紧油缸	25.00	760.00	858.80	19,000.00	2,470.00	21,470.00	
2021	1	19	普通销售	销售专用发票	35434683	涨紧油缸	50.00	760.00	858.80	38,000.00	4,940.00	42,940.00	
2021	1	31	普通销售	销售专用发票	00000001	导向轮	20.00	3,200.00	3,616.00	64,000.00	8,320.00	72,320.00	
2021	(小计)1						175.00	1,838.86	2,077.91	321,800.00	41,834.00	363,634.00	18,080.00
(…							175.00	1,838.86	2,077.91	321,800.00	41,834.00	363,634.00	18,080.00
总计							175.00	1,838.86	2,077.91	321,800.00	41,834.00	363,634.00	18,080.00

共7条 共1组，共1页

图 2-11-81　销售收入明细账

十二、期末处理

（一）销售管理子系统月末结账

1.1月31日，以销售部“3001赵景涛”的身份登录企业应用平台，执行［业务工作］—［供应链］—［销售管理］—［月末结账］命令，打开［结账］对话框。

2.选中1月份，单击［结账］按钮，系统弹出“是否关闭订单”提示框，单击［否］按钮，“是否结账”栏显示“是”字样，表示月末结账完毕，如图2-11-82所示。

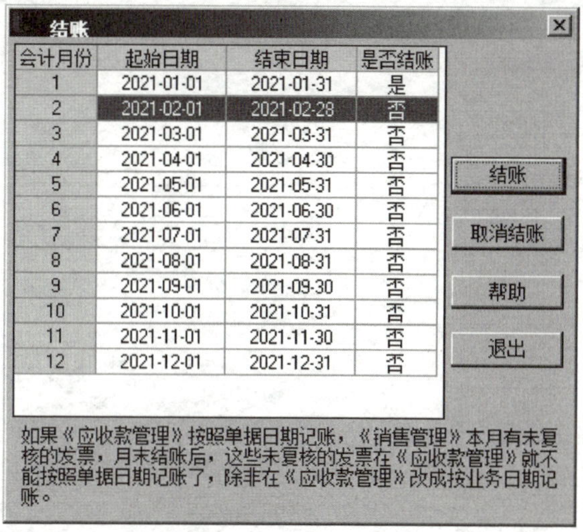

微课

查询1月销售收入明细账

图2-11-82　月末结账

（二）应收款管理子系统月末结账

1.1月31日，以财务部“2002肖然”的身份登录企业应用平台，执行［业务工作］—［财务会计］—［应收款管理］—［期末处理］—［月末结账］命令，打开［月末处理］对话框。

2.双击1月份的“结账标志”，“结账标志”处显示“Y”字样，如图2-11-83所示。

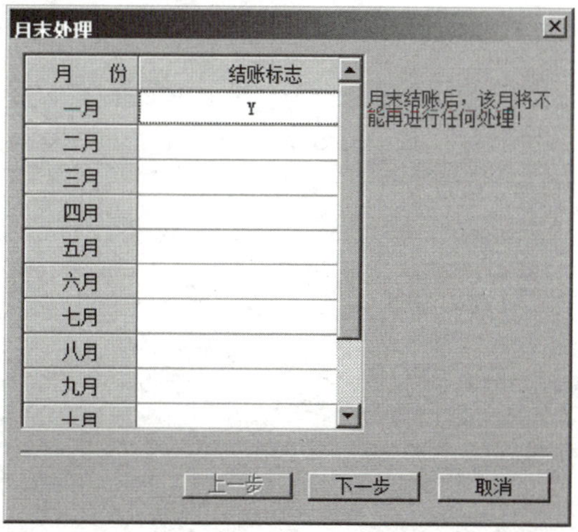

微课

月末结账

图2-11-83　月末处理

3.单击［下一步］按钮，再单击［完成］按钮，系统弹出“1月份结账成功”提示框，单击［确定］按钮。

【操作提示】

（1）销售管理子系统月末结账后，应收款管理子系统才能月末结账。

（2）月末结账后，发现数据错误，可以通过［取消月结］功能取消结账。

实训十二　库存管理与存货核算子系统

实训目的

1. 领会供应链管理不同子系统集成应用时，各种出入库单据的来源。
2. 通过对产成品入库、材料出库、盘点等业务的处理，能描述相应业务的操作流程。
3. 能完成不同单据在存货核算子系统的记账和生成凭证操作。
4. 能快速查询库存管理与存货核算子系统的相应单据或账表。
5. 描述库存管理与存货核算子系统期末处理的内容，并完成期末处理操作。

实训内容

1. 产成品完工入库业务。
2. 材料领用出库业务。
3. 采购入库业务。
4. 入库调整业务。
5. 其他入库业务。
6. 销售出库业务。
7. 出库调整业务。
8. 其他出库业务。
9. 调拨业务。
10. 盘点业务。
11. 假退料业务。
12. 账表查询。
13. 期末处理。

实训准备

引入“实训账套\实训十一”的账套数据。

实训资料

山东泰恒建设机械有限公司发生的库存管理与存货核算子系统的业务资料如下：

一、日常业务处理

（一）产成品完工入库业务

1月3日，收到生产二部送来的导向轮一批，数量18件，验收入产成品库。该批导向轮总成本为38 700元，其中直接材料成本28 000元、直接人工成本9 000元、制造费用1 700元。需要进行产成品成本分配并生成凭证。

（二）材料领用出库业务

1月5日，生产二部从原材料仓库领用轮壳40件、轮毂35件、辐板35件，用于生产导向轮。

（三）采购入库业务

1月8日，采购部刘佳慧向长城制造采购轮壳一批，数量80件，无税单价为720元/件，已验收入原材料库。同时，收到长城制造开具的增值税专用发票一张，票号：34634687。

（四）入库调整业务

1月18日，发现1月8日订购轮壳入库前的装卸费300元漏记入账，通过入库调整单增加采购入库成本。

（五）其他入库业务

1月18日，采购部接受捐赠法兰盘一批，数量20件，无税单价为50元/件，已验收入原材料库。

（六）销售出库业务

1月18日，销售部赵景涛向天悦机械销售涨紧油缸一批，数量15件，无税单价为760元/件，开具增值税专用发票一张，票号：35434689，货物已从产成品库发出。

（七）出库调整业务

1月27日，销售给天悦机械的涨紧油缸，成本少结转300元，通过出库调整单增加销售成本。

（八）其他出库业务

1月27日，由于仓管人员保管不当，10个包装箱被水浸湿，无法正常使用。经领导批准，做管理费用处理（增值税做进项税额转出）。

（九）调拨业务

1月28日，由于产成品库装修，仓管部吴晓波临时将15件导向轮从产成品库调拨到周转材料库。

（十）盘点业务

1.1月31日，仓管部吴晓波对原材料库进行盘点，拉杆的实际盘点数量为253件，总金额为22 770元，盘盈3件原因待查。

2.1月31日，上述盘盈拉杆未查明原因，经领导批准，冲减管理费用。

（十一）假退料业务

1月31日，生产二部有未使用的轮壳5件，无税单价为720元/件，做假退料处理。

二、账表查询

1.在存货核算子系统中，查询1月份“0104 轮壳”的明细账。

2.在库存管理子系统中，查询1月份的库存现存量。

三、期末处理

（一）期末成本处理

在存货核算子系统中，对本月所有仓库进行期末成本处理。

（二）月末结账

检查本月业务是否处理完毕，完成库存管理与存货核算子系统的月末结账。

实训要求

1.以仓管部“5001 吴晓波”的身份进行库存管理子系统的日常业务处理及期末处理。

2.以财务部“2002 肖然”的身份进行存货核算子系统的日常业务处理及期末处理。

实训步骤

一、产成品完工入库业务

1.1月3日，吴晓波在库存管理子系统中填制并审核产成品入库单。

（1）1月3日，以仓管部“5001 吴晓波”的身份登录企业应用平台，执行［业务工作］—［供应链］—［库存管理］—［入库业务］—［产成品入库单］命令，打开［产成品入库单］窗口。

（2）单击［增加］按钮，输入产成品入库单的相关内容后，单击［保存］按钮，再单击［审核］按钮，如图2-12-1所示。

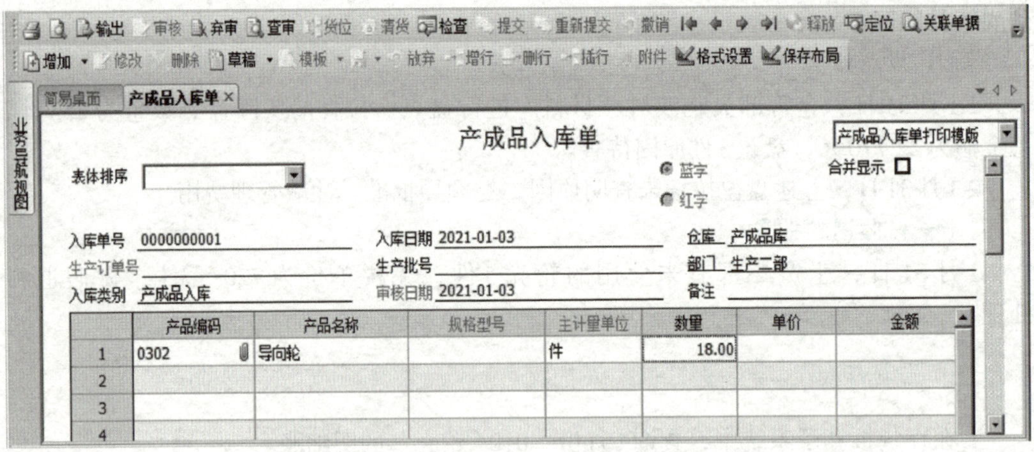

图2-12-1　录入并审核产成品入库单

【操作提示】产成品入库单上单价无须填写，待产成品成本分配后系统自动填入。

2.1月3日，肖然在存货核算子系统中填制产成品成本分配表。

微课

产成品完工入库业务

（1）1月3日，以财务部“2002肖然”的身份登录企业应用平台，执行［业务工作］—［供应链］—［存货核算］—［业务核算］—［产成品成本分配表］命令，打开［产成品成本分配表］窗口。

（2）单击［查询］按钮，系统弹出［产成品成本分配表查询］对话框，选择“产成品库”，单击［确定］按钮，系统自动带入产成品的入库信息，输入存货合计金额“38 700”，如图2-12-2所示。

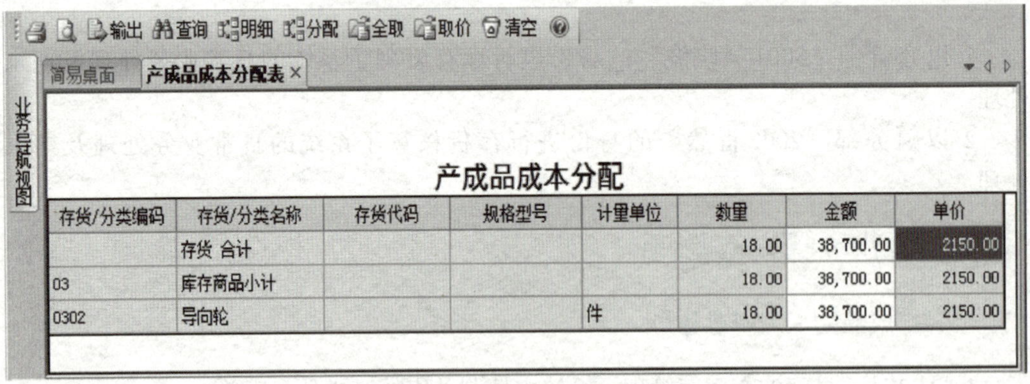

图2-12-2　产成品成本分配表

（3）单击［分配］按钮，系统弹出“分配操作顺利完成”提示框，单击［确定］按钮。

3.1月3日，肖然在存货核算子系统中对产成品入库单记账与制单。

（1）执行［业务工作］—［供应链］—［存货核算］—［业务核算］—［正常单据记账］命令，系统弹出［查询条件选择］对话框。

（2）采用系统默认值，单击［确定］按钮，进入［正常单据记账列表］窗口，单击［全选］按钮，如图2-12-3所示。

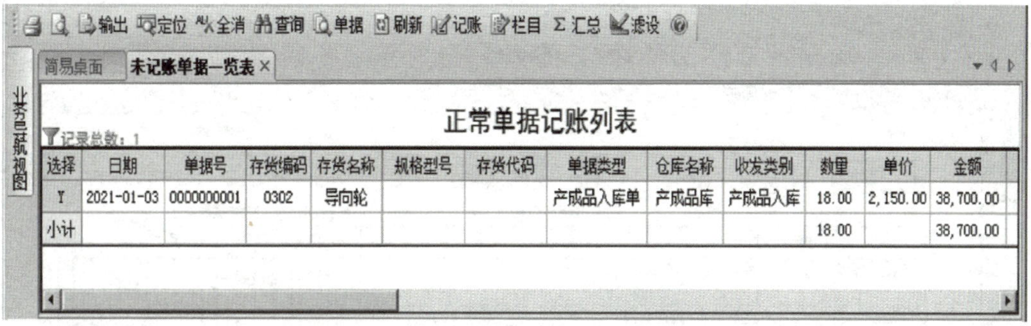

选择	日期	单据号	存货编码	存货名称	规格型号	存货代码	单据类型	仓库名称	收发类别	数量	单价	金额
Y	2021-01-03	0000000001	0302	导向轮			产成品入库单	产成品库	产成品入库	18.00	2,150.00	38,700.00
小计										18.00		38,700.00

图2-12-3　正常单据记账列表

（3）单击［记账］按钮，系统提示“记账成功”，已经记账的产成品入库单不再显示。

（4）执行［财务核算］—［生成凭证］命令，打开［生成凭证］窗口，单击［选择］按钮，弹出［查询条件］对话框，单击［确定］按钮，打开［未生成凭证单据一览表］窗口。

（5）单击［全选］按钮，再单击［确定］按钮，返回到［生成凭证］窗口，选择凭证类别为“转 转账凭证”，如图2-12-4所示。

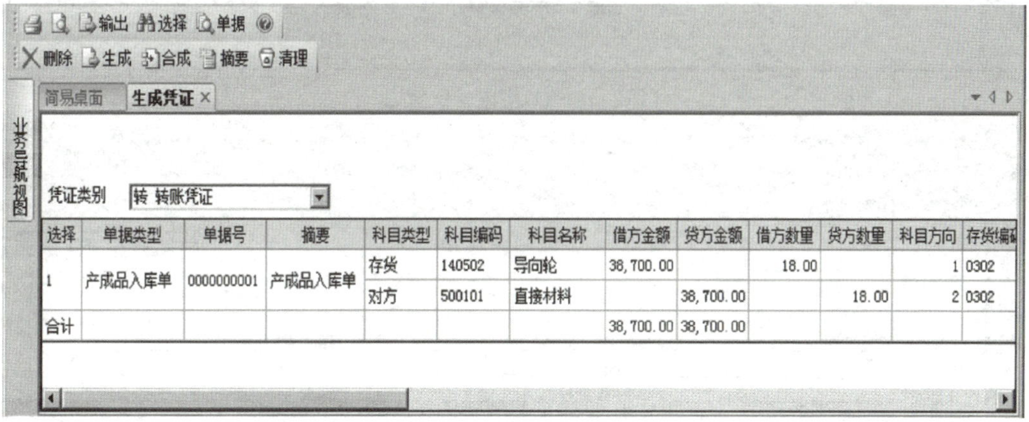

选择	单据类型	单据号	摘要	科目类型	科目编码	科目名称	借方金额	贷方金额	借方数量	贷方数量	科目方向	存货编码
1	产成品入库单	0000000001	产成品入库单	存货	140502	导向轮	38,700.00		18.00		1	0302
				对方	500101	直接材料		38,700.00		18.00	2	0302
合计							38,700.00	38,700.00				

图2-12-4　生成凭证列表

（6）单击［生成］按钮，系统自动生成一张转账凭证，修改凭证贷方为“生产成本/直接材料（500101）28 000”“生产成本/直接人工（500102）9 000”“生产成本/制造费用 1 700”，项目名称为“导向轮”，单击［保存］按钮，如图2-12-5所示。

二、材料领用出库业务

1.1月5日，吴晓波在库存管理子系统中填制并审核材料出库单。

（1）1月5日，以仓管部“5001 吴晓波”的身份登录企业应用平台，执行［业务工作］—［供应链］—［库存管理］—［出库业务］—［材料出库单］命令，打开［材料出库单］窗口。

（2）单击［增加］按钮，输入材料出库单的相关内容后，单击［保存］按钮，再单击［审核］按钮，如图2-12-6所示。

微课
材料领用出库业务

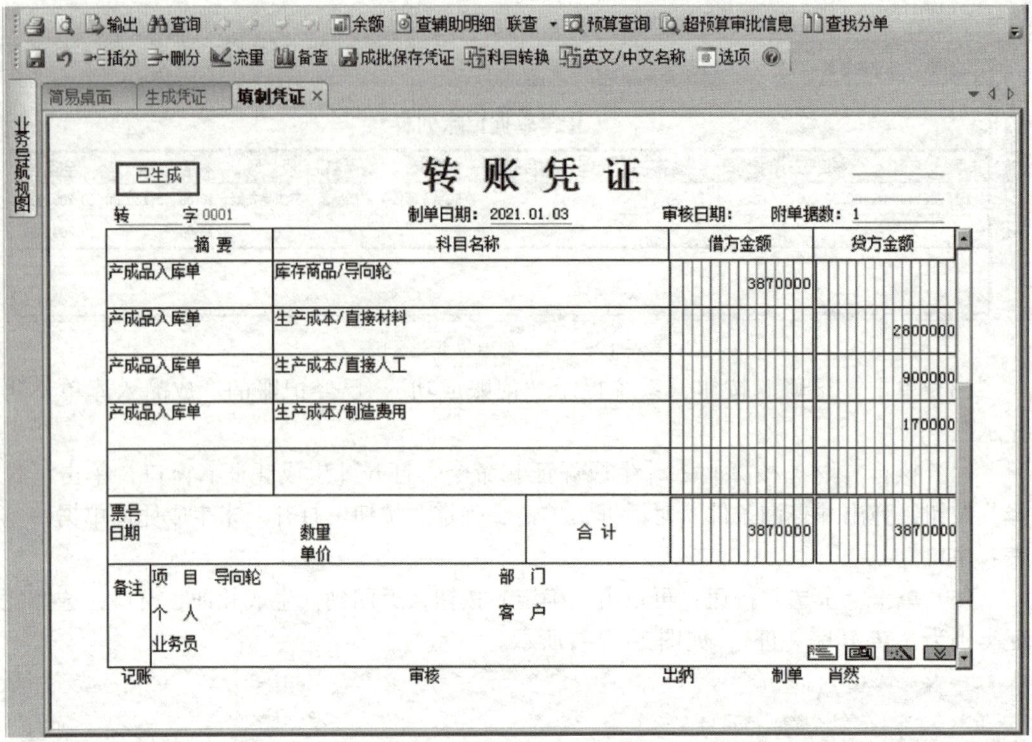

图2-12-5 生成转账凭证

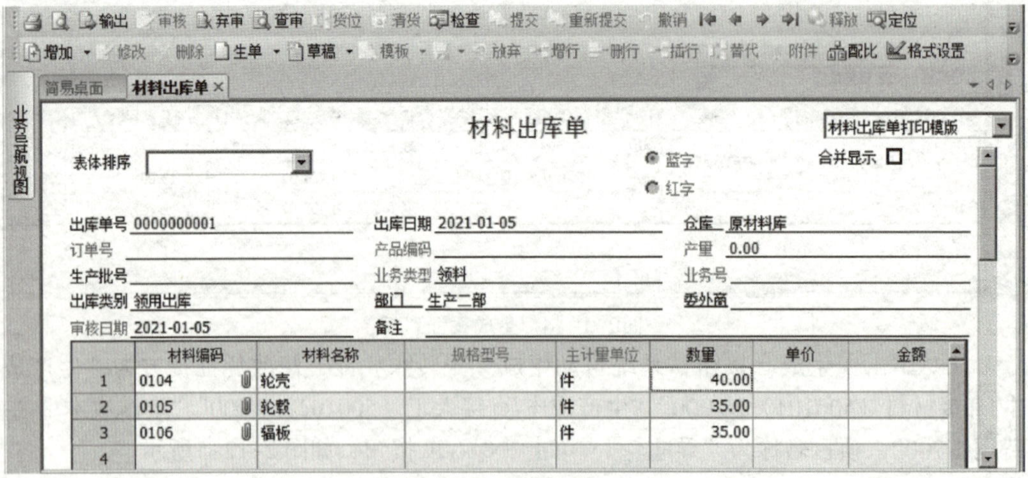

图2-12-6 录入并审核材料出库单

【操作提示】材料出库单的单价可以不输入，在存货核算子系统进行单据记账后，系统会根据设置的计价方式计算单价并填入该单据中。

2.1月5日，肖然在存货核算子系统中对材料出库单记账与制单。

(1) 1月5日，以财务部“2002肖然”的身份登录企业应用平台，执行［业务工作］—［供应链］—［存货核算］—［业务核算］—［正常单据记账］命令，系统弹出［查询条件选择］对话框。

（2）采用系统默认值，单击［确定］按钮，进入［正常单据记账列表］窗口，单击［全选］按钮，如图2-12-7所示。

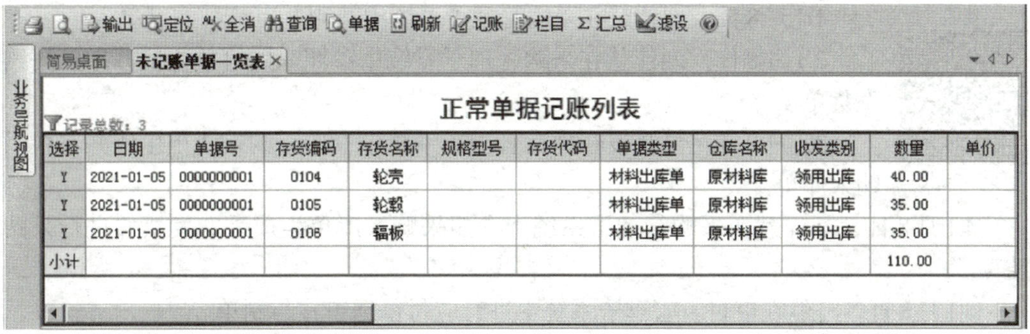

选择	日期	单据号	存货编码	存货名称	规格型号	存货代码	单据类型	仓库名称	收发类别	数量	单价
Y	2021-01-05	0000000001	0104	轮壳			材料出库单	原材料库	领用出库	40.00	
Y	2021-01-05	0000000001	0105	轮毂			材料出库单	原材料库	领用出库	35.00	
Y	2021-01-05	0000000001	0106	辐板			材料出库单	原材料库	领用出库	35.00	
小计										110.00	

图2-12-7　正常单据记账列表

（3）单击［记账］按钮，系统提示“记账成功”，已经记账的材料出库单不再显示。

（4）执行［财务核算］—［生成凭证］命令，打开［生成凭证］窗口，单击［选择］按钮，弹出［查询条件］对话框，单击［确定］按钮，打开［未生成凭证单据一览表］窗口。

（5）单击［全选］按钮，再单击［确定］按钮，返回到［生成凭证］窗口。

（6）选择凭证类别为“转 转账凭证”，单击［生成］按钮，系统自动生成一张转账凭证，补充凭证借方“生产成本/直接材料（500101）”科目的项目名称为“导向轮”，单击［保存］按钮，如图2-12-8所示。

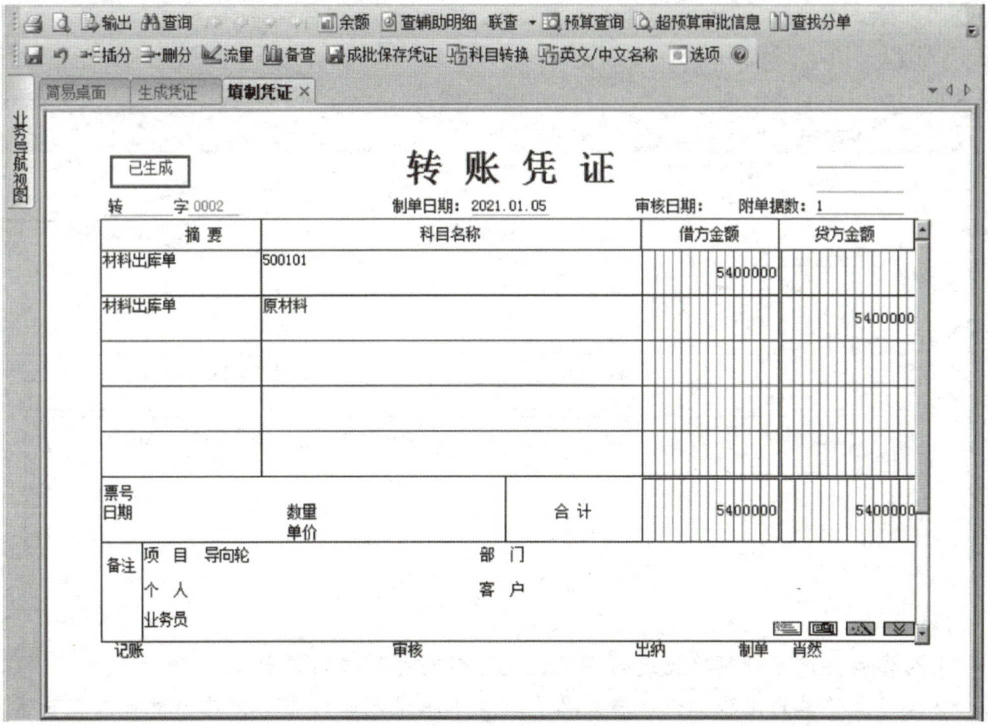

图2-12-8　生成转账凭证

三、采购入库业务

微课

1.1月8日，刘佳慧在采购管理子系统中填制并审核采购订单。

2.1月8日，刘佳慧在采购管理子系统中参照采购订单生成并审核采购发货单。

3.1月8日，吴晓波在库存管理子系统中参照采购发货单生成并审核采购入库单。

采购入库业务

4.1月8日，刘佳慧在采购管理子系统中参照采购入库单生成采购发票并进行采购结算。

5.1月8日，肖然在应付款管理子系统中进行应付单据审核与制单。

6.1月9日，肖然在存货核算子系统中对采购入库单记账与制单。

四、入库调整业务

1.1月18日，肖然在存货核算子系统中进行入库调整单录入与记账。

微课

（1）1月18日，以财务部“2002肖然”的身份登录企业应用平台，执行［业务工作］—［供应链］—［存货核算］—［日常业务］—［入库调整单］命令，打开［入库调整单］窗口。

（2）单击［增加］按钮，输入入库调整单的相关内容，单击［保存］按钮，再单击［记账］按钮，表体记账人处系统自动填上“肖然”，如图2-12-9所示。

入库调整业务

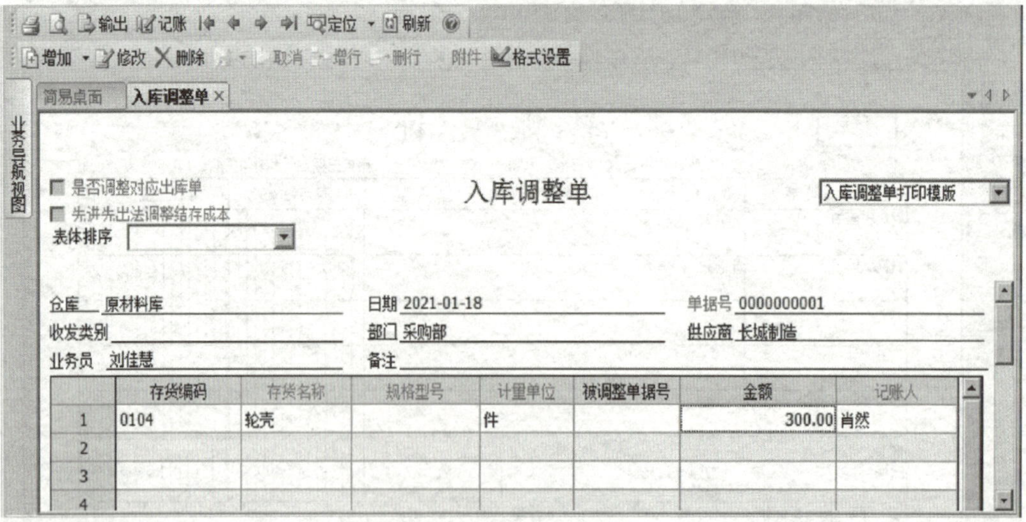

图2-12-9　录入入库调整单

【操作提示】

①入库调整单可针对单据进行调整，也可针对存货进行调整。

②入库调整单的记账标识放在表体，可在单据录入时按整单记账，也可以在正常单据记账中拆单按行记账。

2.1月18日，肖然在存货核算子系统中对入库调整单制单。

（1）执行［业务工作］—［供应链］—［存货核算］—［财务核算］—［生成凭证］命令，打开［生成凭证］窗口，单击［选择］按钮，弹出［查询条件］对话框，单击［确定］按钮，打开［未生成凭证单据一览表］窗口。

（2）单击［全选］按钮，再单击［确定］按钮，进入［生成凭证］窗口。

（3）选择凭证类别为“转 转账凭证”，输入存货对方科目“221101　应付职工薪酬/工资”，单击［生成］按钮，系统自动生成一张转账凭证，单击［保存］按钮，如图2-12-10所示。

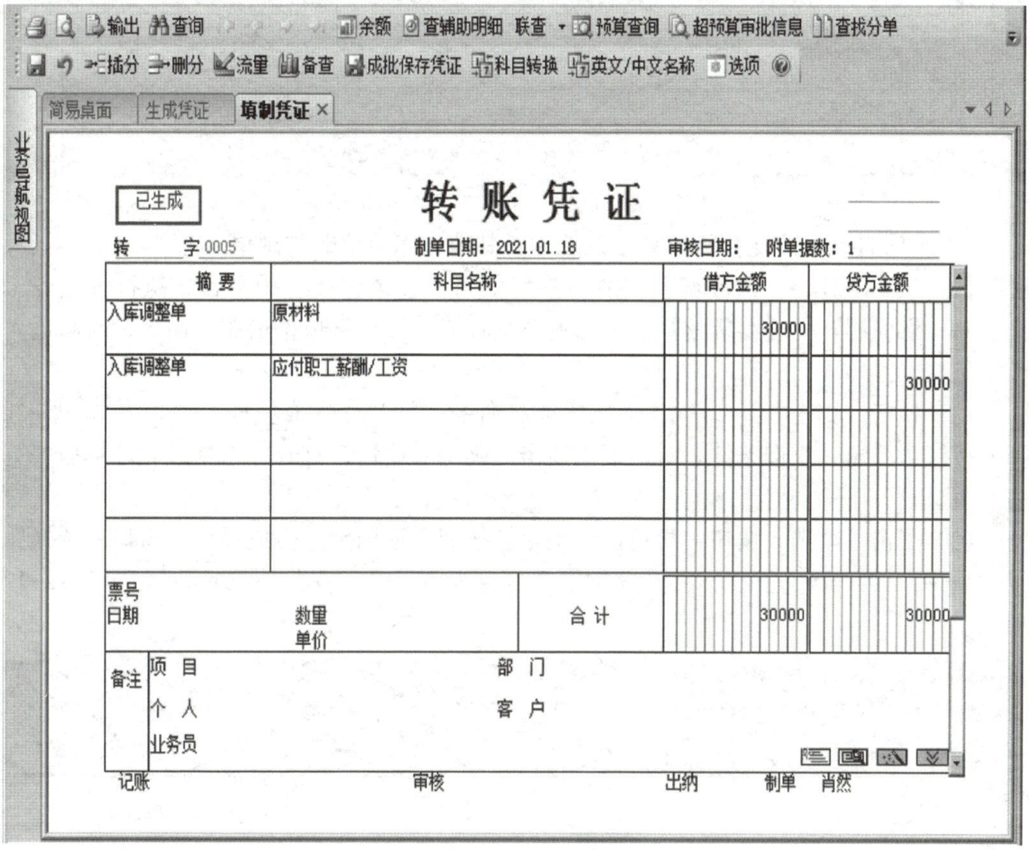

图2-12-10　生成转账凭证

五、其他入库业务

1.1月18日，吴晓波在库存管理子系统中填制并审核其他入库单。

微课

其他入库业务

（1）1月18日，以仓管部“5001吴晓波”的身份登录企业应用平台，执行［业务工作］—［供应链］—［库存管理］—［入库业务］—［其他入库单］命令，打开［其他入库单］窗口。

（2）单击［增加］按钮，输入其他入库单的相关内容后，单击［保存］按钮，再单击［审核］按钮，如图2-12-11所示。

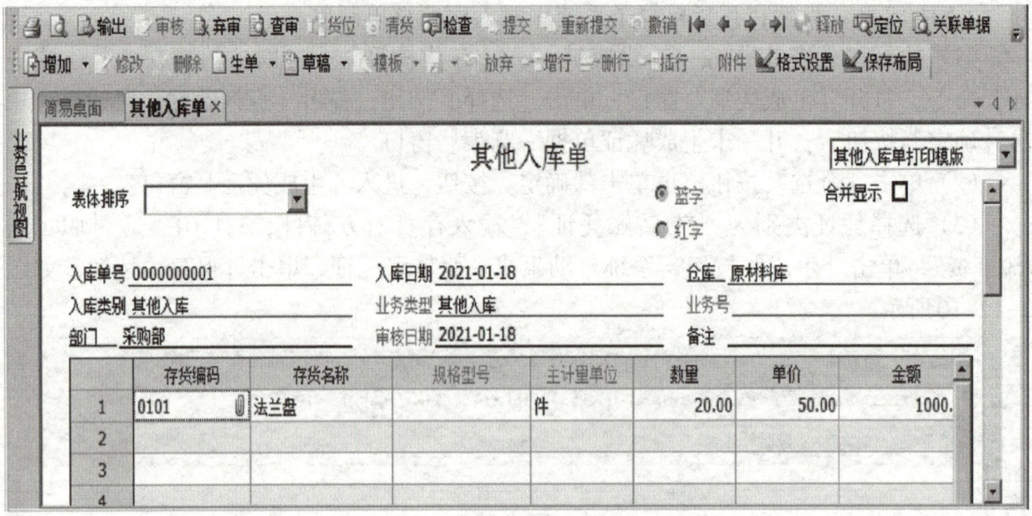

图2-12-11 录入并审核其他入库单

2.1月18日，肖然在存货核算子系统中对其他入库单记账与制单。

（1）1月18日，以财务部“2002肖然”的身份登录企业应用平台，执行［业务工作］—［供应链］—［存货核算］—［业务核算］—［正常单据记账］命令，对其他入库单记账。

（2）执行［财务核算］—［生成凭证］命令，打开［生成凭证］窗口，单击［选择］按钮，弹出［查询条件］对话框，单击［确定］按钮，打开［未生成凭证单据一览表］窗口。

（3）单击［全选］按钮，再单击［确定］按钮，返回到［生成凭证］窗口，选择凭证类别为“转 转账凭证”，补充存货对方科目为“6301 营业外收入”，如图2-12-12所示。

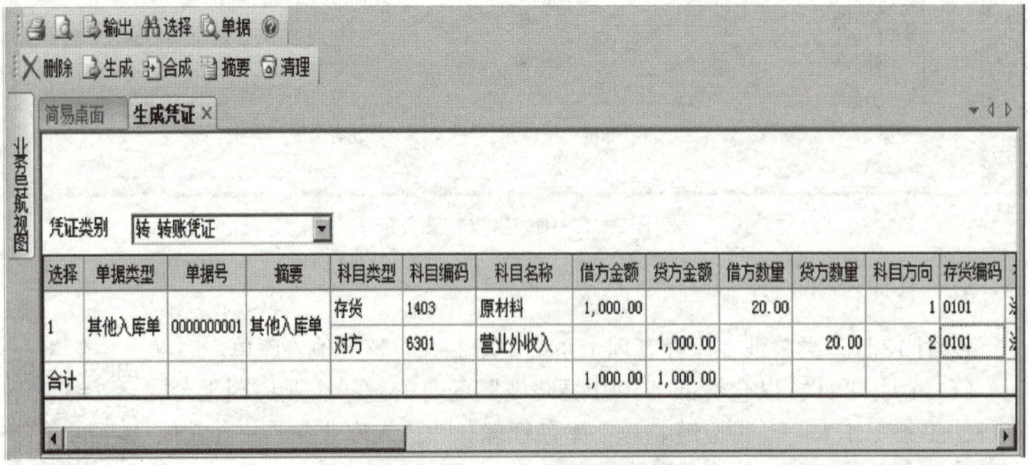

图2-12-12 生成凭证列表

（4）单击［生成］按钮，系统自动生成一张转账凭证，单击［保存］按钮，如图2-12-13所示。

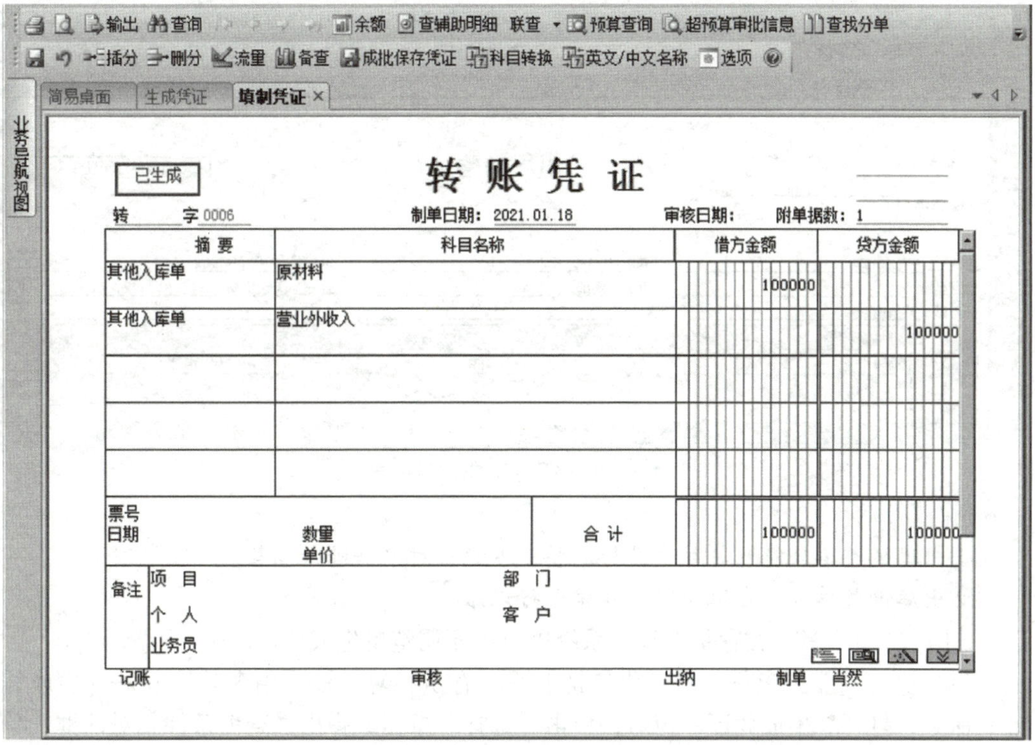

图2-12-13　生成转账凭证

【操作提示】其他出入库单、出入库调整单在生成凭证时，一般需要手动补充或修改存货对方科目。

六、销售出库业务

1.1月20日，赵景涛在销售管理子系统中填制并审核销售订单。

2.1月20日，赵景涛在销售管理子系统中参照销售订单生成并复核销售发票。

3.1月20日，吴晓波在库存管理子系统中参照发货单生成销售出库单。

4.1月20日，肖然在应收款管理子系统中对销售发票审核并制单。

5.1月20日，肖然在存货核算子系统中对销售出库单记账与制单。

微课

销售出库业务

七、出库调整业务

1.1月27日，肖然在存货核算子系统中进行出库调整单录入与记账。

（1）1月27日，以财务部“2002肖然”的身份登录企业应用平台，执行［业务工作］—［供应链］—［存货核算］—［日常业务］—［出库调整单］命令，打开［出库调整单］窗口。

（2）单击［增加］按钮，输入出库调整单的相关内容，单击［保存］按钮，再单击［记账］按钮，如图2-12-14所示。

微课

出库调整业务

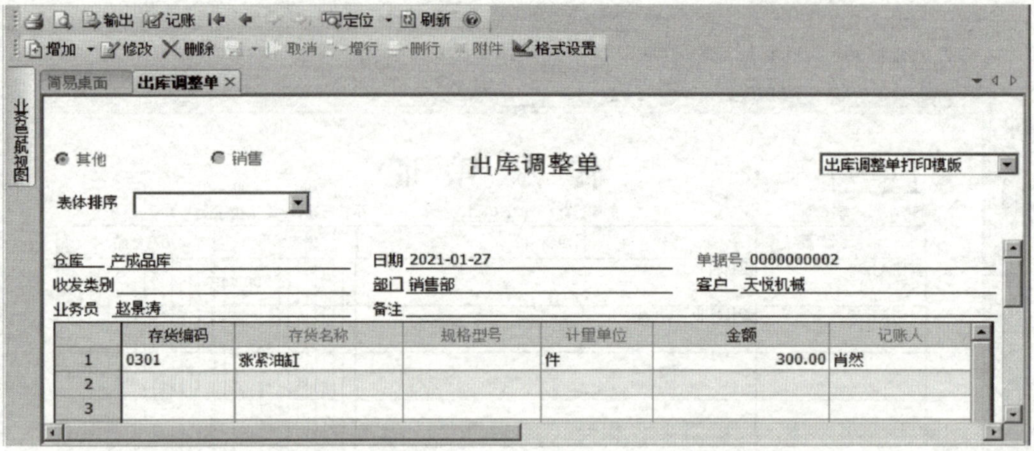

图2-12-14 录入出库调整单

【操作提示】

①出库调整单只能针对存货进行调整，不能针对单据进行调整。

②出库调整单可以在填制时，直接进行记账。

2.1月27日，肖然在存货核算子系统中对出库调整单生成凭证。

（1）执行［业务工作］—［供应链］—［存货核算］—［财务核算］—［生成凭证］命令，打开［生成凭证］窗口，单击［选择］按钮，弹出［查询条件］对话框，单击［确定］按钮，打开［未生成凭证单据一览表］窗口。

（2）单击［全选］按钮，再单击［确定］按钮，进入［生成凭证］窗口。

（3）选择凭证类别为“转 转账凭证”，输入存货对方科目“主营业务成本（6401）”，单击［生成］按钮，系统自动生成一张转账凭证。单击［保存］按钮，凭证左上角生成“已生成”字样，如图2-12-15所示。

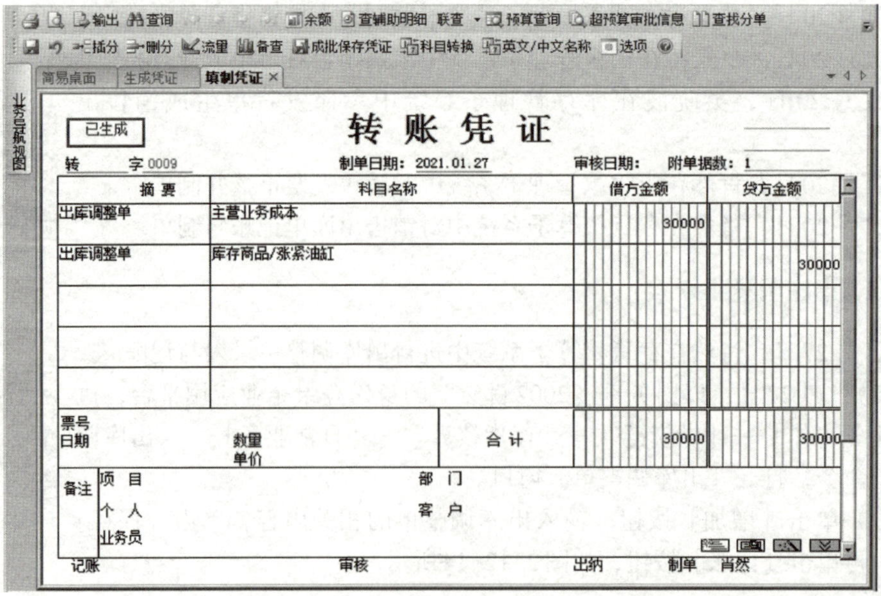

图2-12-15 生成转账凭证

八、其他出库业务

1.1月27日，吴晓波在库存管理子系统中填制并审核其他出库单。

微课

其他出库业务

(1) 1月27日，以仓管部“5001 吴晓波”的身份登录企业应用平台，执行［业务工作］—［供应链］—［库存管理］—［出库业务］—［其他出库单］命令，打开［其他出库单］窗口。

(2) 单击［增加］按钮，输入其他出库单的相关内容后，单击［保存］按钮，再单击［审核］按钮，如图2-12-16所示。

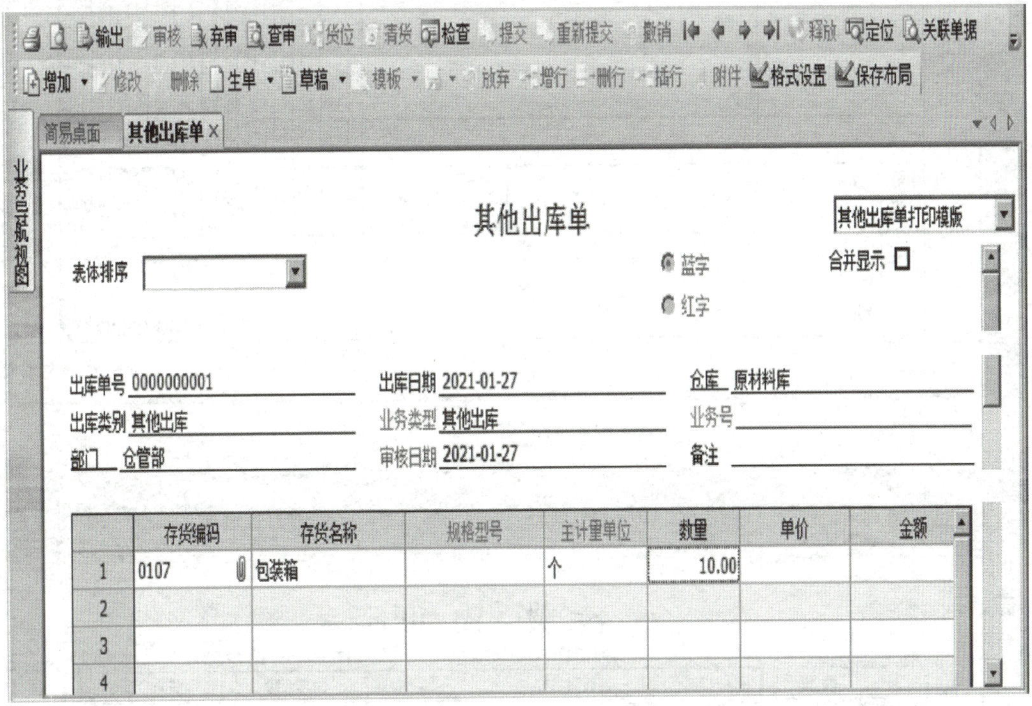

图2-12-16 录入并审核其他出库单

2.1月27日，肖然在存货核算子系统中对其他出库单正常单据记账与制单。

(1) 1月27日，以财务部“2002 肖然”的身份登录企业应用平台，执行［业务工作］—［供应链］—［存货核算］—［业务核算］—［正常单据记账］命令，对其他出库单记账。

(2) 执行［财务核算］—［生成凭证］命令，打开［生成凭证］窗口，单击［选择］按钮，弹出［查询条件］对话框，单击［确定］按钮，打开［未生成凭证单据一览表］窗口。

(3) 单击［全选］按钮，再单击［确定］按钮，进入［生成凭证］窗口，选择凭证类别为“转 转账凭证”，补充对方科目“待处理财产损溢（1901）”，单击［生成］按钮，系统自动生成一张转账凭证，单击［保存］按钮，如图2-12-17所示。

3.1月27日，肖然在总账管理子系统中填制转账凭证，如图2-12-18所示。

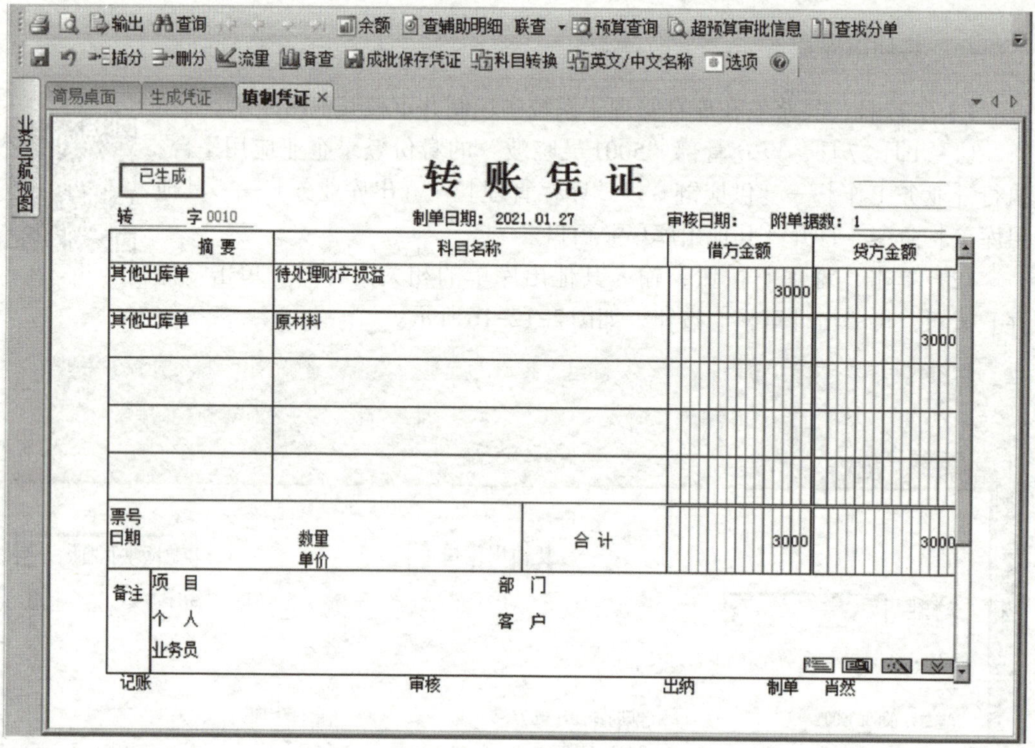

图2-12-17　生成转账凭证

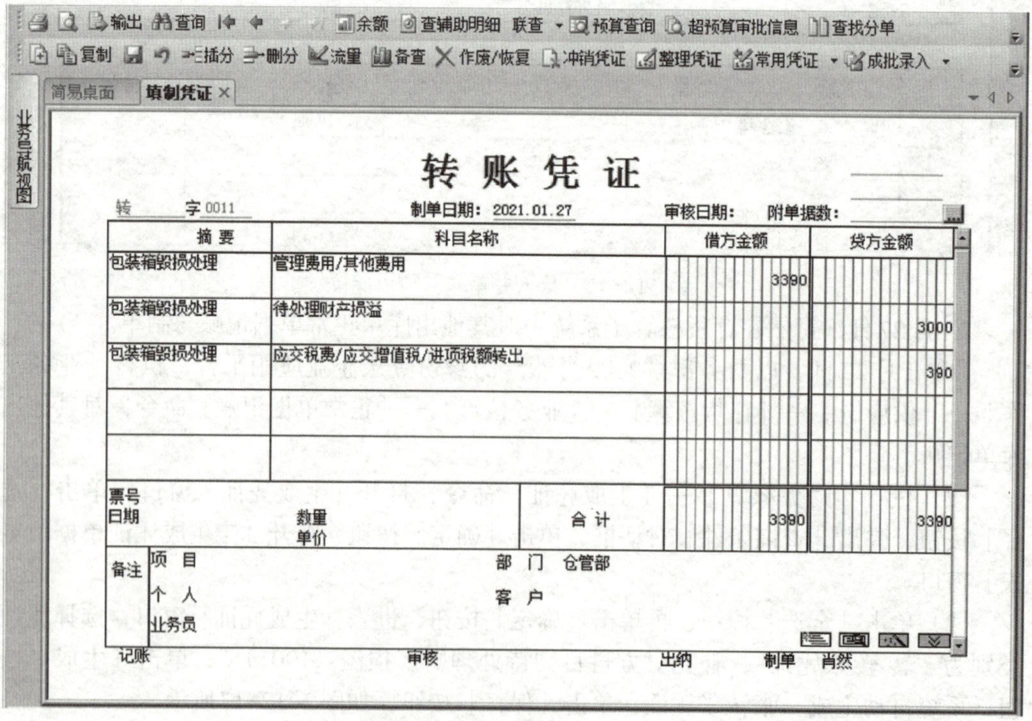

图2-12-18　生成转账凭证

九、调拨业务

1.1月28日，吴晓波在库存管理子系统中填制并审核调拨单。

微课

调拨业务

（1）1月28日，以仓管部“5001吴晓波”的身份登录企业应用平台，执行［业务工作］—［供应链］—［库存管理］—［调拨业务］—［调拨单］命令，打开［调拨单］窗口。

（2）单击［增加］按钮，输入调拨单的相关内容后，单击［保存］按钮，再单击［审核］按钮，如图2-12-19所示。

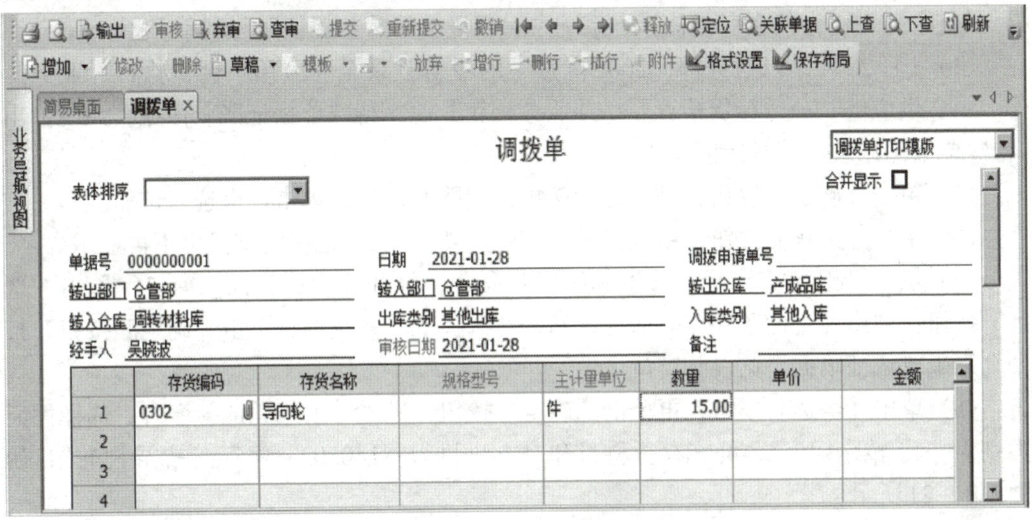

图2-12-19　录入并审核调拨单

2.1月28日，吴晓波在库存管理子系统中审核其他出入库单。

（1）执行［业务工作］—［供应链］—［库存管理］—［出库业务］—［其他出库单］命令，打开［其他出库单］窗口。单击“⇥”按钮，找到调拨单生成的其他出库单，单击［审核］按钮，如图2-12-20所示。

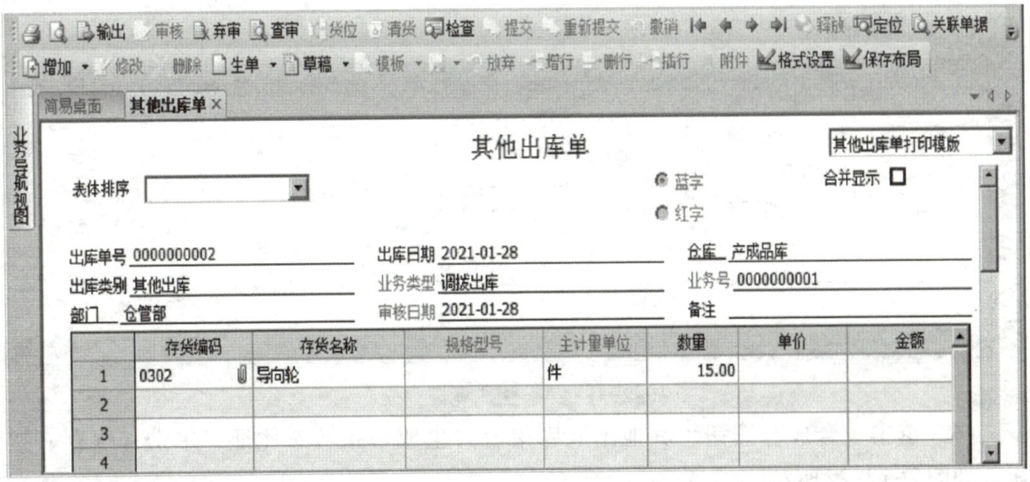

图2-12-20　审核其他出库单

（2）同理，执行［入库业务］—［其他入库单］命令，打开［其他入库单］窗口。单击“”按钮，找到调拨单生成的其他入库单，单击［审核］按钮，系统提示“单据审核成功”。

【操作提示】

①调拨单在［审核］后，系统自动生成其他出入库单；在［弃审］时，其他出入库单自动删除。

②调拨单生成的其他出入库单，需要在［其他出入库单］窗口进行［审核］操作，但不能进行［删除］操作。

3.1月28日，肖然在存货核算子系统中对调拨单特殊单据记账与制单。

（1）1月28日，以财务部“2002肖然”的身份登录企业应用平台，执行［业务工作］—［供应链］—［存货核算］—［业务核算］—［特殊单据记账］命令，系统弹出［特殊单据记账条件］对话框。

（2）单击［确定］按钮，进入［特殊单据记账］窗口，单击［全选］按钮。

（3）单击［记账］按钮，系统提示“记账成功”，已经记账的调拨单不再显示。

（4）执行［财务核算］—［生成凭证］命令，打开［生成凭证］窗口，单击［选择］按钮，弹出［查询条件］对话框，勾选“调拨单”复选框，单击［确定］按钮，打开［未生成凭证单据一览表］窗口。

（5）单击［全选］按钮，再单击［确定］按钮，进入［生成凭证］窗口，选择凭证类别为“转 转账凭证”，补充存货科目和对方科目为“140502　库存商品/导向轮”，如图2-12-21所示。

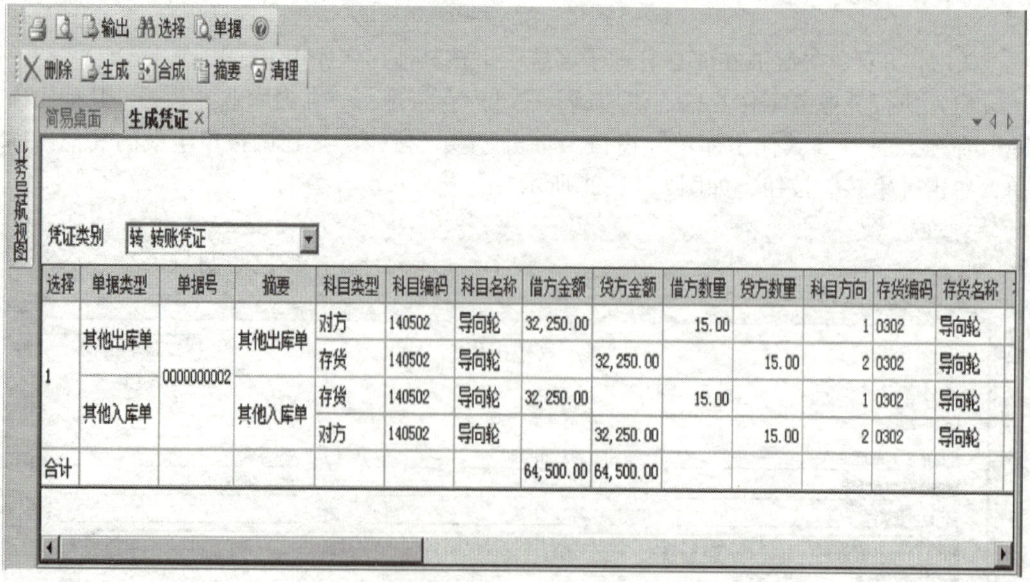

选择	单据类型	单据号	摘要	科目类型	科目编码	科目名称	借方金额	贷方金额	借方数量	贷方数量	科目方向	存货编码	存货名称
1	其他出库单	0000000002	其他出库单	对方	140502	导向轮	32,250.00		15.00		1	0302	导向轮
				存货	140502	导向轮		32,250.00		15.00	2	0302	导向轮
	其他入库单		其他入库单	存货	140502	导向轮	32,250.00		15.00		1	0302	导向轮
				对方	140502	导向轮		32,250.00		15.00	2	0302	导向轮
合计							64,500.00	64,500.00					

图2-12-21　生成凭证列表

（6）单击［合成］按钮，其他出入库单合并生成一张转账凭证，单击［保存］按钮，如图2-12-22所示。

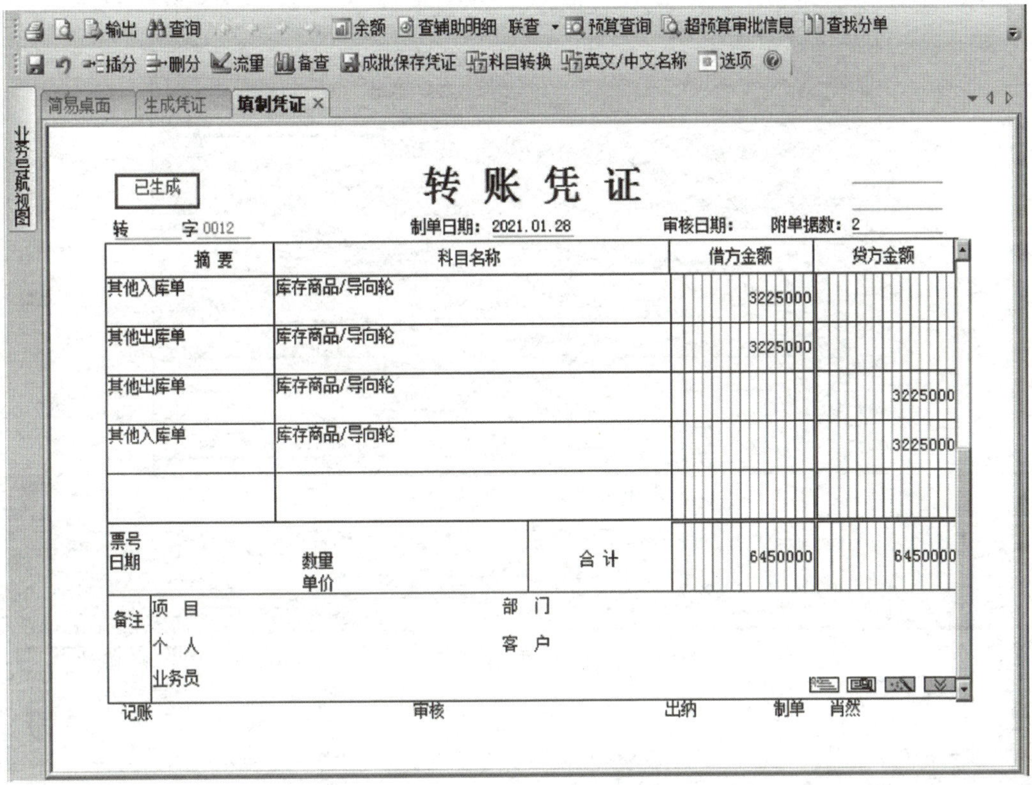

图2-12-22　生成转账凭证

【操作提示】

①调拨业务一般不生成凭证，本业务也可以不生成凭证。

②如果对调拨业务生成凭证，选择调拨单制单，因为选择对调拨单生成的其他出入库单制单，容易造成与总账管理子系统对账不平。

十、盘点业务

（一）盘点单处理

1. 1月31日，吴晓波在库存管理子系统中填制并审核盘点单。

微课

盘点业务

（1）1月31日，以仓管部“5001吴晓波”的身份登录企业应用平台，执行［业务工作］—［供应链］—［库存管理］—［盘点业务］命令，打开［盘点单］窗口。

（2）单击［增加］按钮，选择盘点仓库“原材料库”、出库类别“盘亏出库”、入库类别“盘盈入库”。

（3）单击［盘库］按钮，系统弹出“盘库将删除未保存的所有记录，是否继续?”提示框，单击［是］按钮，系统弹出［盘点处理］对话框，如图2-12-23所示。

（4）单击［确认］按钮，系统将原材料的账面数据带入盘点单，修改拉杆的盘点数量为“253”，盘点金额为“22 770”，系统自动计算盈亏数量为“3”，盈亏金额为“270”，单击［保存］按钮，再单击［审核］按钮，如图2-12-24所示。

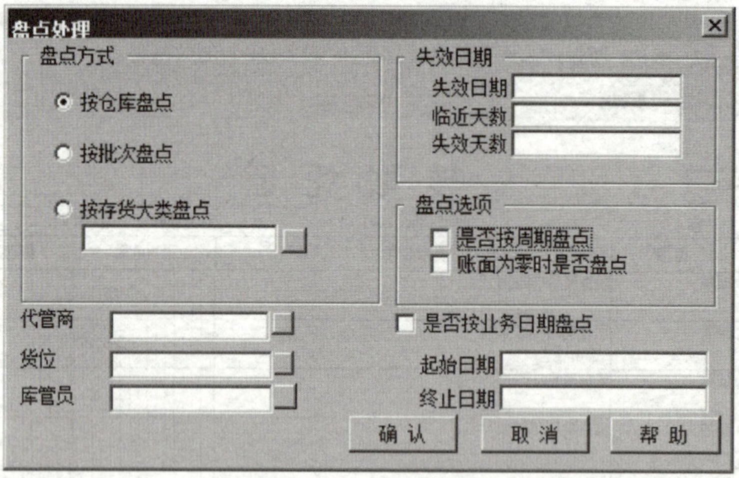

图2-12-23 盘点处理

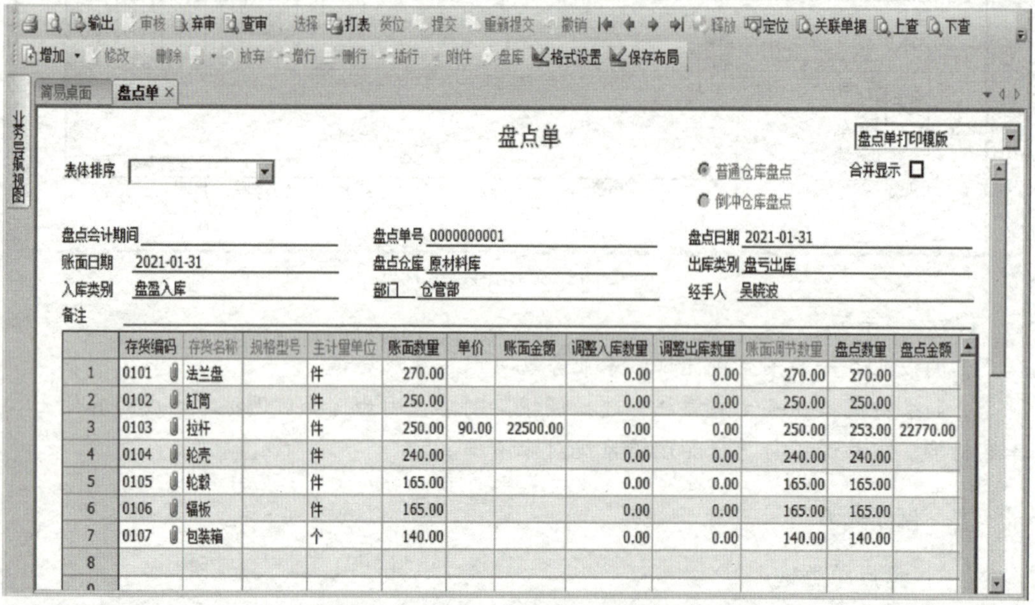

图2-12-24 录入并审核盘点单

2.1月31日，吴晓波在库存管理子系统中审核其他入库单。

执行［业务工作］—［供应链］—［库存管理］—［入库业务］—［其他出入库单］命令，打开［其他入库单］窗口，单击“ ”按钮，找到盘点单生成的其他入库单，单击［审核］按钮，如图2-12-25所示。

【操作提示】

(1) 盘点单在［审核］后，盘点单中盘亏的存货自动生成业务类型为“盘亏出库”的其他出库单；盘点单中盘盈的存货自动生成业务类型为“盘盈入库”的其他入库单。

(2) 盘点单生成的其他出入库单，需要在［其他出入库单］窗口进行［审核］操作，但不能进行［删除］操作。

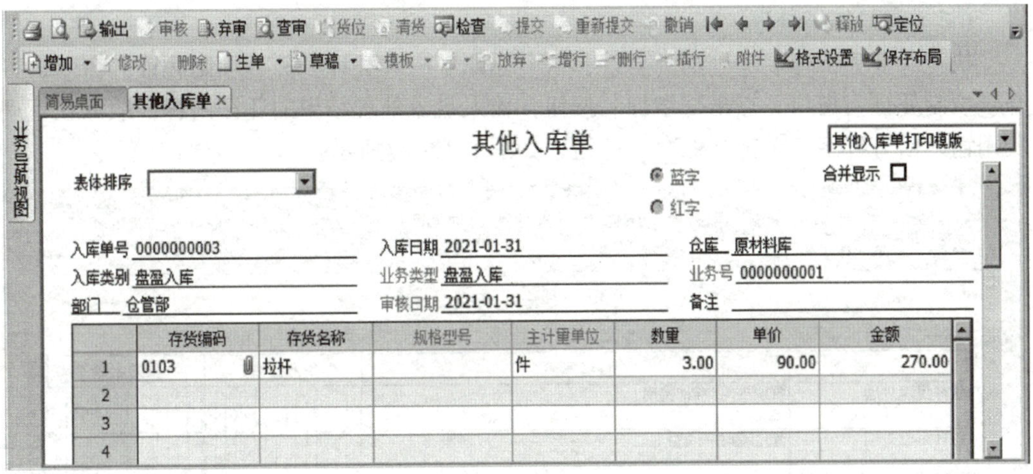

图2-12-25　审核其他入库单

3.1月31日，肖然在存货核算子系统中对其他入库单记账与制单。

（1）1月31日，以财务部“2002肖然”的身份登录企业应用平台，执行［业务工作］—［供应链］—［存货核算］—［业务核算］—［正常单据记账］命令，对其他入库单记账。

（2）执行［财务核算］—［生成凭证］命令，对其他入库单制单，生成转账凭证，如图2-12-26所示。

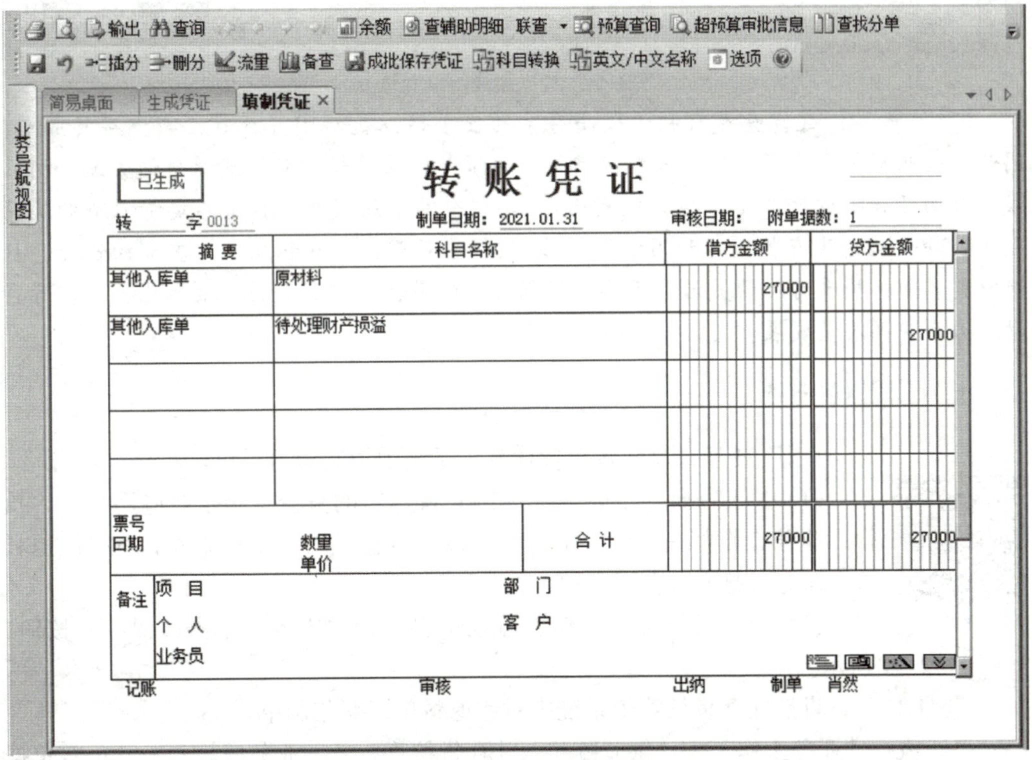

图2-12-26　生成转账凭证

（二）盘盈结果处理

执行［业务工作］—［财务会计］—［总账］—［凭证］—［填制凭证］命令，打开［填制凭证］窗口，点击［增加］按钮，输入盘盈处理结果的凭证内容，注意在管理费用输入借方红字，单击［保存］按钮，如图2-12-27所示。

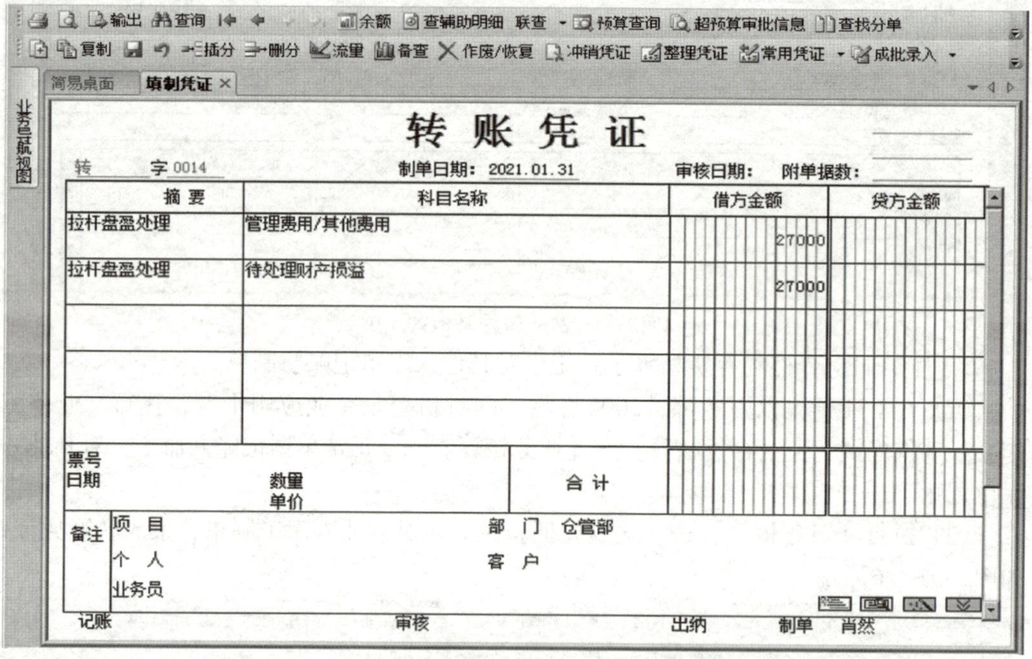

图2-12-27 生成转账凭证

【明德善思】存货盘点有利于提高存货的安全性，盘活闲置存货，减少存货成本。因此，企业应加强存货管理，合理确定最优存货量，通过精细管理降低仓储成本，树立成本节约意识。党的二十大报告中指出："实施全面节约战略，推进各类资源节约集约利用，加快构建废弃物循环利用体系。"我们应尽量避免库存积压，注重节约资源，杜绝材料浪费，提升存货的灵活利用率，实现资源的最优配置和效益的最大化，以实际行动助力企业高质量发展。

十一、假退料业务

微课

假退料业务

1.1月31日，肖然在存货核算子系统中填制假退料单。

（1）1月31日，以财务部"2002肖然"的身份登录企业应用平台，执行［业务工作］—［供应链］—［存货核算］—［日常业务］—［假退料单］命令，打开［假退料单］窗口。

（2）单击［增加］按钮，输入退料单相关内容，单击［保存］按钮，如图2-12-28所示。

2.1月31日，肖然在存货核算子系统中对假退料单记账与制单。

（1）执行［业务工作］—［供应链］—［存货核算］—［业务核算］—［正常单据记账］命令，对假退料单记账。

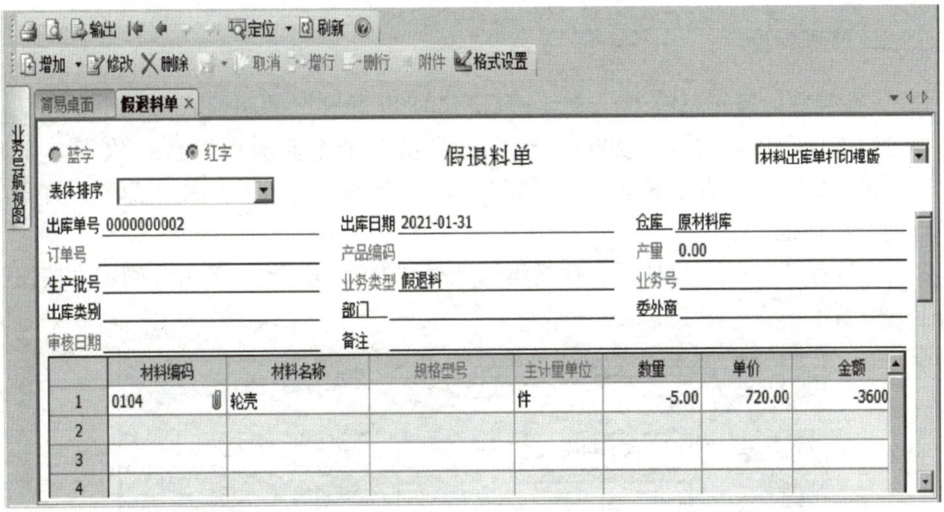

图2-12-28 录入假退料单

(2) 执行［财务核算］—［生成凭证］命令，打开［生成凭证］窗口，单击［选择］按钮，弹出［查询条件］对话框，单击［确定］按钮，打开［未生成凭证单据一览表］窗口。

(3) 单击［全选］按钮，再单击［确定］按钮，进入［生成凭证］窗口。

(4) 选择凭证类别为“转 转账凭证”，输入对方科目“生产成本/直接材料(500101)”，项目大类输入“00”，项目编码输入“1201”，单击［生成］按钮，系统自动生成一张红字转账凭证，单击［保存］按钮，如图2-12-29所示。

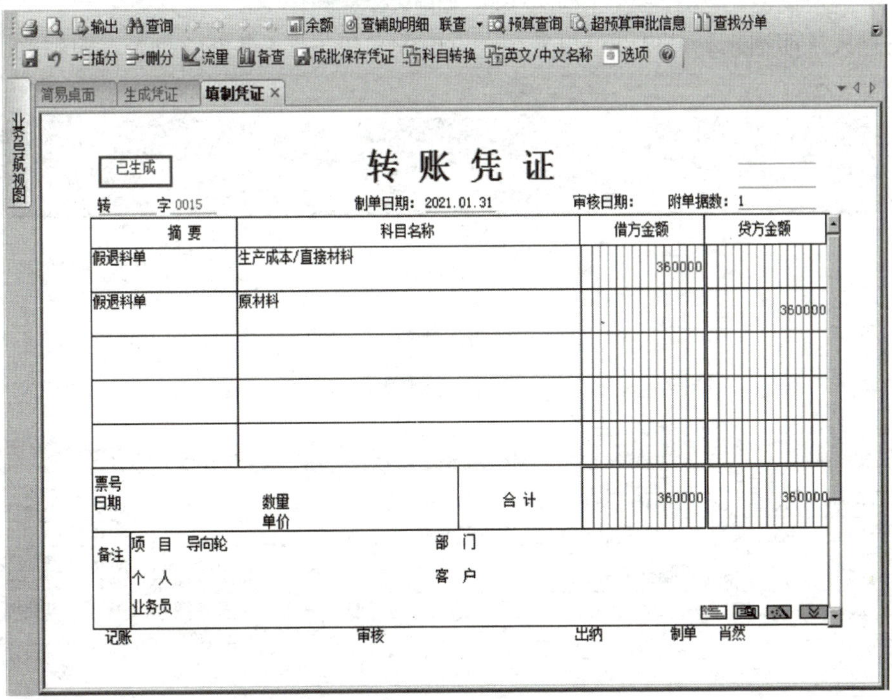

图2-12-29 生成转账凭证

十二、账表查询

（一）在存货核算子系统中，查询1月份“0104 轮壳”的明细账

1.1月31日，以财务部“2002肖然”的身份登录企业应用平台，执行［业务工作］—［供应链］—［存货核算］—［账表］—［账簿］—［明细账］命令，打开［明细账查询］对话框。

2.仓库选择“01-原材料库”，存货编码选择“0104-轮壳”，单击［确定］按钮，如图2-12-30所示。

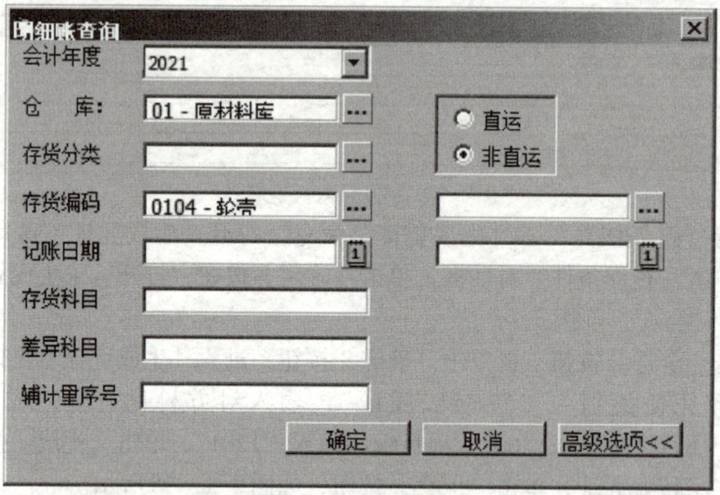

图2-12-30 明细账查询条件

3.进入［明细账］窗口，可以看到“（0104）轮壳”1月份的收发存明细账，如图2-12-31所示。

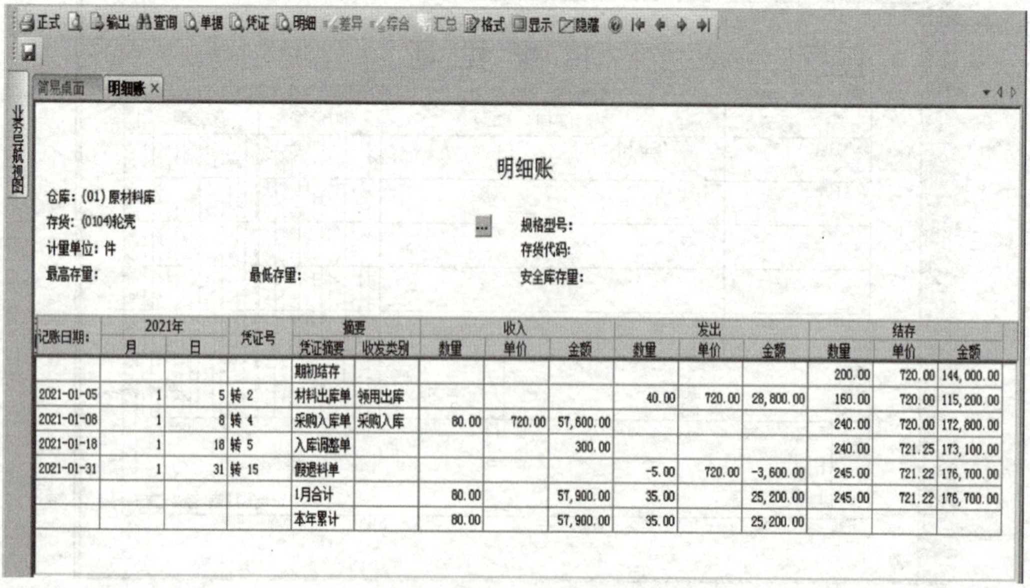

记账日期:	2021年 月	日	凭证号	摘要 凭证摘要	收发类别	收入 数量	单价	金额	发出 数量	单价	金额	结存 数量	单价	金额
				期初结存								200.00	720.00	144,000.00
2021-01-05	1	5	转 2	材料出库单	领用出库				40.00	720.00	28,800.00	160.00	720.00	115,200.00
2021-01-08	1	8	转 4	采购入库单	采购入库	80.00	720.00	57,600.00				240.00	720.00	172,800.00
2021-01-18	1	18	转 5	入库调整单				300.00				240.00	721.25	173,100.00
2021-01-31	1	31	转 15	假退料单					-5.00	720.00	-3,600.00	245.00	721.22	176,700.00
				1月合计		80.00		57,900.00	35.00		25,200.00	245.00	721.22	176,700.00
				本年累计		80.00		57,900.00	35.00		25,200.00			

图2-12-31 轮壳明细账

(二) 在库存管理子系统中，查询1月份的库存现存量

微课
查询1月份库存现存量

1.1月31日，以仓管部“5001吴晓波”的身份登录企业应用平台，执行［业务工作］—［供应链］—［库存管理］—［报表］—［库存账］—［现存量查询］命令，弹出［查询条件选择-现存量查询］对话框。

2.单击［确定］按钮，进入［现存量查询］窗口，如图2-12-32所示。

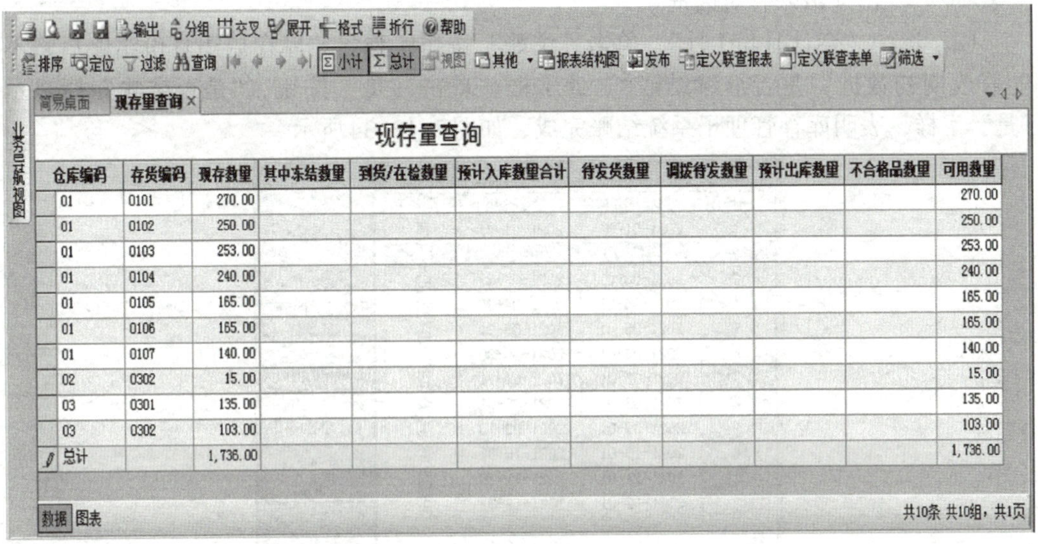

仓库编码	存货编码	现存数量	其中冻结数量	到货/在检数量	预计入库数量合计	待发货数量	调拨待发数量	预计出库数量	不合格品数量	可用数量
01	0101	270.00								270.00
01	0102	250.00								250.00
01	0103	253.00								253.00
01	0104	240.00								240.00
01	0105	165.00								165.00
01	0106	165.00								165.00
01	0107	140.00								140.00
02	0302	15.00								15.00
03	0301	135.00								135.00
03	0302	103.00								103.00
总计		1,736.00								1,736.00

图2-12-32　库存现存量

十三、期末处理

(一) 期末成本处理

微课
期末成本处理

1月31日，以财务部“2002肖然”的身份登录企业应用平台，执行［业务工作］—［供应链］—［存货核算］—［业务核算］—［期末处理］命令，弹出［期末处理-1月］对话框。单击［处理］按钮，弹出“期末处理完毕”的提示框，单击［确定］按钮，期末处理完毕，返回到［期末处理-1月］对话框，如图2-12-33所示。

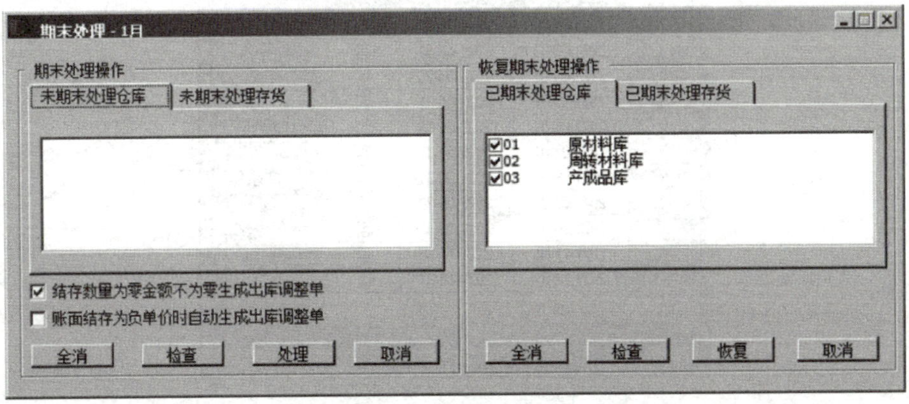

图2-12-33　期末处理-1月

（二）月末结账

微课

月末结账

1.采购管理子系统和销售管理子系统月末结账。

2.库存管理子系统月末结账。

（1）1月31日，以仓管部“5001吴晓波”的身份登录企业应用平台，执行［业务工作］—［供应链］—［库存管理］—［月末结账］命令，弹出［结账］对话框。

（2）选中“会计月份1月”，单击［结账］按钮，弹出“库存启用月份结账后将不能修改期初数据，是否继续结账？”提示框，单击［是］按钮，“是否结账”栏显示“是”字样，表明库存管理子系统结账完成，如图2-12-34所示。

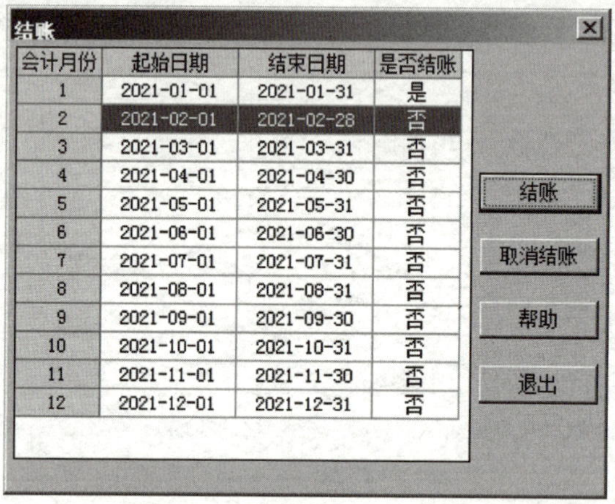

会计月份	起始日期	结束日期	是否结账
1	2021-01-01	2021-01-31	是
2	2021-02-01	2021-02-28	否
3	2021-03-01	2021-03-31	否
4	2021-04-01	2021-04-30	否
5	2021-05-01	2021-05-31	否
6	2021-06-01	2021-06-30	否
7	2021-07-01	2021-07-31	否
8	2021-08-01	2021-08-31	否
9	2021-09-01	2021-09-30	否
10	2021-10-01	2021-10-31	否
11	2021-11-01	2021-11-30	否
12	2021-12-01	2021-12-31	否

图2-12-34 库存管理子系统结账

3.存货核算子系统的月末结账。

1月31日，以财务部“2002肖然”的身份登录企业应用平台，执行［业务工作］—［供应链］—［存货核算］—［业务核算］—［月末结账］命令，弹出［结账］对话框，如图2-12-35所示。选中“会计月份1月”，单击［结账］按钮，弹出“月末结账完成！”提示框，单击［确定］按钮，系统自动退出［结账］对话框。

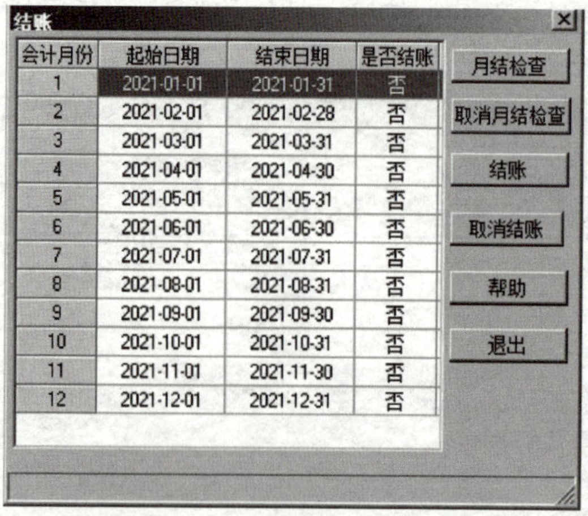

会计月份	起始日期	结束日期	是否结账
1	2021-01-01	2021-01-31	否
2	2021-02-01	2021-02-28	否
3	2021-03-01	2021-03-31	否
4	2021-04-01	2021-04-30	否
5	2021-05-01	2021-05-31	否
6	2021-06-01	2021-06-30	否
7	2021-07-01	2021-07-31	否
8	2021-08-01	2021-08-31	否
9	2021-09-01	2021-09-30	否
10	2021-10-01	2021-10-31	否
11	2021-11-01	2021-11-30	否
12	2021-12-01	2021-12-31	否

图2-12-35 存货核算子系统结账

微课索引

为了便于读者查找书中以二维码形式添加的142个重点、难点的微课，特在括号内标注每个微课的具体页码，翻到对应位置，用手机扫一扫即可直接观看。